ESME CRICK

MIX & MATCH

FARBENFROHE DECKEN HÄKELN

Mit 100 Mustern einzigartige
Designs zusammenstellen

stiebner

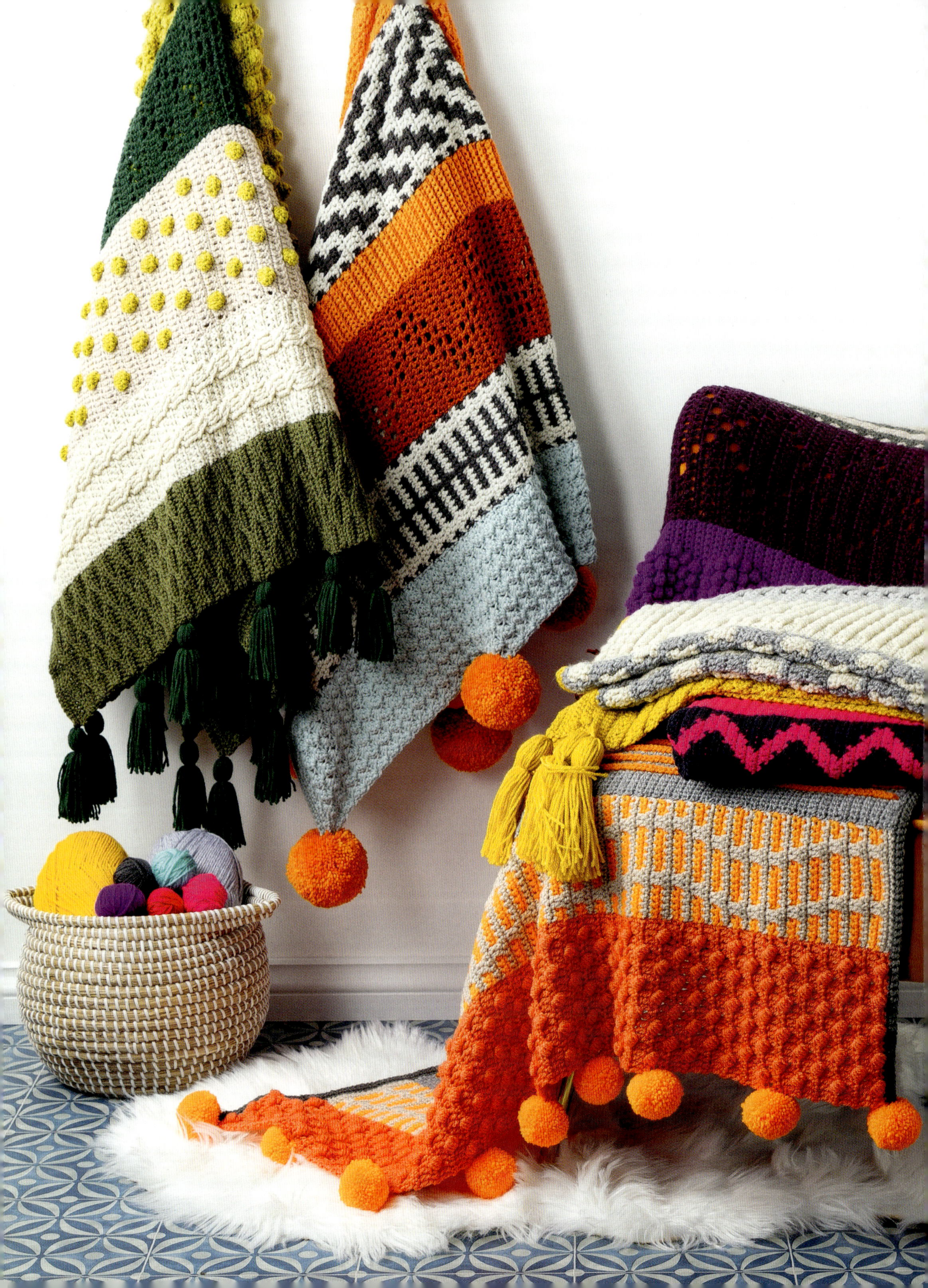

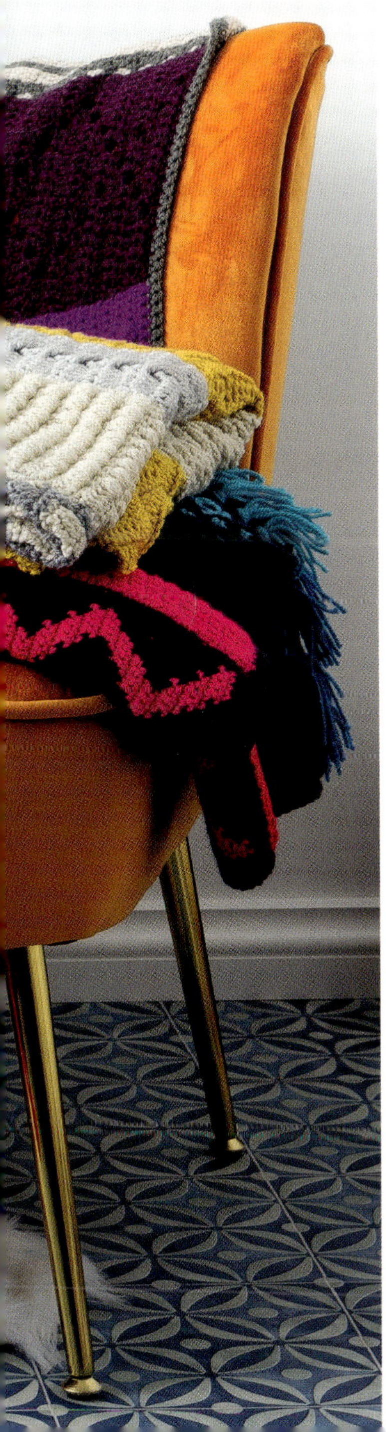

INHALT

VORWORT

Im Leben einer freiberuflichen Häkeldesignerin gibt es viele aufregende Momente. Ich weiß, es mag seltsam erscheinen, dass ich die Begriffe aufregend und häkeln in einem Atemzug nenne – doch es stimmt wirklich! Und dieses Buch ist ungelogen durch eine ganze Reihe solcher aufregenden Momente entstanden. Der erste war, zu sehen, dass sich mein letztes Buch *Mosaik häkeln* tatsächlich verkauft hat, und zwar ziemlich gut. Ebenfalls aufregend war es, nach London zu fahren und meine Verlegerin, die wunderbare Ame Verso von David & Charles, zu treffen und zu sehen, ob ich Ideen für ein weiteres Buch hätte, das nur darauf wartete, geschrieben zu werden. Es war aufregend, in einem netten Pub im Londoner Westen zusammen auf Barhockern zu sitzen, Guinness zu trinken (darf ich das überhaupt sagen? Es war erst mittags ...) und Fischsandwiches zu essen. Und es war aufregend, zusammen zu lachen, übers Häkeln zu quatschen – darüber, wie vielseitig es ist und wie man, wenn man über den Tellerrand blickt und die ausgetretenen Pfade verlässt, ganz neue Stilrichtungen und Dimensionen entdecken kann. Sehen Sie? Aufregend und häkeln!

Aber ernsthaft, während Ame und ich uns unterhielten, wurde uns klar, dass das die Gelegenheit war, zusammen ein ganz neuartiges Buch zu entwerfen, mit einer genial einfachen Grundidee – ein »Mix & Match«-Häkelbuch mit 100 verschiedenen Häkelmustern. In jedem Muster wird ein einzelner langer Streifen gehäkelt, den man dann in beliebigen Kombinationen und in beliebigen Farben mit anderen Streifen zusammennäht, sodass ganz individuelle und wunderschöne Decken entstehen. Mit Ames ansteckendem, unerschütterlichem Optimismus und meinem Designergehirn (und natürlich meinen wundervollen, geduldigen Testhäklerinnen) wurde *Mix & Match – Farbenfrohe Decken häkeln* geboren.

Wenn Sie das Buch durchblättern, entdecken Sie ganz verschiedene Häkelstile und Techniken. Aufgrund der großen Anzahl haben wir die Muster in acht Kategorien eingeteilt, so können Sie entweder bei einem »Thema« (z. B. Noppen oder Filethäkeln) bleiben oder aber beliebig mischen. Es gibt unzählige Möglichkeiten: Strukturmuster, mehrfarbige Muster, moderne und traditionelle Techniken ... Ich kann Ihnen nur empfehlen, sich zunächst gemütlich hinzusetzen und sich eine halbe Stunde (mindestens!) Zeit zu nehmen, um das gesamte Buch gründlich anzuschauen, bevor Sie zu Häkelnadel und Garn greifen. Zu jedem Muster gibt es eine Textanleitung und eine Häkelschrift sowie ein kleines Foto der Häkelprobe. Ich hoffe, Sie finden jede Menge Inspirationen und versuchen sich vielleicht sogar an einer Häkeltechnik, die Sie noch nie ausprobiert haben.

Und dann können Sie loslegen und Ihre eigenen Meisterwerke entwerfen! Falls Sie ein paar Anregungen brauchen: Ich habe fünf schöne, ausdrucksvolle Decken kreiert, um Sie zu inspirieren. Weiter hinten im Buch finden Sie Möglichkeiten für eine einfache Umrandung plus Tipps für Verzierungen wie Pompons und Fransen, um Ihrer Decke das gewisse Etwas zu verleihen. Wie auch immer Sie vorgehen, es ist sinnvoll, vor Beginn zunächst die folgenden Seiten zu lesen. Und dann können Sie auf Entdeckungsreise in die Welt der Farben, Strukturen und Muster gehen. Dieses Buch ist eine wahre Schatztruhe der Ideen, und ich hoffe, Sie genießen jede Sekunde Ihres persönlichen Häkelabenteuers. Ich kann es kaum erwarten, Ihre Meisterwerke zu sehen!

Esme x

Jahrmarkt

In dieser Decke steckt der ganze Zauber des Jahrmarkts, die bunten Fahrgeschäfte, die Süßigkeiten an den Ständen ... Musikfetzen schwirren durch die Luft, alle sind voller Vorfreude und spüren das erwartungsvolle Kribbeln im Bauch.

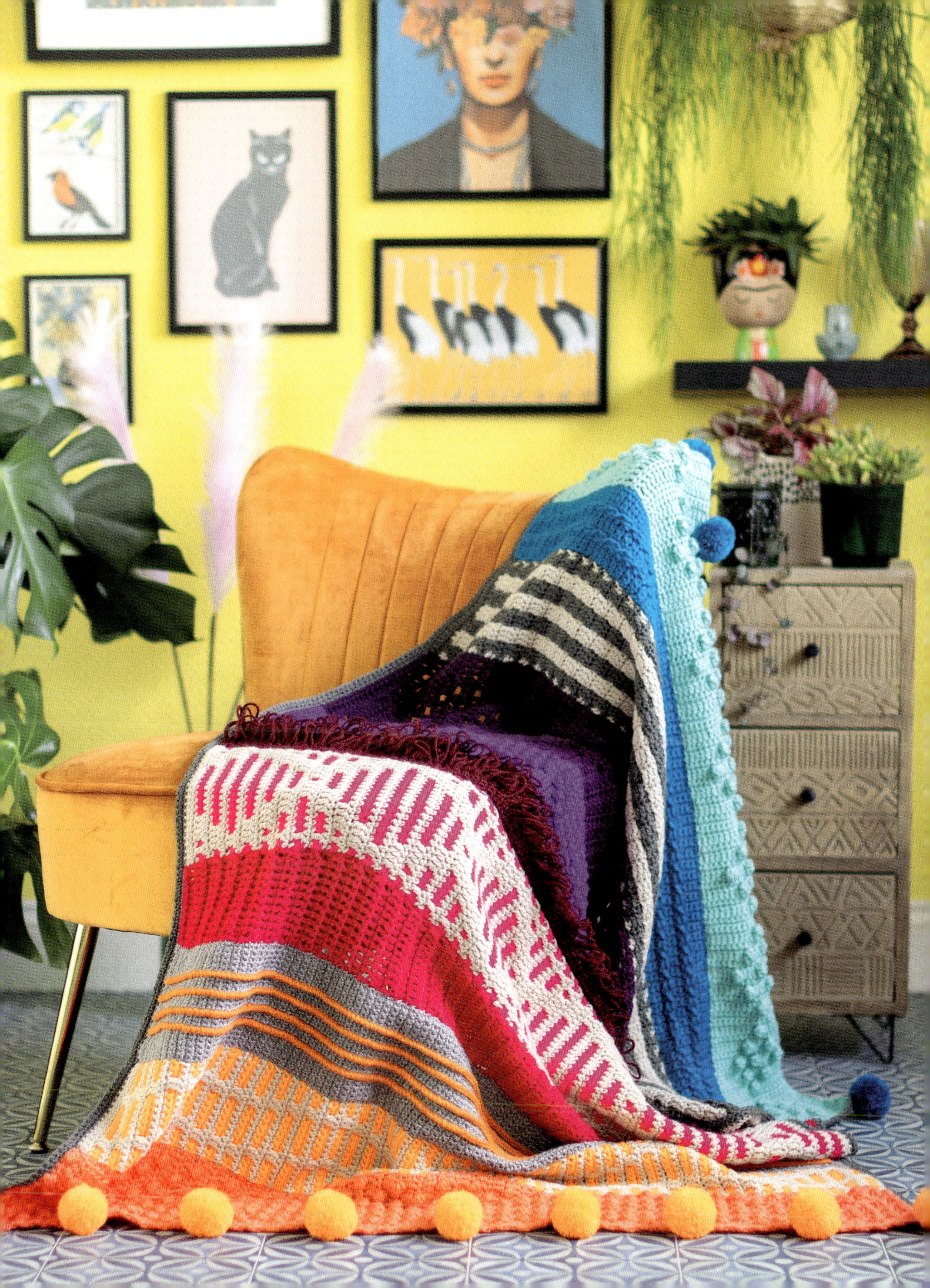

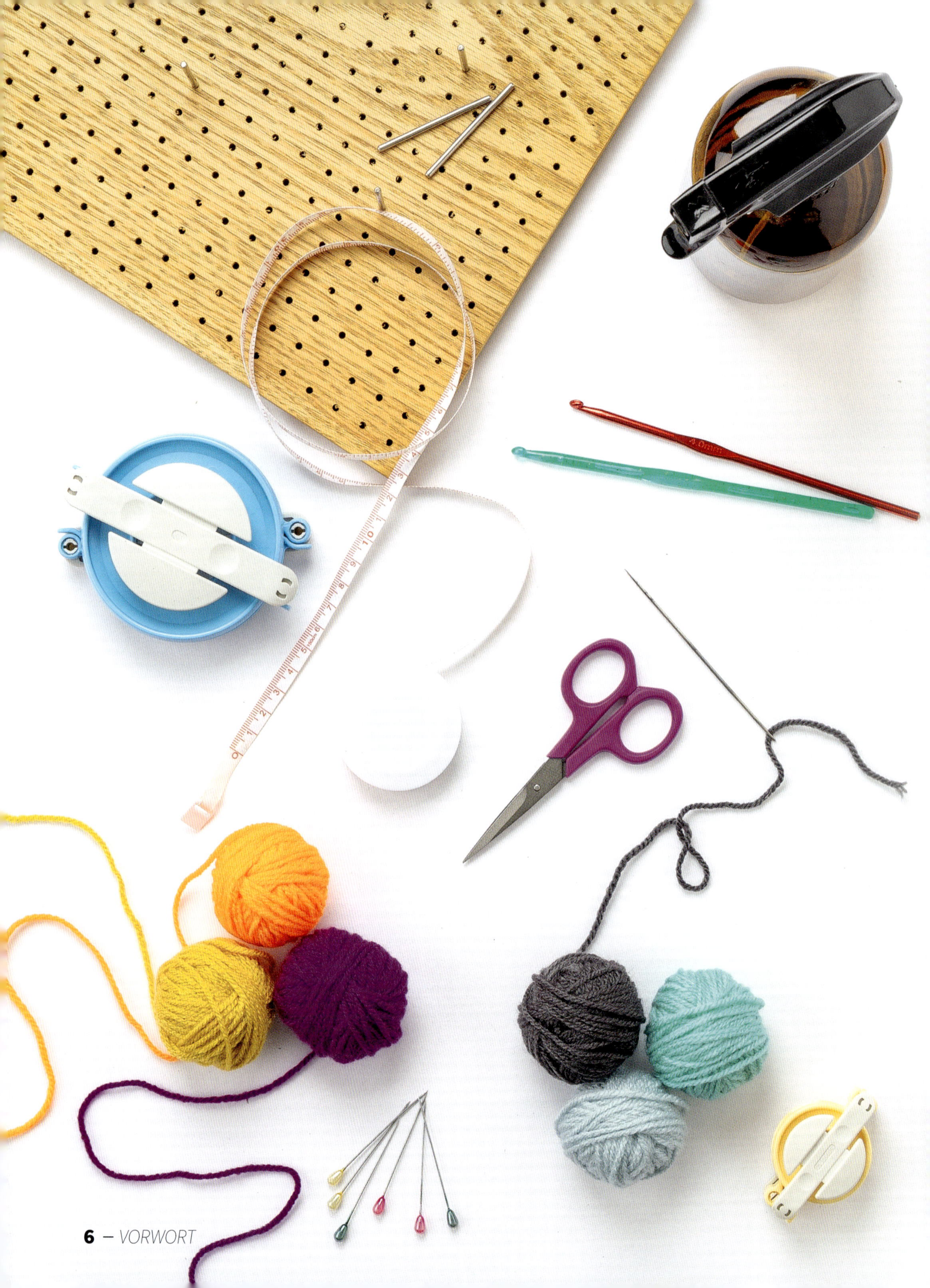

WERKZEUG & MATERIAL

Für Ihre »Mix & Match«-Häkeldecke brauchen Sie nur ein paar einfache Dinge. Wenn Sie Häkelnadel und Garn ausgesucht haben (Tipps und Vorschläge dazu s.u.), benötigen Sie nur eine Schere, ein paar Stecknadeln mit möglichst dickem Kopf, ein Maßband und eine Stopfnadel. Eine Pomponschablone ist praktisch, falls Sie Pompons machen möchten. Wenn Sie Ihre fertige Decke spannen möchten, sind Spannmatten (oder ein paar große Handtücher) und eine Sprühflasche mit Wasser nützlich.

HÄKELNADEL

Der Einfachheit halber habe ich alle Decken in diesem Buch mit einer 5-mm-Häkelnadel gearbeitet – meiner Ansicht nach ist dies die ideale Nadelstärke für das Garn Colour Crafter von Scheepjes, das ich durchweg verwendet habe.

Es gibt jedoch hinsichtlich der Nadelstärke wie auch der Garnauswahl absolut keine starren Regeln. Im Sinne der Flexibilität, die in diesem Buch ganz großgeschrieben wird, liegt es an Ihnen, die »richtige« Nadelstärke zu finden, denn vielleicht wählen Sie ein ganz anderes Garn als ich, vielleicht mögen Sie auch fester oder lockerer gehäkelte Decken als ich und bevorzugen daher eine dickere oder dünnere Häkelnadel. Das ist eine ganz persönliche Entscheidung, und in meinen Häkelclub kommen Leute mit allen nur denkbaren Häkelnadeln!

Da Sie stundenlang häkeln werden, versteht es sich von selbst, dass Ihnen die Häkelnadel gut in der Hand liegen sollte; außerdem sollte das Garn gut darauf rutschen. Ich arbeite ungern mit Nadeln aus Kunststoff, da ich finde, dass das Garn daran leicht hängen bleibt. Ich mag am liebsten eine hochwertige (nicht teure) glatte Nadel aus Metall von einem guten Hersteller. Achten Sie auf gute Qualität, bequeme Handhabung und darauf, dass Sie mit der Nadel ein schönes Maschenbild und die gewünschte Festigkeit erhalten. Und scheuen Sie sich nicht, zu experimentieren (will sagen, aufzuziehen und neu zu häkeln!), bis Sie völlig zufrieden mit der Wahl Ihrer Häkelnadel und mit Ihrem Ergebnis sind.

GARN

Colour Crafter von Scheepjes war für mich und dieses Buch genau das richtige Garn. Ich mag es aus verschiedenen Gründen, nicht zuletzt wegen der riesigen Farbauswahl. Da Farben für mich als Designerin das A und O sind, ist es mir wichtig, exakt den Farbton zu bekommen, der mir vorschwebt, und diese Farben sind fantastisch. Das Garn ist außerdem preiswert (was besonders bei großen Decken ins Gewicht fällt) und waschbar (ebenfalls wichtig, vor allem, wenn Sie kleine Kinder haben oder – so wie ich – eine Katze, die ihre dreckigen Pfoten mit Vorliebe an tollen selbst gehäkelten Decken abputzt).

Aber auch hier gilt, dass die Freiheit und Kreativität, die ich in diesem Buch zu vermitteln versuche, bedeutet, dass Sie für Ihre Decken selbstverständlich jedes beliebige Garn verwenden können. Ob dünneres DK-Garn, Sportgarn (4-ply), mitteldickes Garn (Aran/Worsted) oder extradickes Garn (Super Chunky) – es liegt ganz an Ihnen. Ich kann nur wiederholen, dass es keine starren Regeln gibt.

Da jedes Muster als Streifen gearbeitet wird, brauchen Sie sich auch wegen der korrekten Maschenprobe keine Gedanken zu machen: Häkeln Sie einfach, bis der Streifen die gewünschte Länge hat. Sie können in einem Modell sogar verschiedene Garnstärken verwenden (aber Vorsicht, falls Sie Garne mit unterschiedlicher Zusammensetzung mischen; es könnte sein, dass sie sich beim Waschen der Decke nicht gut vertragen). Die Decken sind ideale Stash-Busting-Projekte: perfekt, um Wollreste zu verbrauchen oder den Wollvorrat zu verkleinern. In den Überlegungen zur Farbauswahl (Seite 10) gebe ich viele Tipps dazu, wie Sie dabei am besten vorgehen.

Und jetzt viel Spaß mit dem Garn, viel Spaß mit den Farben und viel Spaß beim Häkeln!

SO NUTZEN SIE DIESES BUCH

Dieses Buch enthält 100 fantastische Muster, die in acht Kategorien unterteilt sind: Klassisch, Struktur, Mosaik, Filet, Verzierungen, Rippen und Zöpfe, Tapestry sowie Noppen und Büschelmaschen. Durch die Kombination verschiedener Streifen aus modernen und traditionellen Mustern ergeben sich unzählige Möglichkeiten.

VORBEREITUNG

Dieses Buch begleitet Sie auf jedem Schritt zu Ihrer eigenen Häkeldecke, von der Auswahl des Garns und der passenden Häkelnadel über die Farbkombination, das Zusammensetzen der Streifen, das Häkeln einer einfachen Umrandung bis zu dekorativen Details wie Pompons oder Quasten. Außerdem gibt es ein Abkürzungsverzeichnis (Seite 14), eine Erläuterung zur Arbeitsweise bei Rapporten/Wiederholungen von Maschen (Seite 14) sowie eine Übersicht der in den Häkelschriften verwendeten Symbole (Seite 16) – also alles, was Sie zur Planung Ihrer Projekte benötigen.

Zu jedem Streifenmuster gibt es eine Textanleitung und eine Häkelschrift sowie ein Foto der Maschenprobe zur Veranschaulichung. Beachten Sie, dass diese Fotos nicht maßstabsgetreu sind; einige sind viel schmaler als andere – zur Berechnung der tatsächlichen Streifenbreite orientieren Sie sich an der Anzahl der Luftmaschen in der Anfangsluftmaschenkette. Lesen Sie vorab unbedingt die Informationen in den folgenden Abschnitten (ab »Anfertigung eines Musterstreifens«). Dort erfahren Sie auch, wie Sie die Anzahl der Anfangsluftmaschen berechnen können, wenn Sie die Breite eines Streifens verändern möchten. Viele Muster sind sehr flexibel, und es kann nie schaden zu wissen, wie man die Anfangsluftmaschen anpasst. Falls das Mosaikhäkeln oder das Tapestry-Häkeln Neuland für Sie ist (oder Sie eine kleine Auffrischung brauchen): Diese Techniken werden auf Seite 138 und 139 ausführlich beschrieben.

Wenn Sie eine meiner fünf Beispieldecken häkeln möchten (ab Seite 18), richten Sie sich einfach nach der Anleitung auf der Seite gegenüber dem jeweiligen Beispielfoto. Dort finden Sie auch Angaben zur Garnmenge und weitere nützliche Infos, etwa die Nummern der einzelnen Streifenmuster und die Anzahl der Anfangsluftmaschen. So können Sie einfach die Anfangsluftmaschenkette in der angegebenen Länge häkeln und dann den Streifen nach der Anleitung auf der jeweiligen Musterseite arbeiten.

EINEN MUSTERSTREIFEN HÄKELN

Alle Streifen werden in Reihen gehäkelt. Dabei beginnen Sie an der Schmalseite, sodass Sie am Anfang keine endlose Luftmaschenkette haben – das Zählen wäre sonst sehr mühsam. Sämtliche Muster beginnen mit einer Luftmaschenkette, gefolgt von einer Reihe fester Maschen (fM). Die 1. fM wird stets in die 2. Luftmasche (Lm) ab der Häkelnadel gearbeitet, dann folgt jeweils eine fM in jede weitere Lm. So erhalten alle Streifen eine einheitliche Kante, die nach dem Zusammennähen die Längskante der Decke bildet. Aus dem gleichen Grund wird auch jeder Streifen mit einer Reihe fM beendet. Zu Beginn häkeln Sie stets eine fM weniger, als Lm in der Anfangskette sind – wenn Sie zum Beispiel 17 Lm anschlagen, häkeln Sie in der 1. Reihe 16 fM.

Perfekte Kanten

Damit Ihre Streifen saubere Kanten bekommen, häkeln Sie die erste Reihe fM nur in das hintere Maschenglied der Anfangsluftmaschen (die einzelne Schlaufe auf der Rückseite jeder Lm). So entsteht eine glatte V-Kante – ideal, wenn Sie später noch eine Umrandung anhäkeln wollen.

ANFANGSLUFTMASCHEN BERECHNEN

Jedes Streifenmuster enthält Angaben zur Anfangsluftmaschenkette. Oft können Sie die Breite des Streifens jedoch nach Bedarf verändern. Manche Streifen funktionieren mit einer beliebigen Zahl von Anfangs-Lm, manche nur mit einer bestimmten Zahl, und für manche muss die Anzahl der Lm durch eine bestimmte Zahl teilbar sein. Für das Waffelmuster im Kapitel Strukturmuster muss die Zahl der Anfangs-Lm etwa »teilbar durch 3 + 4« sein. Das heißt, es müssen mindestens 7 Lm sein (für einen ganz schmalen Streifen), es funktioniert jedoch jede durch 3 teilbare Zahl plus 4, z. B. 10 Lm [(2x3)+4], 13 Lm [(3x3)+4], 16 Lm [(4x3)+4] usw.

Wüstenfahrt

Gehen Sie mit dieser Decke auf die Reise Ihres Lebens. Vor Ihnen erstreckt sich die Straße bis zum Horizont – genießen Sie die endlose Weite. Der dunkle Streifen der Straße hebt sich von den Orangetönen der staubigen Wüste und dem blassblauen Himmel darüber ab.

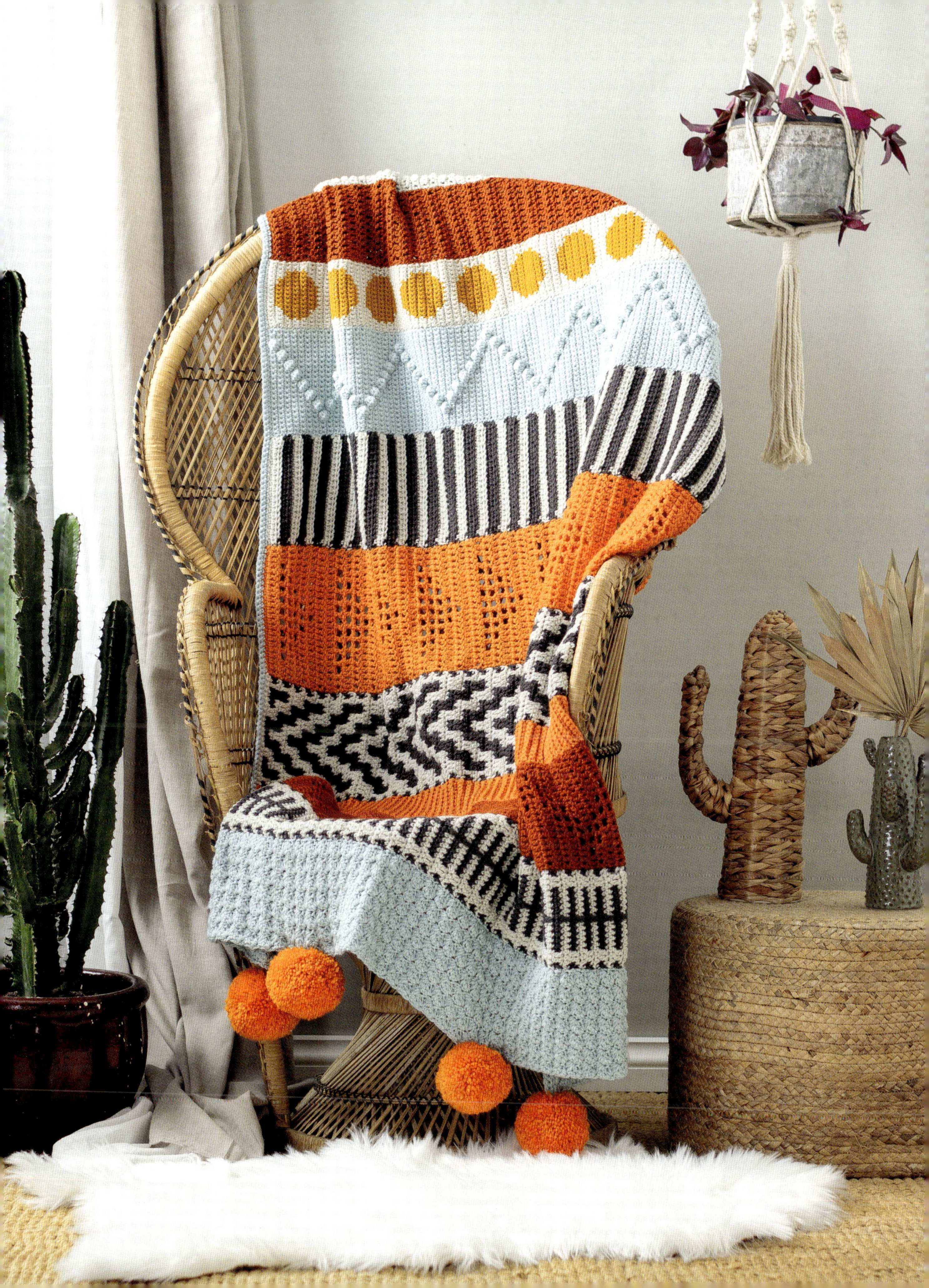

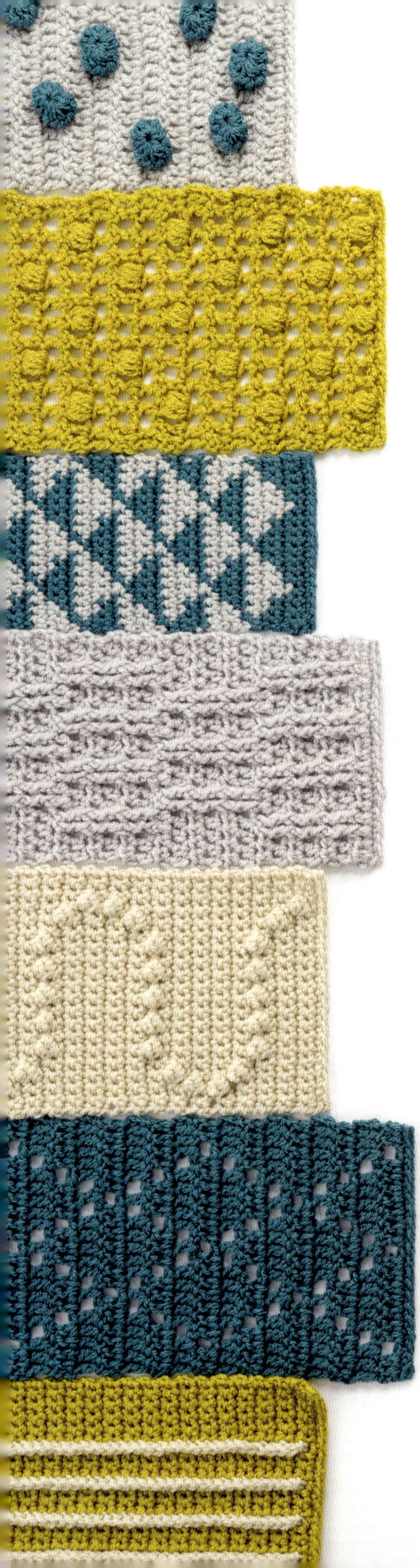

DIE MAẞE DER DECKEN

Jeder Streifen der fünf vorgestellten Beispieldecken ist 100 cm lang – das entspricht der Breite der fertigen Decke. Natürlich können Sie die Streifen beliebig lang arbeiten: Sie können längere oder kürzere Streifen anfertigen, indem Sie mehr oder weniger Reihen häkeln. So wird Ihre Decke entsprechend breiter oder schmaler. Achten Sie nur darauf, dass alle Streifen exakt gleich lang sind. Am besten warten Sie mit dem Vernähen der Fäden, bis alle Streifen fertig sind: einfach das Garn abschneiden und dabei ein gut 50 cm langes Ende hängen lassen, dann können Sie die Länge des Streifens notfalls noch korrigieren.

Die meisten Decken bestehen aus elf Streifen (einfach deshalb, weil mir der Gesamteindruck mit dieser Anzahl gefällt) und sind etwa 130 cm lang. Sie können jedoch beliebig viele Streifen aneinanderfügen; durch Anpassen der Anfangsluftmaschen können Sie wenige ganz breite oder viele schmale Streifen zusammensetzen (dann haben Sie mehr Arbeit beim Zusammennähen!). Oder Sie kombinieren breite und schmale Streifen wie in meinem Beispiel.

FARBZUSAMMENSTELLUNG

Die Farben für eine Decke zusammenzustellen macht Spaß, kann angesichts der unzähligen erhältlichen Garnfarben aber auch eine Herausforderung sein. Vielleicht haben Sie schon eine Palette von Lieblingsfarben im Kopf, doch falls Sie noch Anregungen brauchen, zeige ich Ihnen hier, wie ich in die Welt der Farben eintauche. Denken Sie daran, die Farben bei hellem Tageslicht auszusuchen. In Kunstlicht können die Farben völlig anders wirken.

ALLES GARN AUF DEN TISCH!

Es gibt doch nichts Schöneres, als mit Garn herumzuspielen. Holen Sie Ihren Vorrat und Ihre Reste hervor (ja, auch die Farben ganz hinten im Schrank) und legen Sie alles auf den Küchentisch. Jetzt treten Sie einen Schritt zurück und betrachten Sie die Garne. Welche Kombination springt Ihnen ins Auge? Dann mischen Sie alle Knäuel und wiederholen Sie das Ganze. Durch das Mischen entstehen Kombinationen, auf die Sie von allein vielleicht gar nicht gekommen wären. Schneiden Sie von möglichen tollen Kombinationen Fäden ab und verzwirbeln Sie sie, um zu sehen, wie sie zusammen aussehen. Ich habe schon so oft gestaunt, wenn ich Farben, von denen ich aus Gewohnheit oder aufgrund meiner Vorurteile gedacht hätte, dass sie nicht zusammenpassen, nebeneinanderlegte. Violett finde ich schwierig zu kombinieren und verwende es generell selten. Doch in der Regenbogenpalette meiner Jahrmarkt-Decke (Seite 18) mochte ich die Farbe lieber als sonst. Garn im Secondhandladen zu kaufen oder mit einer Freundin zu tauschen ist genial, um neue Farben in Ihr Repertoire einzuführen, die Sie normalerweise nicht auf dem Radar hätten. Geben Sie diesen ungeliebten Farben eine Chance, vielleicht werden Sie sich wundern!

Blätterdach

Durch Strukturmuster und hell-dunkel gemusterte Partien erinnert diese Decke an das weiche Dämmerlicht im Wald – es ist, als würde man durch die Äste zu den Baumkronen hinaufschauen. Die perfekte Decke, um sich einzukuscheln und von einer üppig grünen verborgenen Welt zu träumen.

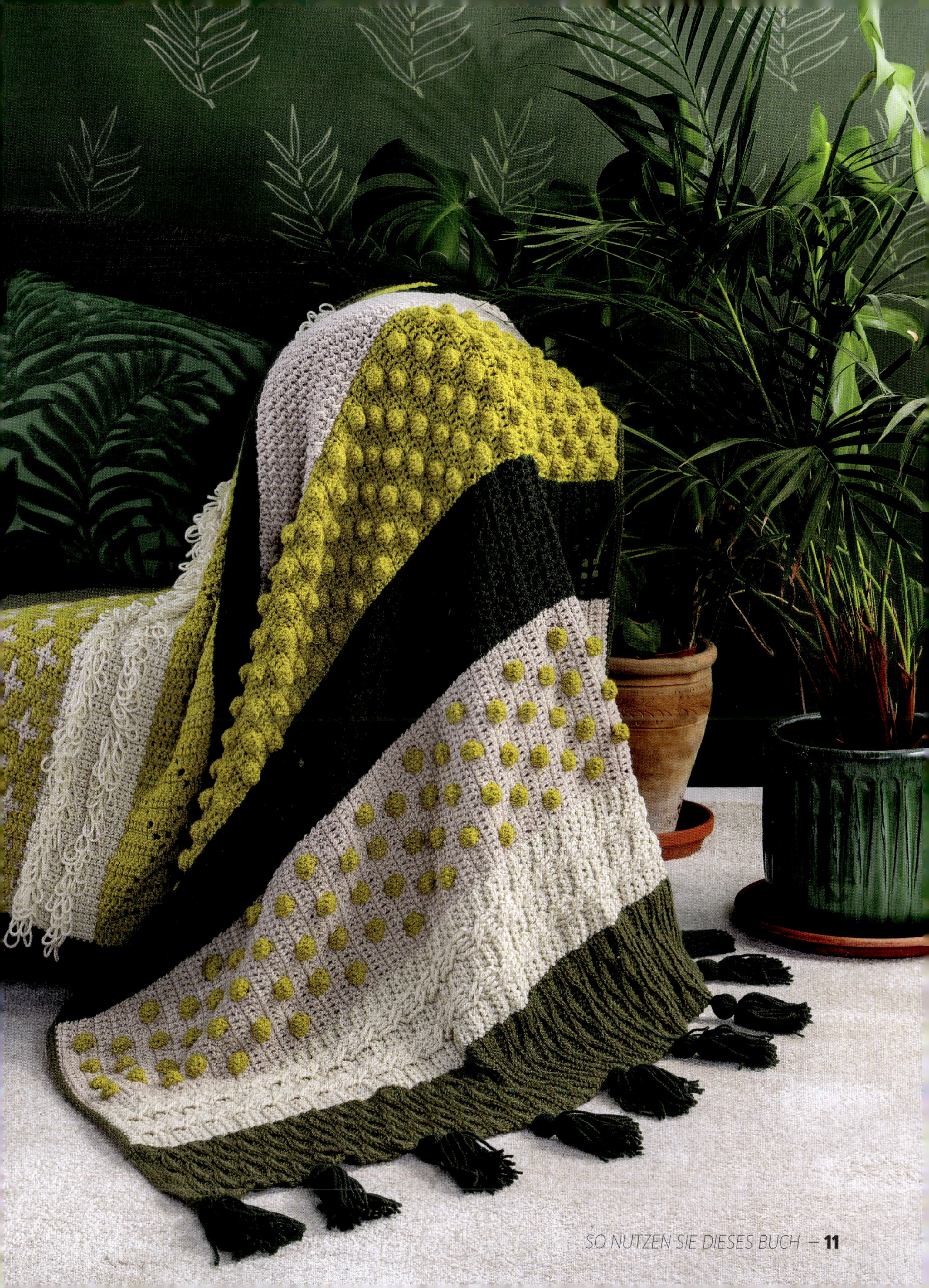

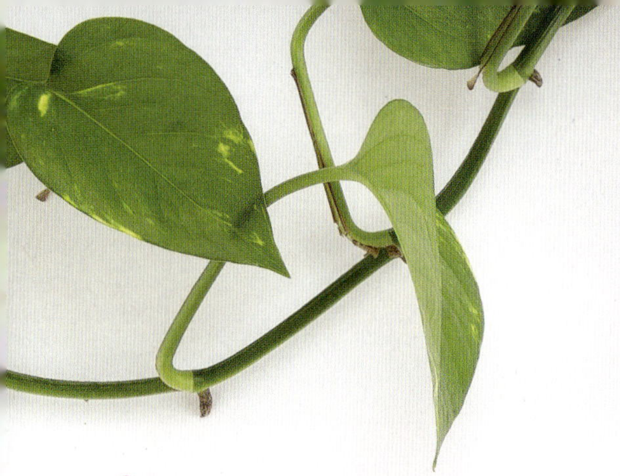

EIN MOODBOARD ANLEGEN

Das kann eine echte Pinnwand sein, an die Sie alle möglichen bunten Schätze heften: An meiner hängen Stoffreste, herausgerissene Seiten aus Zeitschriften, Blätter aus dem Garten, Bonbonpapier, Tapetenstreifen und diverse andere Schnipsel. Wenn mir die Farbe von etwas gefällt, wandert es an die Pinnwand. Und wenn ich genug zusammenhabe, kann ich daraus Stimmungsbilder arrangieren. Verschiedene Nuancen einer Farbe zusammenzustellen kann sehr reizvoll sein: Unzählige Grüntöne (in Form von echten Blättern und Fotos) von meinen Waldspaziergängen haben mich zu der Blätterdach-Decke inspiriert (Seite 20). Sie können auch eine Online-Pinnwand anlegen und darin schöne Bilder sammeln. Vielleicht ist es der leuchtend blaue Himmel auf einem Urlaubsfoto oder das tolle Kirschrot des Rocks, den Ihre Lieblingsschauspielerin trägt – alles kann inspirierend sein. Meine Online-Sammlungen heißen z. B. »Winter-Kuschel-Farben« und »Ich bin geblendet« (vielleicht keine Supernamen, aber Sie verstehen, worum es geht).

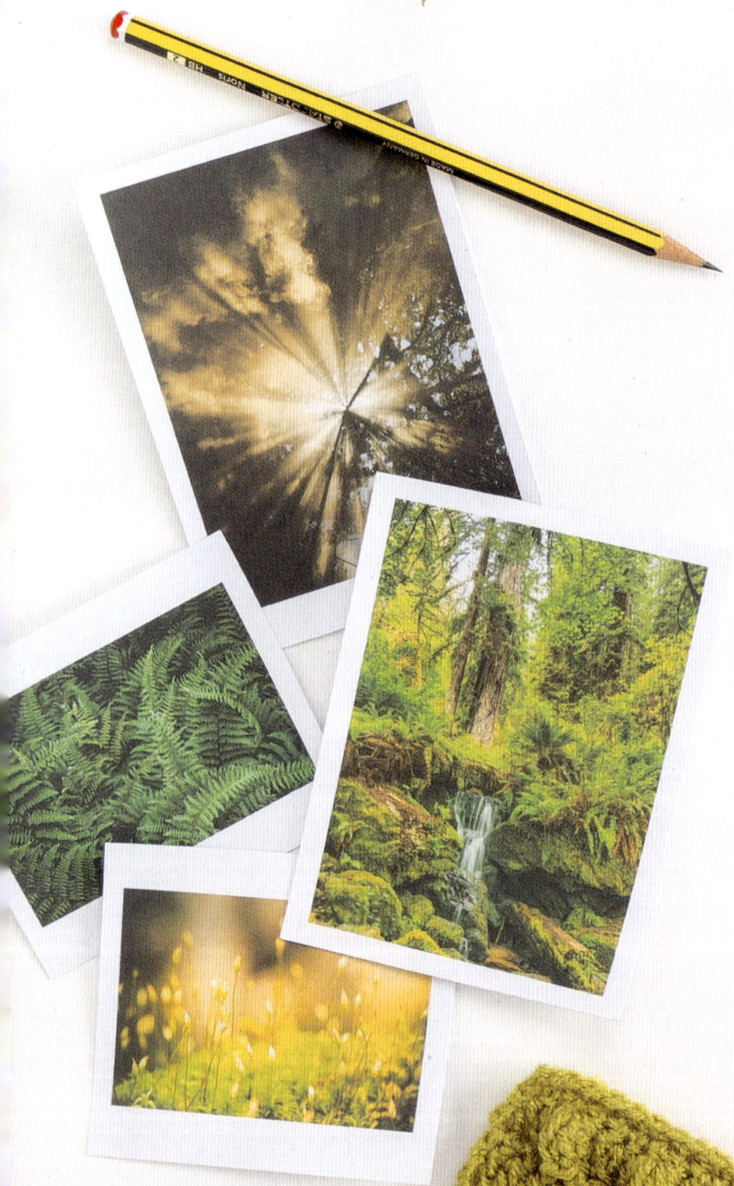

AN EINER STIMMUNG ANSETZEN

Wenn Sie meine fünf Decken betrachten, sehen Sie, dass jede eine bestimmte Stimmung einfängt, die meinen Designprozess gelenkt hat. Ich will nicht direkt eine Landschaft darstellen, sondern die Atmosphäre vermitteln, eine Stimmung, die beim Gedanken an ein Ereignis aufkommt. Fotos mit verblassten, staubigen Farben von einer lange zurückliegenden Reise durch die Wüste Sinai haben mich zur »Wüstenfahrt« inspiriert; Vorbild für »Neonlichter« waren Abende mit Freunden in der neonbeleuchteten Stadt. So macht mir Design Spaß – es ist spielerisch und befreiend. Haben Sie keine Angst, sich beim Experimentieren mit Farben von Ihren Emotionen und Erinnerungen leiten zu lassen – so erschaffen Sie eine Stimmung, die Sie an einen schönen Ort zurückversetzt, ohne sich um gängige Farbkombinationen zu scheren.

NICHT ÜBERFRACHTEN

Manchmal ist weniger mehr, und eine reduzierte, schlichte Farbpalette kann wunderschön sein. Einige neutrale Grundfarben (alles von Reinweiß über Beigetöne bis zu Graphitgrau) können als idealer Hintergrund dienen, auf dem eine oder zwei Ihrer Lieblingsfarben perfekt zur Geltung kommen. Durch eine eingeschränkte Farbpalette können auch die fantastischen Strukturmuster in diesem Buch ihre volle Wirkung entfalten – die »Wintermorgen«-Decke ist ein gutes Beispiel dafür. Die neutralen Farbtöne lassen den leuchtend gelben Streifen viel Raum, und das ganze Design atmet die Stimmung eines kalten, strahlenden Wintermorgens.

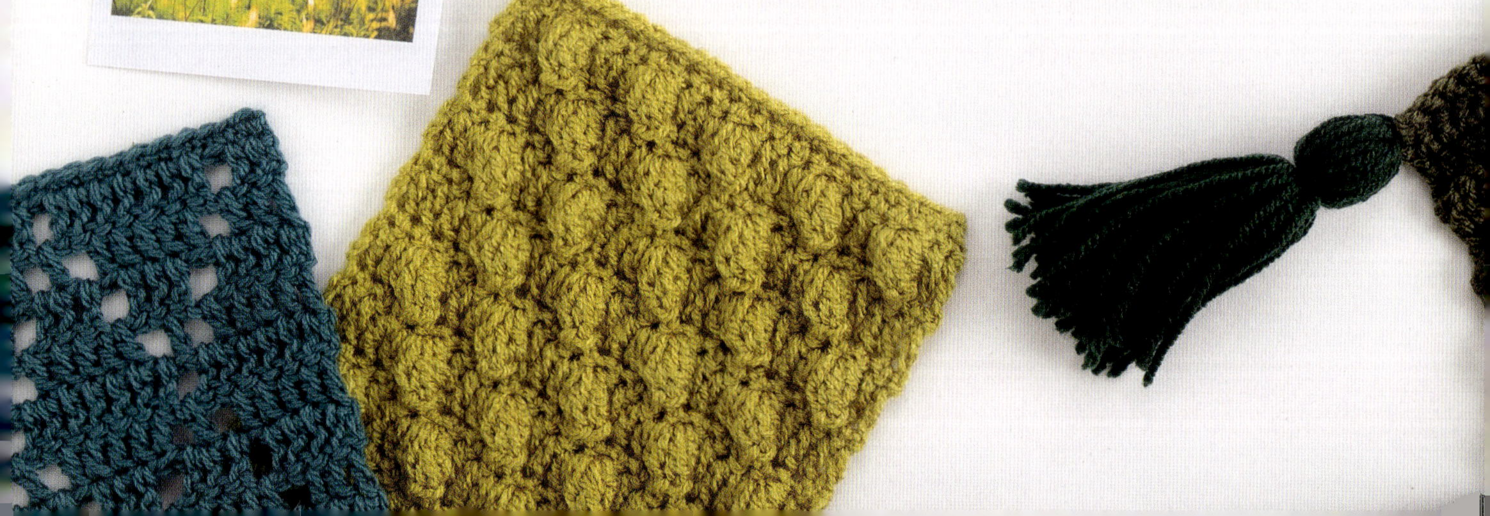

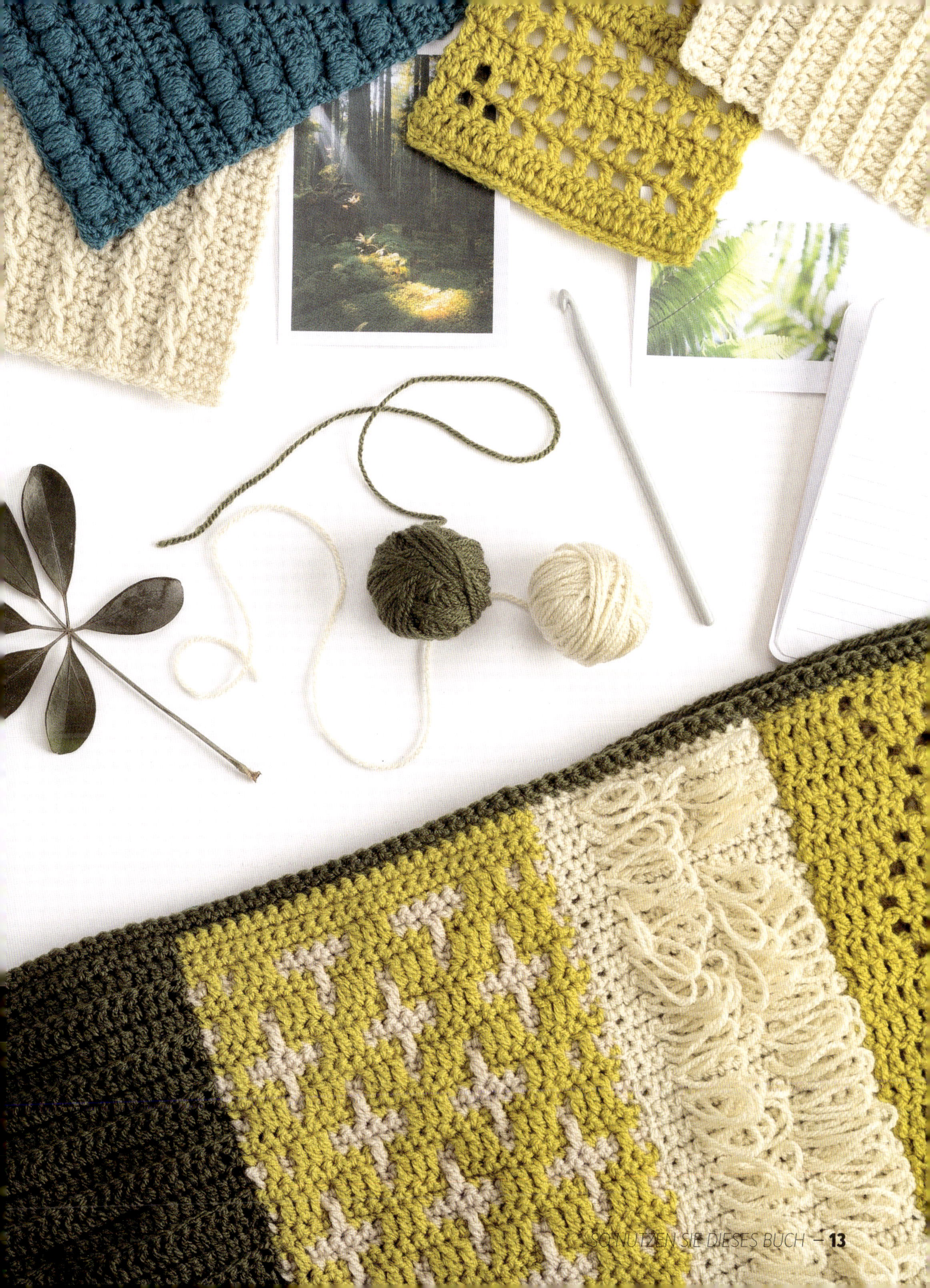

ABKÜRZUNGEN UND SYMBOLE

In den Anleitungen in diesem Buch werden die unten aufgelisteten Abkürzungen und Symbole verwendet, die Sie hier stets nachschlagen können.

GRUNDLEGENDE ABKÜRZUNGEN

2 Stb zus	2 Stäbchen zusammen abmaschen
3 Stb zus	3 Stäbchen zusammen abmaschen
7 Stb zus	7 Stäbchen zusammen abmaschen
arb	arbeiten
ausgel	ausgelassene(r/s/n)
ausl	auslassen
BüM	Büschelmasche
DStb	Doppelstäbchen
fM	feste Masche
folg	folgende(r/s/n)
fortl	fortlaufend
FW	Farbwechsel
Hin-R	Hinreihe
hMg (in hMg)	hinteres Maschenglied (nur ins hMg häkeln)
hRM	Reliefmasche von hinten / hintere Reliefmasche
hRStb	hinteres Relief-Säbchen / Relief-Stäbchen von hinten
hStb	halbes Stäbchen
Km	Kettmasche
Lm	Luftmasche(n)
Lm-B	Luftmaschenbogen
M	Masche(n)
Mg	Maschenglied
MStb	Mosaikstäbchen
PcM	Popcornmasche
PeM	Perlenmasche
Rück-R	Rückreihe
Schl	Schlaufe
Schl-M	Schlaufenmasche / Schlingenmasche
Stb	Stäbchen
U	Umschlag, Faden umschlagen
verl fM	verlängerte feste Masche
verl Stb	verlängertes Stäbchen
vRDStb	vorderes Relief-Doppelstäbchen / Relief-Doppelstäbchen von vorne
vRM	vordere Reliefmasche / Reliefmaschen von vorne
vRStb	vorderes Relief-Stäbchen / Relief-Stäbchen von vorne
wh	wiederholen / Wiederholung
W-Lm	Wendeluftmasche
zus	zusammen / zusammen abmaschen

WIEDERHOLUNGSZEICHEN / RAPPORTE

Alle Wiederholungen / Rapporte werden so dargestellt:

***...; ab * noch 1-mal/2-mal/3-mal/fortl wh** – die Anweisung nach dem * befolgen, dann diese Partie in der angegebenen Anzahl oder bis zum angegebenen Punkt wiederholen.

1-mal / 2-mal / 3-mal [...], fortl [...], [...] bis 2 M vor Ende – die Anweisungen in Klammern in der angegebenen Anzahl oder bis zum angegebenen Punkt wiederholen.

Wintermorgen

Machen Sie mit dieser Decke einen Spaziergang über die winterlichen Felder. Die tief stehende Wintersonne wirft ihr goldenes Licht auf die unbelaubten, bereiften Zweige und hebt Details hervor, die uns sonst entgangen wären. Ein perfekter Tag.

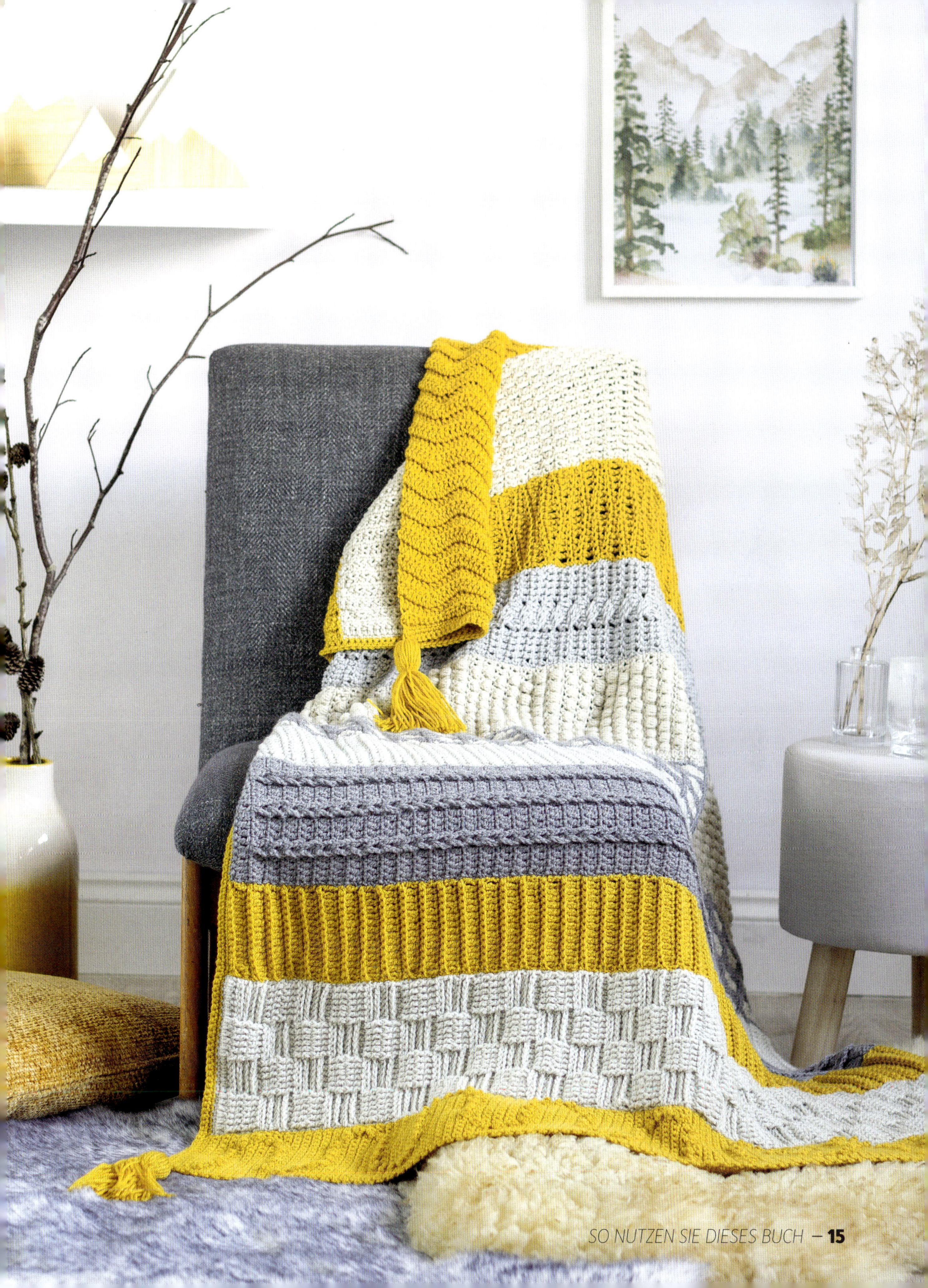

SYMBOLE DER HÄKELSCHRIFTEN

◂	Anfangspfeil	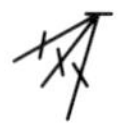	3 Stäbchen zusammen abmaschen
○	Luftmasche	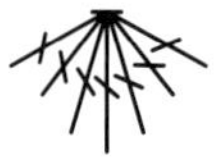	7 Stäbchen zusammen abmaschen
•	Kettmasche	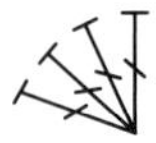	4 Stäbchen in 1 Masche häkeln
+	feste Masche	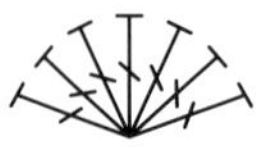	7 Stäbchen in 1 Masche häkeln
T	halbes Stäbchen		Schlingenmasche
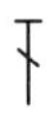	Stäbchen		nur in das hintere Maschenglied häkeln
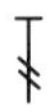	Doppelstäbchen		verlängerte feste Masche
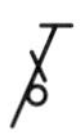	Frischgrätstäbchen (linksgeneigt oder rechtsgeneigt)	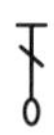	verlängertes Stäbchen
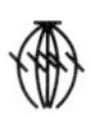	Büschel (Anzahl der Maschen variabel)	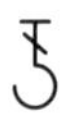	Reliefstäbchen von vorne
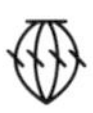	Noppe (Anzahl der Maschen variabel)	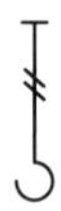	Reliefdoppelstäbchen von vorne
	Mini-Noppe		
	Puffmasche (Anzahl der Maschen variabel)	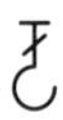	Reliefstäbchen von hinten
	Popcornmasche (Art & Anzahl der Maschen variabel)		feste Masche aufhäkeln
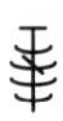	Perlenmasche / Reliefpuffmasche		Kettmasche aufhäkeln
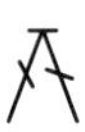	2 Stäbchen zusammen abmaschen	]	Reihen-Rapport

HÄKELSCHRIFTEN LESEN

In der Häkelschrift wird jede Masche durch ein Symbol dargestellt (siehe Tabelle links).

Häkeln Sie zunächst Ihre Anfangsluftmaschenkette (weitere Infos siehe Anfangsluftmaschen berechnen, Seite 8).

Alle Hinreihen werden von rechts nach links gearbeitet, alle Rückreihen von links nach rechts. Der Anfangspfeil zeigt den Beginn an.

Am Ende jeder Reihe wird die Arbeit gewendet. Dazu die am Anfang jeder Reihe angegebene Anzahl Wendeluftmaschen häkeln (neben dem Anfangspfeil), dann bis zum Ende der Reihe nach den Symbolen der einzelnen Maschen vorgehen.

Die rote senkrechte Klammer an der rechten Seite der Häkelschrift zeigt den Reihenabschnitt an, der wiederholt werden soll (Reihen-Rapport).

Neonlichter

Vorbild für diese symmetrische Decke war die Großstadt bei Nacht. Bunte Neonlichter flimmern und Leuchtreklamen spiegeln sich in den Fensterscheiben. Die Rücklichter der vorbeiflitzenden Autos ziehen Leuchtstreifen in die Dunkelheit.

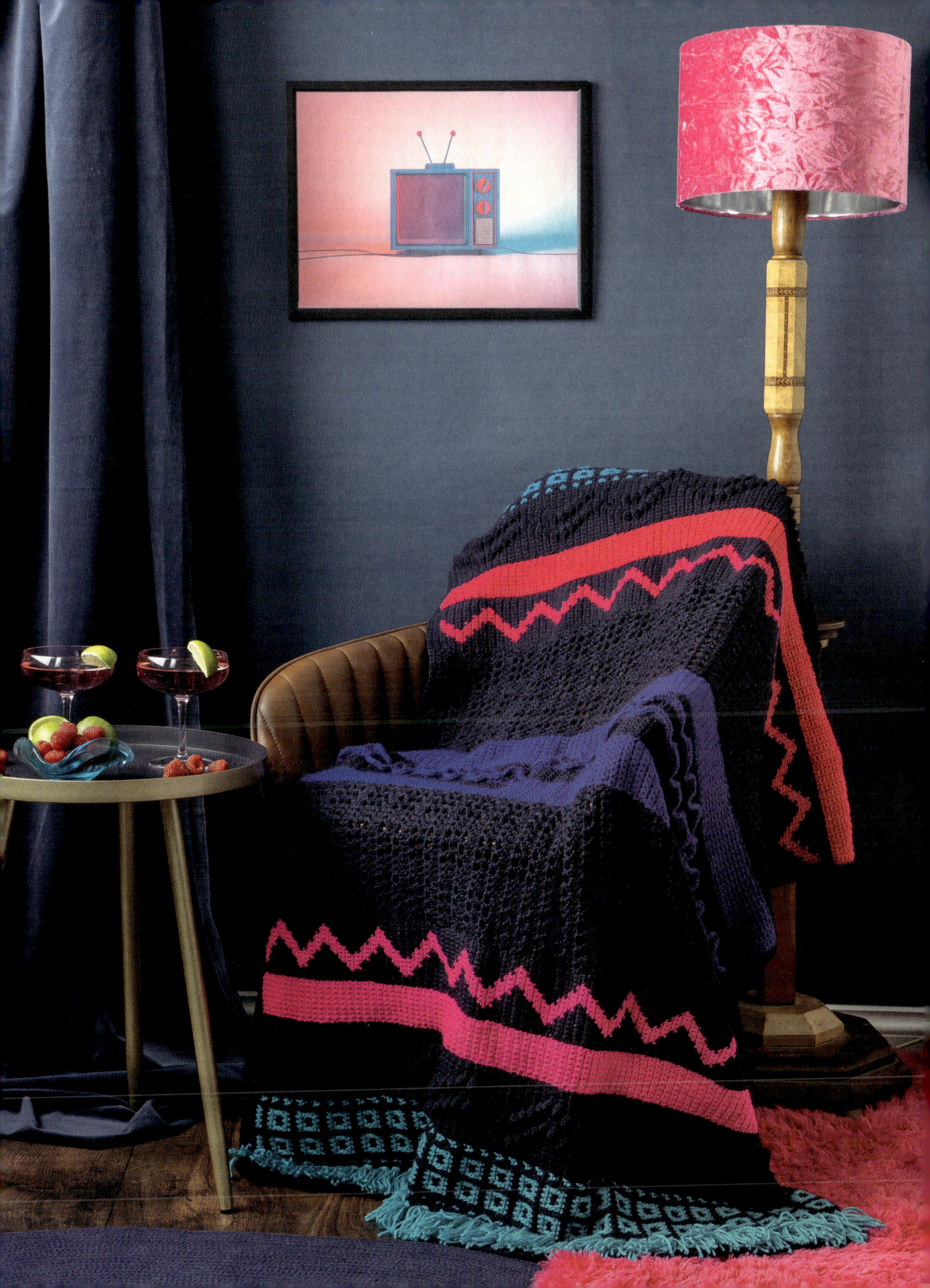

JAHRMARKT

In dieser Decke steckt der ganze Zauber des Jahrmarkts, die wirbelnden bunten Fahrgeschäfte, die verführerischen Süßigkeiten an den Ständen ... Musikfetzen schwirren durch die Luft, alle sind voller Vorfreude und spüren dieses erwartungsvolle Kribbeln im Bauch.

Material:

GARN
Scheepjes Colour Crafter
in folgenden Farben:

- Leek (1132); 1 Knäuel
- Hasselt (2010); 2 Knäuel
- The Hague (1256); 1 Knäuel
- Wolvega (1099); 1 Knäuel
- Leeuwarden (1711); 1 Knäuel
- Apeldoorn (1435); 1 Knäuel
- Hilversum (1257); 1 Knäuel
- Kampen (1035); 1 Knäuel
- Brugge (2003); 1 Knäuel
- Spa (2007); 1 Knäuel
- Rotterdam (1063); 1 Knäuel
- Wilnis (1829); 1 Knäuel
- Eelde (1422); 1 Knäuel

HÄKELNADEL
Stärke 5 mm

MAẞE
Die fertige Decke ist etwa 100 x 130 cm groß (ohne Pompons).

Jeder Streifen ist 100 cm lang.

Die Breite der einzelnen Streifen ist unterschiedlich.

A | KLEINE PUFFMASCHEN (#091)
Farbe: Leek (1132); 70 g

22 Anfangs-Lm

B | SANFTE WELLEN (#033)
Farbe A: Hasselt (2010); 32 g

Farbe B: The Hague (1256); 24 g

18 Anfangs-Lm mit Farbe A

C | AUFGEHÄKELTE FESTE MASCHEN (#060)
Farbe A: Wolvega (1099); 52 g

Farbe B: Leeuwarden (1711); 15 g

21 Anfangs-Lm mit Farbe A

D | STÄBCHEN NUR INS HINTERE MASCHENGLIED (#006)
Farbe: Apeldoorn (1435); 27 g

13 Anfangs-Lm

E | GESTREIFTE RAUTEN (#035)
Farbe A: Hasselt (2010); 45 g

Farbe B: Hilversum (1257); 28 g

24 Anfangs-Lm mit Farbe A

F | SCHLAUFENMUSTER (#020)
Farbe: Kampen (1035); 50 g

16 Anfangs-Lm

G | NOPPENKUGELN (#087)
Farbe: Brugge (2003); 69 g

18 Anfangs-Lm

H | GEKREUZTE RAUTEN (#042)
Farbe: Spa (2007); 58 g

24 Anfangs-Lm

I | WAAGRECHTE STREIFEN (#029)
Farbe A: Hasselt (2010); 36 g

Farbe B: Rotterdam (1063); 35 g

22 Anfangs-Lm mit Farbe A

J | MINI-ZÖPFE (#064)
Farbe: Wilnis (1829); 44 g

13 Anfangs-Lm

K | POPCORN-RAUTEN (#092)
Farbe: Eelde (1422); 61 g

20 Anfangs-Lm

UMRANDUNG
Farbe: Rotterdam (1063); 14 g

An den Längskanten 2 Reihen fM häkeln

POMPONS
Farben: The Hague (1256) und Wilnis (1829); 38 g je Farbe

Technik S. 141,
an jeder Schmalseite 9 Pompons annähen

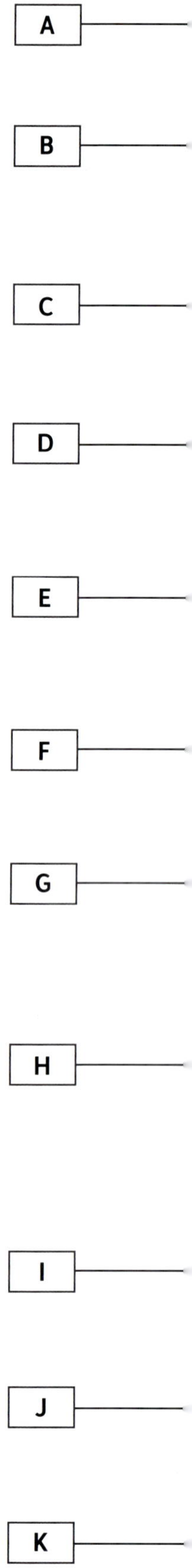

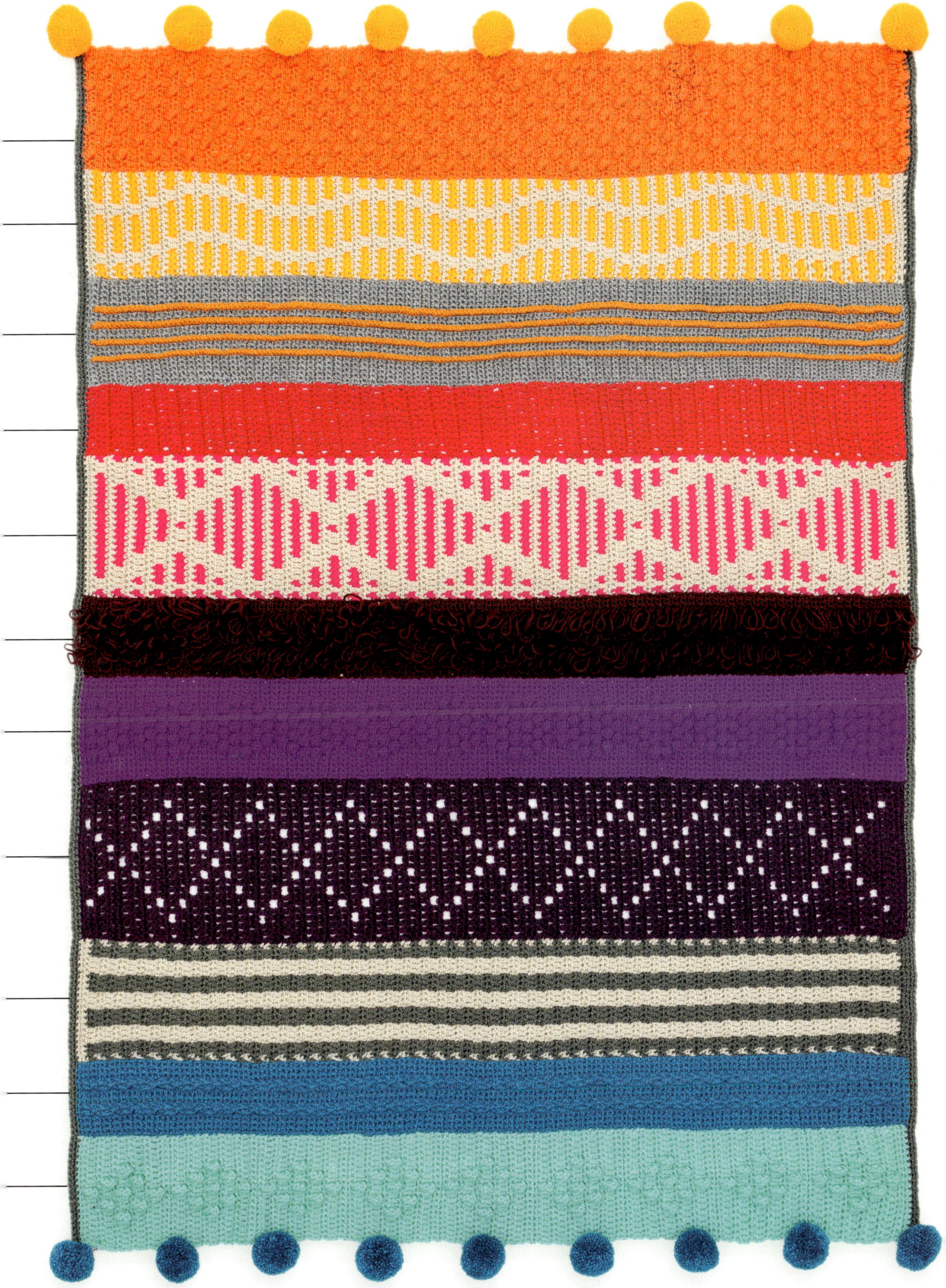

BLÄTTER-DACH

Mit ihren Strukturmustern und hell-dunkel gemusterten Partien erinnert die Blätterdach-Decke an das weiche Dämmerlicht im Wald. Man riecht förmlich die frische Waldluft, hört das Raunen und Wispern in luftiger Höhe. Blätter entfalten sich, Ranken wuchern empor, Schmetterlinge flattern. Schauen Sie durch die Äste und das saftige Grün zu den Baumkronen hinauf, wo der Himmel sich öffnet und die Vögel fliegen. Dies ist die perfekte Decke, um sich einzukuscheln und von einer üppig grünen verborgenen Welt zu träumen.

Material:

GARN
Scheepjes Colour Crafter
in folgenden Farben:

- Utrecht (1009); 2 Knäuel
- Hasselt (2010); 2 Knäuel
- Nijmegen (1712); 3 Knäuel
- Arnhem (1027); 2 Knäuel
- Zandvoort (1218); 2 Knäuel

HÄKELNADEL
Stärke 5 mm

MAẞE
Die fertige Decke ist etwa 100 x 130 cm groß (ohne Fransen).

Jeder Streifen ist 100 cm lang.

Die Breite der einzelnen Streifen ist unterschiedlich.

A | STÄBCHEN NUR INS HINTERE MASCHENGLIED (#006)
Farbe: Arnhem (1027); 52 g

21 Anfangs-Lm

B | VOGELFLUG (#025)
Farbe A: Nijmegen (1712); 51 g

Farbe B: Hasselt (2010); 34 g

26 Anfangs-Lm mit Farbe A

C | SCHLAUFENMUSTER (#020)
Farbe: Zandvoort (1218); 58 g

16 Anfangs-Lm

D | VERBUNDENE BLÄTTER (#044)
Farbe: Nijmegen (1712); 40 g

18 Anfangs-Lm

E | HALBE STÄBCHEN (#004)
Farbe: Utrecht (1009); 23 g

9 Anfangs-Lm

F | STREUSELMUSTER (#009)
Farbe: Hasselt (2010); 59 g

18 Anfangs-Lm

G | RIESENNOPPEN (#086)
Farbe: Nijmegen (1712); 100 g

24 Anfangs-Lm

H | SCHMETTERLINGE (#039)
Farbe: Utrecht (1009); 40 g

18 Anfangs-Lm

I | KONTRASTFARBIGE RIESENNOPPEN (#090)
Farbe A: Hasselt (2010); 67 g

Farbe B: Nijmegen (1712); 30 g

26 Anfangs-Lm mit Farbe A

J | VERSCHLUNGENE RANKEN (#070)
Farbe: Zandvoort (1218); 66 g

17 Anfangs-Lm

K | PLASTISCHE WELLEN (#013)
Farbe: Arnhem (1027); 67 g

26 Anfangs-Lm

UMRANDUNG
Farbe: Arnhem (1027); 14 g

An den Längskanten 2 Reihen fM häkeln

FRANSEN
Farbe: Utrecht (1009); 44 g

Technik siehe S. 141

an jeder Schmalseite 9 Fransen annähen

A

B

C

D

E

F

G

H

I

J

K

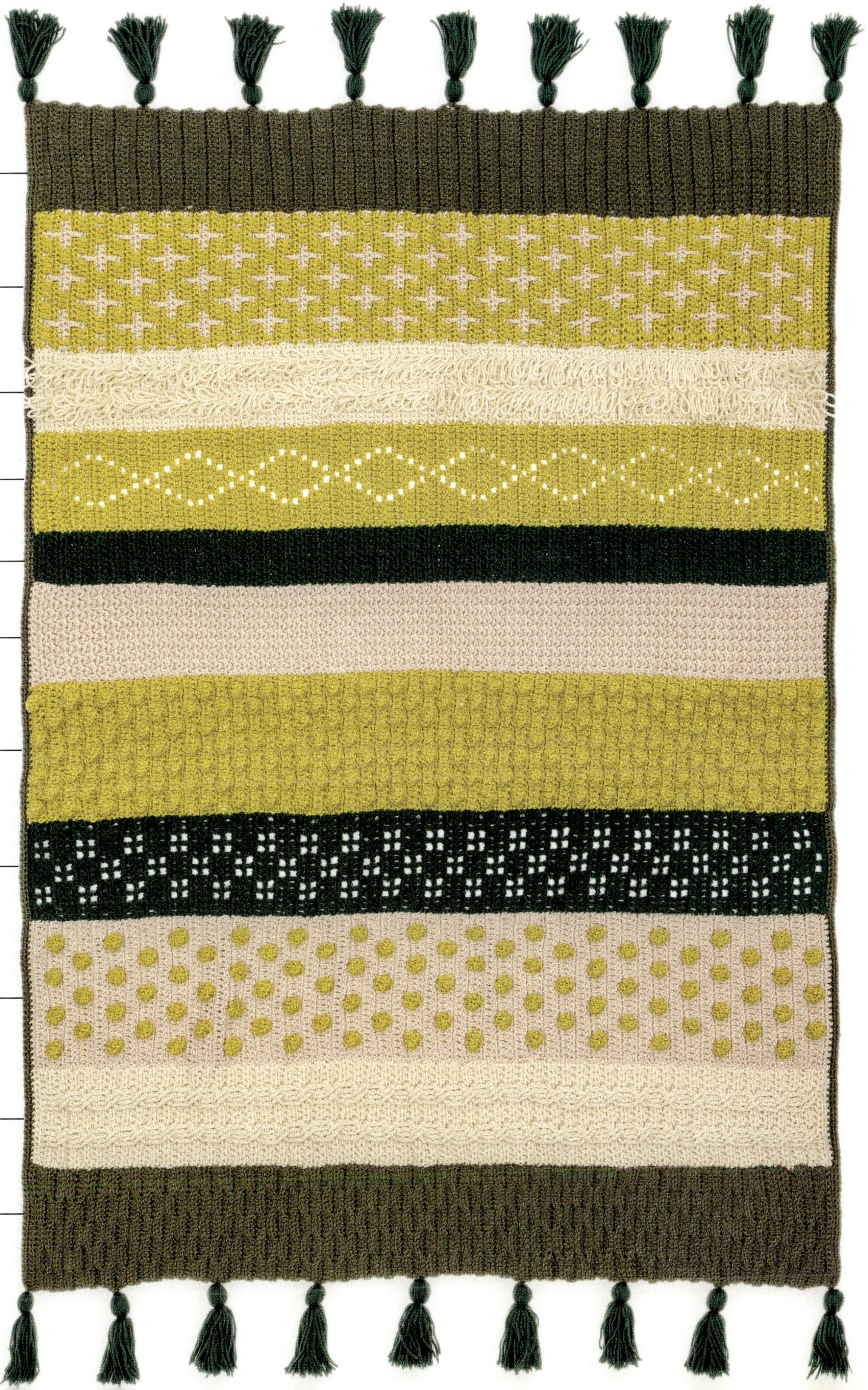

WÜSTEN-FAHRT

Vor Ihnen erstreckt sich die endlose Straße bis zum Horizont, der im Dunst verschwimmt – Sie schauen in die Ferne und genießen die endlose Weite. Sie spüren die Wärme auf der Haut und den Wind im Haar, während die Kilometer vorbeifliegen. Der dunkle Streifen der Straße hebt sich von den Orangetönen der staubigen Wüste und dem blassblauen Himmel darüber ab. Diese Decke nimmt Sie mit auf die Reise Ihres Lebens.

Material:

GARN
Scheepjes Colour Crafter
in folgenden Farben:

- Verviers (2017); 2 Knäuel
- Breda (1029); 1 Knäuel
- Burum (1709); 1 Knäuel
- Goes (1820); 2 Knäuel
- Pollare (2018); 2 Knäuel
- Leeuwarden (1711); 2 Knäuel
- Gent (2002); 2 Knäuel

HÄKELNADEL
Stärke 5 mm

MAßE
Die fertige Decke ist etwa 100 x 130 cm groß (ohne Pompons).

Jeder Streifen ist 100 cm lang.

Die Breite der einzelnen Streifen ist unterschiedlich.

A | MINI-NOPPEN (#088)
Farbe: Verviers (2017); 65 g

20 Anfangs-Lm

B | VERLÄNGERTE STÄBCHEN (#007)
Farbe: Breda (1029); 30 g

13 Anfangs-Lm

C | SONNE (#071)
Farbe A: Verviers (2017); 27 g

Farbe B: Burum (1709); 23 g

16 Anfangs-Lm mit Farbe A

D | ZICKZACK-NOPPEN (#094)
Farbe: Goes (1820); 69 g

22 Anfangs-Lm

E | GERIPPTE STREIFEN (#019)
Farbe A: Verviers (2017); 28 g

Farbe B: Pollare (2018); 27 g

21 Anfangs-Lm mit Farbe A

F | BESCHLEUNIGUNG (#046)
Farbe: Leeuwarden (1711); 52 g

24 Anfangs-Lm

G | KÜHNE PFEILE (#031)
Farbe A: Verviers (2017); 38 g

Farbe B: Pollare (2018); 46 g

23 Anfangs-Lm mit Farbe A

H | FESTE MASCHEN NUR INS HINTERE MASCHENGLIED (#002)
Farbe: Leeuwarden (1711); 27 g

11 Anfangs-Lm

I | BREITE ZACKEN (#041)
Farbe: Breda (1029); 43 g

20 Anfangs-Lm

J | GRÄTENMUSTER (#034)
Farbe A: Verviers (2017); 32 g

Farbe B: Pollare (2018); 25 g

18 Anfangs-Lm mit Farbe A

K | SEGGENSTICH (#012)
Farbe: Goes (1820); 64 g

23 Anfangs-Lm

UMRANDUNG
Farbe: Goes (1820); 13 g

An den Längskanten 2 Reihen fM häkeln

POMPONS
Farben: Leeuwarden (1711) und Gent (2002); je 101 g

Technik siehe S. 141
an jeder Schmalseite 4 Pompons annähen

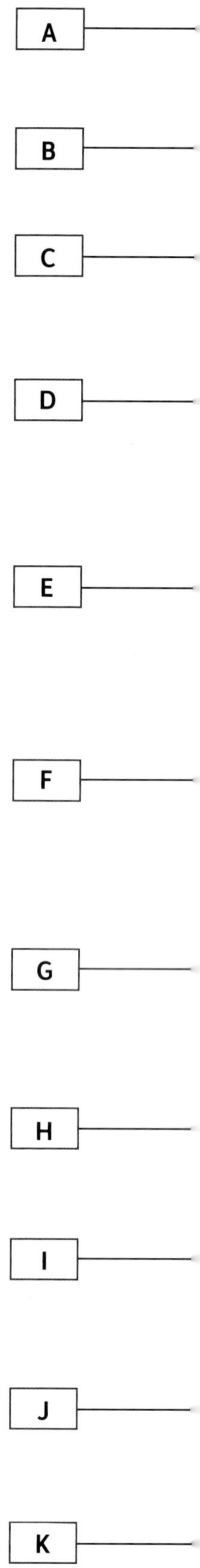

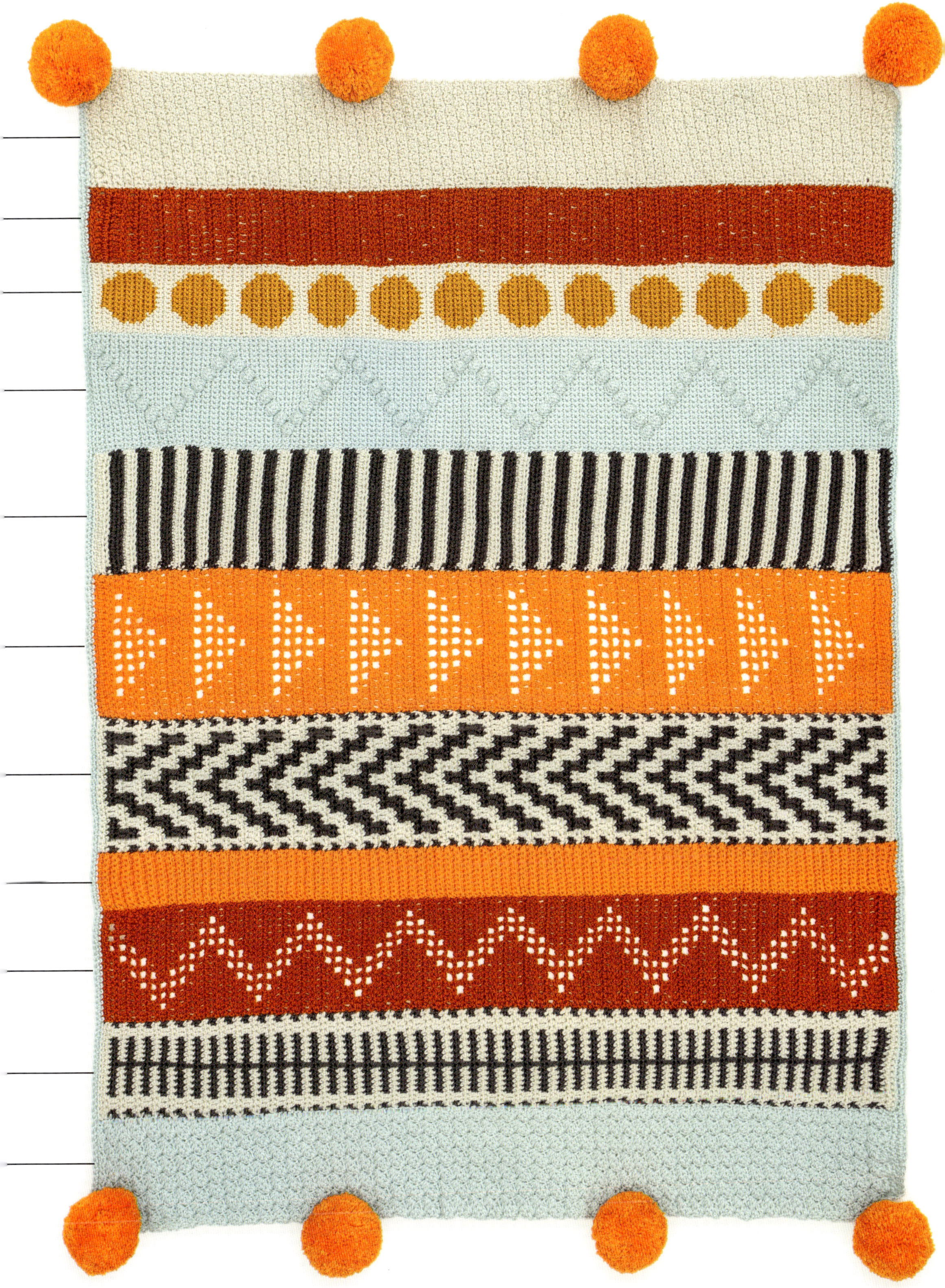

WINTER-MORGEN

Kommen Sie mit auf einen Spaziergang über die winterlichen Felder. Die ganze Landschaft ist weiß und kahl, unser Atem bildet in der kalten Luft neblige Wölkchen, und die tief stehende Wintersonne wirft unsere riesenhaften Schatten auf den Weg vor uns. Ihr goldenes Licht fällt auf die unbelaubten, bereiften Zweige und hebt Details hervor, die uns sonst entgangen wären. Ein perfekter Tag.

Material:

GARN
Scheepjes Colour Crafter
in folgenden Farben:

- Coevorden (1823); 3 Knäuel
- Zandvoort (1218); 3 Knäuel
- Sint Niklaas (2019); 1 Knäuel
- Wolvega (1099); 2 Knäuel
- Verviers (2017); 2 Knäuel

HÄKELNADEL
Stärke 5 mm

MAßE
Die fertige Decke ist etwa 100 x 130 cm groß (ohne Fransen).

Jeder Streifen ist 100 cm lang.

Die Breite der einzelnen Streifen ist unterschiedlich.

A | GERIPPTE WELLEN (#017)
Farbe: Coevorden (1823); 60 g

25 Anfangs-Lm

B | ALPINMUSTER (#010)
Farbe: Zandvoort (1218); 76 g

22 Anfangs-Lm

C | WELLENMUSTER (#023)
Farbe: Coevorden (1823); 36 g

15 Anfangs-Lm

D | BREITER ZOPF (#063)
Farbe: Sint Niklaas (2019); 49 g

17 Anfangs-Lm

E | DICHTE PUFFMASCHEN (#097)
Farbe: Zandvoort (1218); 84 g

20 Anfangs-Lm

F | KLEINE KÄSTCHEN (#026)
Farbe A: Wolvega (1099); 34 g

Farbe B: Zandvoort (1218); 32 g

20 Anfangs-Lm mit Farbe A

G | STÄBCHEN (#005)
Farbe: Verviers (2017); 39 g

15 Anfangs-Lm

H | JAKOBSLEITER (#065)
Farbe: Wolvega (1099); 68 g

21 Anfangs-Lm

I | GROBE RIPPEN (#062)
Farbe: Coevorden (1823); 37 g

15 Anfangs-Lm

J | GROSSES FLECHTMUSTER (#016)
Farbe: Verviers (2017); 97 g

27 Anfangs-Lm

K | SLALOM (#096)
Farbe: Coevorden (1823); 65 g

20 Anfangs-Lm

UMRANDUNG
Farbe: Coevorden (1823); 14 g

An den Längskanten 2 Reihen fM häkeln.

FRANSEN
Farbe: Coevorden (1823); 24 g

Technik siehe S. 141

an jeder Ecke 1 Franse annähen

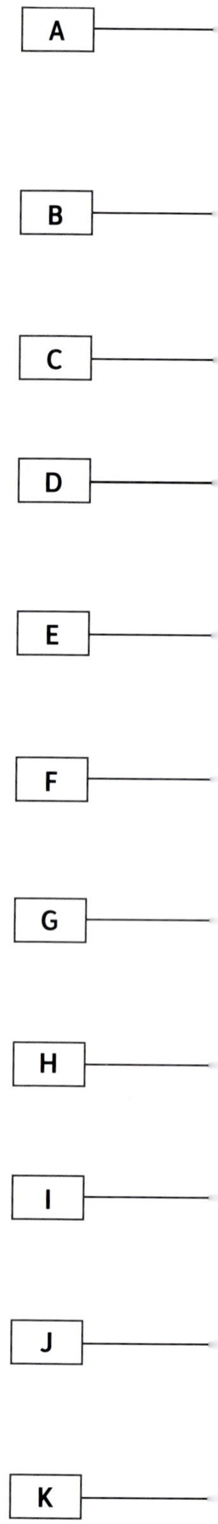

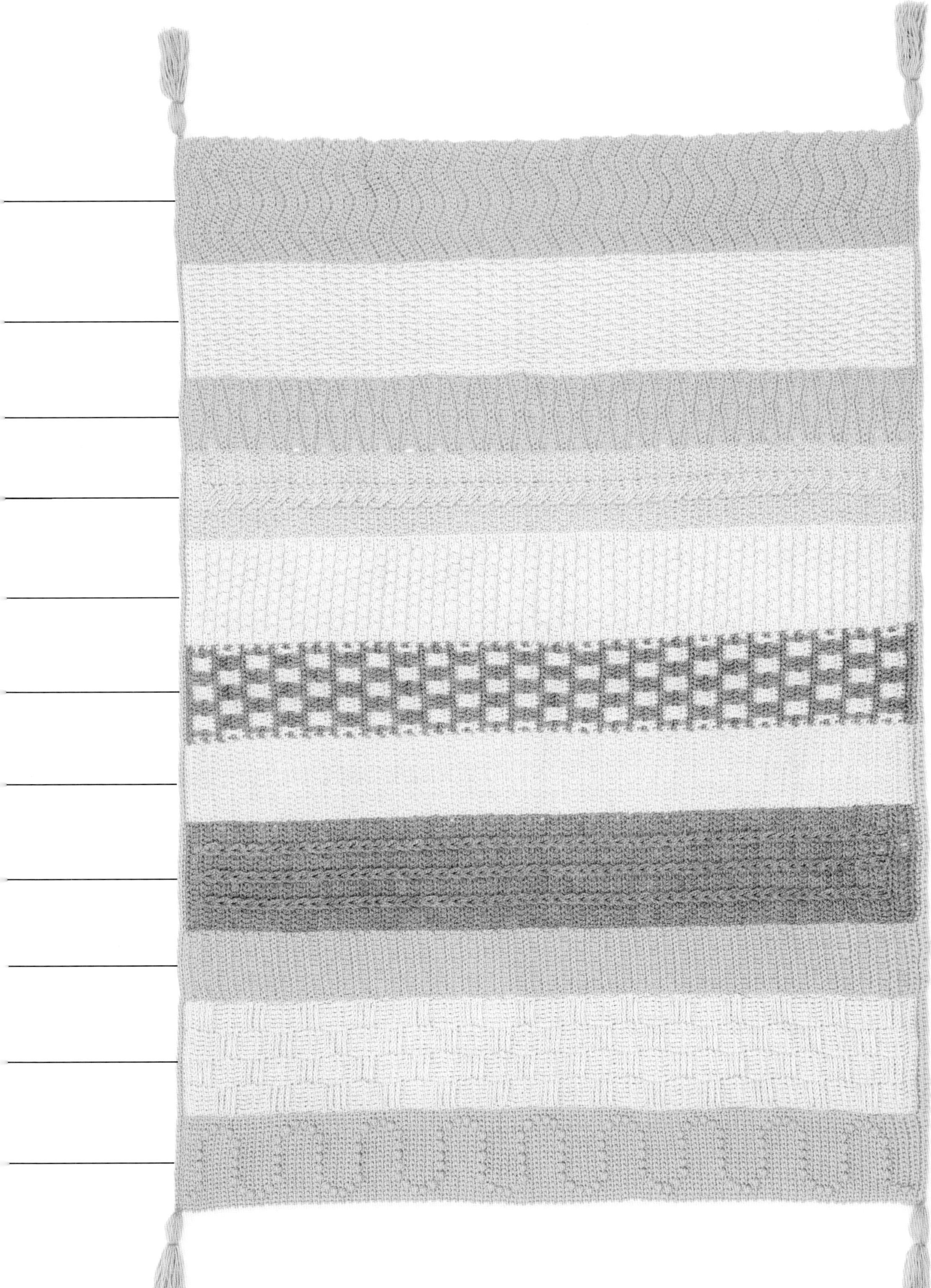

NEON-LICHTER

Vorbild für diese symmetrische Decke war die Großstadt bei Nacht. Bunte Neonlichter flimmern und Leuchtreklamen spiegeln sich in den Fensterscheiben. Die Rücklichter der vorbeiflitzenden Autos ziehen Leuchtstreifen in die Dunkelheit. In grellem Pink und kühlem Blau locken die Neonschilder der Clubs und verheißen noch einen letzten Tanz, bevor die Sonne aufgeht.

Material:

GARN

Scheepjes Colour Crafter
in folgenden Farben:

- Tynaarlo (1011): 5 Knäuel
- Wilnis (1829): 1 Knäuel
- Apeldoorn (1435): 1 Knäuel
- Delft (1117): 1 Knäuel
- Hilversum (1257): 1 Knäuel
- Bastogne (2015): 1 Knäuel

HÄKELNADEL

Stärke 5 mm

MAßE

Die fertige Decke ist etwa 100 x 130 cm groß.

Jeder Streifen ist 100 cm lang.

Die Breite der einzelnen Streifen ist unterschiedlich.

A | KURZE FRANSEN (#055)

Farbe A: Tynaarlo (1011); 27 g

Farbe B: Wilnis (1829); 20 g

10 Anfangs-Lm mit Farbe A

B | EISWÜRFEL (#028)

Farbe A: Tynaarlo (1011); 24 g

Farbe B: Wilnis (1829); 21 g

14 Anfangs-Lm mit Farbe A

C & M | NOPPENWELLEN (#093)

Farbe: Tynaarlo (1011); 60 g

16 Anfangs-Lm

D | FESTE MASCHEN (#001)

Farbe: Apeldoorn (1435); 24 g

9 Anfangs-Lm

E | ZACKENLINIE (#085)

Farbe A: Tynaarlo (1011); 33 g

Farbe B: Apeldoorn (1435); 13 g

16 Anfangs-Lm mit Farbe A

F & J | GITTERMUSTER (#043)

Farbe: Tynaarlo (1011); 53 g

26 Anfangs-Lm

G & I | FESTE MASCHEN (#001)

Farbe: Delft (1117); 26 g

10 Anfangs-Lm

H | EINFACHE RÜSCHEN (#058)

Farbe A: Tynaarlo (1011); 46 g

Farbe B: Delft (1117); 18 g

17 Anfangs-Lm mit Farbe A

K | ZACKENLINIE (#085)

Farbe A: Tynaarlo (1011); 33 g

Farbe B: Hilversum (1257); 13 g

16 Anfangs-Lm mit Farbe A

L | FESTE MASCHEN (#001)

Farbe: Hilversum (1257); 24 g

9 Anfangs-Lm

N | EISWÜRFEL (#028)

Farbe A: Tynaarlo (1011); 24 g

Farbe B: Bastogne (2015); 21 g

14 Anfangs-Lm mit Farbe A

O | KURZE FRANSEN (#055)

Farbe A: Tynaarlo (1011); 27 g

Farbe B: Bastogne (2015); 20 g

10 Anfangs-Lm mit Farbe A

UMRANDUNG

Farbe: Tynaarlo (1011); 14 g

An den Längskanten 2 Reihen fM häkeln

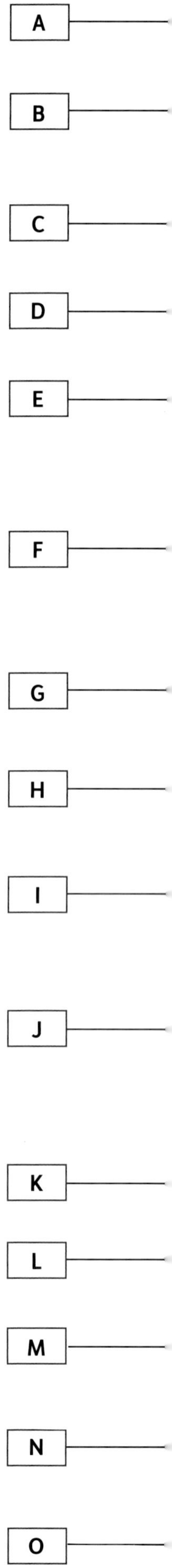

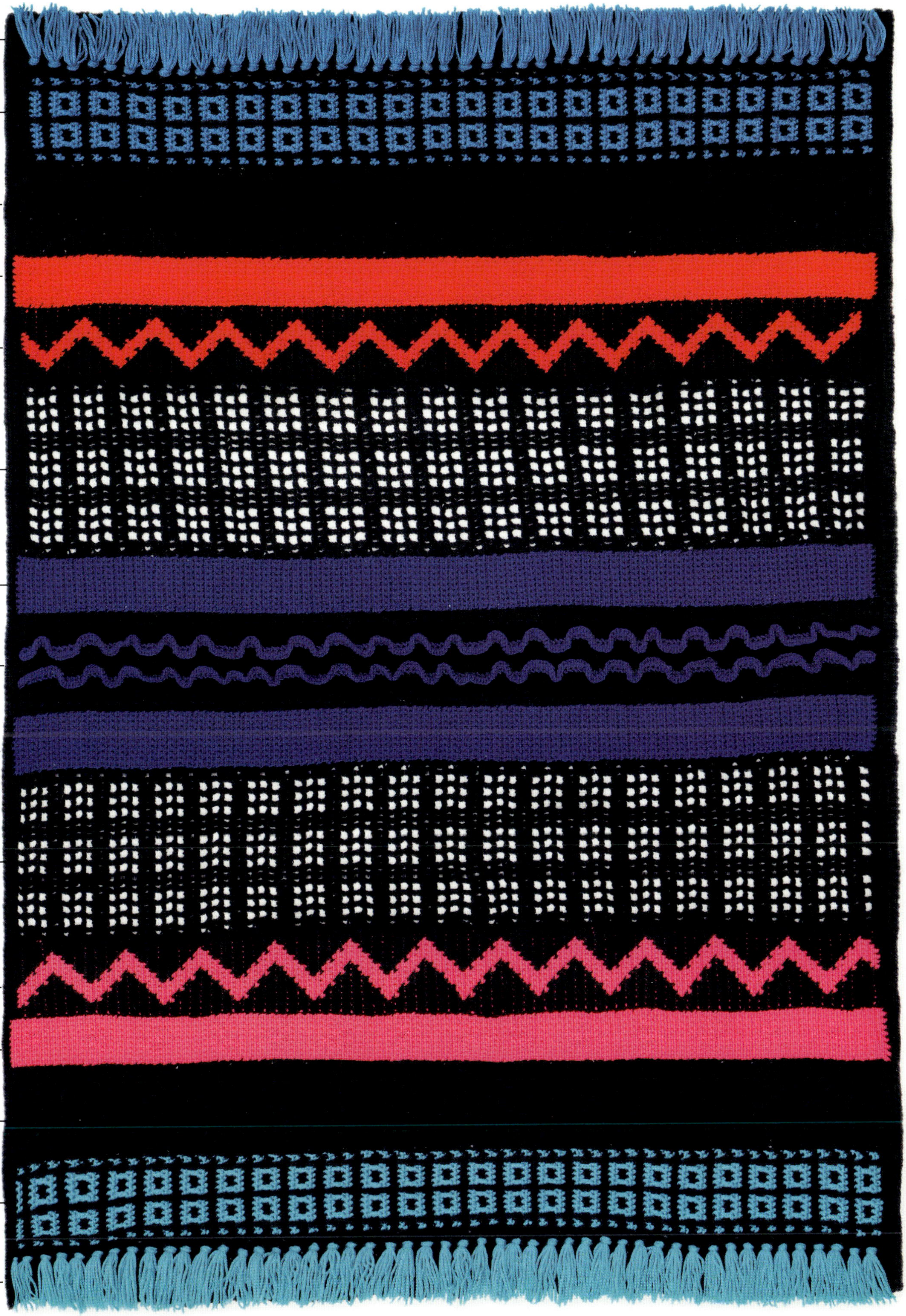

100 STREIFEN-Muster

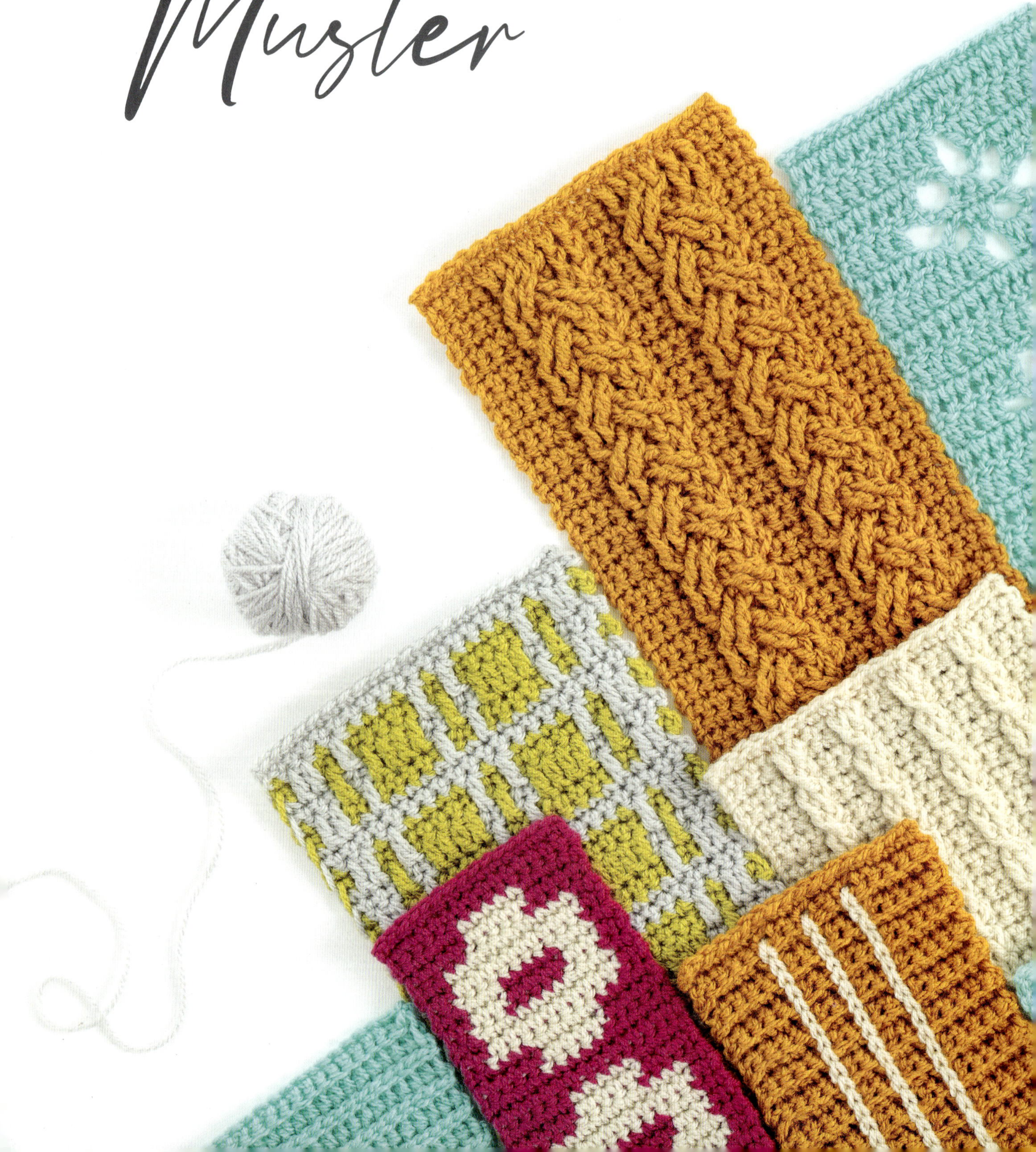

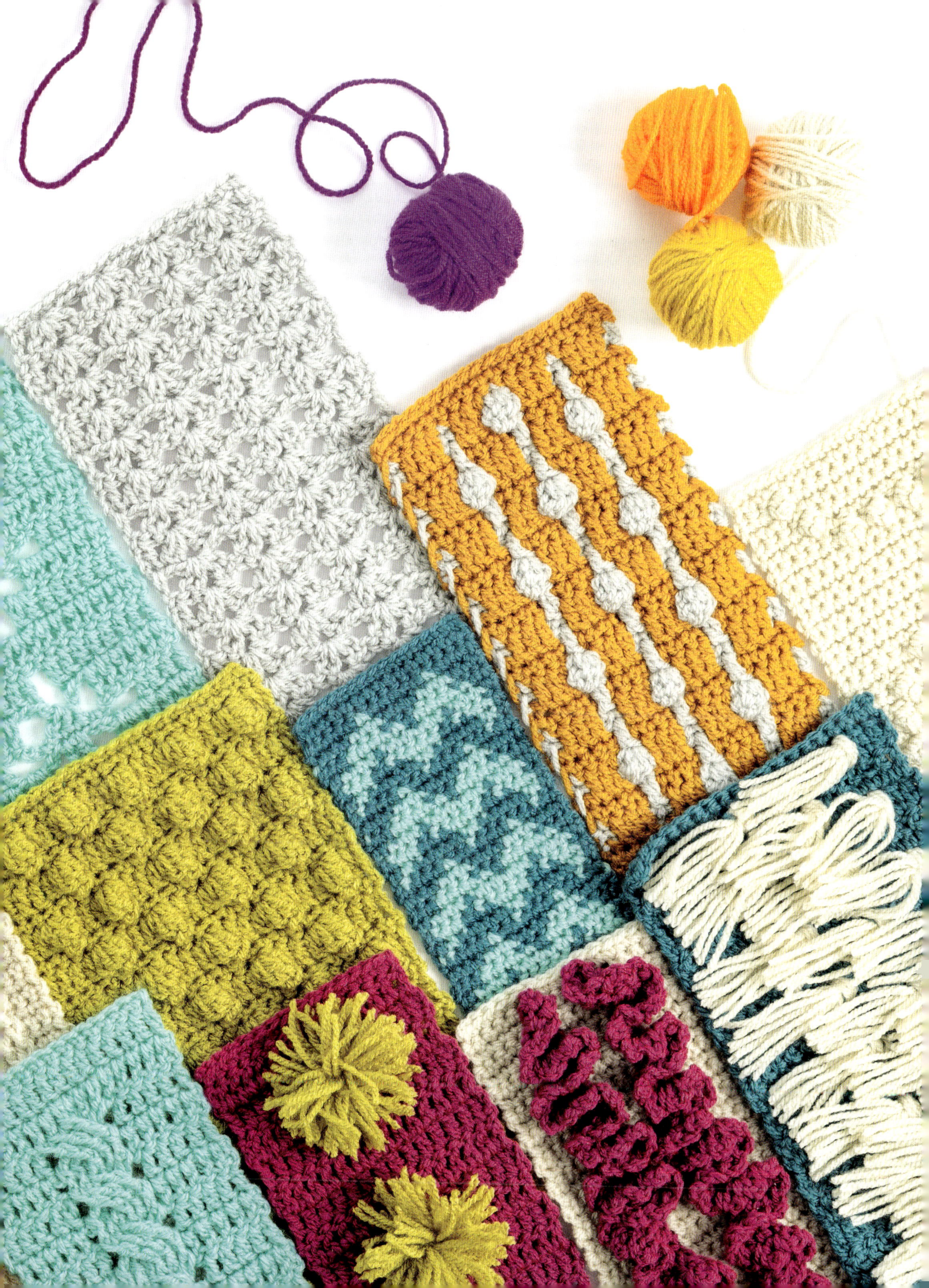

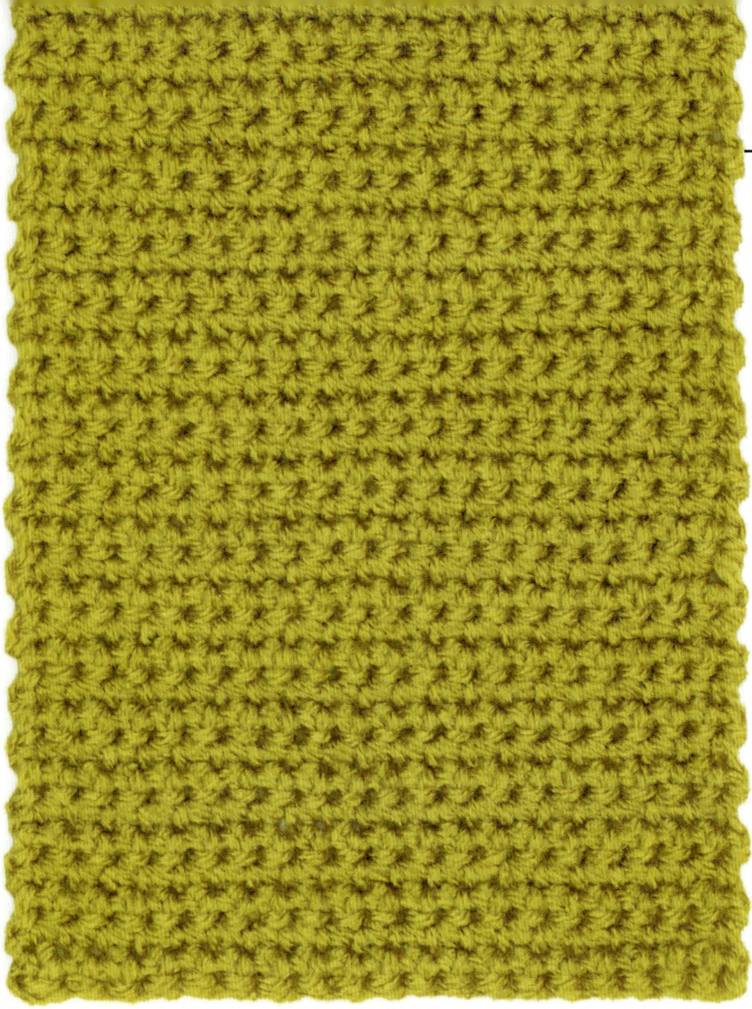

#001

FESTE MASCHEN

Dies ist eines der gängigsten Grundmuster. Die dichte Struktur und die geringe Höhe der festen Maschen (fM) bilden für viele Projekte den idealen Hintergrund.

Das Muster funktioniert mit einer beliebigen Anzahl von Anfangsluftmaschen.

Lm in der gewünschten Streifenbreite anschlagen.

1. R (Hin-R): 1 fM in die 2. Lm ab der Nadel und in jede weitere Lm, wenden.

2. R (Rück-R): 1 W-Lm (zählt nie als Masche), fortl 1 fM in jede M, wenden.

Die 2. R wh, bis der Streifen die gewünschte Länge hat.

Abmaschen und die Fäden vernähen.

Saubere Kanten

Arbeiten Sie die Anfangs-Lm am Beginn jeder Reihe stets einheitlich und etwas fester; so erhalten Sie eine saubere Kante.

#001 HÄKELSCHRIFT

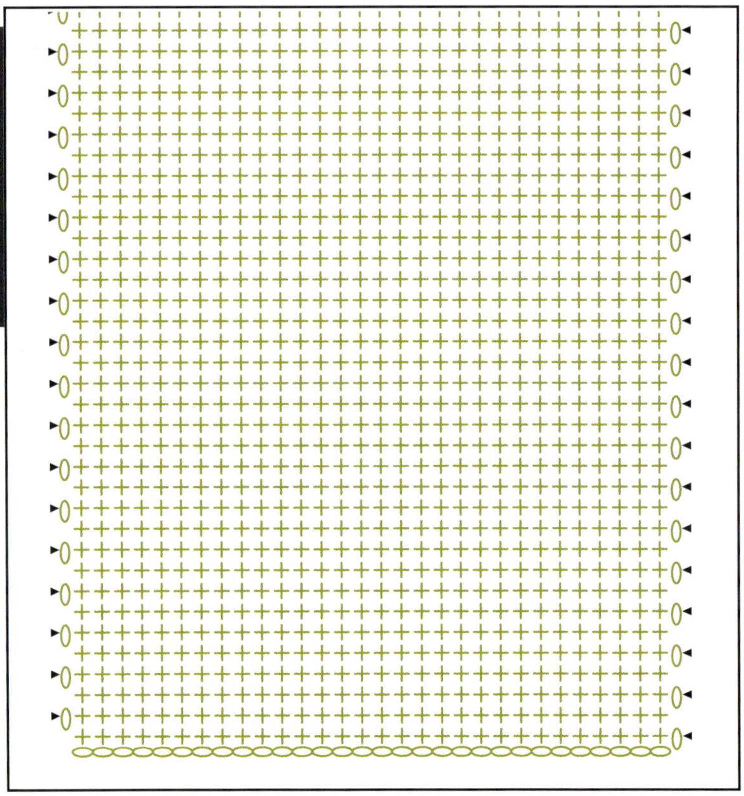

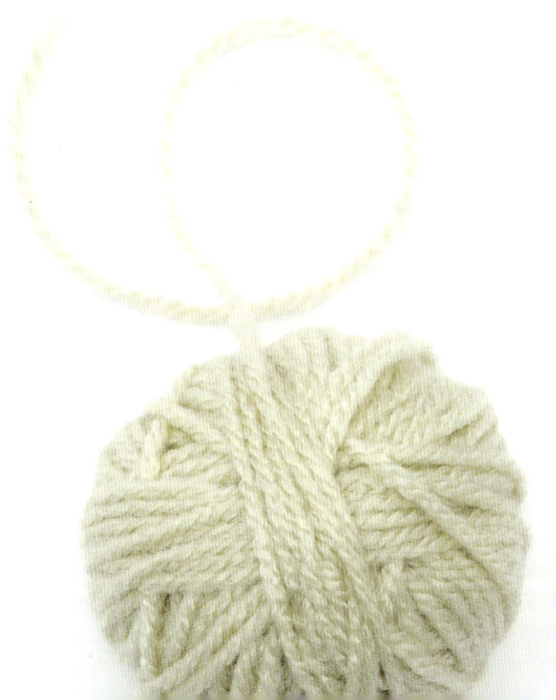

#002

FESTE MASCHEN NUR INS HINTERE MASCHENGLIED

Wenn alle festen Maschen nur in das hintere Maschenglied gearbeitet werden (fM in hMg) statt in beide Maschenglieder, entsteht ohne großen Aufwand ein plastisches Rippenmuster.

Das Muster funktioniert mit einer beliebigen Anzahl von Anfangsluftmaschen.

Lm in der gewünschten Streifenbreite anschlagen.

1. R (Hin-R): 1 fM in die 2. Lm ab der Nadel und in jede weitere Lm, wenden.

2. R (Rück-R): 1 W-Lm (zählt nie als Masche), fortl 1 fM in hMg jeder M, wenden.

Die 2. R wh, bis der Streifen 0,5 cm kürzer ist als die gewünschte Länge.

Letzte R: 1 W-Lm, fortl 1 fM in jede M.

Abmaschen und die Fäden vernähen.

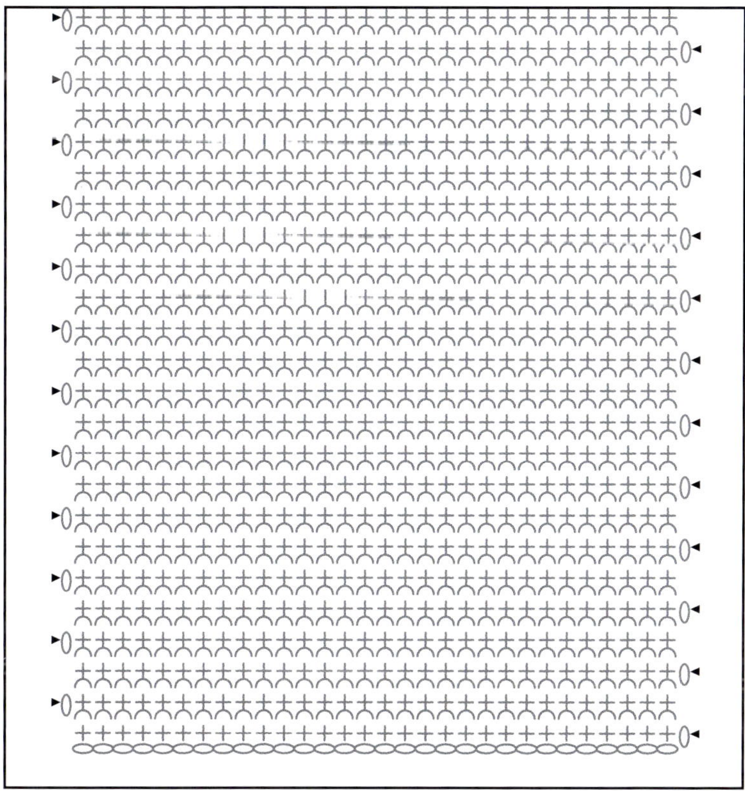

#002 HÄKELSCHRIFT

Hinteres Maschenglied finden

An der Oberseite jeder Häkelmasche befinden sich zwei Maschenglieder; das hintere Maschenglied (hMg) ist dasjenige, das weiter weg von Ihnen liegt. Um in das hMg zu häkeln, von vorn zwischen dem vorderen und hinteren Maschenglied einstechen und das hMg auf die Häkelnadel nehmen.

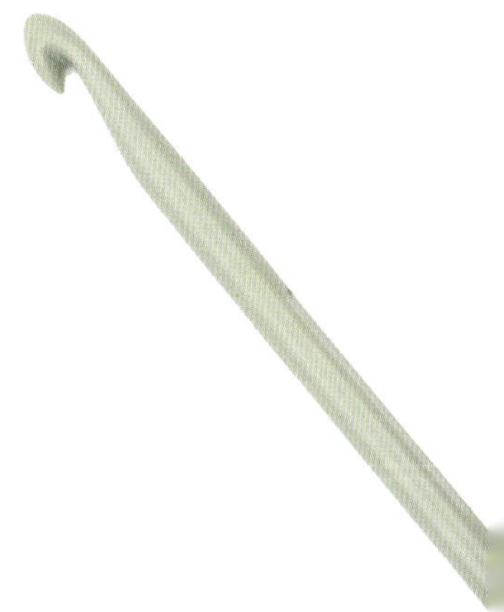

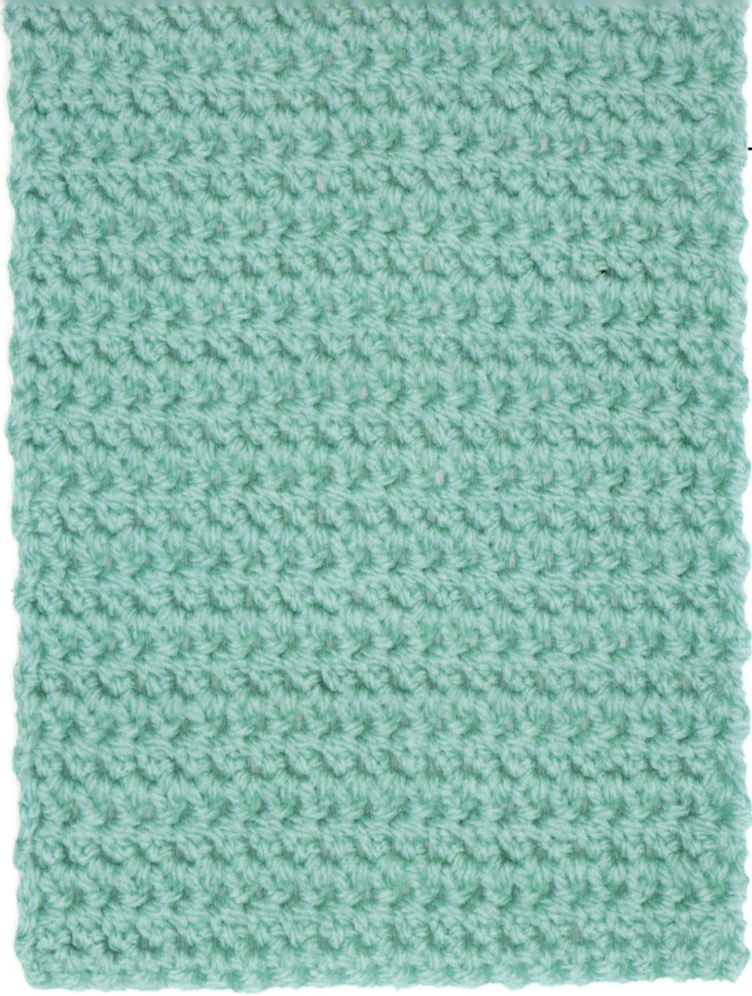

#003

VERLÄNGERTE FESTE MASCHEN

Wie der Name schon sagt, sind verlängerte feste Maschen (verl. fM) etwas länger als normale feste Maschen. Dadurch wird das Maschenbild lockerer und luftiger. Das Muster sollten Sie unbedingt in Ihr Repertoire aufnehmen.

SPEZIALTECHNIK

verlängerte feste Maschen (verl. fM): *in eine M einstechen, U, Faden durchholen, U und nur die ERSTE Schl auf der Nadel abm, U und beide Schl auf der Nadel zus abm.*

Das Muster funktioniert mit einer beliebigen Anzahl von Anfangsluftmaschen.

Lm in der gewünschten Streifenbreite anschlagen.

1. R (Hin-R): 1 fM in die 2. Lm ab der Nadel und in jede weitere Lm, wenden.

2. R (Rück-R): 1 W-Lm (zählt nie als Masche), fortl 1 verl. fM in jede M, wenden.

Die 2. R wh, bis der Streifen 0,5 cm kürzer ist als die gewünschte Länge.

Letzte R: 1 W-Lm, fortl 1 fM in jede M.

Abmaschen und die Fäden vernähen.

Nur Geduld

Lassen Sie sich Zeit, wenn Sie dieses Muster häkeln – es dauert vielleicht ein bisschen, bis Sie sich an den ersten Schritt des Durchholens nur durch die erste Schlaufe gewöhnt haben.

#003 HÄKELSCHRIFT

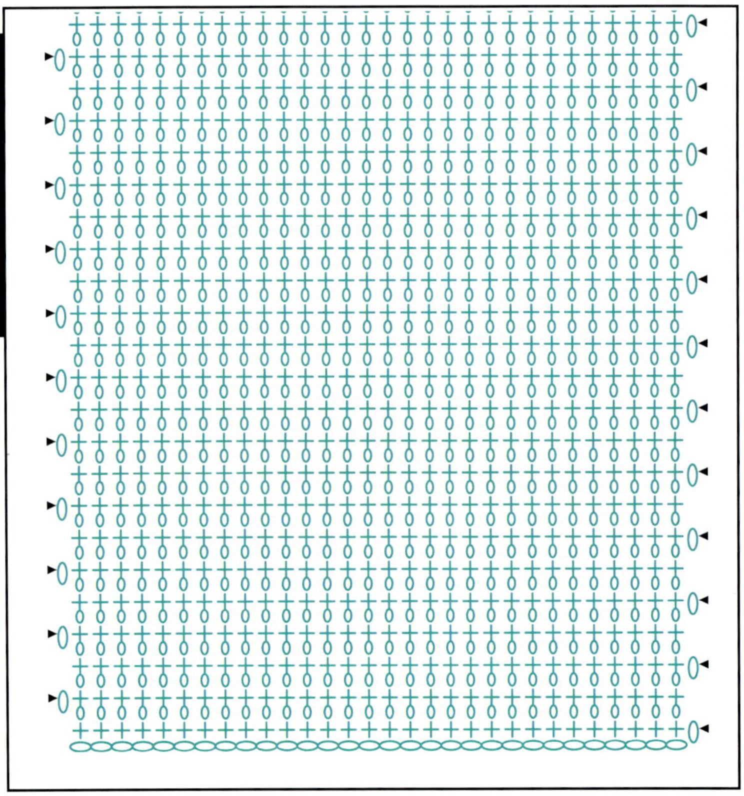

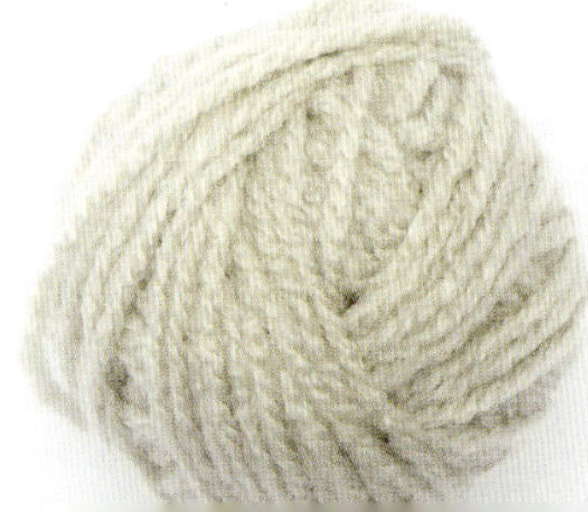

#004

HALBE STÄBCHEN

Halbe Stäbchen (hStb) sind etwas höher als feste Maschen und damit ideal, um Streifen mit etwas luftigerem Maschenbild in Ihre Decke einzufügen.

Das Muster funktioniert mit einer beliebigen Anzahl von Anfangsluftmaschen.

Lm in der gewünschten Streifenbreite anschlagen.

1. R (Hin-R): 1 fM in die 2. Lm ab der Nadel und in jede weitere Lm, wenden.

2. R (Rück-R): 1 W-Lm (zählt nie als Masche), fortl 1 hStb in jede M, wenden.

Die 2. R wh, bis der Streifen 0,5 cm kürzer ist als die gewünschte Länge.

Letzte R: 1 W-Lm, fortl 1 fM in jede M.

Abmaschen und die Fäden vernähen.

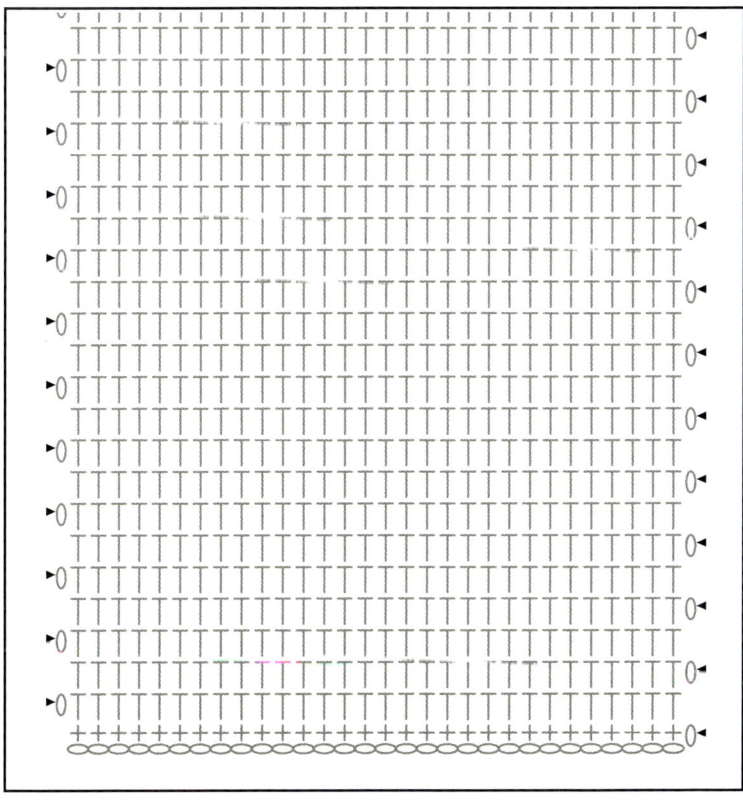

#004 HÄKELSCHRIFT

Gestreifter Streifen

Einfarbig gearbeitete Streifen in diesem klassischen Muster wirken ruhig und haben doch eine interessante Struktur. Wenn Sie möchten, können Sie jedoch auch in jeder 2. Reihe die Farbe wechseln – so entsteht ein einfaches Streifenmuster.

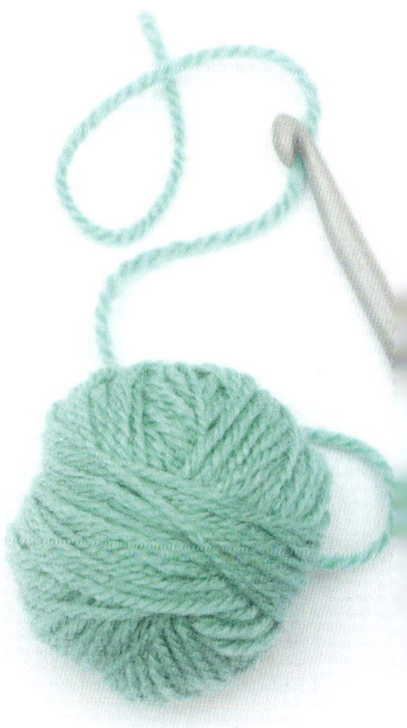

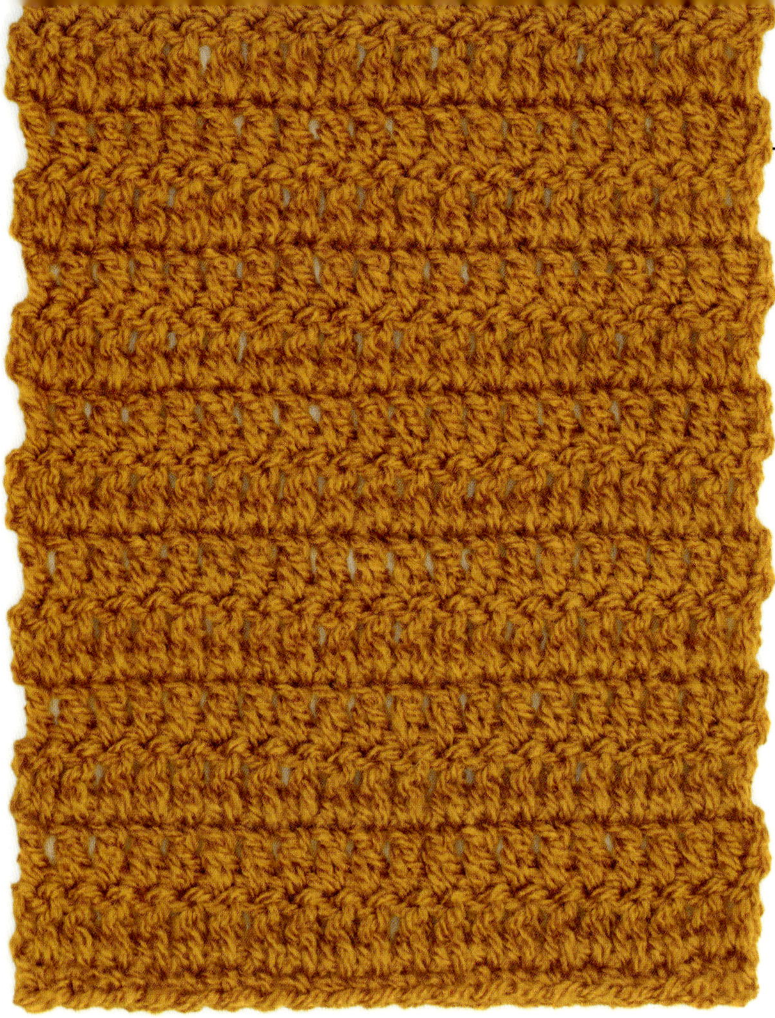

#005

STÄBCHEN

Ein weiterer Klassiker: Stäbchen sind eine besonders vielseitige und gebräuchliche Maschenart, mit der man rasch eine Häkelarbeit mit lockerem Maschenbild und schönem Fall fertigstellen kann.

Das Muster funktioniert mit einer beliebigen Anzahl von Anfangsluftmaschen.

Lm in der gewünschten Streifenbreite anschlagen.

1. R (Hin-R): 1 fM in die 2. Lm ab der Nadel und in jede weitere Lm, wenden.

2. R (Rück-R): 2 W-Lm (zählen nie als Maschen), fortl 1 Stb in jede M, wenden.

Die 2. R wh, bis der Streifen 0,5 cm kürzer ist als die gewünschte Länge.

Letzte R: 1 W-Lm, fortl 1 fM in jede M.

Abmaschen und die Fäden vernähen.

Feste Kanten

Die 2 Wendeluftmaschen zu Beginn jeder Reihe zählen (wie bei vielen Mustern in diesem Buch) nicht als Maschen – durch sie entsteht eine schöne feste Kante, die beim Zusammennähen der Streifen sehr praktisch ist.

#005 HÄKELSCHRIFT

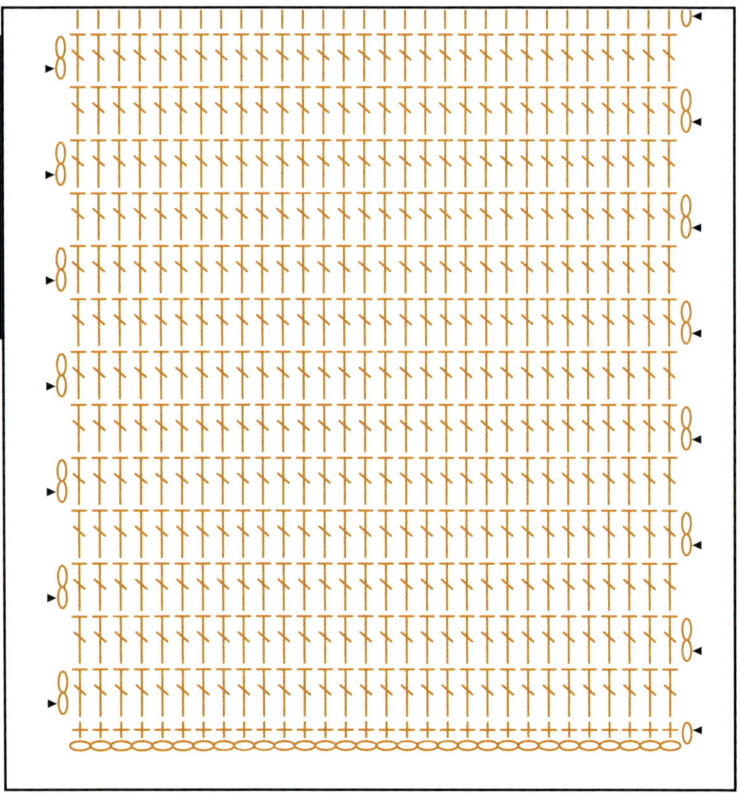

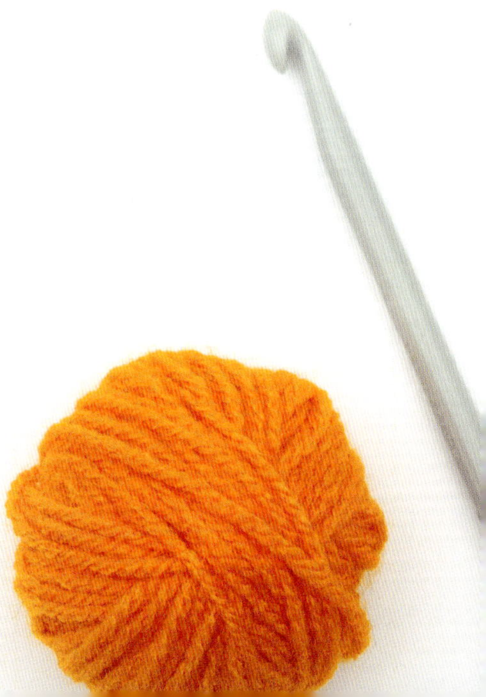

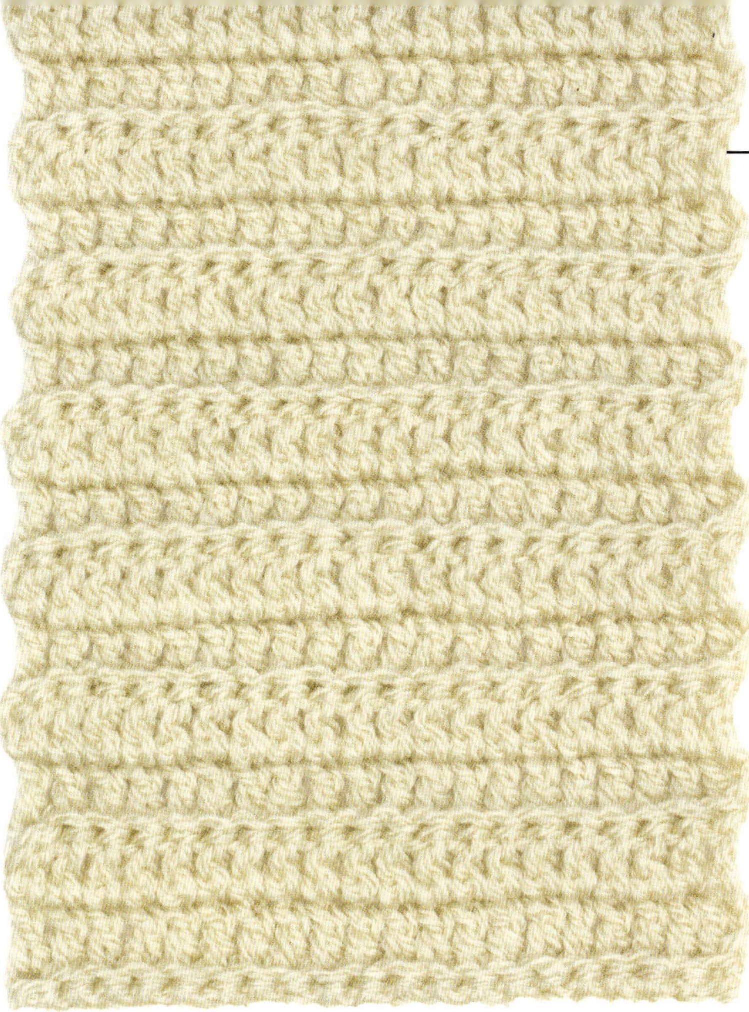

#006

STÄBCHEN NUR INS HINTERE MASCHENGLIED

Durch Stäbchen, die nur in das hintere Maschenglied gearbeitet werden (Stb in hMg), entsteht eine sehr plastische gerippte Struktur – so erhält die Decke besonders markante Linien.

Das Muster funktioniert mit einer beliebigen Anzahl von Anfangsluftmaschen.

Lm in der gewünschten Streifenbreite anschlagen.

1. R (Hin-R): 1 fM in die 2. Lm ab der Nadel und in jede weitere Lm, wenden.

2. R (Rück-R): 2 W-Lm (zählen nie als Maschen), fortl 1 Stb in hMg jeder M, wenden.

Die 2. R wh, bis der Streifen 0,5 cm kürzer ist als die gewünschte Länge.

Letzte R: 1 W-Lm, fortl 1 fM in jede M.

Abmaschen und die Fäden vernähen.

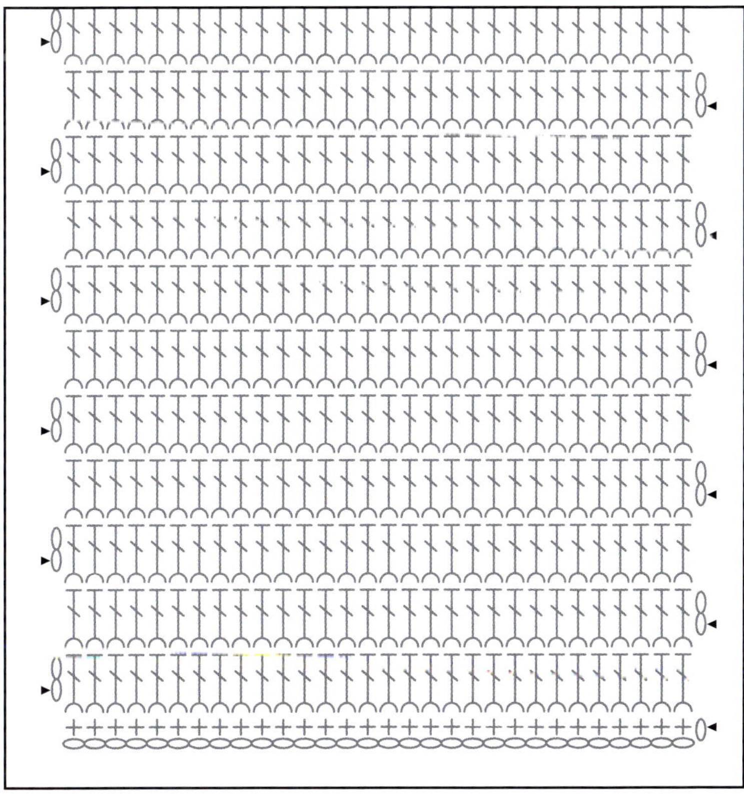

#006 HÄKELSCHRIFT

Hinteres und vorderes Maschenglied

Maschen, die in das hintere Maschenglied gearbeitet werden, stets nur in die Schlaufe häkeln, die am weitesten von Ihnen weg liegt. Die Schlaufe, die näher an Ihnen liegt, ist das vordere Maschenglied.

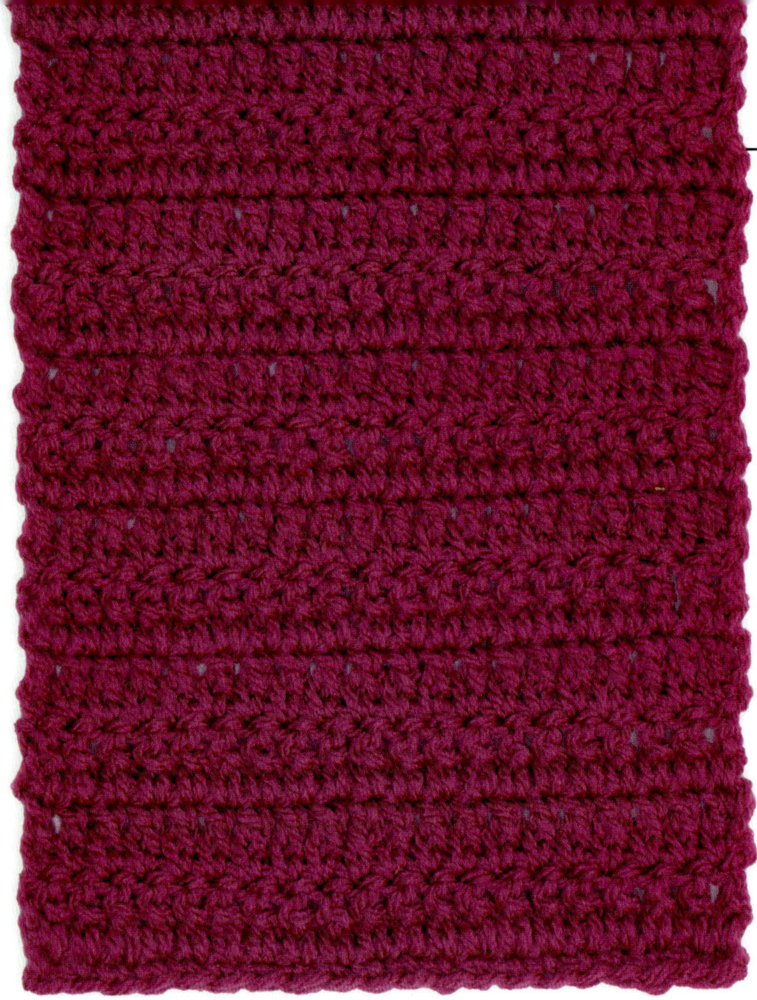

#007

VERLÄNGERTE STÄBCHEN

Verlängerte Stäbchen (verl. Stb) sind etwas längere Maschen, durch die ein luftigeres Maschenbild entsteht als durch die gebräuchlicheren normalen Stäbchen.

SPEZIALTECHNIK

verlängertes Stäbchen (verl. Stb): *U, in die folg M einstechen, U, Faden durchholen, U, nur die ERSTE Schlaufe auf der Nadel abm, 2-mal [U, 2 Schl auf der Nadel zus abm].*

Das Muster funktioniert mit einer beliebigen Anzahl von Anfangsluftmaschen.

Lm in der gewünschten Streifenbreite anschlagen.

1. R (Hin-R): 1 fM in die 2. Lm ab der Nadel und in jede weitere Lm, wenden.

2. R (Rück-R): 2 W-Lm (zählen nie als Maschen), fortl 1 verl. Stb in jede M, wenden.

Die 2. R wh, bis der Streifen 0,5 cm kürzer ist als die gewünschte Länge.

Letzte R: 1 W-Lm, fortl 1 fM in jede M.

Abmaschen und die Fäden vernähen.

Gewusst wie

Wie bei allen verlängerten Maschen wird der Faden beim ersten Mal nur durch die erste Schlaufe auf der Nadel gezogen – das ist zuerst etwas ungewohnt. Lassen Sie sich Zeit, bis Sie den Bogen raus haben.

#007 HÄKELSCHRIFT

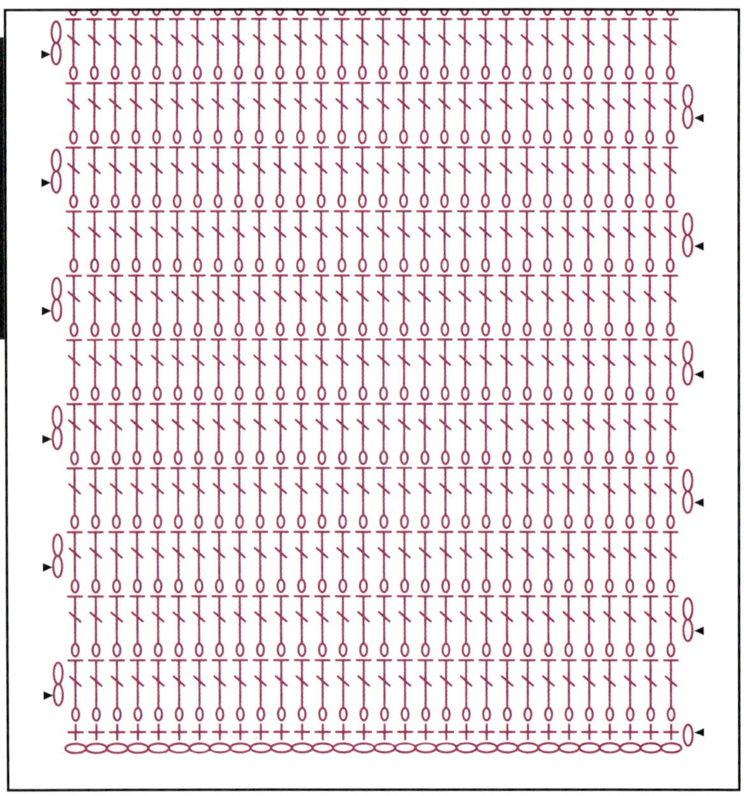

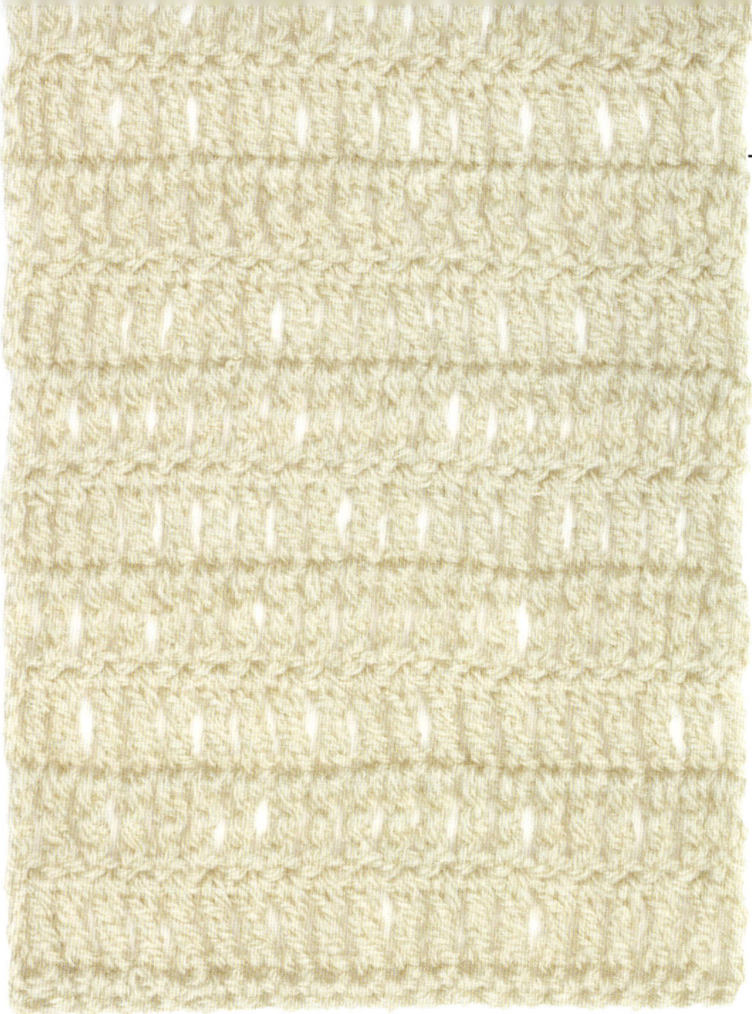

#008

DOPPELSTÄBCHEN

Doppelstäbchen (DStb) sind noch höher als verlängerte Stäbchen und erzeugen ein besonders lockeres Maschenbild, das fast an Ketten erinnert.

Das Muster funktioniert mit einer beliebigen Anzahl von Anfangsluftmaschen.

Lm in der gewünschten Streifenbreite anschlagen.

1. R (Hin-R): 1 fM in die 2. Lm ab der Nadel und in jede weitere Lm, wenden.

2. R (Rück-R): 3 W-Lm (zählen nie als Maschen), fortl 1 DStb in jede M, wenden.

Die 2. R wh, bis der Streifen 0,5 cm kürzer ist als die gewünschte Länge.

Letzte R: 1 W-Lm, fortl 1 fM in jede M.

Abmaschen und die Fäden vernähen.

Schlaufen zählen

Wenn diese Maschenart neu für Sie ist, tasten Sie sich langsam heran. Sie haben dabei mehrere Schlaufen auf der Nadel und es ist wichtig, dass Sie den Faden jedes Mal durch die korrekte Anzahl an Schlaufen ziehen.

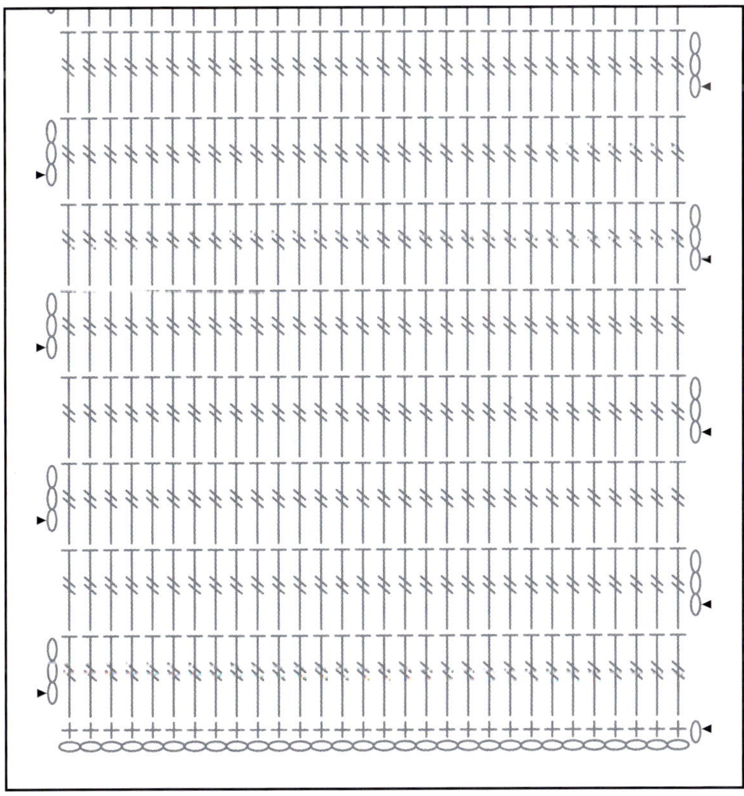

#008 HÄKELSCHRIFT

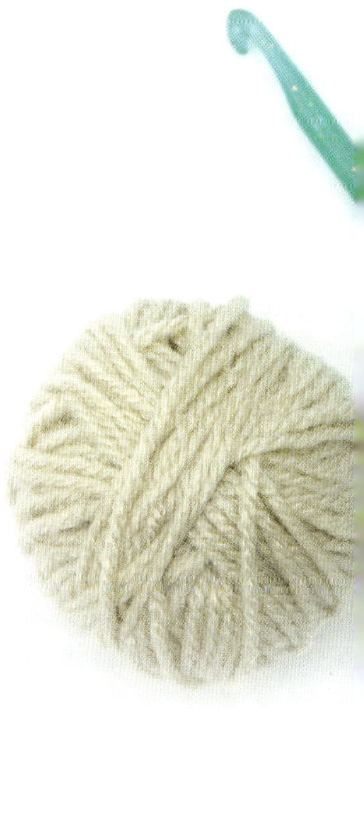

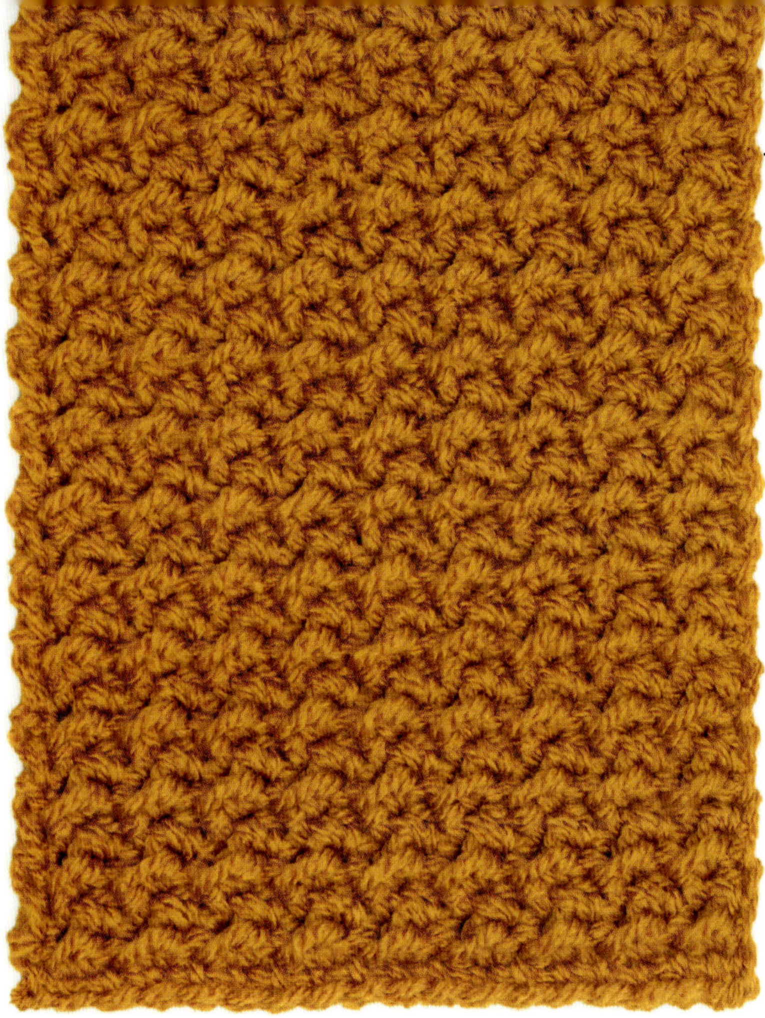

#009

STREUSELMUSTER

Das Streuselmuster ist ein sehr schönes Muster mit einer plastischen, leicht welligen Struktur.

Anfangsluftmaschen: Maschenzahl teilbar durch 2 + 2.

Gemäß Maschenzahl (s. o.) Lm in der gewünschten Streifenbreite anschlagen.

1. R (Hin-R): 1 fM in die 2. Lm ab der Nadel und in jede weitere Lm, wenden.

2. R (Rück-R): 1 W-Lm (zählt nie als Masche), 1 Km in die 1. M, *1 hStb in folg M, 1 Km in folg M; ab * fortl wh, wenden.

3. R: 1 W-Lm, 1 hStb in 1. M, *1 Km in folg M, 1 hStb in folg M; ab * fortl wh, wenden.

Die 2. und 3. R wh, bis der Streifen 0,5 cm kürzer ist als die gewünschte Länge (mit beliebiger R enden).

Letzte R: 1 W-Lm, fortl 1 fM in jede M.

Abmaschen und die Fäden vernähen.

#009 HÄKELSCHRIFT

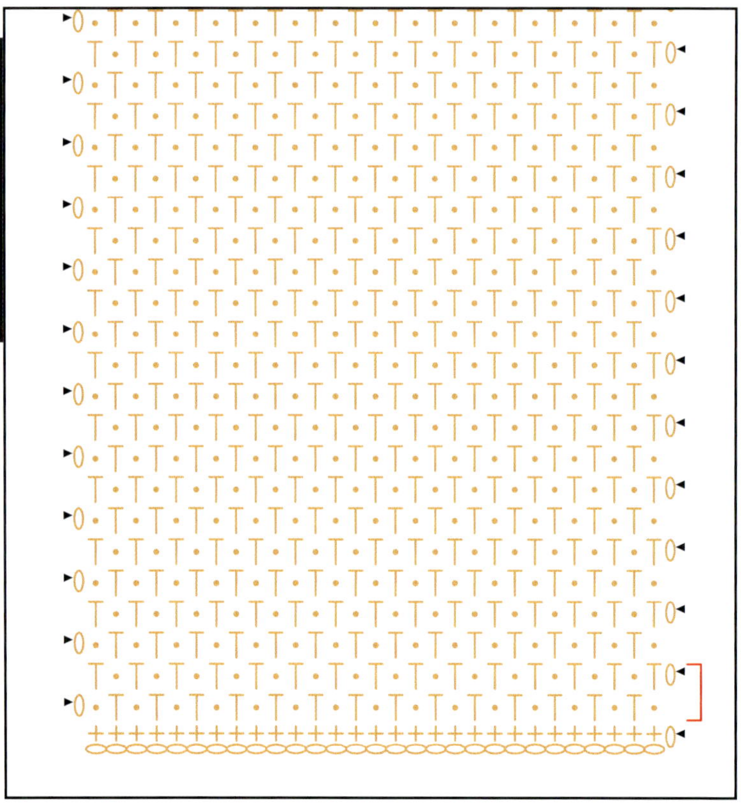

Extratipp

Versuchen Sie, beim Streuselmuster die Kettmaschen locker zu häkeln, damit Sie in der nächsten Reihe leichter in sie einstechen können.

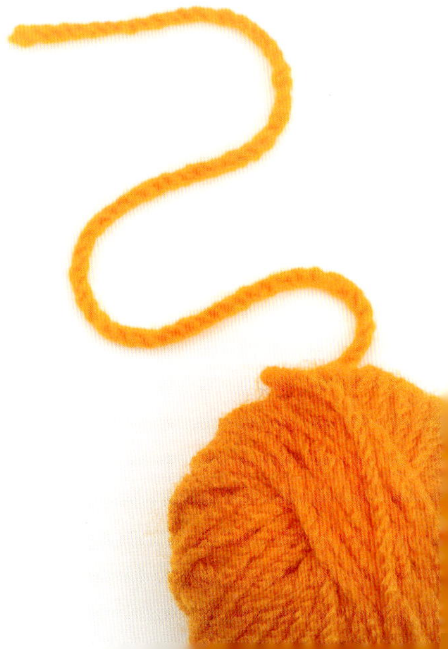

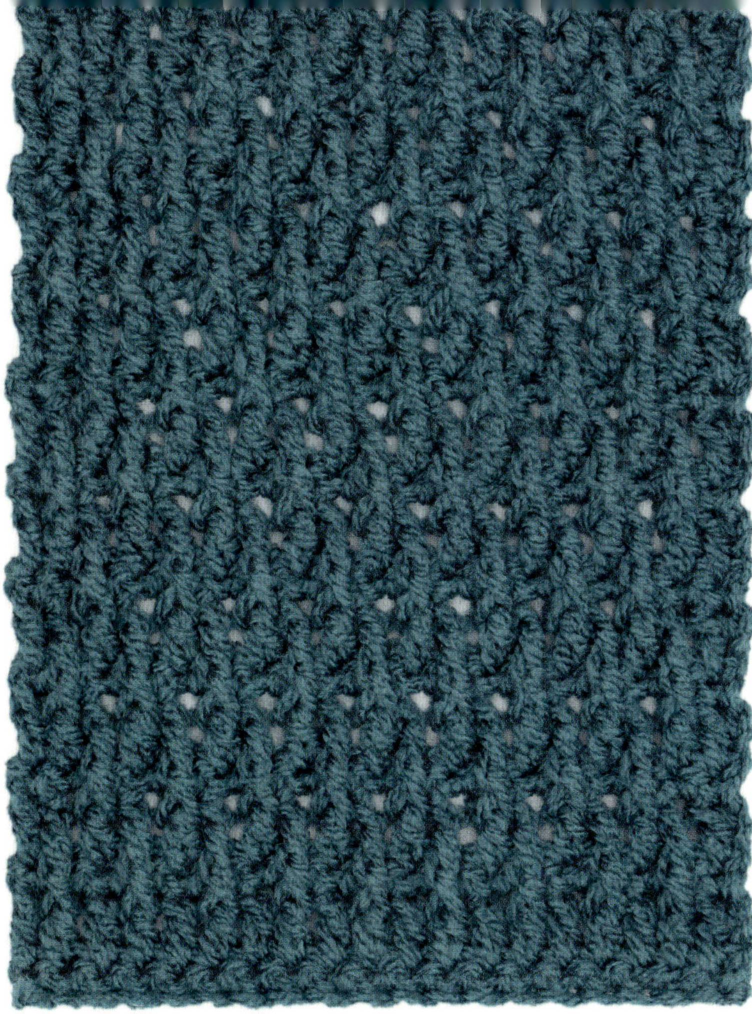

#010

ALPINMUSTER

Das Alpinmuster anzuschauen wirkt ebenso hypnotisierend, wie es zu häkeln. Durch die Relief-Doppelstäbchen von vorn entsteht ein besonders plastisches versetztes Reliefmuster.

Anfangsluftmaschen: Maschenzahl teilbar durch 2 + 2

Gemäß Maschenzahl (s. o.) Lm in der gewünschten Streifenbreite anschlagen.

1. R (Hin-R): 1 fM in die 2. Lm ab der Nadel und in jede weitere Lm, wenden.

2. R (Rück-R): 2 W-Lm (zählen nie als Maschen), fortl 1 Stb in jede M, wenden.

3. R: 1 W-Lm (zählt nie als Masche), fortl 1 fM in jede M, wenden.

4. R: 2 W-Lm, 1 Stb, *1 RDStbv, 1 Stb; ab * fortl wh, wenden.

5. R: 1 W-Lm, fortl 1 fM in jede M, wenden.

6. R: 2 W-Lm, 2 Stb, *1 RDStbv, 1 Stb; ab * bis 1 M vor Ende wh, 1 Stb, wenden.

Die 3.–6. R wh, bis der Streifen 0,5 cm kürzer ist als die gewünschte Länge (mit beliebiger R enden).

Letzte R: 1 W-Lm, fortl 1 fM in jede M.

Abmaschen und die Fäden vernähen.

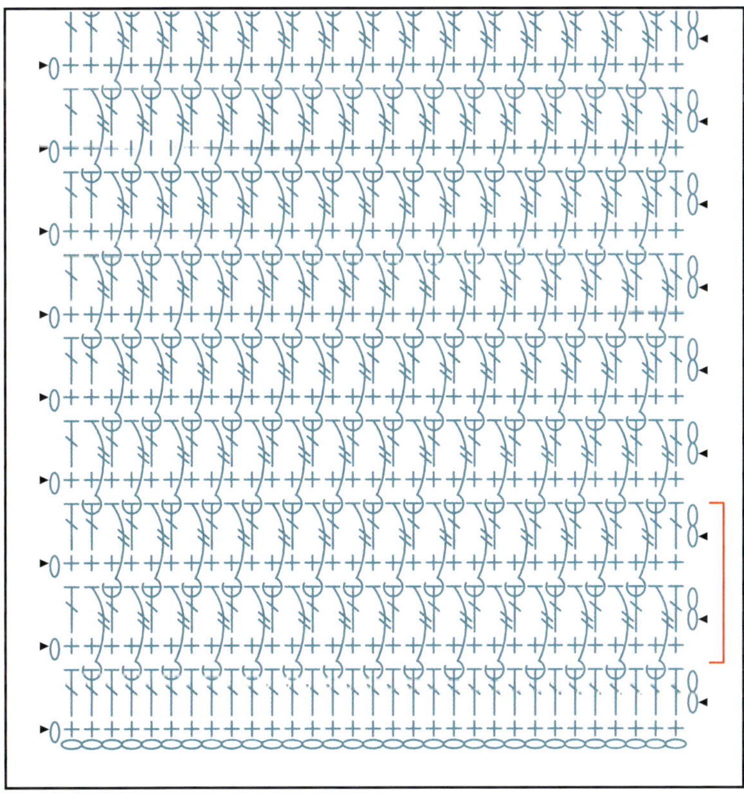

#010 HÄKELSCHRIFT

Vordere Reliefmaschen

Alle vorderen Reliefmaschen (Reliefmaschen von vorn) werden von vorn nach hinten und wieder nach vorn um den Maschenkörper der Masche 2 Reihen tiefer gehäkelt. Nach einer Reliefmasche stets die darauffolgende Masche in der Arbeitsreihe auslassen.

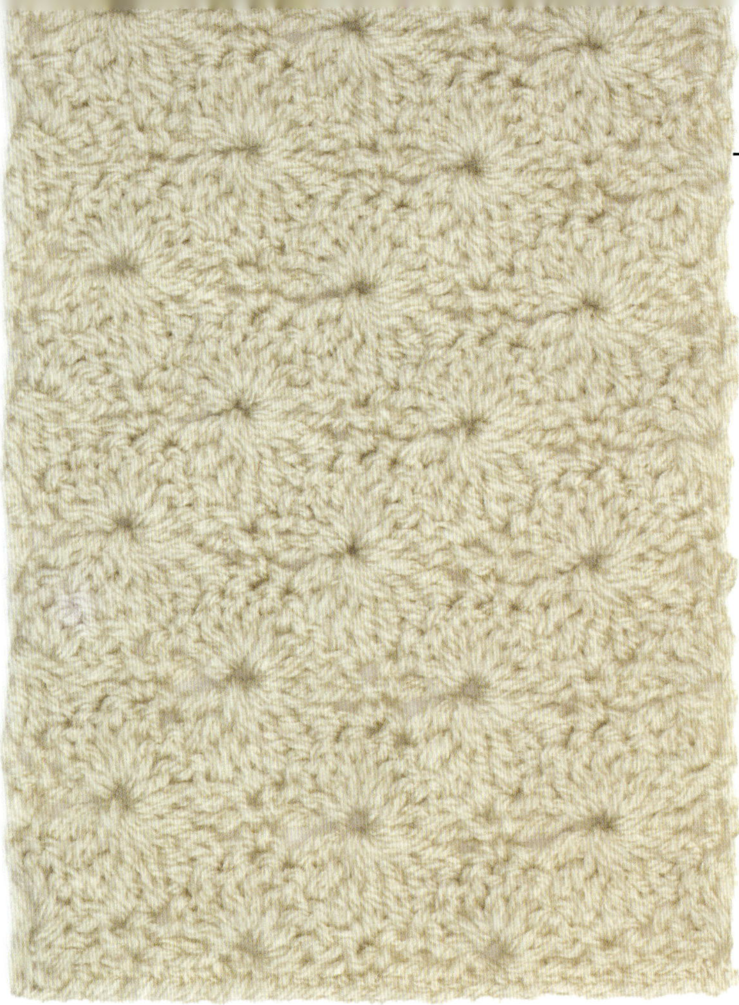

#011

KATHARINENRAD

Dieses fantastische Muster besteht aus ineinandergreifenden »Rädern«. Es ist einfarbig sehr schön, dramatischer wirkt es jedoch, wenn Sie alle zwei Reihen die Farbe wechseln.

Anfangsluftmaschen: Maschenzahl teilbar durch 8 + 10

Gemäß Maschenzahl (s. o.) Lm in der gewünschten Streifenbreite anschlagen.

1. R (Hin-R): 1 fM in die 2. Lm ab der Nadel und in jede weitere Lm, wenden.

2. R (Rück-R): 2 W-Lm (zählen stets als erstes Stb), 3 Stb in die erste M, 3 M ausl, 1 fM, *3 M ausl, 7 Stb in folg M, 3 M ausl, 1 fM; ab * bis 4 M vor Ende wh, 3 M ausl, 4 Stb in letzte M, wenden.

3. R: 1 W-Lm (zählt nie als Masche), 1 fM in die erste M, *3 Lm, 7 Stb zus über folg 7 M, 3 Lm, 1 fM in folg M; ab * fortl wh (letzte fM in obere der 2 W-Lm arb), wenden.

4. R: 1 W-Lm, 1 fM in die erste M, *3 Lm ausl, 7 Stb oben in die Mitte der 7 Stb zus, 3 Lm ausl, 1 fM in folg M; ab * fortl wh, wenden.

5. R: 2 W-Lm, 3 Stb zus über folg 3 M, 3 Lm, 1 fM in folg M, 3 Lm, *7 Stb zus über folg 7 M, 3 Lm, 1 fM in folg M, 3 Lm; ab * bis 4 M vor Ende wh, 4 Stb zus über letzte 4 M, wenden.

6. R: 2 W-Lm, 3 Stb oben in die 4 Stb zus, 3 Lm ausl, 1 fM in folg M, 3 Lm ausl, *7 Stb oben in die Mitte der 7 Stb zus, 3 Lm ausl, 1 fM in folg M, 3 Lm ausl; ab * bis 1 M vor Ende wh, 4 Stb oben in 3 Stb zus, wenden.

Die 3.–6. R wh, bis der Streifen 0,5 cm kürzer ist als die gewünschte Länge (für eine glatte Kante mit einer 3. oder 5. R enden).

Letzte R: 1 W-Lm, fortl 1 fM in jede M und jede Lm.

Abmaschen und die Fäden vernähen.

#011 HÄKELSCHRIFT

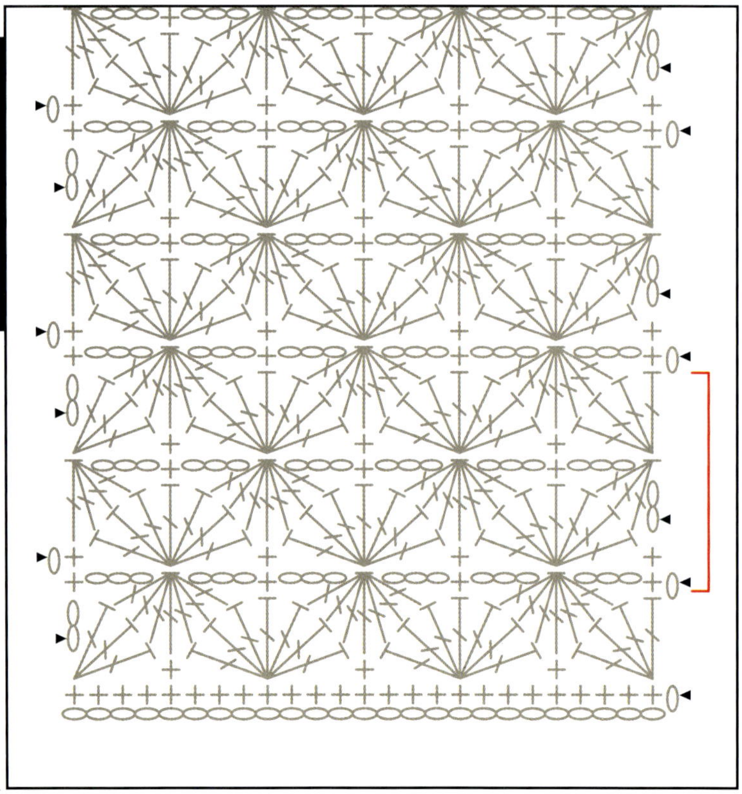

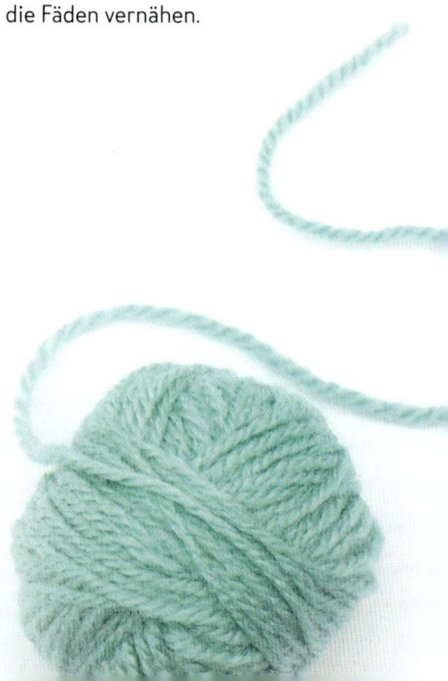

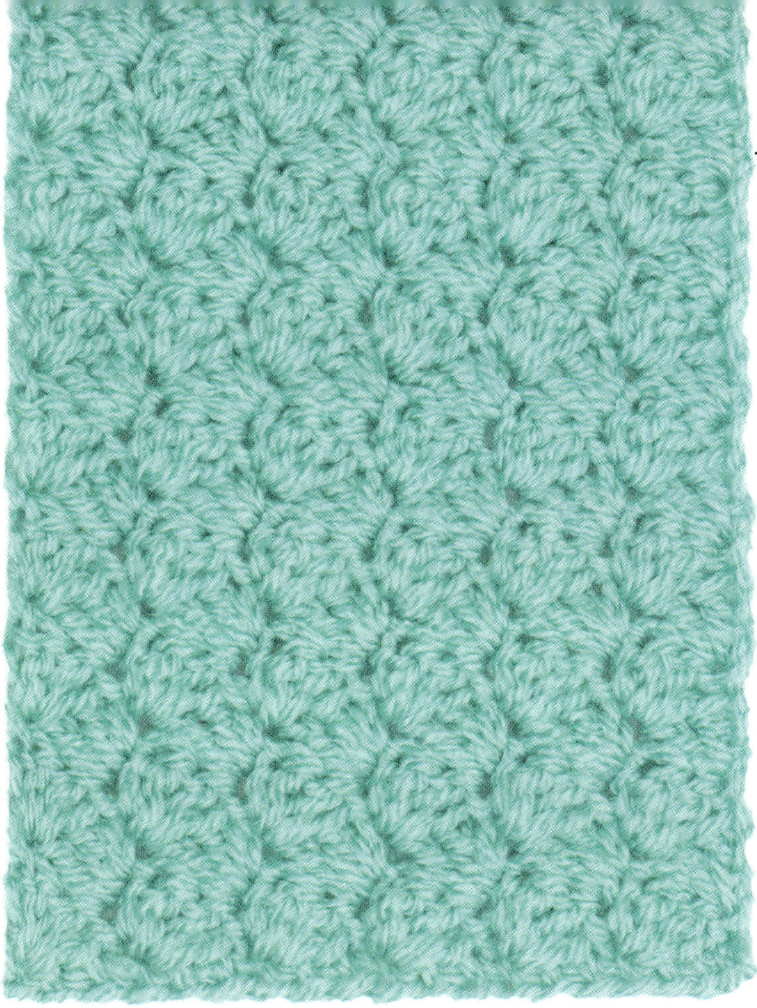

#012

SEGGENSTICH

Von diesem Muster gibt es verschiedene Varianten, doch diese mag ich am liebsten. Es ist ganz einfach, und das Ergebnis ist ein wunderschönes plastisches Muster.

Anfangsluftmaschen: Maschenzahl teilbar durch 3 + 2

Gemäß Maschenzahl (s. o.) Lm in der gewünschten Streifenbreite anschlagen.

1. R (Hin-R): 1 fM in die 2. Lm ab der Nadel und in jede weitere Lm, wenden.

2. R (Rück-R): 2 W-Lm (zählen als 1 M), 2 Stb in die erste M, folg 2 M ausl, *[1 fM, 2 Stb] in folg M, folg 2 M ausl; ab * bis 1 M vor Ende wh, 1 fM, wenden.

3. R: 2 W-Lm, 2 Stb in die erste M, folg 2 M ausl, *[1 fM, 2 Stb] in folg M, folg 2 M ausl; ab * bis 1 M vor Ende wh, 1 fM in obere der 2 W-Lm, wenden.

Die 3. R wh, bis der Streifen 0,5 cm kürzer ist als die gewünschte Länge.

Letzte R: 1 W-Lm, fortl 1 fM in jede M.

Abmaschen und die Fäden vernähen.

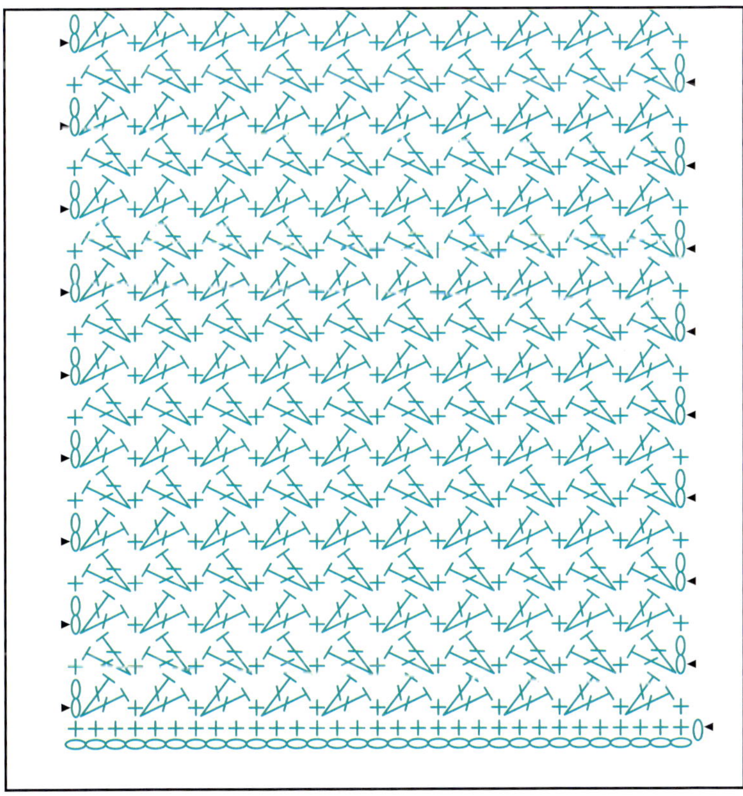

#012 HÄKELSCHRIFT

Farbvarianten

Mit diesem einfachen Muster können Sie Ihrer Decke ganz leicht Struktur verleihen. Wenn Sie alle zwei Reihen die Farbe wechseln, erhalten Sie gleichzeitig fröhliche Streifen.

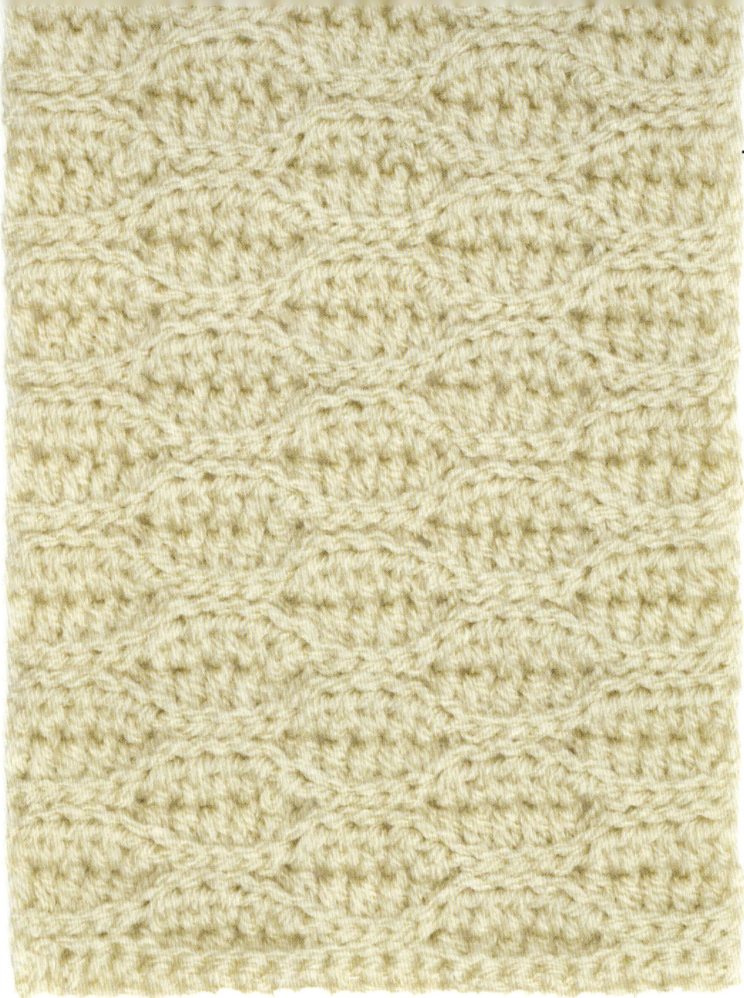

#013

PLASTISCHE WELLEN

Dieses Muster ist etwas zeitaufwendiger und kniffliger, doch es hat eine so schöne plastische Struktur, dass die Mühe sich lohnt.

Anfangsluftmaschen: Maschenzahl teilbar durch 10 + 6

Gemäß Maschenzahl (s. o.) Lm in der gewünschten Streifenbreite anschlagen.

1. R (Hin-R): 1 fM in die 2. Lm ab der Nadel und in jede weitere Lm, wenden.

2. R (Rück-R): 1 W-Lm (zählt nie als M), 5 Km in hMg, *5 hStb in hMg, 5 Km in hMg; ab * fortl wh, wenden.

3. R: Wie 2. R.

4. R: 1 W-Lm, 5 hStb in hMg, *5 Km in hMg, 5 hStb in hMg; ab * fortl wh, wenden.

5. R: Wie 4. R.

Die 2.–5. R wh, bis der Streifen 0,5 cm kürzer ist als die gewünschte Länge (für eine glatte Kante mit einer 2. oder 4. R enden).

Letzte R: 1 W-Lm, fortl 1 fM in jede M.

Abmaschen und die Fäden vernähen.

#013 HÄKELSCHRIFT

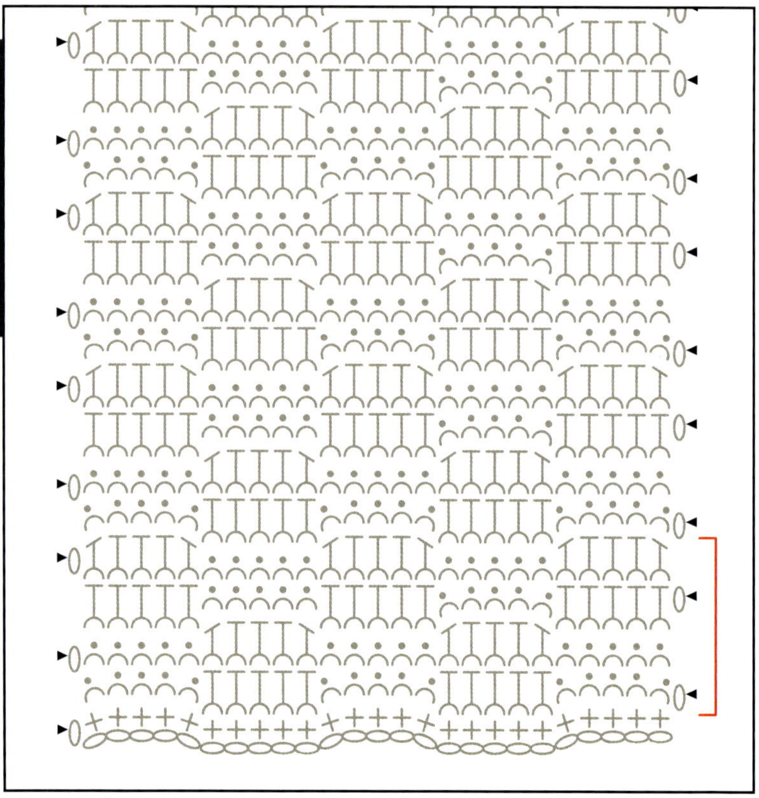

Zur Erinnerung

Denken Sie daran, alle Maschen, bei denen es heißt »in hMg«, nur in das hintere Maschenglied zu arbeiten, also in die Schlaufe der Masche, die am weitesten von Ihnen weg liegt.

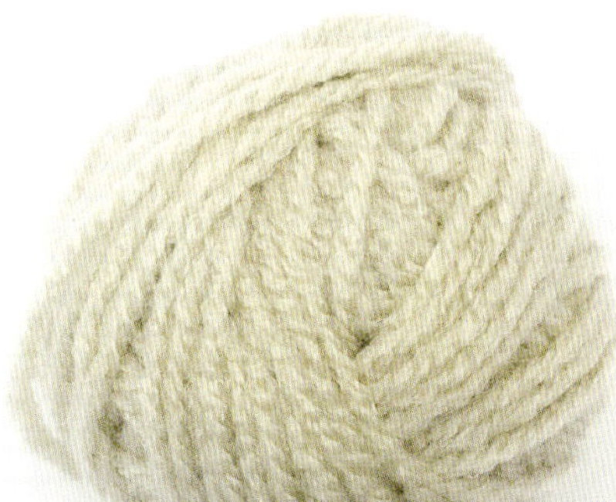

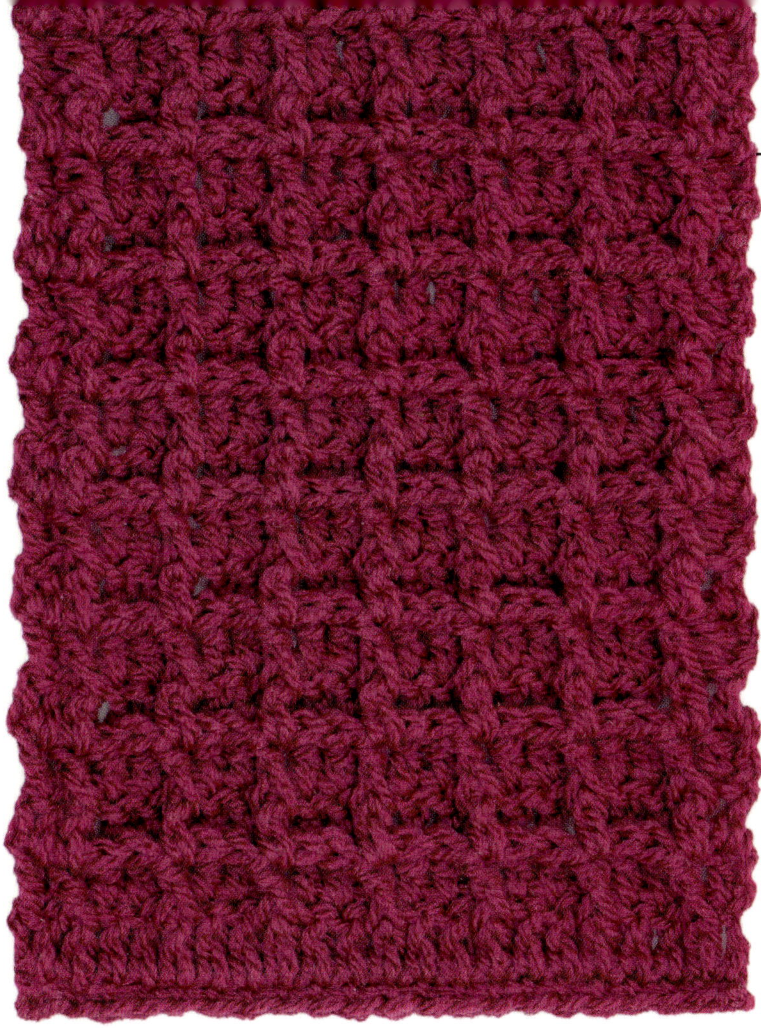

#014

WAFFELMUSTER

Das Waffelmuster ist ganz einfach: Sie brauchen stets nur zwei Reihen zu wiederholen und erhalten ein wunderschönes dickes Strukturmuster.

Anfangsluftmaschen: Maschenzahl teilbar durch 3 + 4

Gemäß Maschenzahl (s. o.) Lm in der gewünschten Streifenbreite anschlagen.

1. R (Hin-R): 1 fM in die 2. Lm ab der Nadel und in jede weitere Lm, wenden.

2. R (Rück-R): 2 W-Lm (zählen nie als M), fortl 1 Stb in jede M, wenden.

3. R: 2 W-Lm, 1 Stb, 1 vRStb, *2 Stb, 1 vRStb; ab * bis 1 M vor Ende wh, 1 Stb, wenden.

4. R: 2 W-Lm, 2 Stb, *2 vRStb, 1 Stb; ab * bis 1 M vor Ende wh, 1 Stb, wenden.

Die 3. und 4. R wh, bis der Streifen 0,5 cm kürzer ist als die gewünschte Länge (mit beliebiger R enden).

Letzte R: 1 W-Lm, fortl 1 fM in jede M.

Abmaschen und die Fäden vernähen.

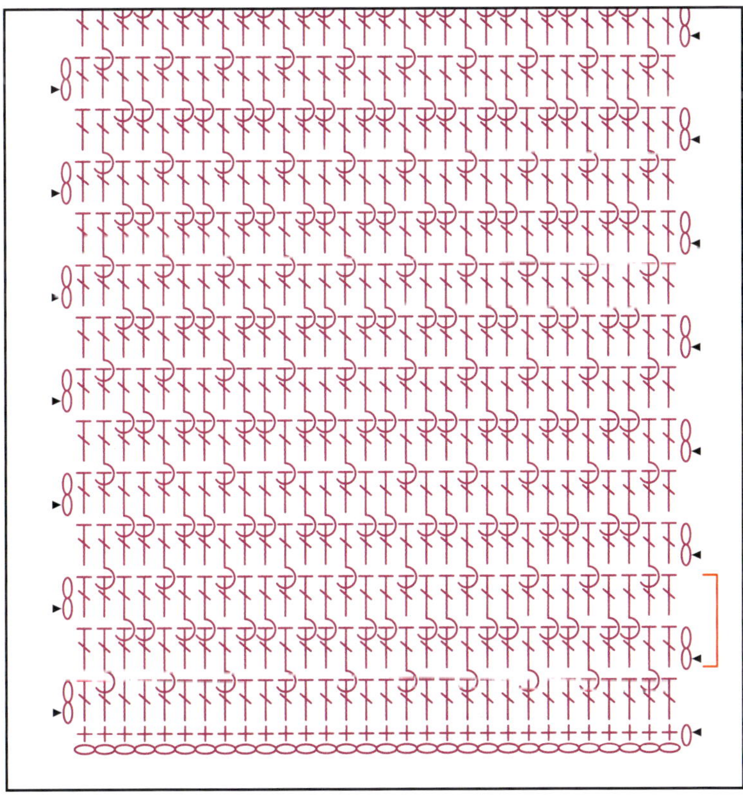

#014 HÄKELSCHRIFT

Merkzettel

Alle vorderen Reliefmaschen (vRM/vRStb) von vorn nach hinten und wieder nach vorn um den Maschenkörper der entsprechenden Masche in der Vorreihe arbeiten. Nach einer Reliefmasche wird die folgende Masche der Arbeitsreihe stets ausgelassen.

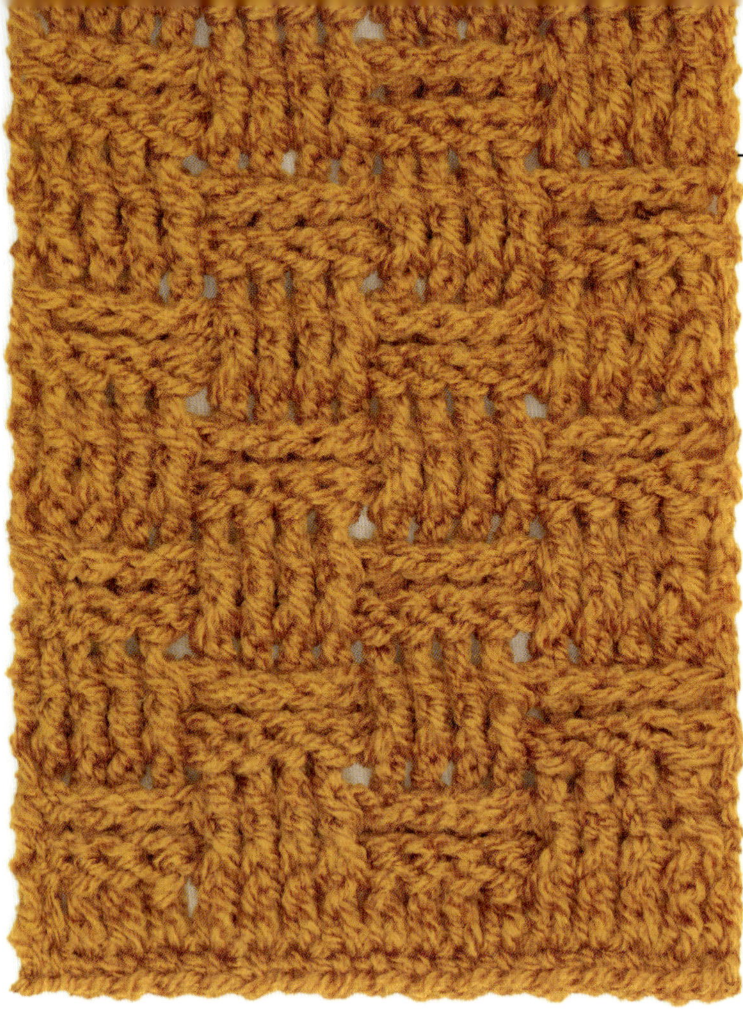

#015

FLECHTMUSTER

Dieses Flechtmuster hat ebenfalls eine wunderschöne Struktur, und es sieht viel komplizierter aus, als es ist.

Anfangsluftmaschen: Maschenzahl teilbar durch 8 + 3

Gemäß Maschenzahl (s. o.) Lm in der gewünschten Streifenbreite anschlagen.

1. R (Hin-R): 1 fM in die 2. Lm ab der Nadel und in jede weitere Lm, wenden.

2. R (Rück-R): 2 W-Lm (zählen stets als erste M), erste M ausl, 1 Stb in folg M und fortl in jede weitere M, wenden.

3. R: 2 W-Lm, erste M ausl, *4 vRStb, 4 hRStb; ab * bis 1 M vor Ende wh, 1 hStb in die obere der 2 W-Lm, wenden.

4. R: Wie 3. R.

5. R: 2 W-Lm, erste M ausl, *4 hRStb, 4 vRStb; ab * bis 1 M vor Ende wh, 1 hStb in die obere der 2 W-Lm, wenden.

6. R: Wie 5. R.

Die 3.–6. R wh, bis der Streifen 0,5 cm kürzer ist als die gewünschte Länge (mit beliebiger R enden).

Letzte R: 1 W-Lm, fortl 1 fM in jede M.

Abmaschen und die Fäden vernähen.

#015 HÄKELSCHRIFT

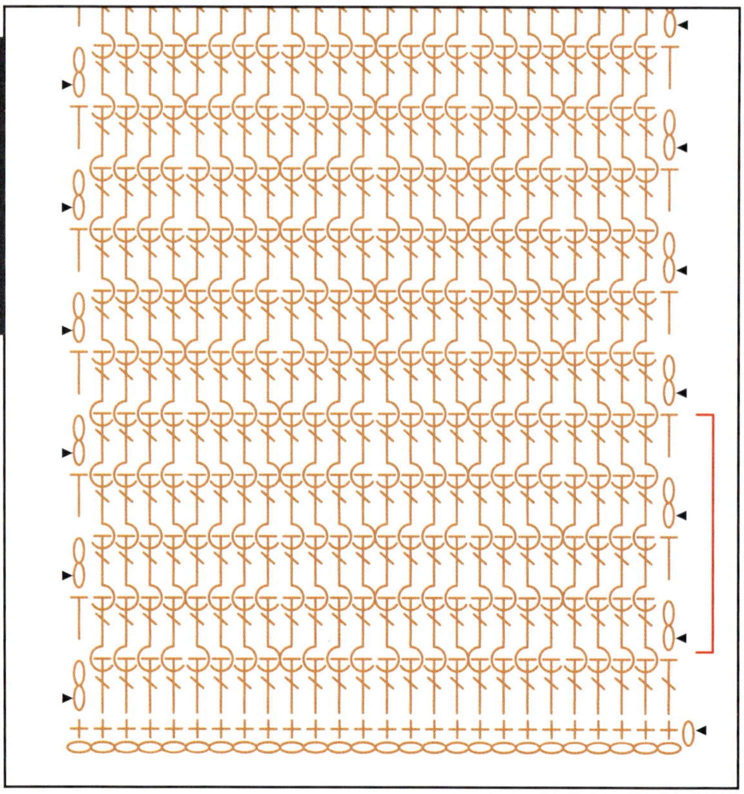

Merkzettel

Alle vorderen Reliefmaschen (vRM/vRStb) von vorn nach hinten und wieder nach vorn und alle hinteren Reliefmaschen (hRM/hRStb) von hinten nach vorn und wieder nach hinten um den Maschenkörper der entsprechenden Masche in der Vorreihe arbeiten. Nach einer Reliefmasche die folgende Masche der Arbeitsreihe stets auslassen.

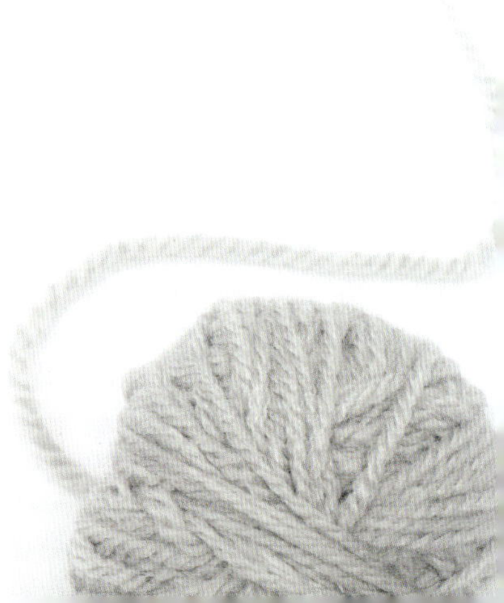

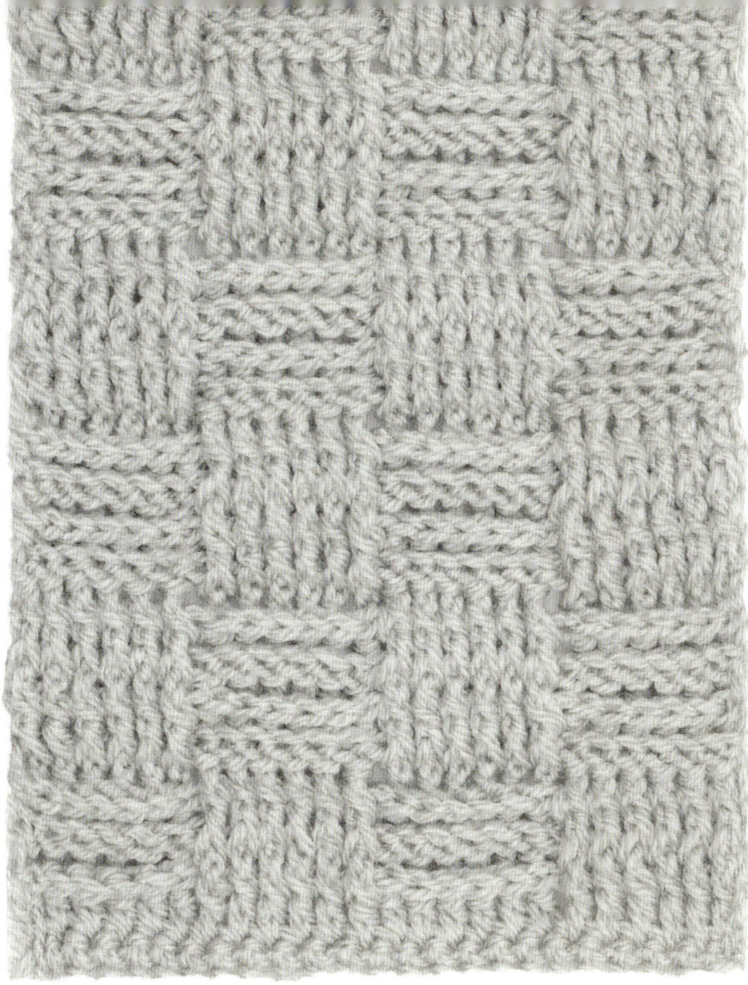

#016

GROßES FLECHTMUSTER

Dies ist meine XXL-Version des Original-Flechtmusters auf der gegenüberliegenden Seite.

Anfangsluftmaschen: Maschenzahl teilbar durch 12 + 3

Gemäß Maschenzahl (s. o.) Lm in der gewünschten Streifenbreite anschlagen.

1. R (Hin-R): 1 fM in die 2. Lm ab der Nadel und in jede weitere Lm, wenden.

2. R (Rück-R): 2 W-Lm (zählen stets als erste M), erste M ausl, 1 Stb in folg M und fortl in jede weitere M, wenden.

3. R: 2 W-Lm, erste M ausl, *6vRStb, 6 hRStb; ab * bis 1 M vor Ende wh, 1 hStb in die obere der 2 W-Lm, wenden.

4.–6. R: Wie 3. R.

7. R: 2 W-Lm, erste M ausl, *6hRStb, 6 vRStb; ab * bis 1 M vor Ende wh, 1 hStb in die obere der 2 W-Lm, wenden.

8.–10. R: Wie 7. R.

Die 3.–10. R wh, bis der Streifen 0,5 cm kürzer ist als die gewünschte Länge (mit beliebiger R enden).

Letzte R: 1 W-Lm, fortl 1 fM in jede M.

Abmaschen und die Fäden vernähen.

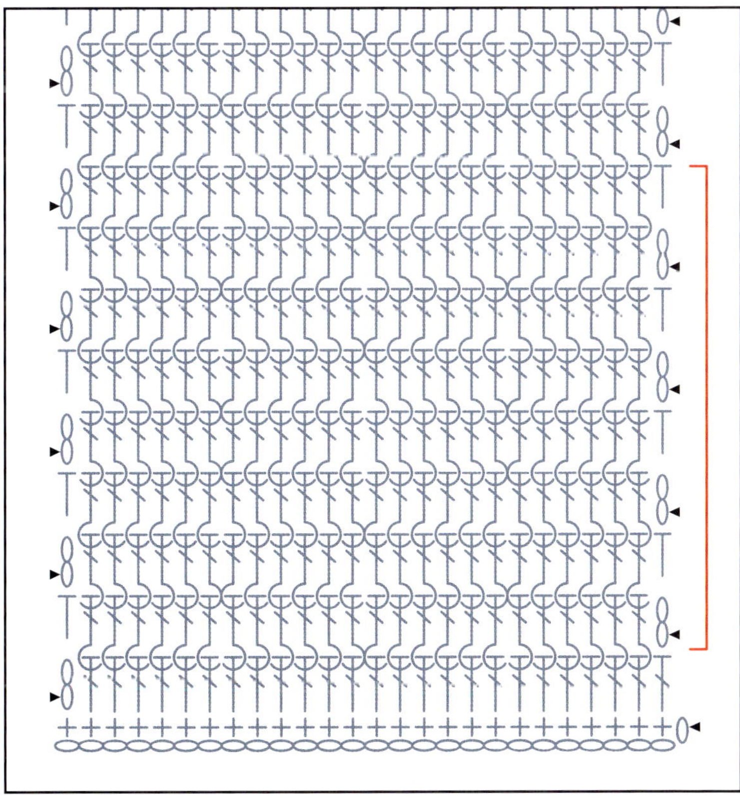

#016 HÄKELSCHRIFT

Reliefmaschen

Wie bei dem kleineren Flechtmuster gegenüber werden auch hier alle vorderen und hinteren Reliefmaschen um den Maschenkörper der entsprechenden Masche der Vorreihe herum gearbeitet.

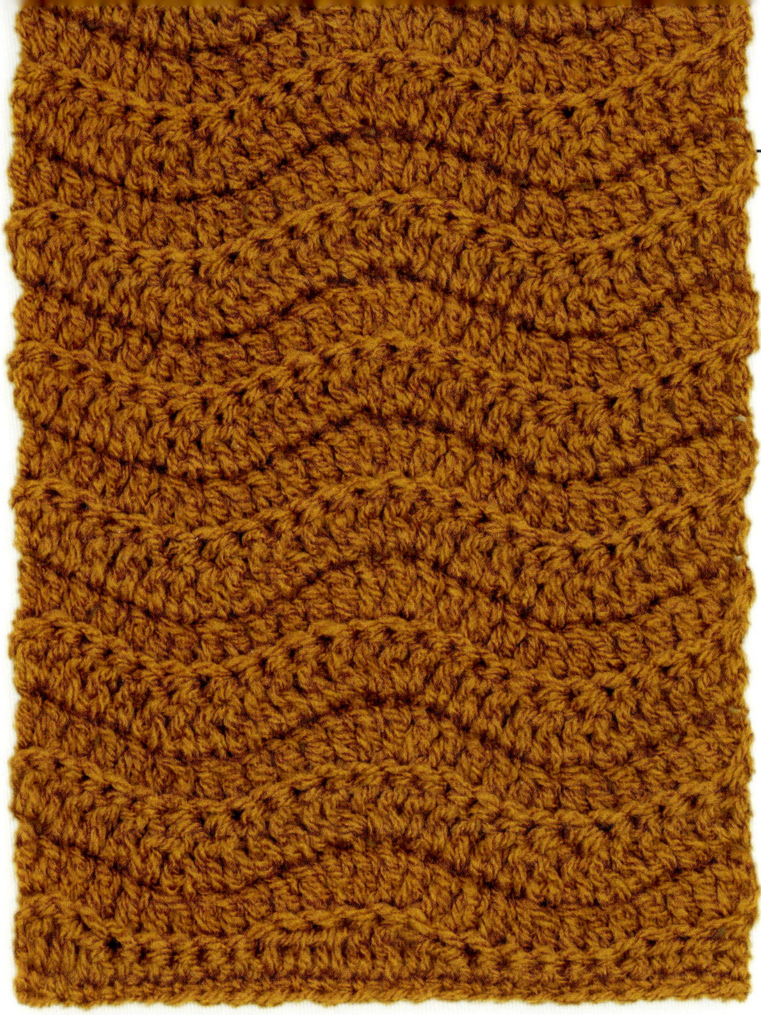

#017

GERIPPTE WELLEN

Dieses ausdrucksstarke Wellenmuster verleiht Ihrer Häkeldecke Dynamik und eine markante Reliefstruktur.

Anfangsluftmaschen: Maschenzahl teilbar durch 12 + 13

Gemäß Maschenzahl (s. o.) Lm in der gewünschten Streifenbreite anschlagen.

1. R (Hin-R): 1 fM in die 2. Lm ab der Nadel und in jede weitere Lm, wenden.

2. R (Rück-R): 2 W-Lm (zählen nie als M), *1 Stb in hMg, 2 hStb in hMg, 6 fM in hMg, 2 hStb in hMg, 1 Stb in hMg; ab * fortl wh, wenden.

3. R: 2 W-Lm, 2 Stb in hMg der ersten M, 3 Stb in hMg, 2-mal [2 Stb zus in hMg der folg 2 M], 3 Stb in hMg, *2-mal [2 Stb in hMg der folg M], 3 Stb in hMg, 2-mal [2 Stb zus in hMg der folg 2 M], 3 Stb in hMg; ab * bis 1 M vor Ende wh, 2 Stb in hMg der letzten M, wenden.

Die 3. R wh, bis der Streifen 1,5 cm kürzer ist als die gewünschte Länge.

Folg R: 1 W-Lm (zählt nicht als M), *3 fM in hMg, 2 hStb in hMg, 2 Stb in hMg, 2 hStb in hMg, 3 fM in hMg; ab * fortl wh, wenden.

Letzte R: 1 W-Lm, fortl 1 fM in jede M.

Abmaschen und die Fäden vernähen.

#017 HÄKELSCHRIFT

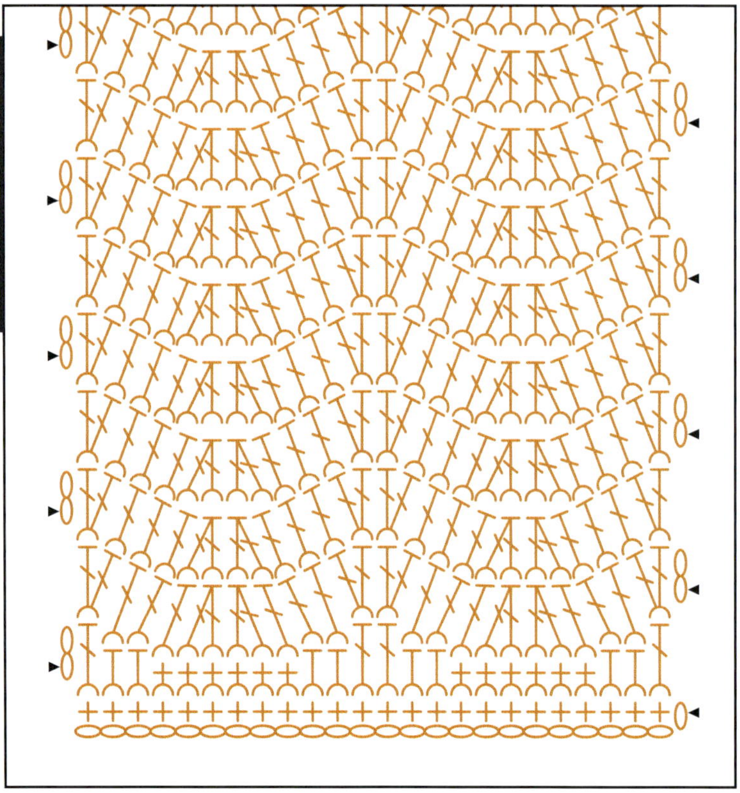

Das Muster vergrößern

Sie könnten eine ganze Decke allein in diesem Muster häkeln – es ist so ein toller Blickfang. Passen Sie dazu einfach die Länge Ihrer Anfangsluftmaschenkette an und achten Sie darauf, die Maschenzahl gemäß der oben angegebenen Formel zu berechnen.

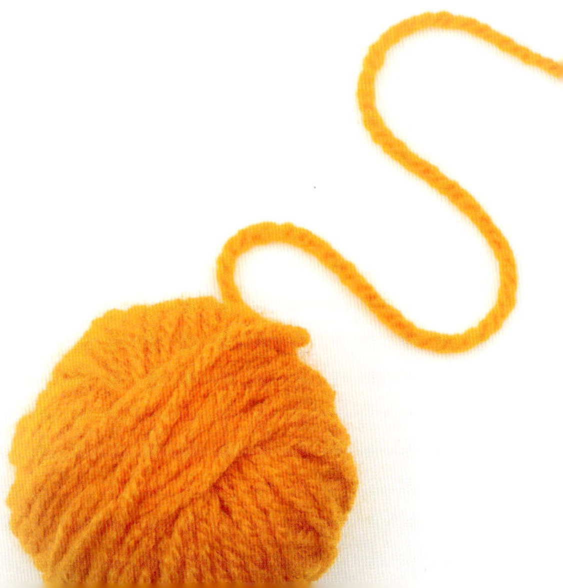

#018

MOOSMUSTER

Dieses kleine Muster ist auf der ganzen Welt bekannt und beliebt – auch wenn es überall anders heißt. Egal, wie es genannt wird, das feine Strukturmuster ist ganz einfach zu häkeln.

Anfangsluftmaschen: Maschenzahl teilbar durch 2 + 1

Gemäß Maschenzahl (s. o.) Lm in der gewünschten Streifenbreite anschlagen.

1. R (Hin-R): 1 fM in die 2. Lm ab der Nadel und in jede weitere Lm, wenden.

2. R (Rück-R): 2 W-Lm (zählen stets als 1 W-Lm plus 1 fM), erste M ausl, 1 fM in folg M, *1 Lm, 1 M ausl, 1 fM in folg M; ab * fortl wh, wenden.

3. R: 2 W-Lm, erste M ausl, *1 fM in folg 1-Lm-B, 1 Lm, 1 M ausl; ab * bis zum 2-Lm-B am Ende wh, 1 fM in 2-Lm-B, wenden.

Die 3. R wh, bis der Streifen 0,5 cm kürzer ist als die gewünschte Länge.

Letzte R: 1 W-Lm, fortl 1 fM in jede M und in jeden Lm-B.

Abmaschen und die Fäden vernähen.

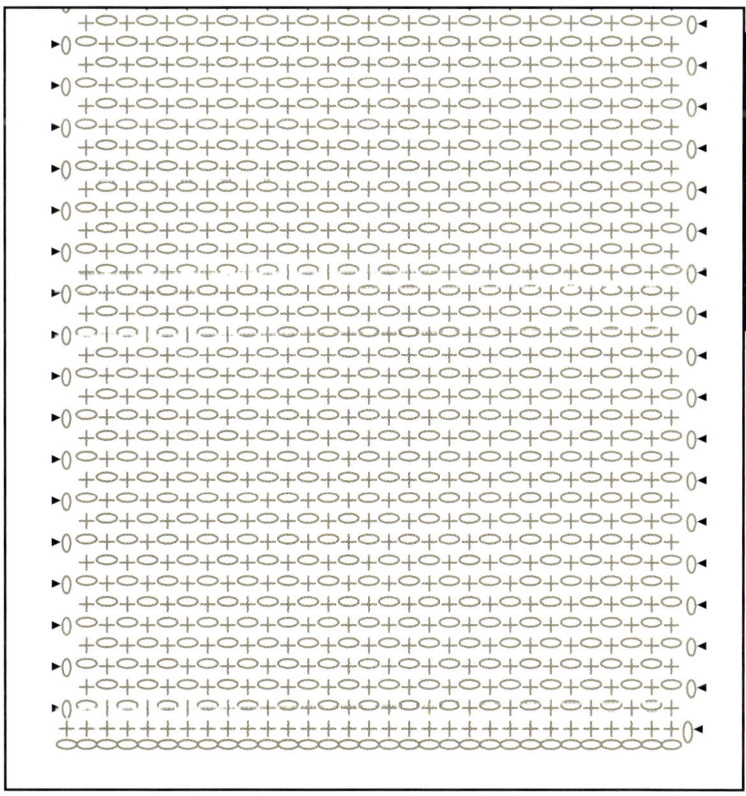

#018 HÄKELSCHRIFT

Ein Muster, viele Namen

Dieses Muster wird manchmal auch als Granitmuster, Leinenstich, Webmuster oder Moss-Stitch bezeichnet, doch es wird immer gleich gearbeitet.

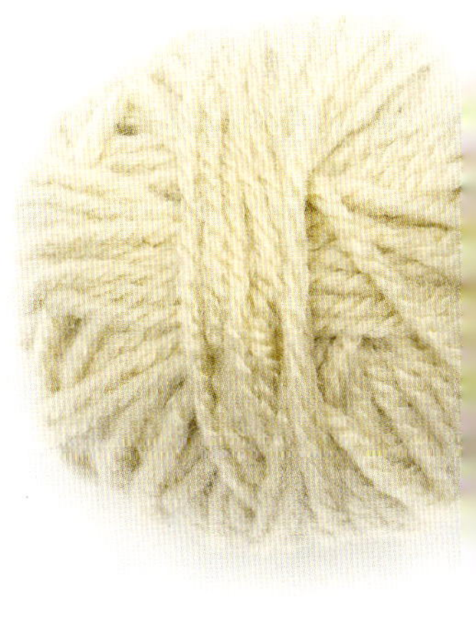

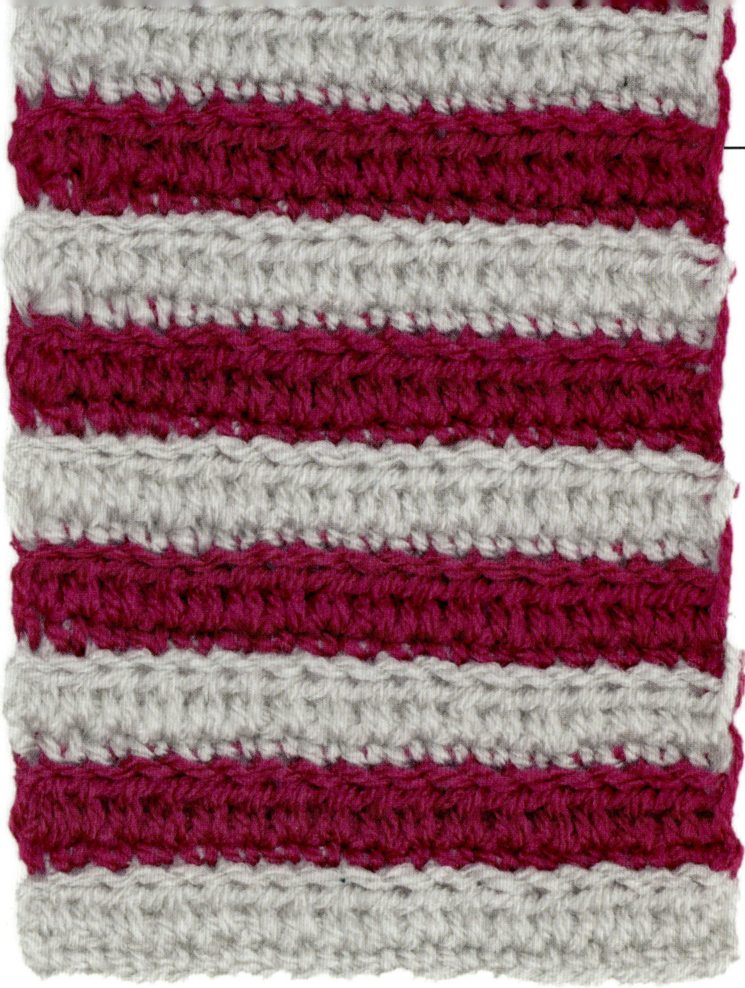

#019

GERIPPTE STREIFEN

Dieses Muster kommt in zwei beliebigen Kontrastfarben am besten zur Geltung und bildet in Ihrer Decke ein interessantes senkrechtes Detail.

SPEZIALTECHNIK

Farbwechsel (FW): *Das letzte hStb der Reihe in der alten Fb arb, bis noch 3 Schl auf der Nadel liegen, alte Fb liegen lassen, U mit neuer Fb und die 3 Schl zus abm. Die alte Fb nicht abschneiden, sondern an der Seite der Arbeit hängen lassen, um sie 2 R später wieder aufzunehmen.*

Das Muster funktioniert mit einer beliebigen Anzahl von Anfangsluftmaschen.

Mit Fb A Lm in der gewünschten Streifenbreite anschlagen.

1. R (Hin-R): 1 fM in die 2. Lm ab der Nadel und in jede weitere Lm, wenden.

2. R (Rück-R): 1 W-Lm (zählt nie als M), fortl 1 hStb in jede M, FW zu Fb B, wenden.

3. R: 1 W-Lm, fortl 1 fM in hMg jeder M, wenden.

4. R: 1 W-Lm, fortl 1 hStb in jede M, FW zu Fb A, wenden.

5. R: 1 W-Lm, fortl 1 fM in hMg jeder M, wenden.

6. R: 1 W-Lm, fortl 1 hStb in jede M, FW zu Fb B, wenden.

Die 3.–6. R wh, bis der Streifen 0,5 cm kürzer ist als die gewünschte Länge (mit beliebiger R enden).

Letzte R: 1 W-Lm, fortl 1 fM in jede M.

Abmaschen und die Fäden vernähen.

#019 HÄKELSCHRIFT

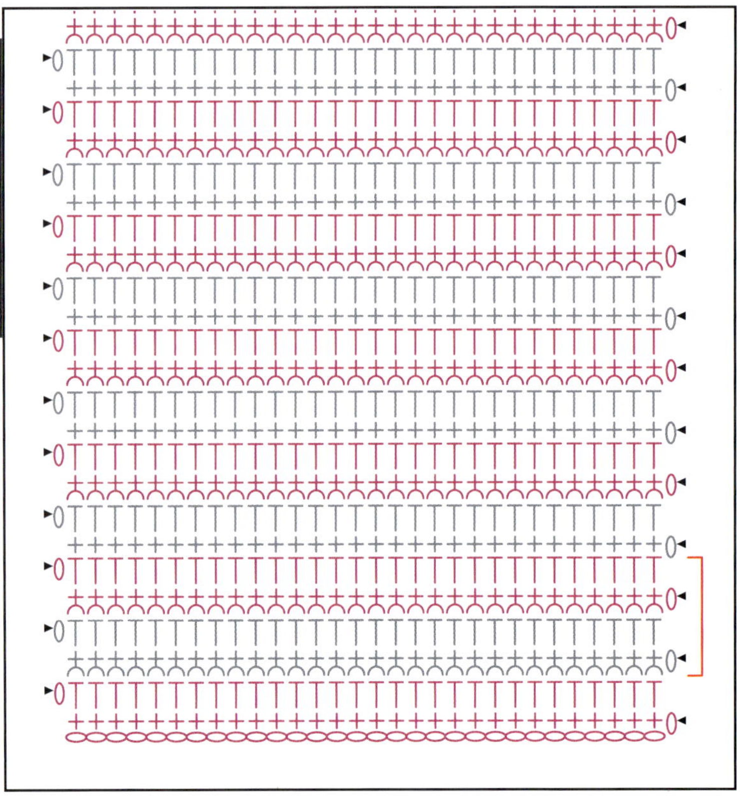

Streifen mit Struktur

Indem in der ersten Reihe nach jedem Farbwechsel nur in das hintere Maschenglied gehäkelt wird, erhalten die Streifen ihre ausdrucksvolle gerippte Struktur.

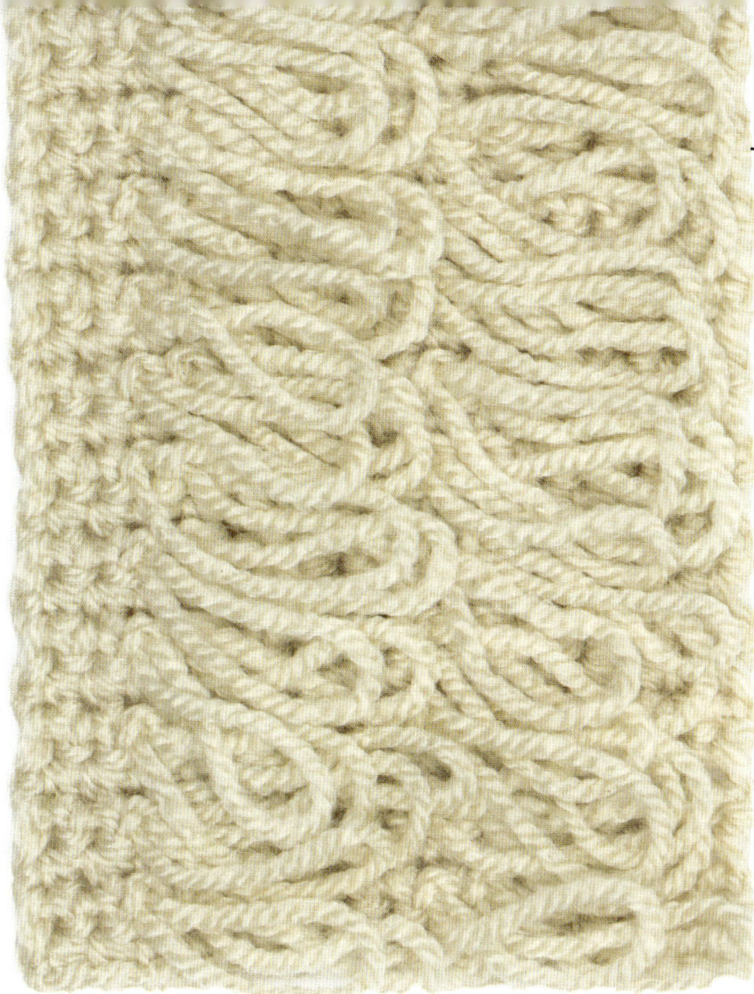

#020

SCHLAUFENMUSTER

Es dauert vielleicht einige Zeit, bis Ihre Schlaufen gleichmäßig werden, doch dieses witzige Retro-Muster ist die Mühe unbedingt wert.

SPEZIALTECHNIK

Schlaufenmasche (Schl-M): *Für die Schlaufe den Faden ganz normal über den Zeigefinger legen und mit der Häkelnadel in die angegebene Masche einstechen. Die Nadel vor dem Zeigefinger über den Arbeitsfaden führen, von rechts den Arbeitsfaden hinter dem Finger fassen und hinter dem vorderen Arbeitsfaden her durch die M auf der Nadel ziehen (2 Schl auf der Nadel). Die Schlaufe auf dem Finger gespannt halten und die Länge wie gewünscht regulieren. Mit U den Arbeitsfaden holen und durch beide Schl auf der Nadel ziehen, die Schlaufe vom Finger gleiten lassen. Jede Schlaufe zählt als 1 M. In der Folgereihe 1 M oben in jede Schl-M arbeiten.*

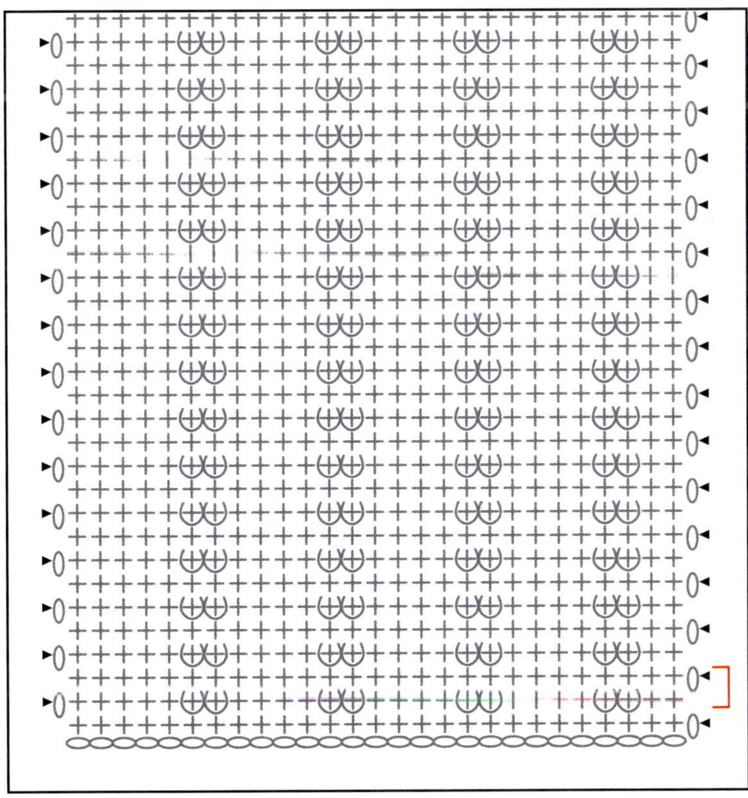

#020 HÄKELSCHRIFT

Anfangsluftmaschen: Maschenzahl teilbar durch 6 + 4

Gemäß Maschenzahl (s. o.) Lm in der gewünschten Streifenbreite anschlagen.

1. R (Hin-R): 1 fM in die 2. Lm ab der Nadel und in jede weitere Lm, wenden.

2. R (Rück-R): 1 W-Lm (zählt nie als M), 1 fM, *4 fM, 2-mal [1 Schl-M in folg M]; ab * bis 2 M vor Ende wh, 2 fM, wenden.

3. R: 1 W-Lm, fortl 1 fM in jede M, wenden.

Die 2. und 3. R wh, bis der Streifen 0,5 cm kürzer ist als die gewünschte Länge (mit beliebiger R enden).

Letzte R: 1 W-Lm, fortl 1 fM in jede M.

Abmaschen und die Fäden vernähen.

Schlaufenmaschen

Für die Schlaufe muss der Arbeitsfaden über den Zeigefinger geführt werden. Die Länge der fertigen Schlaufe hängt davon ab, wie weit entfernt Sie den Zeigefinger von der Arbeit halten. Die Schlaufen werden in den Rückreihen gearbeitet, damit sie später auf der Vorderseite erscheinen.

#021

FISCHGRÄT-STÄBCHEN

Dieses Muster zu häkeln, macht riesig Spaß und ist ganz einfach, wenn Sie erst den kleinen Extraschritt zu Beginn dieses Stäbchens beherrschen. Der Name des Musters kommt daher, dass die Fischgrät-Stäbchen sich von selbst schräg neigen.

SPEZIALTECHNIK

Fischgrät-Stäbchen (Fischgrät-Stb): *U, in die M einstechen, U, Faden durch die Masche UND die erste Schl auf der Nadel ziehen (2 Schl auf der Nadel), U, die erste Schl abm (2 Schl auf der Nadel), U, beide Schl zus abm.*

Das Muster funktioniert mit einer beliebigen Anzahl von Anfangsluftmaschen.

Lm in der gewünschten Streifenbreite anschlagen.

1. R (Hin-R): 1 fM in die 2. Lm ab der Nadel und in jede weitere Lm, wenden.

2. R (Rück-R): 1 W-Lm (zählt nie als M), fortl 1 Fischgrät-Stb in jede M, wenden.

Die 2. R wh, bis der Streifen 0,5 cm kürzer ist als die gewünschte Länge.

Letzte R: 1 W-Lm, fortl 1 fM in jede M.

Abmaschen und die Fäden vernähen.

#021 HÄKELSCHRIFT

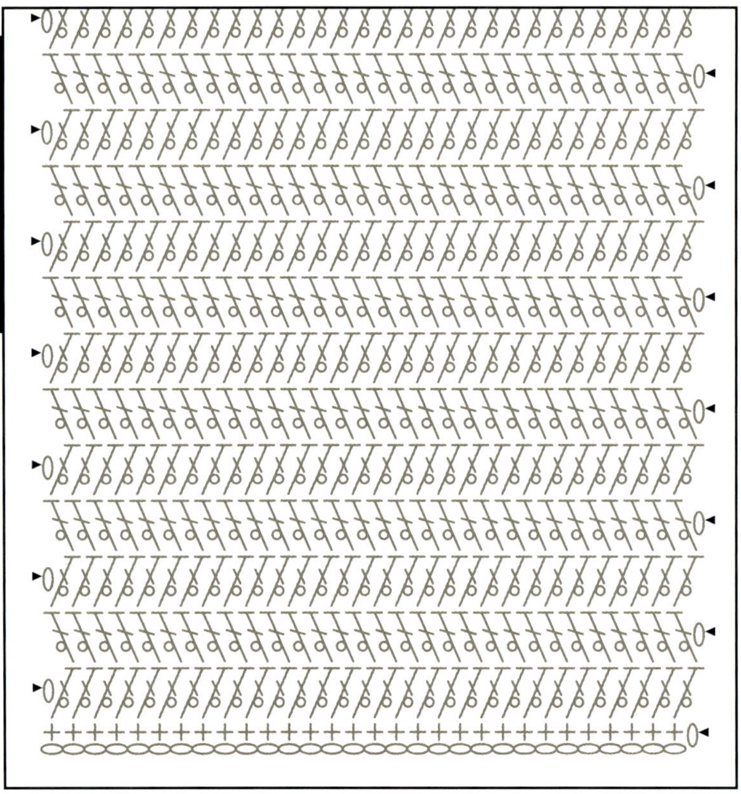

Der Kniff am Anfang

Lassen Sie sich Zeit, bis Sie sich an den kleinen Extraschritt zu Beginn des Fischgrät-Stäbchens gewöhnt haben. Am Anfang muss man sich dabei etwas konzentrieren!

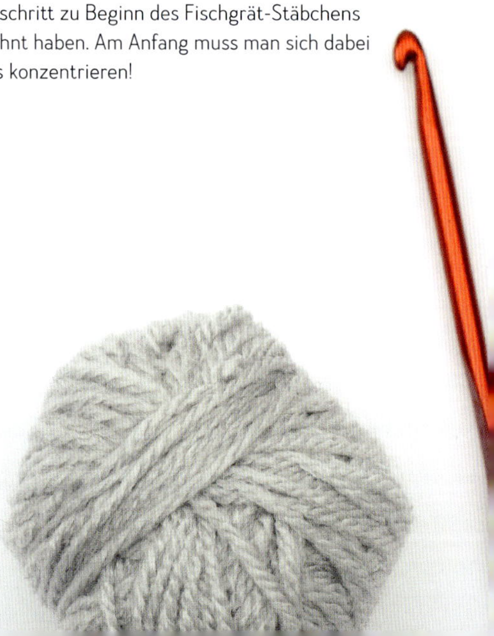

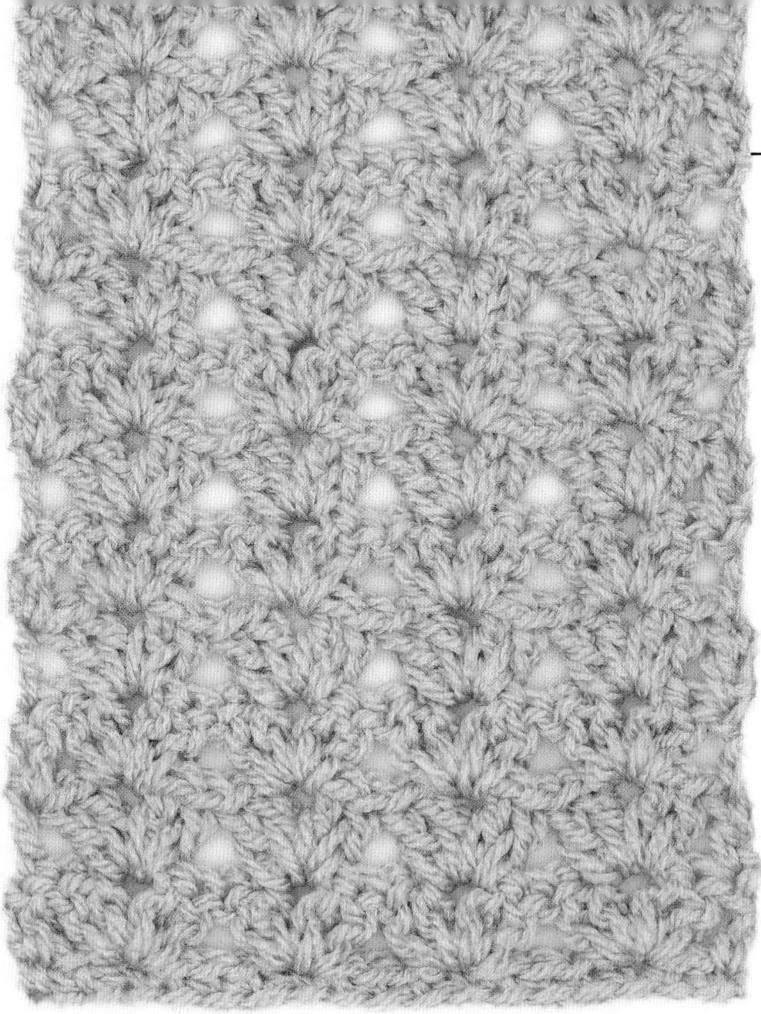

#022

IRISMUSTER

Mit seinem süßen, altmodischen Look verleiht das Irismuster jeder Häkelarbeit einen romantischen Touch. Noch dazu ist es ganz einfach!

Anfangsluftmaschen: Maschenzahl teilbar durch 4 + 6

Gemäß Maschenzahl (s. o.) Lm in der gewünschten Streifenbreite anschlagen.

1. R (Hin-R): 1 fM in die 2. Lm ab der Nadel und in jede weitere Lm, wenden.

2. R (Rück-R): 2 W-Lm (zählen nie als M), 1 Stb, 1 M ausl, [2 Stb, 1 Lm, 2 Stb] in folg M, *3 M ausl, [2 Stb, 1 Lm, 2 Stb] in folg M; ab * bis 2 M vor Ende wh, 1 M ausl, 1 Stb, wenden.

3. R: 2 W-Lm, 1 Stb, 2 M ausl, [2 Stb, 1 Lm, 2 Stb] in 1-Lm-B, *4 M ausl, [2 Stb, 1 Lm, 2 Stb] in 1-Lm-B; ab * bis 3 M vor Ende wh, 2 M ausl, 1 Stb, wenden.

Die 3. R wh, bis der Streifen 0,5 cm kürzer ist als die gewünschte Länge.

Letzte R: 1 W-Lm, fortl 1 fM in jedes Stb (alle 1-Lm-Bogen überspringen).

Abmaschen und die Fäden vernähen.

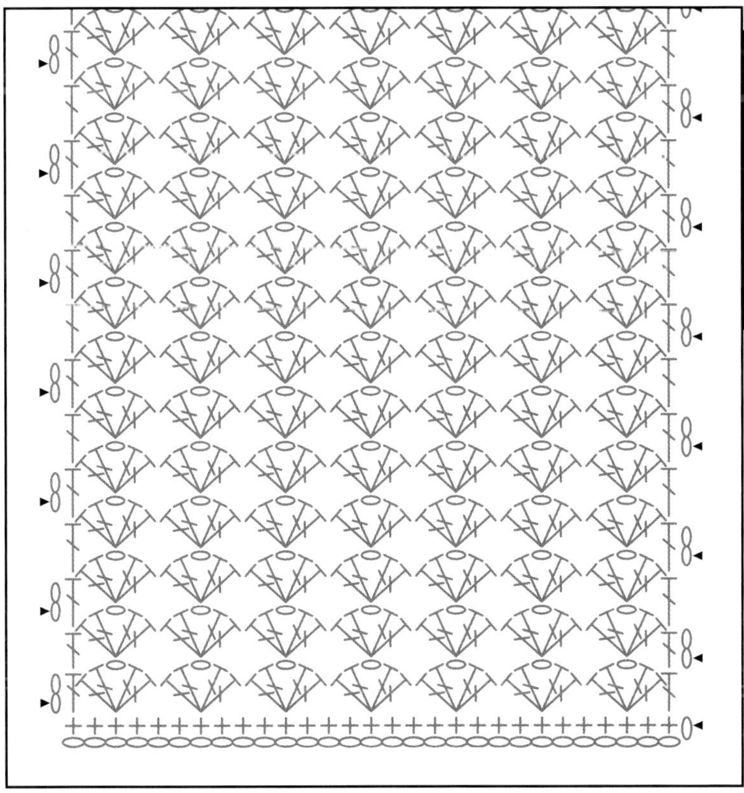

#022 HÄKELSCHRIFT

Blütenreihen

Die [2 Stb, 1 Lm, 2 Stb] stets in den 1 Lm B der Vorreihe häkeln, damit die kleinen Blüten genau übereinanderliegen.

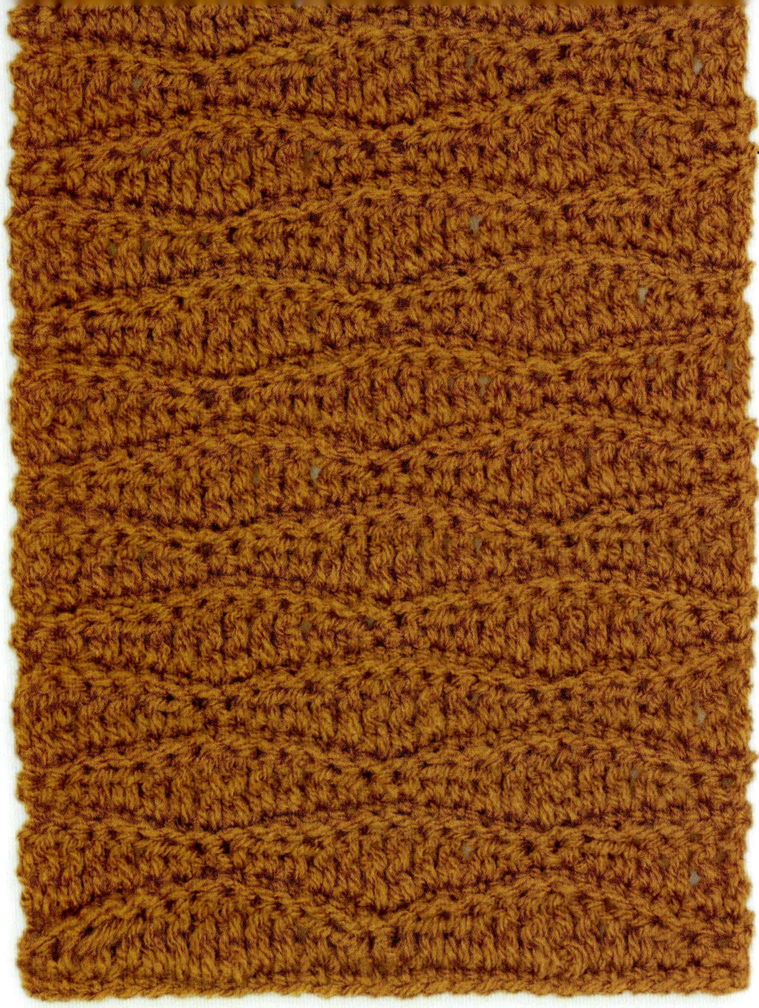

#023

WELLENMUSTER

Diese sanften Wellen entstehen, indem jede zweite Reihe nur in das hintere Maschenglied gearbeitet wird.

Anfangsluftmaschen: Maschenzahl teilbar durch 12 + 3

Gemäß Maschenzahl (s. o.) Lm in der gewünschten Streifenbreite anschlagen.

1. R (Hin-R): 1 fM in die 2. Lm ab der Nadel und in jede weitere Lm, wenden.

2. R (Rück-R): 1 W-Lm (zählt nie als M), *2 fM, 2 hStb, 2 Stb, 2 DStb, 2 Stb, 2 hStb; ab * bis 2 M vor Ende wh, 2 fM, wenden.

3. R: 1 W-Lm, fortl 1 fM in hMg jeder M, wenden.

4. R: 3 W-Lm (zählen nie als M), *2 DStb, 2 Stb, 2 hStb, 2 fM, 2 hStb, 2 Stb; ab * bis 2 M vor Ende wh, 2 DStb, wenden.

5. R: Wie 3. R.

Die 2.–5. R wh, bis der Streifen 0,5 cm kürzer ist als die gewünschte Länge (mit einer 2. oder 4. R enden).

Letzte R: 1 W-Lm, fortl 1 fM in jede M.

Abmaschen und die Fäden vernähen.

#023 HÄKELSCHRIFT

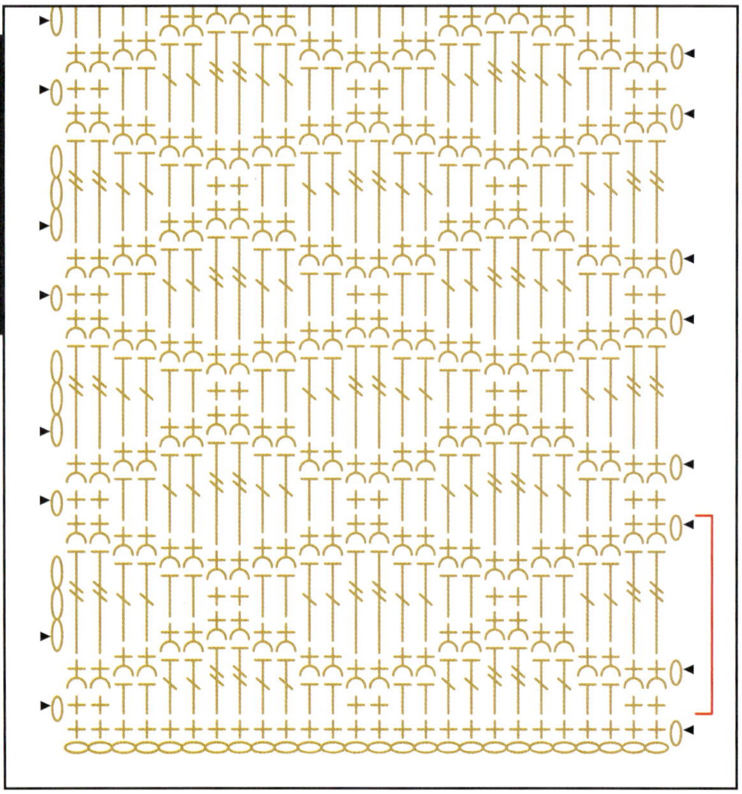

Plastischer Effekt

Ab der 3. Reihe werden alle Reihen fester Maschen nur in das hintere Maschenglied gearbeitet – so entsteht der lebendige Welleneffekt.

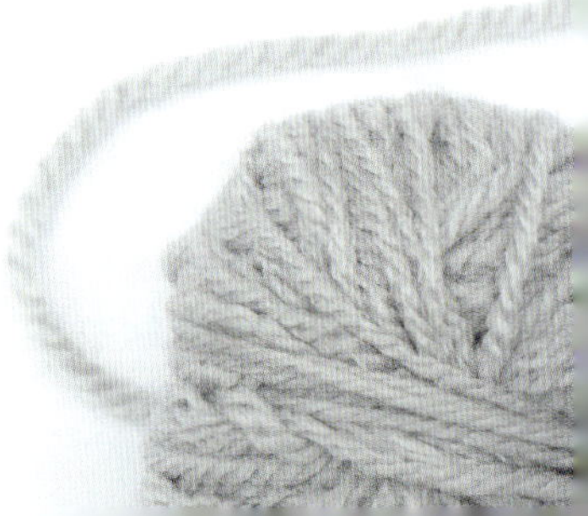

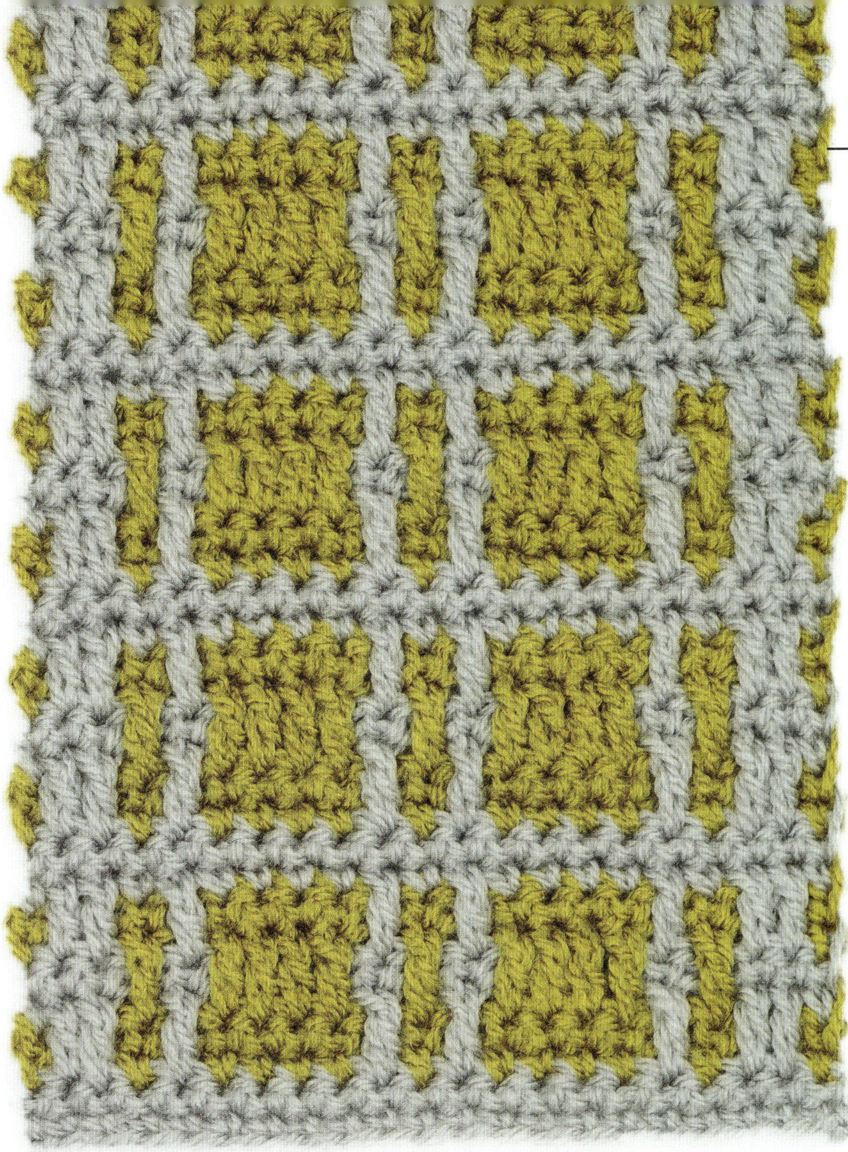

#024

SCHOTTENKARO

Dieses abwechslungsreichen Karomuster verleiht Ihrer Häkelarbeit eine klassisch-geometrische Note.

Anfangsluftmaschen: Maschenzahl teilbar durch 7 + 8

Mit Fb A gemäß Maschenzahl (s. o.) Lm in der gewünschten Streifenbreite anschlagen.

1. R (Hin-R): 1 fM in die 2. Lm ab der Nadel und in jede weitere Lm, wenden.

2. R (Rück-R): 1 W-Lm (zählt nie als M), fortl 1 fM in jede M, FW zu Fb B, wenden.

3. R: 1 W-Lm, 1 fM, 3 Lm, 2 M ausl, 1 fM, [2 Lm, 1 M ausl, 4 fM, 2 Lm, 1 M ausl, 1 fM] bis 3 M vor Ende, 3 Lm, 2 M ausl, 1 fM, wenden.

4. R: 1 W-Lm, 1 fM, 3 Lm, 3-Lm-B ausl, 1 fM, [2 Lm, 2-Lm-B ausl, 4 fM, 2 Lm, 2-Lm-B ausl, 1 fM] bis 3 M vor Ende, 3 Lm, 3-Lm-B ausl, 1 fM, FW zu Fb A, wenden.

5. R: 1 W-Lm, 1 fM, 2 MStb, 2 Lm, 1 M ausl, [1 MStb, 5 Lm, 4 M ausl, 1 MStb, 2 Lm, 1 M ausl] bis 3 M vor Ende, 2 MStb, 1 fM, wenden.

6. R: 1 W-Lm, 3 fM, 2 Lm, 2-Lm-B ausl, [1 fM, 5 Lm, 5-Lm-B ausl, 1 fM, 2 Lm, 2-Lm-B ausl] bis 3 M vor Ende, 3 fM, FW zu Fb B, wenden.

7. R: 1 W-Lm, 1 fM, 3 Lm, 2 M ausl, 1 MStb, [2 Lm, 1 M ausl, 4 MStb, 2 Lm, 1 M ausl, 1 MStb] bis 3 M vor Ende, 3 Lm, 2 M ausl, 1 fM, wenden.

8. R: 1 W-Lm, 1 fM, 3 Lm, 3-Lm-B ausl, 1 fM, [2 Lm, 2-Lm-B ausl, 4 fM, 2 Lm, 2-Lm-B ausl, 1 fM] bis 3 M vor Ende, 3 Lm, 3-Lm-B ausl, 1 fM, FW zu Fb A, wenden.

9. R: 1 W-Lm, 1 fM, 2 MStb, 1 fM, [1 MStb, 4 fM, 1 MStb, 1 fM] bis 3 M vor Ende, 2 MStb, 1 fM, wenden.

10. R: 1 W-Lm, fortl 1 fM in jede M, FW zu Fb B, wenden.

Die 3.–10. R wh, bis der Streifen 1 cm kürzer ist als die gewünschte Länge (mit gerader Reihenzahl enden).

Folg R: Mit Farbe A 1 W-Lm, fortl 1 fM in jede fM und 1 MStb in jede ausgelassene M.

Letzte R: 1 W-Lm, fortl 1 fM in jede M.

Abmaschen und die Fäden vernähen.

#024 HÄKELSCHRIFT

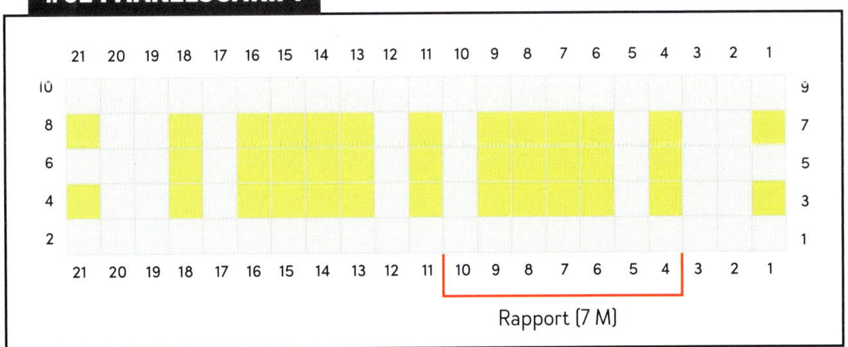

Symbole

Farbe A

Farbe B

Jedes Kästchen steht für eine Masche.

Alle ungeraden Reihen (Hin-R) werden von rechts nach links gelesen, alle geraden Reihen (Rück-R) von links nach rechts.

Einmal die 1.–10. Reihe arbeiten, danach stets die 3.–10. R wiederholen.

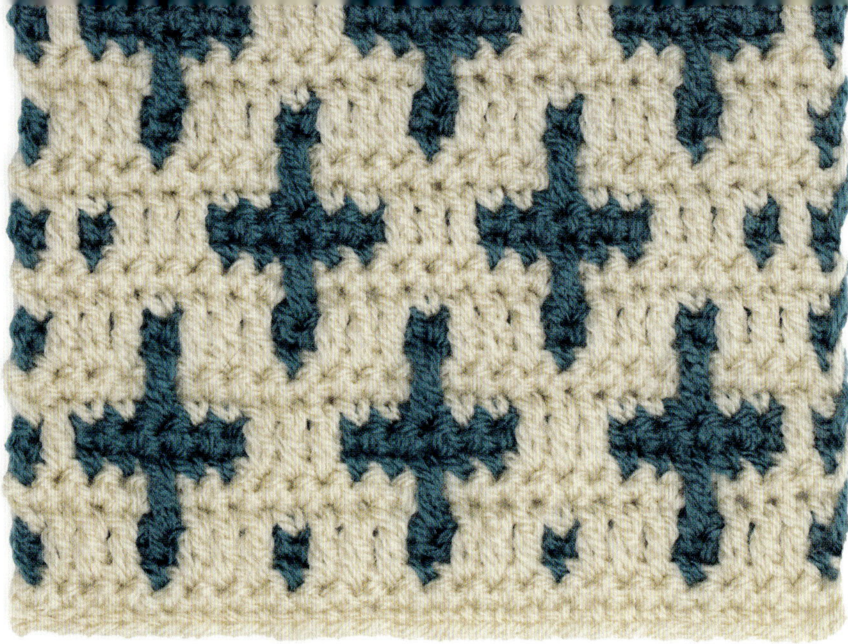

#025

VOGELFLUG

Hoch oben am hellen, weiten Himmel zieht ein Vogelschwarm vorbei.

Anfangsluftmaschen: Maschenzahl teilbar durch 8 + 10

#025 HÄKELSCHRIFT

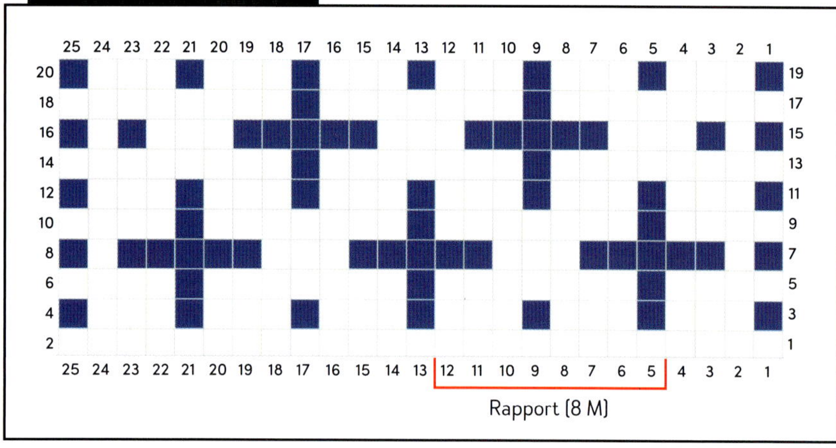

Symbole

Farbe A

Farbe B

Jedes Kästchen steht für eine Masche.

Alle ungeraden Reihen (Hin-R) werden von rechts nach links gelesen, alle geraden Reihen (Rück-R) von links nach rechts.

Einmal die 1.–20. Reihe arbeiten, danach stets die 5.–20. R wiederholen.

Mit Fb A gemäß Maschenzahl (s. o.) Lm in der gewünschten Streifenbreite anschlagen.

1. R (Hin-R): 1 fM in die 2. Lm ab der Nadel und in jede weitere Lm, wenden.

2. R (Rück-R): 1 W-Lm (zählt nie als M), fortl 1 fM in jede M, FW zu Fb B, wenden.

3. R: 1 W-Lm, 1 fM, fortl [4 Lm, 3 M ausl, 1 fM], wenden.

4. R: 1 W-Lm, 1 fM, fortl [4 Lm, 4-Lm-B ausl, 1 fM], FW zu Fb A, wenden.

5. R: 1 W-Lm, [1 fM, 3 MStb, 2 Lm, 1 M ausl, 3 MStb] bis 1 M vor Ende, 1 fM, wenden.

6. R: 1 W-Lm, 4 fM, 2 Lm, 2-Lm-B ausl, [7 fM, 2 Lm, 2-Lm-B ausl] bis 4 M vor Ende, 4 fM, FW zu Fb B, wenden.

7. R: 1 W-Lm, 1 fM, 2 Lm, 1 M ausl, 2 fM, 1 MStb, 2 fM, [4 Lm, 3 M ausl, 2 fM, 1 MStb, 2 fM] bis 2 M vor Ende, 2 Lm, 1 M ausl, 1 fM, wenden.

8. R: 1 W-Lm, 1 fM, 2 Lm, 2-Lm-B ausl, 5 fM, [4 Lm, 4-Lm-B ausl, 5 fM] bis 2 M vor Ende, 2 Lm, 2-Lm-B ausl, 1 fM, FW zu Fb A, wenden.

9. R: 1 W-Lm, 1 fM, 1 MStb, 2 fM, 2 Lm, 1 M ausl, 2 fM, [3 MStb, 2 fM, 2 Lm, 1 M ausl, 2 fM] bis 2 M vor Ende, 1 MStb, 1 fM, wenden.

10. R: 1 W-Lm, 4 fM, 2 Lm, 2-Lm-B ausl, [7 fM, 2 Lm, 2-Lm-B ausl] bis 4 M vor Ende, 4 fM, FW zu Fb B, wenden.

11. R: 1 W-Lm, [1 fM, 4 Lm, 3 M ausl, 1 MStb, 4 Lm, 3 M ausl] bis 1 M vor Ende, 1 fM, wenden.

12. R: 1 W-Lm, 1 fM, fortl [4 Lm, 4-Lm-B ausl, 1 fM], FW zu Fb A, wenden.

13. R: 1 W-Lm, 1 fM, 3 MStb, 1 fM, 3 MStb, [2 Lm, 1 M ausl, 3 MStb, 1 fM, 3 MStb] bis 1 M vor Ende, 1 fM, wenden.

14. R: 1 W-Lm, 8 fM, [2 Lm, 2-Lm-B ausl, 7 fM] bis 1 M vor Ende, 1 fM, FW zu Fb B, wenden.

15. R: 1 W-Lm, 1 fM, 2 Lm, 1 M ausl, 1 fM, 4 Lm, 3 M ausl, [2 fM, 1 MStb, 2 fM, 4 Lm, 3 M ausl] bis 3 M vor Ende, 1 fM, 2 Lm, 1 M ausl, 1 fM, wenden.

16. R: 1 W-Lm, 1 fM, 2 Lm, 2-Lm-B ausl, 1 fM, 4 Lm, 4-Lm-B ausl, [5 fM, 4 Lm, 4-Lm-B ausl] bis 3 M vor Ende, 1 fM, 2 Lm, 2-Lm-B ausl, 1 fM, FW zu Fb A, wenden.

17. R: 1 W-Lm, 1 fM, 1 MStb, 1 fM, 3 MStb, [2 fM, 2 Lm, 1 M ausl, 2 fM, 3 MStb] bis 3 M vor Ende, 1 fM, 1 MStb, 1 fM, wenden.

18. R: 1 W-Lm, 8 fM, [2 Lm, 2-Lm-B ausl, 7 fM] bis 1 M vor Ende, 1 fM, FW zu Fb B, wenden.

19. R: 1 W-Lm, 1 fM, 4 Lm, 3 M ausl, 1 fM, 4 Lm, 3 M ausl, [1 MStb, 4 Lm, 3 M ausl, 1 fM, 4 Lm, 3 ausl] bis 1 M vor Ende, 1 fM, wenden.

20. R: 1 W-Lm, 1 fM, fortl [4 Lm, 4-Lm-B ausl, 1 fM], FW zu Fb A, wenden.

Die 5.–20. R wh, bis der Streifen 1 cm kürzer ist als die gewünschte Länge (mit gerader Reihenzahl enden).

Folg R: Mit Farbe A 1 W-Lm, fortl 1 fM in jede fM und 1 MStb in jede ausgelassene M.

Letzte R: 1 W-Lm, fortl 1 fM in jede M.

Abmaschen und die Fäden vernähen.

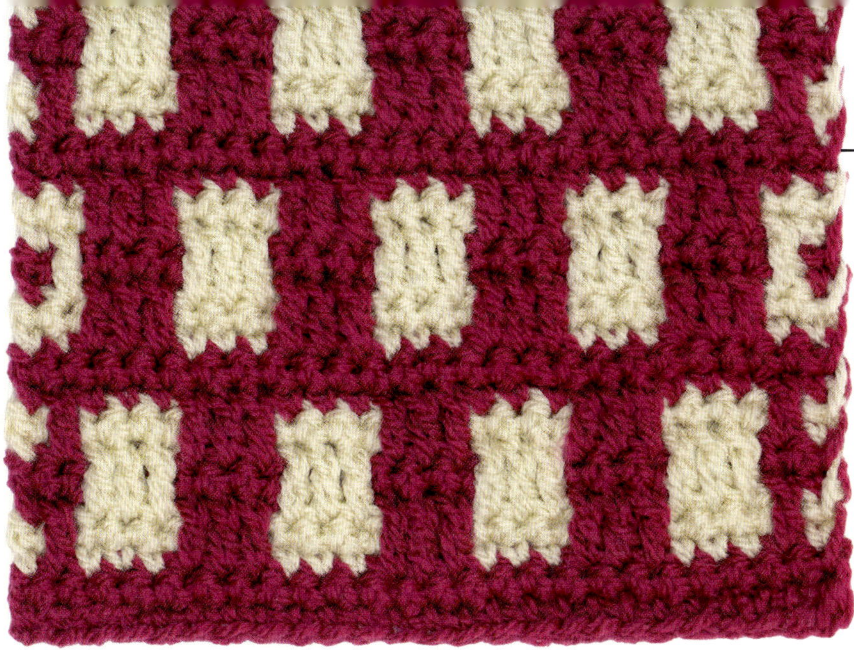

#026

KLEINE KÄSTCHEN

Dieses Muster macht richtig Spaß! Wie immer beim Mosaikhäkeln trägt auch die Struktur zum Effekt bei.

#026 HÄKELSCHRIFT

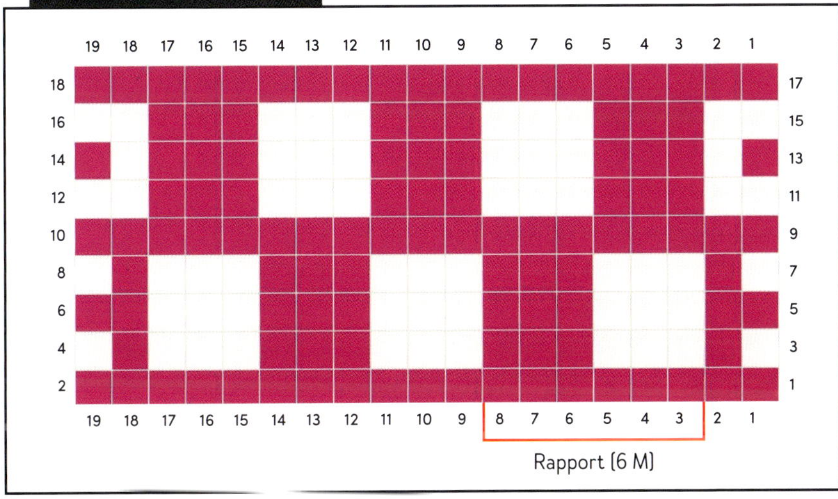

Symbole

Farbe A   Farbe B

Jedes Kästchen steht für eine Masche.

Alle ungeraden Reihen (Hin-R) werden von rechts nach links gelesen, alle geraden Reihen (Rück-R) von links nach rechts.

Einmal die 1.–18. Reihe arbeiten, danach stets die 3.–18. R wiederholen.

Anfangsluftmaschen: Maschenzahl teilbar durch 6 + 8

Mit Fb A gemäß Maschenzahl (s. o.) Lm in der gewünschten Streifenbreite anschlagen.

1. R (Hin-R): 1 fM in die 2. Lm ab der Nadel und in jede weitere Lm, wenden.

2. R (Rück-R): 1 W-Lm (zählt nie als M), fortl 1 fM in jede M, FW zu Fb B, wenden.

3. R: 1 W-Lm, 1 fM, 2 Lm, 1 M ausl, 3 fM, [4 Lm, 3 M ausl, 3 fM] bis 2 M vor Ende, 2 Lm, 1 M ausl, 1 fM, wenden.

4. R: 1 W-Lm, 1 fM, 2 Lm, 2-Lm-B ausl, 3 fM, [4 Lm, 4-Lm-B ausl, 3 fM], bis 2 M vor Ende, 2 Lm, 2-Lm-B ausl, 1 fM, FW zu Fb A, wenden.

5. R: 1 W-Lm, 1 fM, 1 MStb, 4 Lm, 3 M ausl, [3 MStb, 4 Lm, 3 M ausl] bis 2 M vor Ende, 1 MStb, 1 fM, wenden.

6. R: 1 W-Lm, 2 fM, 4 Lm, 4-Lm-B ausl, [3 fM, 4 Lm, 4-Lm-B ausl] bis 2 M vor Ende, 2 fM, FW zu Fb B, wenden.

7. R: 1 W-Lm, 1 fM, 2 Lm, 1 M ausl, 3 MStb, [4 Lm, 3 M ausl, 3 MStb] bis 2 M vor Ende, 2 Lm, 1 M ausl, 1 fM, wenden.

8. R: 1 W-Lm, 1 fM, 2 Lm, 2-Lm-B ausl, 3 fM, [4 Lm, 4-Lm-B ausl, 3 fM] bis 2 M vor Ende, 2 Lm, 2-Lm-B ausl, 1 fM, FW zu Fb A, wenden.

9. R: 1 W-Lm, 1 fM, 1 MStb, 3 fM, [3 MStb, 3 fM] bis 2 M vor Ende, 1 MStb, 1 fM, wenden.

10. R: 1 W-Lm, fortl 1 fM in jede M, FW zu Fb B, wenden.

11. R: 1 W-Lm, 2 fM, 4 Lm, 3 M ausl, [3 fM, 4 Lm, 3 M ausl] bis 2 M vor Ende, 2 fM, wenden.

12. R: 1 W-Lm, 2 fM, 4 Lm, 4-Lm-B ausl, [3 fM, 4 Lm, 4-Lm-B ausl], bis 2 M vor Ende, 2 fM, FW zu Fb A, wenden.

13. R: 1 W-Lm, 1 fM, 2 Lm, 1 M ausl, 3 MStb, [4 Lm, 3 M ausl, 3 MStb] bis 2 M vor Ende, 2 Lm, 1 M ausl, 1 fM, wenden.

14. R: 1 W-Lm, 1 fM, 2 Lm, 2-Lm-B ausl, 3 fM, [4 Lm, 4-Lm-B ausl, 3 fM] bis 2 M vor Ende, 2 Lm, 2-Lm-B ausl, 1 fM, FW zu Fb B, wenden.

15. R: 1 W-Lm, 1 fM, 1 MStb, 4 Lm, 3 M ausl, [3 MStb, 4 Lm, 3 M ausl] bis 2 M vor Ende, 1 MStb, 1 fM, wenden.

16. R: 1 W-Lm, 2 fM, 4 Lm, 4-Lm-B ausl, [3 fM, 4 Lm, 4-Lm-B ausl] bis 2 M vor Ende, 2 fM, FW zu Fb A, wenden.

17. R: 1 W-Lm, 2 fM, 3 MStb, [3 fM, 3 MStb] bis 2 M vor Ende, 2 fM, wenden.

18. R: 1 W-Lm, fortl 1 fM in jede M, FW zu Fb B, wenden.

Die 3.–18. R wh, bis der Streifen 1 cm kürzer ist als die gewünschte Länge (mit gerader Reihenzahl enden).

Folg R: Mit Farbe A 1 W-Lm, fortl 1 fM in jede fM und 1 MStb in jede ausgelassene M.

Letzte R: 1 W-Lm, fortl 1 fM in jede M.

Abmaschen und die Fäden vernähen.

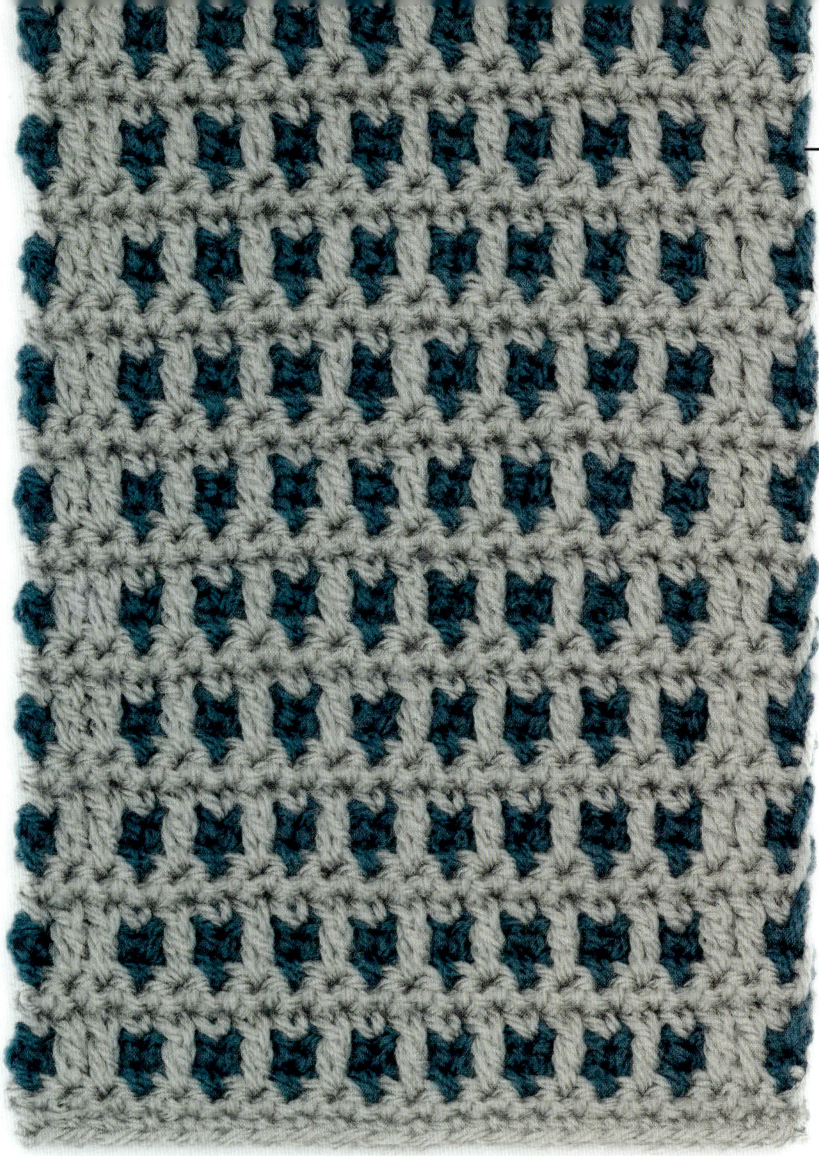

#027

MOSAIKPÜNKTCHEN

In diesem Muster bilden kleine herzförmige Punkte ganz gleichmäßige waagerechte und senkrechte Reihen.

Anfangsluftmaschen: Maschenzahl teilbar durch 2 + 8

Mit Fb A gemäß Maschenzahl (s. o.) Lm in der gewünschten Streifenbreite anschlagen.

1. R (Hin-R): 1 fM in die 2. Lm ab der Nadel und in jede weitere Lm, wenden.

2. R (Rück-R): 1 W-Lm (zählt nie als M), fortl 1 fM in jede M, FW zu Fb B, wenden.

3. R: 1 W-Lm, 1 fM, 3 Lm, 2 M ausl, 1 fM, [2 Lm, 1 M ausl, 1 fM] bis 3 M vor Ende, 3 Lm, 2 M ausl, 1 fM, wenden.

4. R: 1 W-Lm, 1 fM, 3 Lm, 3-Lm-B ausl, 1 fM, [2 Lm, 2-Lm-B ausl, 1 fM] bis 3 M vor Ende, 3 Lm, 3-Lm-B ausl, 1 fM, FW zu Fb A, wenden.

5. R: 1 W-Lm, 1 fM, 2 MStb, [1 fM, 1 MStb] bis 2 M vor Ende, 2 MStb, 1 fM, wenden.

6. R: 1 W-Lm, fortl 1 fM in jede M, FW zu Fb B, wenden.

Die 3.–6. R wh, bis der Streifen 1 cm kürzer ist als die gewünschte Länge (mit gerader Reihenzahl enden).

Folg R: Mit Farbe A 1 W-Lm, fortl 1 fM in jede fM und 1 MStb in jede ausgelassene M.

Letzte R: 1 W-Lm, fortl 1 fM in jede M.

Abmaschen und die Fäden vernähen.

#027 HÄKELSCHRIFT

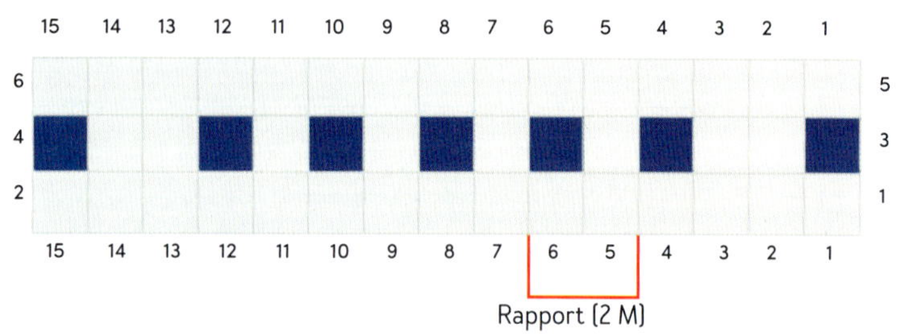

Symbole

Farbe A | Farbe B

Jedes Kästchen steht für eine Masche.

Alle ungeraden Reihen (Hin-R) werden von rechts nach links gelesen, alle geraden Reihen (Rück-R) von links nach rechts.

Einmal die 1.–6. Reihe arbeiten, danach stets die 3.–6. R wiederholen.

Das Muster verbreitern

Mosaikmuster sehen in jeder Größe schön aus – mit diesem Muster könnten Sie beispielsweise eine wunderschöne Kissenhülle häkeln. Verlängern Sie dazu einfach die Anfangs-Luftmaschenkette nach Bedarf und gemäß der oben angebenen Formel zur Berechnung der Gesamtmaschenzahl.

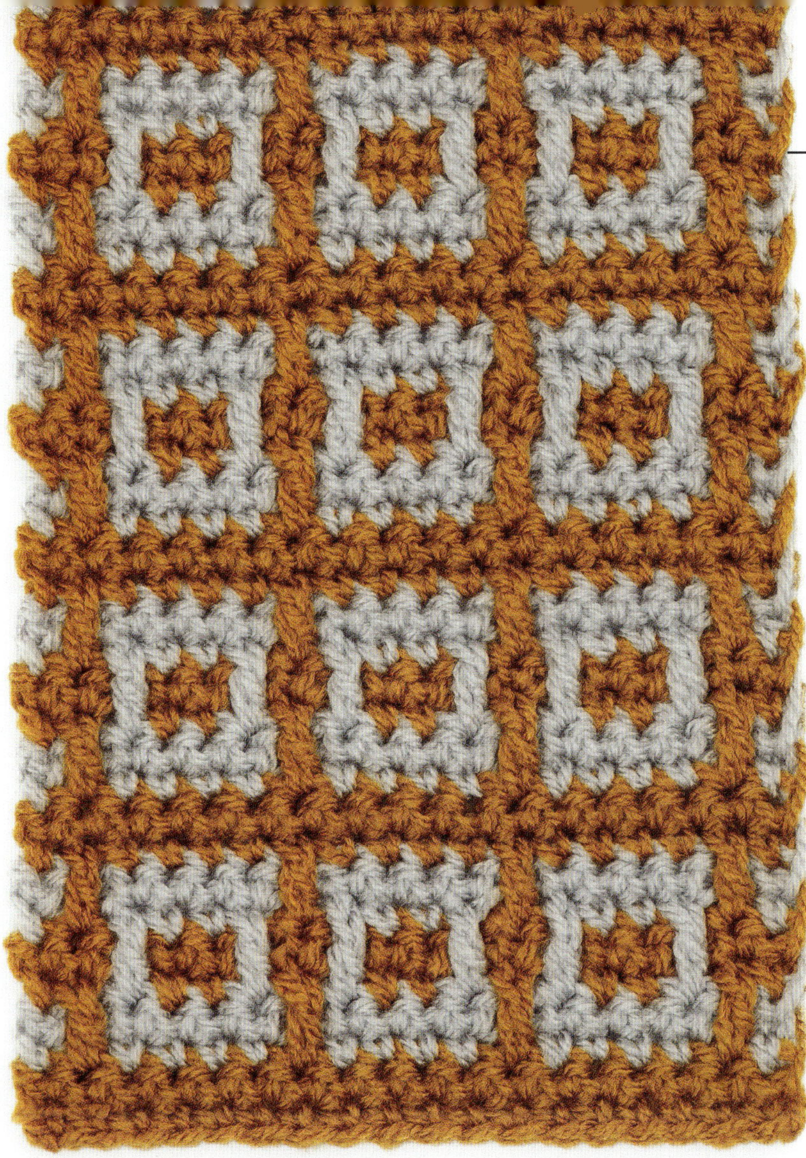

#028

EISWÜRFEL

Nichts Spektakuläres, einfach wunderhübsche Reihen gleichmäßiger Kästchen, die mich stets an Eiswürfel erinnern.

Anfangsluftmaschen: Maschenzahl teilbar durch 5 + 4

Mit Fb A gemäß Maschenzahl (s. o.) Lm in der gewünschten Streifenbreite anschlagen.

1. R (Hin-R): 1 fM in die 2. Lm ab der Nadel und in jede weitere Lm, wenden.

2. R (Rück-R): 1 W-Lm (zählt nie als M), fortl 1 fM in jede M, FW zu Fb B, wenden.

3. R: 1 W-Lm, 1 fM, 2 Lm, 1 M ausl, [4 fM, 2 Lm, 1 M ausl] bis 1 M vor Ende, 1 fM, wenden.

4. R: 1 W-Lm, 1 fM, 2 Lm, 2-Lm-B ausl, [4 fM, 2 Lm, 2-Lm-B ausl] bis 1 M vor Ende, 1 fM, FW zu Fb A, wenden.

5. R: 1 W-Lm, 1 fM, 1 MStb, [2 Lm, 1 M ausl, 2 fM, 2 Lm, 1 M ausl, 1 MStb] bis 1 M vor Ende, 1 fM, wenden.

6. R: 1 W-Lm, 2 fM, [2 Lm, 2-Lm-B ausl, 2 fM, 2 Lm, 2-Lm-B ausl, 1 fM] bis 1 M vor Ende, 1 fM, FW zu Fb B, wenden.

7. R: 1 W-Lm, 1 fM, 2 Lm, 1 M ausl, [1 MStb, 2 fM, 1 MStb, 2 Lm, 1 M ausl] bis 1 M vor Ende, 1 fM, wenden.

8. R: Wie 4. R.

9. R: 1 W-Lm, 1 fM, 1 MStb, [4 fM, 1 MStb] bis 1 M vor Ende, 1 fM, wenden.

10. R: 1 W-Lm, fortl 1 fM in jede M, FW zu Fb B, wenden.

Die 3.–10. R wh, bis der Streifen 1 cm kürzer ist als die gewünschte Länge (mit gerader Reihenzahl enden).

Folg R: Mit Farbe A 1 W-Lm, fortl 1 fM in jede fM und 1 MStb in jede ausgelassene M.

Letzte R: 1 W-Lm, fortl 1 fM in jede M.

Abmaschen und die Fäden vernähen.

#028 HÄKELSCHRIFT

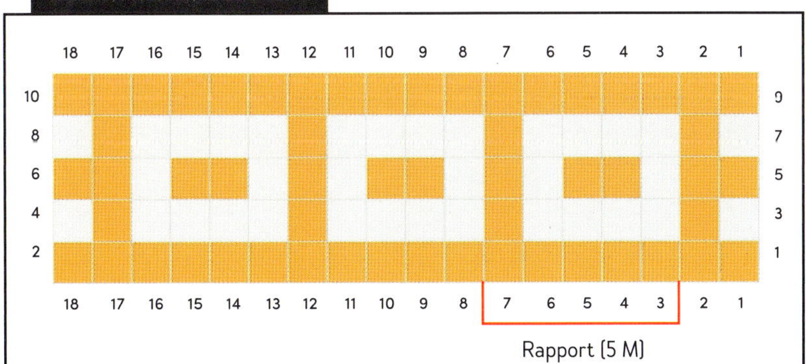

Symbole

Farbe A   Farbe B

Jedes Kästchen steht für eine Masche.

Alle ungeraden Reihen (Hin-R) werden von rechts nach links gelesen, alle geraden Reihen (Rück-R) von links nach rechts.

Einmal die 1.–10. Reihe arbeiten, danach stets die 3.–10. R wiederholen.

Bunte Eiswürfel

Dieses Muster können Sie auch ganz bunt gestalten, indem Sie alle paar Reihen, also nach jedem Eiswürfel-Abschnitt, den Farbton von Farbe B wechseln.

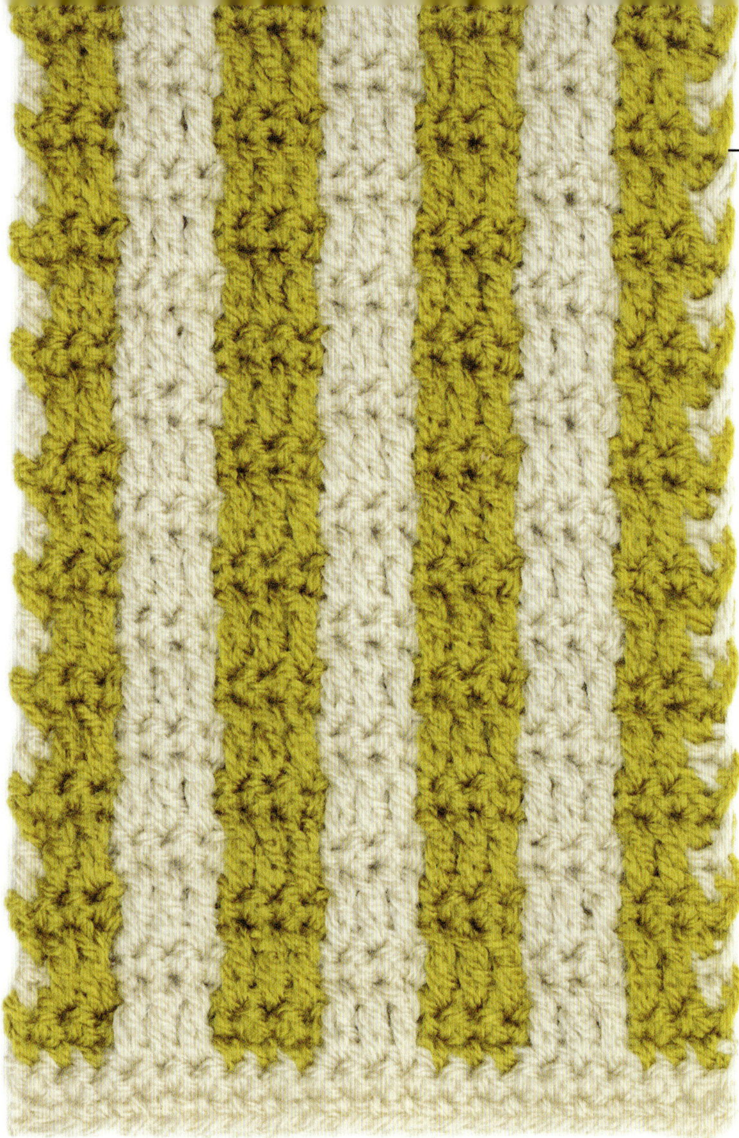

#029

WAAGRECHTE STREIFEN

Ein Muster, mit dem Sie waagrechte Akzente setzen und in Ihrem Design einen weiten Raum oder einen Horizont andeuten können.

Anfangsluftmaschen: Maschenzahl teilbar durch 6 + 4

Mit Fb A gemäß Maschenzahl (s. o.) Lm in der gewünschten Streifenbreite anschlagen.

1. R (Hin-R): 1 fM in die 2. Lm ab der Nadel und in jede weitere Lm, wenden.

2. R (Rück-R): 1 W-Lm (zählt nie als M), fortl 1 fM in jede M, FW zu Fb B, wenden.

3. R: 1 W-Lm, 3 fM, fortl [4 Lm, 3 M ausl, 3 fM], wenden.

4. R: 1 W-Lm, 3 fM, fortl [4 Lm, 4-Lm-B ausl, 3 fM], FW zu Fb A, wenden.

5. R: 1 W-Lm, 1 fM, 3 Lm, 2 M ausl, 3 MStb, [4 Lm, 3 M ausl, 3 MStb] bis 3 M vor Ende, 3 Lm, 2 M ausl, 1 fM, wenden.

6. R: 1 W-Lm, 1 fM, 3 Lm, 3-Lm-B ausl, 3 fM, [4 Lm, 4-Lm-B ausl, 3 fM] bis 3 M vor Ende, 3 Lm, 3-Lm-B ausl, 1 fM, FW zu Fb B, wenden.

7. R: 1 W-Lm, 1 fM, 2 MStb, 4 Lm, 3 M ausl, [3 MStb, 4 Lm, 3 M ausl] bis 3 M vor Ende, 2 MStb, 1 fM, wenden.

8. R: Wie 4. R.

Die 5.–8. R wh, bis der Streifen 1 cm kürzer ist als die gewünschte Länge (mit gerader Reihenzahl enden).

Folg R: Mit Farbe A 1 W-Lm, fortl 1 fM in jede fM und 1 MStb in jede ausgelassene M.

Letzte R: 1 W-Lm, fortl 1 fM in jede M.

Abmaschen und die Fäden vernähen.

Panoramablick

Egal, in welcher Breite Sie diesen Streifen häkeln, die gleichmäßigen waagrechten Streifen werden in der Decke großzügig wirken und den Eindruck von Weite oder von einem Panoramablick vermitteln .

#029 HÄKELSCHRIFT

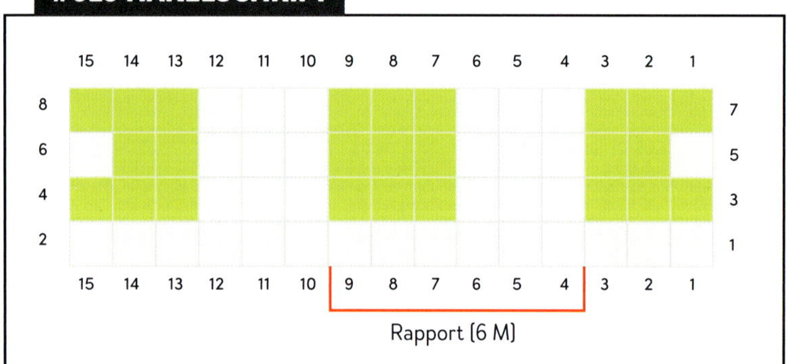

Symbole

Farbe A | Farbe B

Jedes Kästchen steht für eine Masche.

Alle ungeraden Reihen (Hin-R) werden von rechts nach links gelesen, alle geraden Reihen (Rück-R) von links nach rechts.

Einmal die 1.–8. Reihe arbeiten, danach stets die 5.–8. R wiederholen.

PROJEKTIDEE

Bücher-TASCHE

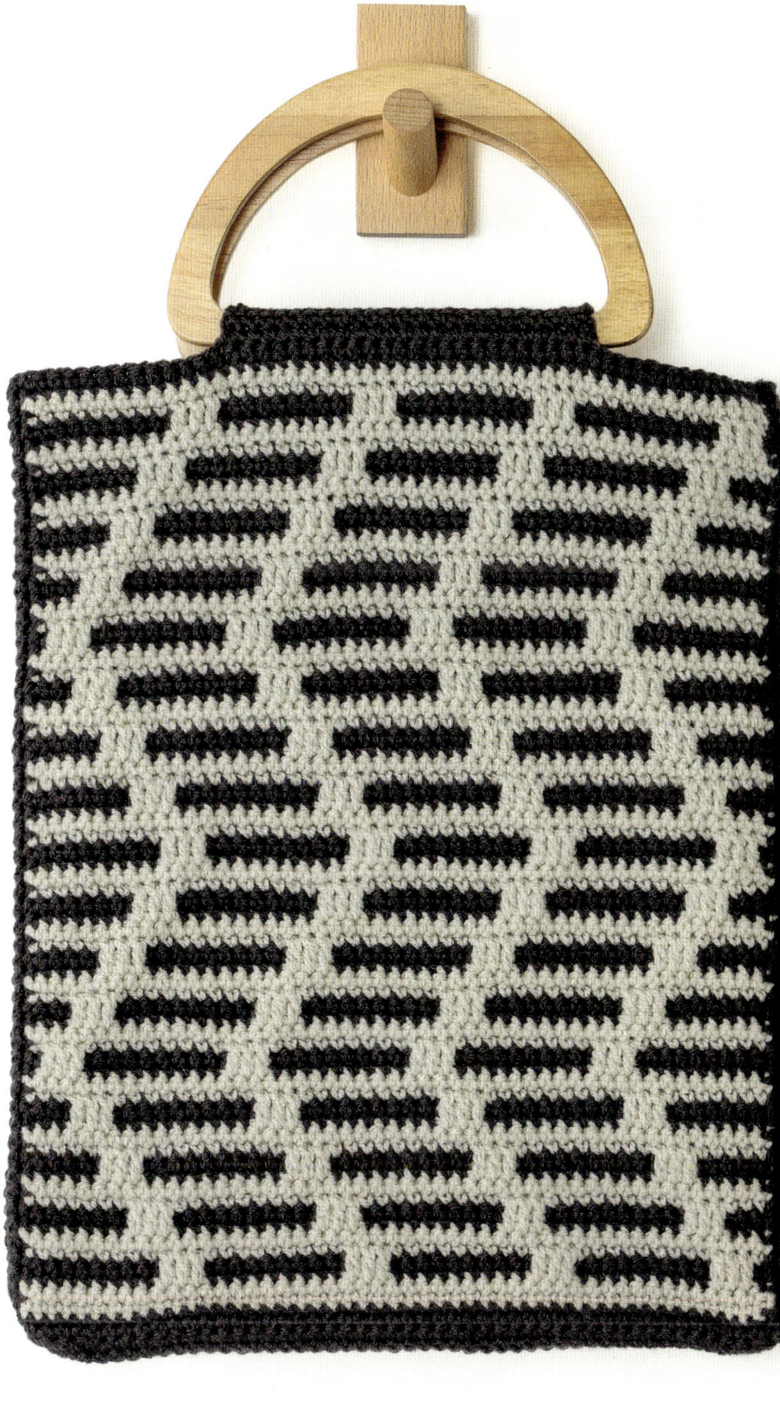

Material

Farbe A: Verviers (2017); 60 g

Farbe B: Pollare (2018); 66 g

2 Holzgriffe (H x B etwa 10 x 17 cm). Sie können auch selbst Griffe häkeln.

HÄKELNADEL

Stärke 4 mm

FERTIGE MAẞE

B x H x T etwa 29 x 32 x 2 cm (ohne Griffe)

#030 *Riesenzacken*

VORDER- UND RÜCKSEITE

(2-mal häkeln)

Mit Farbe B 50 Lm anschlagen.

4 Reihen fM häkeln.

Farbe B anmaschen, 70 Reihen im Riesenzacken-Muster arbeiten.

Farbe A beenden.

Mit Farbe B 2 Reihen fM häkeln.

SEITENKANTEN

(beide Seitenkanten von Vorder- und Rückseite gleich arbeiten)

Mit zugewandter Vorderseite an einer Seitenkante mit Farbe B in die Reihenenden arbeiten: 1 Lm, fortl [1 fM in folg 3 Reihenenden, folg Reihenende ausl], wenden, 1 W-Lm, fortl 1 fM in jede fM.

Farbe B beenden und Fäden vernähen.

GRIFFABDECKUNG

An der Oberkante in die mittleren 25 M arbeiten (also beidseits 12 M freilassen): in Farbe B 8 Reihen fM häkeln.

Farbe B beenden und Fäden vernähen.

ZUSAMMENFÜGEN

Die Griffabdeckung über den Griff schlagen und die Kante auf links an der ersten Reihe annähen. Vorder- und Rückseite rechts auf rechts aufeinanderlegen. Mit Farbe B die Seiten- und Unterkanten entweder zusammennähen oder mit fM zusammenhäkeln.

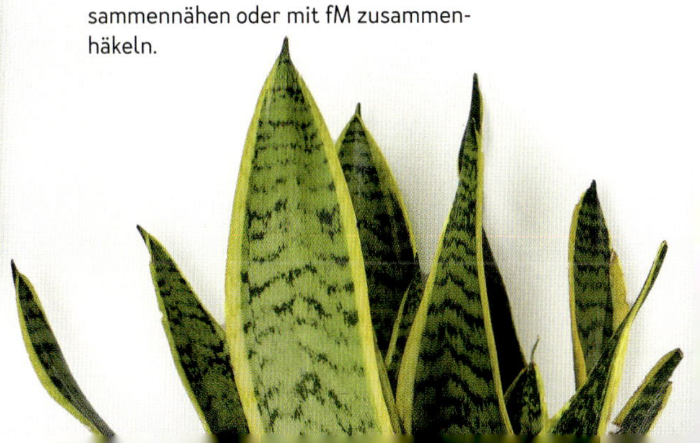

#030

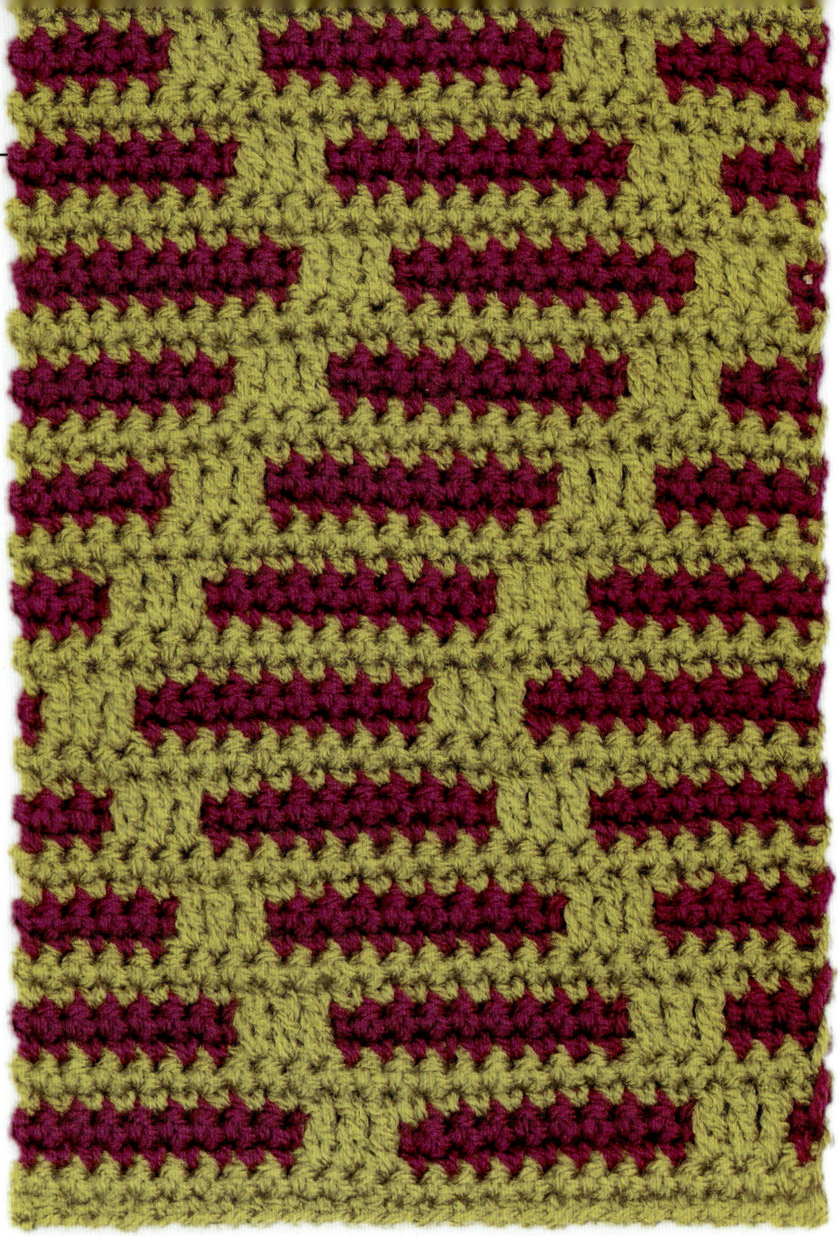

RIESENZACKEN

Mit diesen übergroßen Zacken wirken Ihre Häkelarbeiten lebhaft und dynamisch!

Anfangsluftmaschen: Maschenzahl teilbar durch 12 + 14

Mit Fb A gemäß Maschenzahl (s. o.) Lm in der gewünschten Streifenbreite anschlagen.

1. R (Hin-R): 1 fM in die 2. Lm ab der Nadel und in jede weitere Lm, wenden.

2., 6., 10., 14., 18. und 22. R (Rück-R): 1 W-Lm (zählt nie als M), fortl 1 fM in jede M, FW zu Fb B, wenden.

3. R: 1 W-Lm, 1 fM, fortl [4 Lm, 3 M ausl, 9 fM], wenden.

4. R: 1 W-Lm, [9 fM, 4 Lm, 4-Lm-B ausl] bis 1 M vor Ende, 1 fM, FW zu Fb A, wenden.

5. R: 1 W-Lm, 1 fM, fortl [3 MStb, 9 fM], wenden.

7. R: 1 W-Lm, 3 fM, 4 Lm, 3 M ausl, [9 fM, 4 Lm, 3 M ausl] bis 7 M vor Ende, 7 fM, wenden.

8. R: 1 W-Lm, 7 fM, 4 Lm, 4-Lm-B ausl, [9 fM, 4 Lm, 4-Lm-B ausl] bis 3 M vor Ende, 3 fM, FW zu Fb A, wenden.

9. R: 1 W-Lm, 3 fM, 3 MStb, [9 fM, 3 MStb] bis 7 M vor Ende, 7 fM, wenden.

11. R: 1 W-Lm, 5 fM, 4 Lm, 3 M ausl, [9 fM, 4 Lm, 4-Lm-B ausl] bis 5 M vor Ende, 5 fM, wenden.

12. R: 1 W-Lm, 5 fM, 4 Lm, 4-Lm-B ausl, [9 fM, 4 Lm, 4-Lm-B ausl] bis 5 M vor Ende, 5 fM, FW zu Fb A, wenden.

13. R: 1 W-Lm, 5 fM, 3 MStb, [9 fM, 3 MStb] bis 5 M vor Ende, 5 fM, wenden.

15. R: 1 W-Lm, 7 fM, 4 Lm, 3 M ausl, [9 fM, 4 Lm, 3 M ausl] bis 3 M vor Ende, 3 fM, wenden.

16. R: 1 W-Lm, 3 fM, 4 Lm, 4-Lm-B ausl, [9 fM, 4 Lm, 4-Lm-B ausl] bis 7 M vor Ende, 7 fM, FW zu Fb A, wenden.

17. R: 1 W-Lm, 7 fM, 3 MStb, [9 fM, 3 MStb] bis 3 M vor Ende, 3 fM, wenden.

19. R: 1 W-Lm, [9 fM, 4 Lm, 3 M ausl] bis 1 M vor Ende, 1 fM, wenden.

20. R: 1 W-Lm, 1 fM, fortl [4 Lm, 4-Lm-B ausl, 9 fM], FW zu Fb A, wenden.

21. R: 1 W-Lm, [9 fM, 3 MStb] bis 1 M vor Ende, 1 fM, wenden.

23.-26. R: Wie 15.–18. R.

27.-30. R: Wie 11.–14. R.

31.-34. R: Wie 7.–10. R.

Die 3.–34. R wh, bis der Streifen 1 cm kürzer ist als die gewünschte Länge (mit gerader Reihenzahl enden).

Folg R: Mit Farbe A 1 W-Lm, fortl 1 fM in jede fM und 1 MStb in jede ausgelassene M.

Letzte R: 1 W-Lm, fortl 1 fM in jede M.

Abmaschen und die Fäden vernähen.

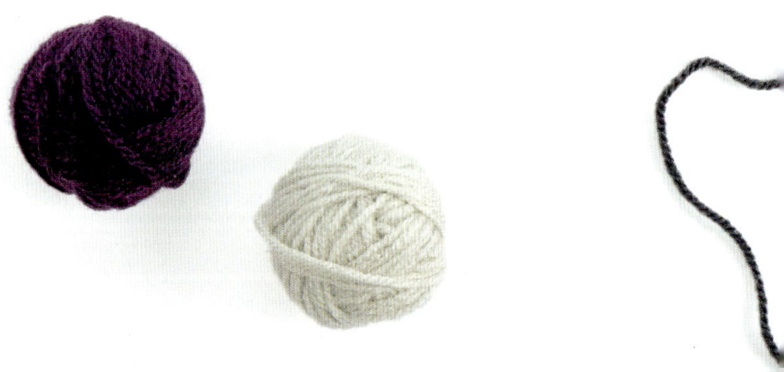

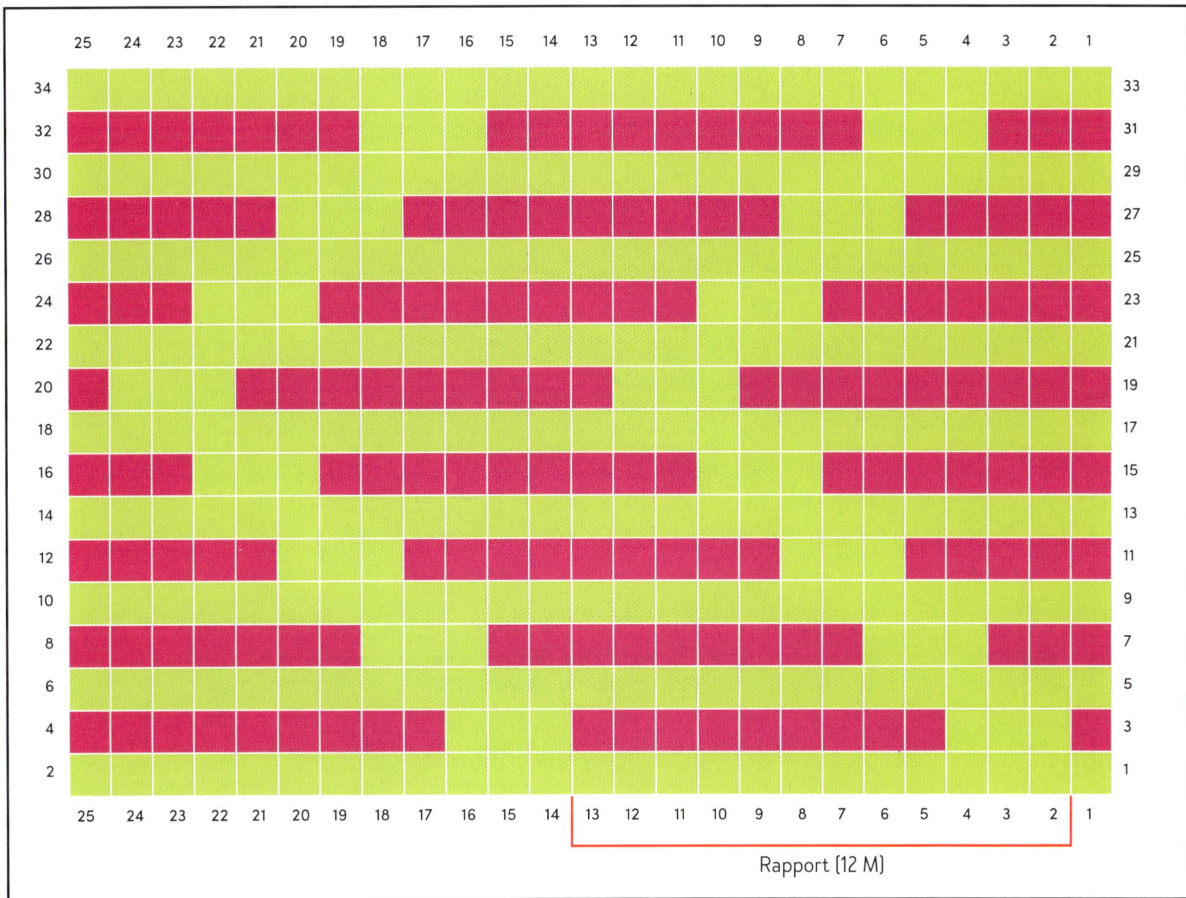

Symbole

Farbe A

Farbe B

Jedes Kästchen steht für eine Masche.

Alle ungeraden Reihen (Hin-R) werden von rechts nach links gelesen, alle geraden Reihen (Rück-R) von links nach rechts.

Einmal die 1.–34. Reihe arbeiten, danach stets die 3.–34. R wiederholen.

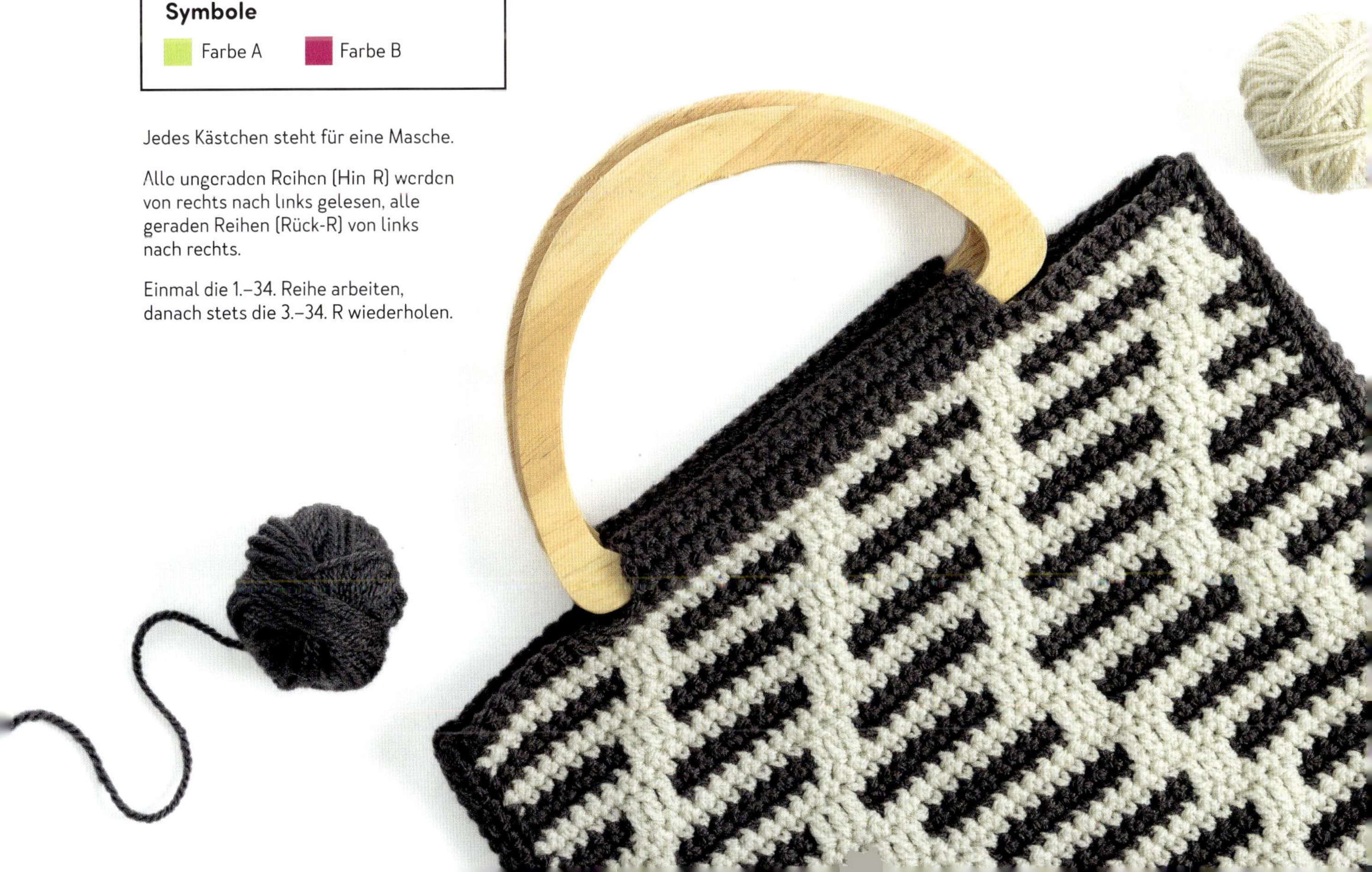

#031

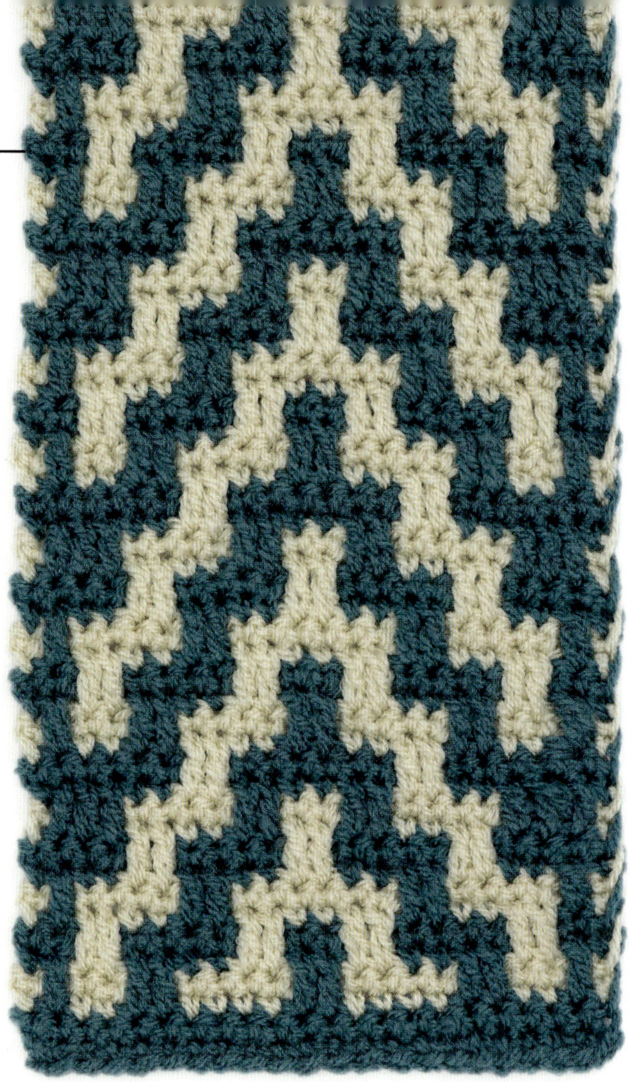

KÜHNE PFEILE

Dieses auffällige, lebendige Pfeilmuster ist ein echter Blickfang!

Mit Fb A 23 Lm anschlagen.

1. R (Hin-R): 1 fM in die 2. Lm ab der Nadel und in jede weitere Lm, wenden.

2. R (Rück-R): 1 W-Lm (zählt nie als M), fortl 1 fM in jede M, FW zu Fb B, wenden.

3. R: 1 W-Lm, 1 fM, 2 Lm, 1 M ausl, 2 fM, 2-mal [3 Lm, 2 M ausl, 4 fM], 3 Lm, 2 M ausl, 2 fM, 2 Lm, 1 M ausl, 1 fM, wenden.

4. R: 1 W-Lm, 1 fM, 2 Lm, 2-Lm-B ausl, 2 fM, 2-mal [3 Lm, 3-Lm-B ausl, 4 fM], 3 Lm, 3-Lm-B ausl, 2 fM, 2 Lm, 2-Lm-B ausl, 1 fM, FW zu Fb A, wenden.

5. R: 1 W-Lm, 1 fM, 1 MStb, 3 Lm, 2 M ausl, 2 MStb, 2 fM, 3 Lm, 2 M ausl, 2 MStb, 3 Lm, 2 M ausl, 2 fM, 2 MStb, 3 Lm, 2 M ausl, 1 MStb, 1 fM, wenden.

6. R: 1 W-Lm, 2-mal [2 fM, 3 Lm, 3-Lm-B ausl, 4 fM, 3 Lm, 3-Lm-B ausl] 2 fM, FW zu Fb B, wenden.

7. R: 1 W-Lm, 1 fM, 2 Lm, 1 M ausl, 2 MStb, 2 fM, 3 Lm, 2 M ausl, 2 MStb, 2 fM, 2 MStb, 3 Lm, 2 M ausl, 2 fM, 2 MStb, 2 Lm, 1 M ausl, 1 fM, wenden.

8. R: 1 W-Lm, 1 fM, 2 Lm, 2-Lm-B ausl, 4 fM, 3 Lm, 3-Lm-B ausl, 6 fM, 3 Lm, 3-Lm-B ausl, 4 fM, 2 Lm, 2-Lm-B ausl, 1 fM, FW zu Fb A, wenden.

9. R: 1 W-Lm, 1 fM, 1 MStb, 2 fM, Lm, 2 M ausl, 2 MStb, 2 fM, 3 Lm, 2 M ausl, 2 fM, 2 MStb, 3 Lm, 2 M ausl, 2 fM, 1 MStb, 1 fM, wenden.

10. R: 1 W-Lm, 4 fM, fortl [3 Lm, 3-Lm-B ausl, 4 fM], FW zu Fb B, wenden.

11. R: 1 W-Lm, 1 fM, 4 Lm, 3 M ausl, 2 MStb, 2 fM, 3 Lm, 2 M ausl, 2 MStb, 3 Lm, 2 M ausl, 2 fM, 2 MStb, 4 Lm, 3 M ausl, 1 fM, wenden.

12. R: 1 W-Lm, 1 fM, 4 Lm, 4-Lm-B ausl, 4 fM, 3 Lm, 3-Lm-B ausl, 2 fM, 3 Lm, 3-Lm-B ausl, 4 fM, 4 Lm, 4-Lm-B ausl, 1 fM, FW zu Fb A, wenden.

13. R: 1 W-Lm, 1 fM, 3 MStb, 2 fM, 3 Lm, 2 M ausl, 2 MStb, 2 fM, 2 MStb, 3 Lm, 2 M ausl, 2 fM, 3 MStb, 1 fM, wenden.

14. R: 1 W-Lm, 6 fM, fortl [3 Lm, 3-Lm-B ausl, 6 fM], FW zu Fb B, wenden.

15. R: 1 W-Lm, 1 fM, 2 Lm, 1 M ausl, 2 fM, 3 Lm, 2 M ausl, 2 MStb, 2 fM, 3 Lm, 2 M ausl, 2 fM, 2 MStb, 3 Lm, 2 M ausl, 2 fM, 2 Lm, 1 M ausl, 1 fM, wenden.

16. R: 1 W-Lm, 1 fM, 2 Lm, 2-Lm-B ausl, 2 fM, 2-mal [3 Lm, 3-Lm-B ausl, 4 fM], 3 Lm, 3-Lm-B ausl, 2 fM, 2 Lm, 2-Lm-B ausl, 1 fM, FW zu Fb A, wenden.

Die 5.–16. R wh, bis der Streifen 1 cm kürzer ist als die gewünschte Länge (mit gerader Reihenzahl enden).

Folg R: Mit Farbe A 1 W-Lm, fortl 1 fM in jede fM und 1 MStb in jede ausgelassene M.

Letzte R: 1 W-Lm, fortl 1 fM in jede M.

Abmaschen und die Fäden vernähen.

#031 HÄKELSCHRIFT

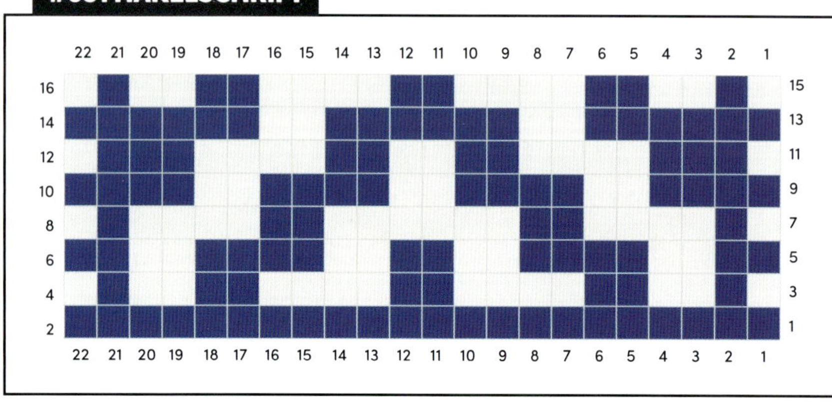

Symbole

Farbe A   Farbe B

Jedes Kästchen steht für eine Masche.

Alle ungeraden Reihen (Hin-R) werden von rechts nach links gelesen, alle geraden Reihen (Rück-R) von links nach rechts.

Einmal die 1.–16. Reihe arbeiten, danach stets die 5.–16. R wiederholen.

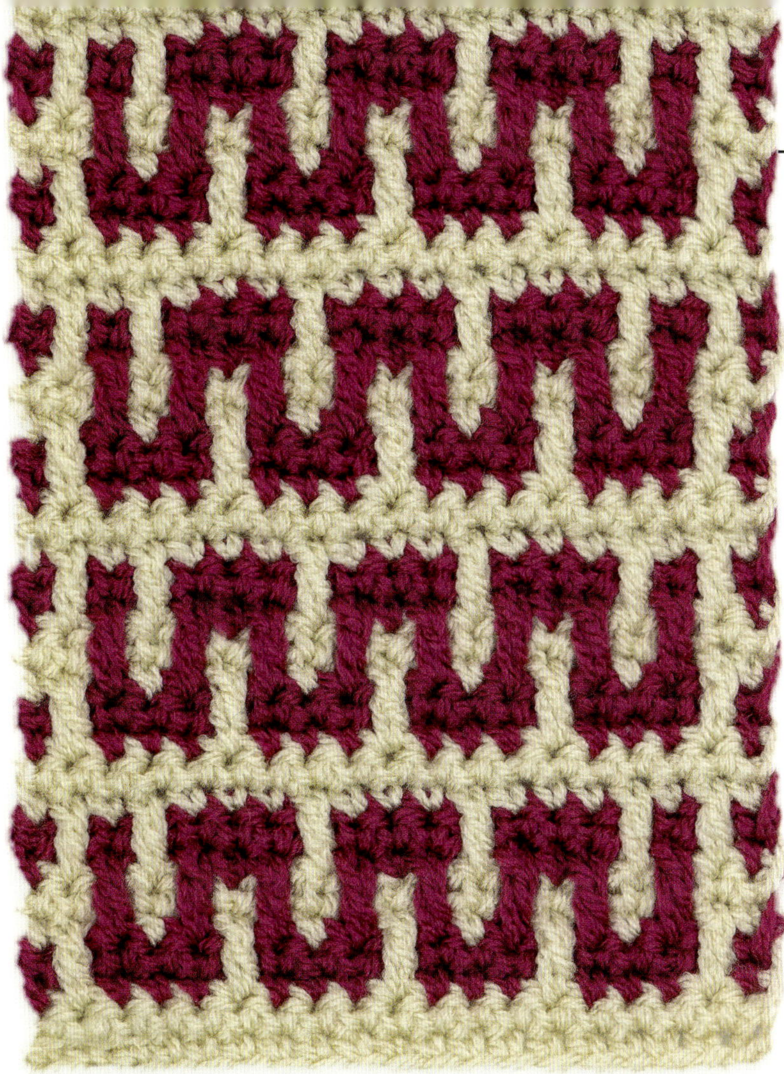

#032

KRITZELMUSTER

Mit einem Stift Muster auf Papier zu kritzeln macht so viel Spaß – warum sollte das nicht auch mit Häkelnadel und Garn funktionieren?

Anfangsluftmaschen: Maschenzahl teilbar durch 4 + 8

Mit Fb A gemäß Maschenzahl (s. o.) Lm in der gewünschten Streifenbreite anschlagen.

1. R (Hin-R): 1 fM in die 2. Lm ab der Nadel und in jede weitere Lm, wenden.

2. R (Rück-R): 1 W-Lm (zählt nie als M), fortl 1 fM in jede M, FW zu Fb B, wenden.

3. R: 1 W-Lm, 1 fM, 2 Lm, 1 M ausl, [3 fM, 2 Lm, 1 M ausl] bis 1 M vor Ende, 1 fM, wenden.

4. R: 1 W-Lm, 1 fM, 2 Lm, 2-Lm-B ausl, [3 fM, 2 Lm, 2-Lm-B ausl] bis 1 M vor Ende, 1 fM, FW zu Fb A, wenden.

5. R: 1 W-Lm, 1 fM, 1 MStb, [2 Lm, 1 M ausl, 1 fM, 2 Lm, 1 M ausl, 1 MStb] bis 1 M vor Ende, 1 fM, wenden.

6. R: 1 W-Lm, 2 fM, [2 Lm, 2-Lm-B ausl, 1 fM] bis 1 M vor Ende, 1 fM, FW zu Fb B, wenden.

7. R: 1 W-Lm, 1 fM, 2-mal [2 Lm, 1 M ausl, 1 MStb], [1 fM, 1 MStb, 2 Lm, 1 M ausl, 1 MStb] bis 2 M vor Ende, 2 Lm, 1 M ausl, 1 fM, wenden.

8. R: 1 W-Lm, 2-mal [1 fM, 2 Lm, 2-Lm-B ausl], [3 fM, 2 Lm, 2-Lm-B ausl] bis 3 M vor Ende, 1 fM, 2 Lm, 2-Lm-B ausl, 1 fM, FW zu Fb A, wenden.

9. R: 1 W-Lm, 2-mal [1 fM, 1 MStb], [3 fM, 1 MStb] bis 3 M vor Ende, 1 fM, 1 MStb, 1 fM, wenden.

10. R: 1 W-Lm, fortl 1 fM in jede M, FW zu Fb B, wenden.

Die 3.–10. R wh, bis der Streifen 1 cm kürzer ist als die gewünschte Länge (mit gerader Reihenzahl enden).

Folg R: Mit Farbe A 1 W-Lm, fortl 1 fM in jede fM und 1 MStb in jede ausgelassene M.

Letzte R: 1 W-Lm, fortl 1 fM in jede M.

Abmaschen und die Fäden vernähen.

#032 HÄKELSCHRIFT

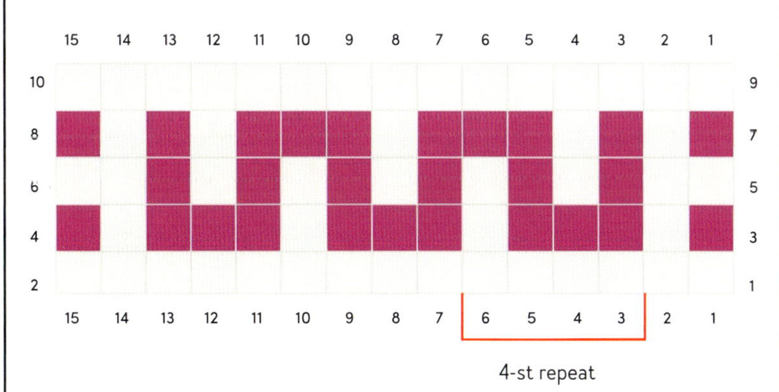

Symbole

Farbe A · Farbe B

Jedes Kästchen steht für eine Masche.

Alle ungeraden Reihen (Hin-R) werden von rechts nach links gelesen, alle geraden Reihen (Rück-R) von links nach rechts.

Einmal die 1.–10. Reihe arbeiten, danach stets die 3.–10. R wiederholen.

#033

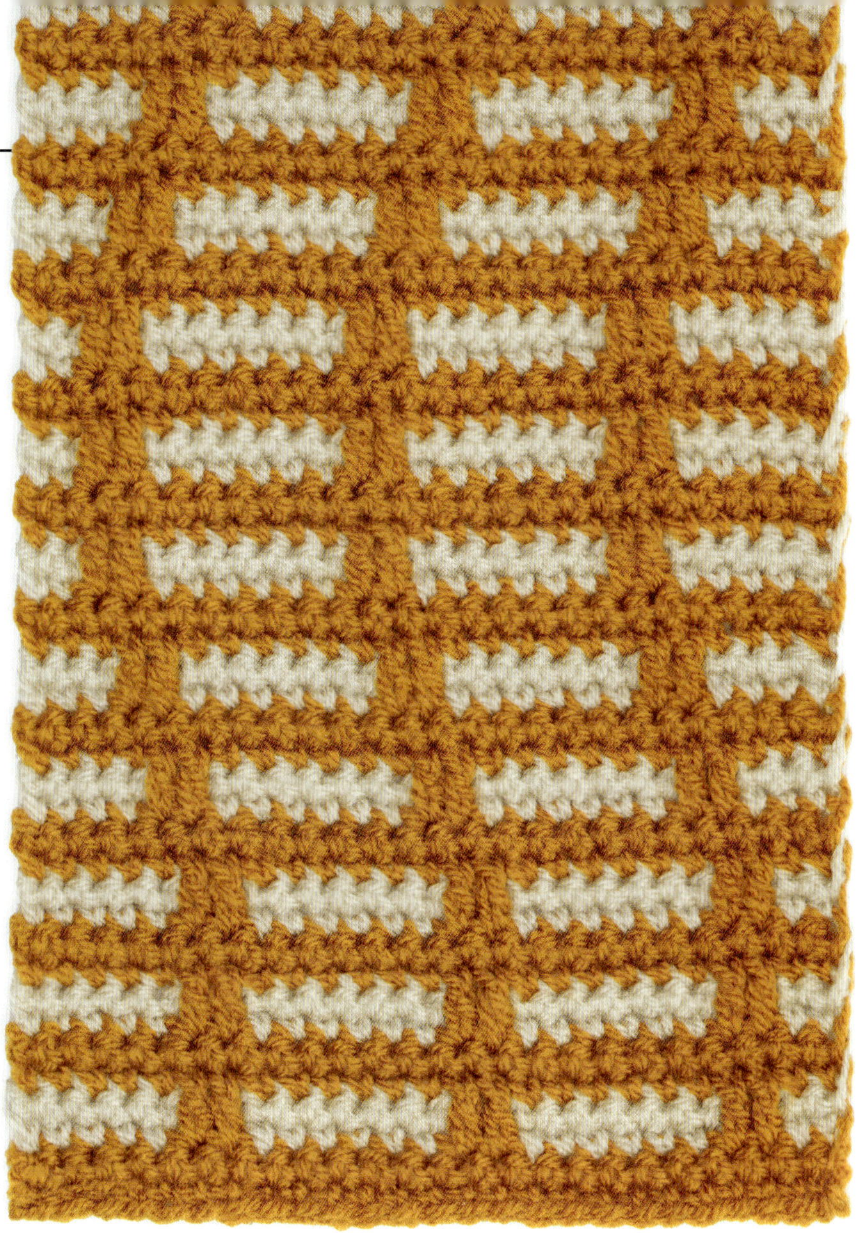

SANFTE WELLEN

Erst nach einigen Wiederholungen der auf und ab wogenden Wellen entfaltet dieses Muster seine ganze Wirkung.

Anfangsluftmaschen: Maschenzahl teilbar durch 8 + 10

Mit Fb A gemäß Maschenzahl (s. o.) Lm in der gewünschten Streifenbreite anschlagen.

1. R (Hin-R): 1 fM in die 2. Lm ab der Nadel und in jede weitere Lm, wenden.

2. R (Rück-R): 1 W-Lm (zählt nie als M), fortl 1 fM in jede M, FW zu Fb B, wenden.

3. R: 1 W-Lm, 2 fM, 3 Lm, 2 M ausl, [6 fM, 3 Lm, 2 M ausl] bis 5 M vor Ende, 5 fM, wenden.

4. R: 1 W-Lm, 5 fM, 3 Lm, 3-Lm-B ausl, [6 fM, 3 Lm, 3-Lm-B ausl] bis 2 M vor Ende, 2 fM, FW zu Fb A, wenden.

5. R: 1 W-Lm, 2 fM, 2 MStb, [6 fM, 2 MStb] bis 5 M vor Ende, 5 fM, wenden.

6. R: 1 W-Lm, fortl 1 f M in jede M, FW zu Fb B, wenden.

7.–14. R: 2-mal die 3.–6. R wh.

15. R: 1 W-Lm, 3 fM, 3 Lm, 2 M ausl, [6 fM, 3 Lm, 2 M ausl] bis 4 M vor Ende, 4 fM, wenden.

16. R: 1 W-Lm, 4 fM, 3 Lm, 3-Lm-B ausl, [6 fM, 3 Lm, 3 Lm-B ausl] bis 3 M vor Ende, 3 fM, FW zu Fb A, wenden.

17. R: 1 W-Lm, 3 fM, 2 MStb, [6 fM, 2 MStb] bis 4 M vor Ende, 4 fM, wenden.

18. R: 1 W-Lm, fortl 1 fM in jede M, FW zu Fb B, wenden.

19. R: 1 W-Lm, 4 fM, 3 Lm, 2 M ausl, [6 fM, 3 Lm, 2 M ausl] bis 3 M vor Ende, 3 fM, wenden.

20. R: 1 W-Lm, 3 fM, 3 Lm, 3-Lm-B ausl, [6 fM, 3 Lm, 3-Lm-B ausl] bis 4 M vor Ende, 4 fM, FW zu Fb A, wenden.

21. R: 1 W-Lm, 4 fM, 2 MStb, [6 fM, 2 MStb] bis 3 M vor Ende, 3 fM, wenden.

22. R: 1 W-Lm, fortl 1 fM in jede M, FW zu Fb B, wenden.

23. R: 1 W-Lm, 5 fM, 3 Lm, 2 M ausl, [6 fM, 3 Lm, 2 M ausl] bis 2 M vor Ende, 2 fM, wenden.

24. R: 1 W-Lm, 2 fM, 3 Lm, 3-Lm-B ausl, [6 fM, 3 Lm, 3-Lm-B ausl] bis 5 M vor Ende, 5 fM, FW zu Fb A, wenden.

25. R: 1 W-Lm, 5 fM, 2 MStb, [6 fM, 2 MStb] bis 2 M vor Ende, 2 fM, wenden.

26. R: 1 W-Lm, fortl 1 fM in jede M, FW zu Fb B, wenden.

27.–34. R: 2-mal die 23.–26. R wh.

35.–38. R: Wie 19.–22. R.

39.–42. R: Wie 15.–18. R.

Die 3.–42. R wh, bis der Streifen 1 cm kürzer ist als die gewünschte Länge (mit gerader Reihenzahl enden).

Folg R: Mit Farbe A 1 W-Lm, fortl 1 fM in jede fM und 1 MStb in jede ausgelassene M.

Letzte R: 1 W-Lm, fortl 1 fM in jede M.

Abmaschen und die Fäden vernähen.

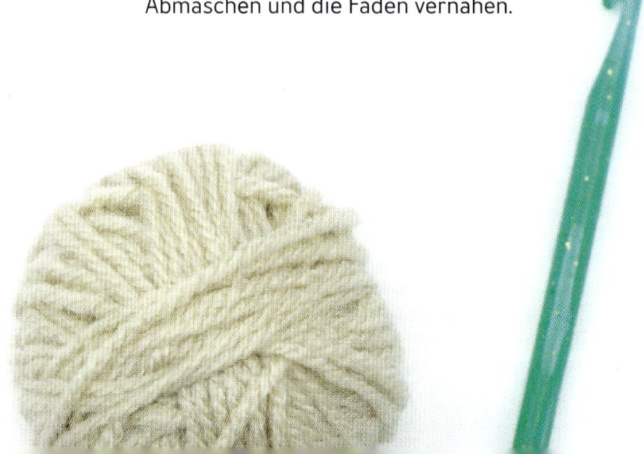

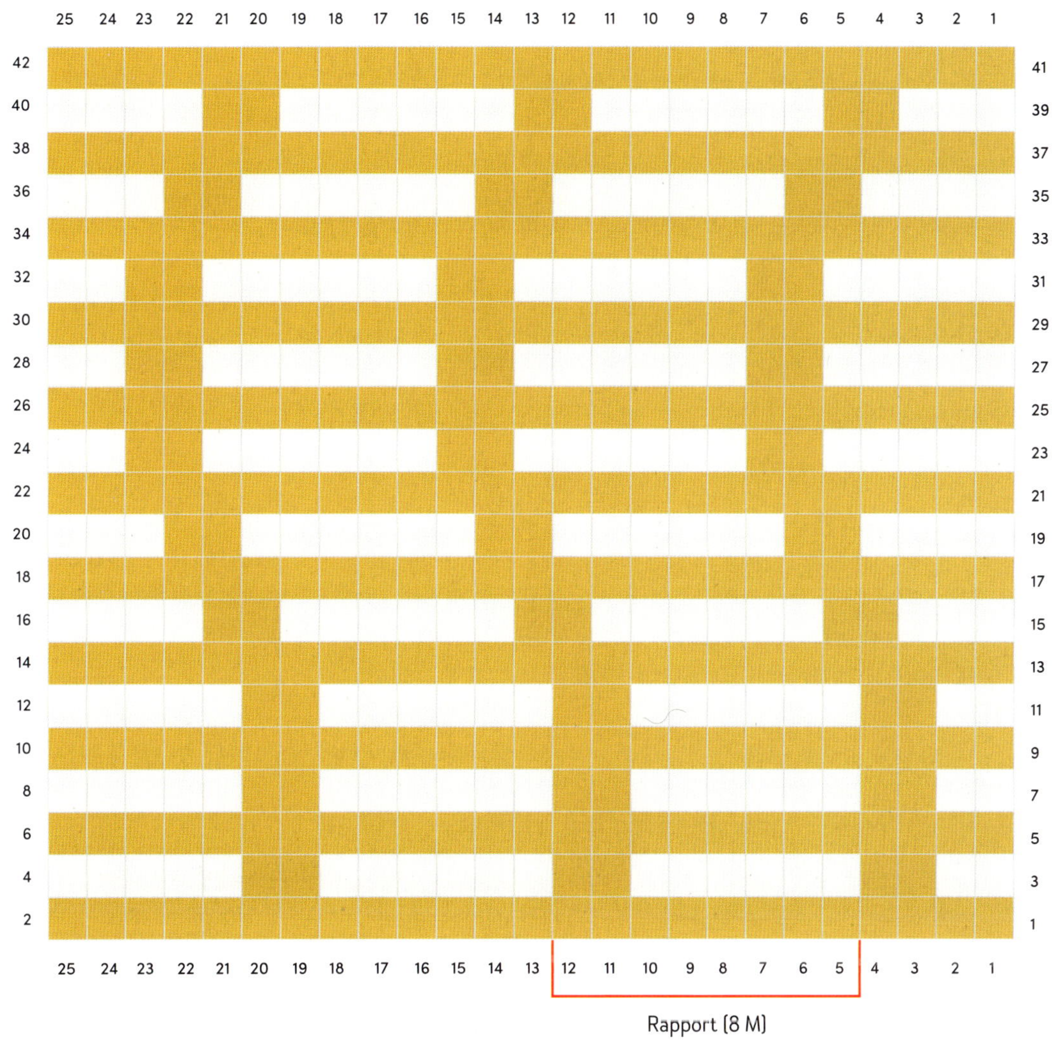

Symbole

Farbe A   Farbe B

Jedes Kästchen steht für eine Masche.

Alle ungeraden Reihen (Hin-R) werden von rechts nach links gelesen, alle geraden Reihen (Rück-R) von links nach rechts.

Einmal die 1.–42. Reihe arbeiten, danach stets die 3.–42. R wiederholen.

Weit hinaus

Dieses schöne Wellenmuster schreit förmlich danach, großflächiger gearbeitet zu werden – Sie können eine ganze Decke oder einen Überwurf allein in diesem Muster häkeln. Passen Sie dazu mithilfe der angegebenen Formel einfach die Anfangsluftmaschenkette in entsprechender Breite an. Sie können auch ein Garn mit Farbverlauf verwenden, entweder für den Hintergrund oder für die Wellenlinien. Beides sieht umwerfend aus!

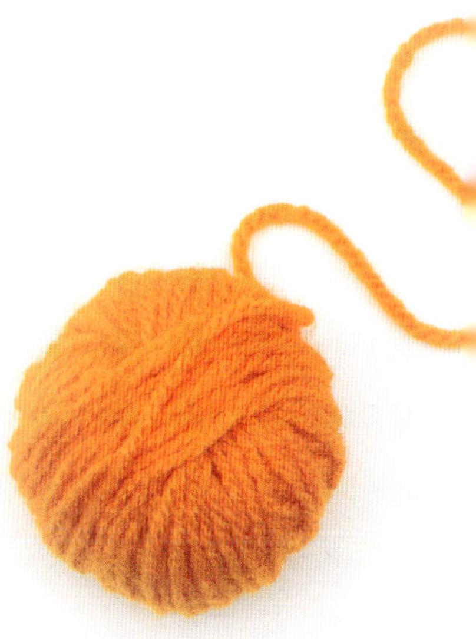

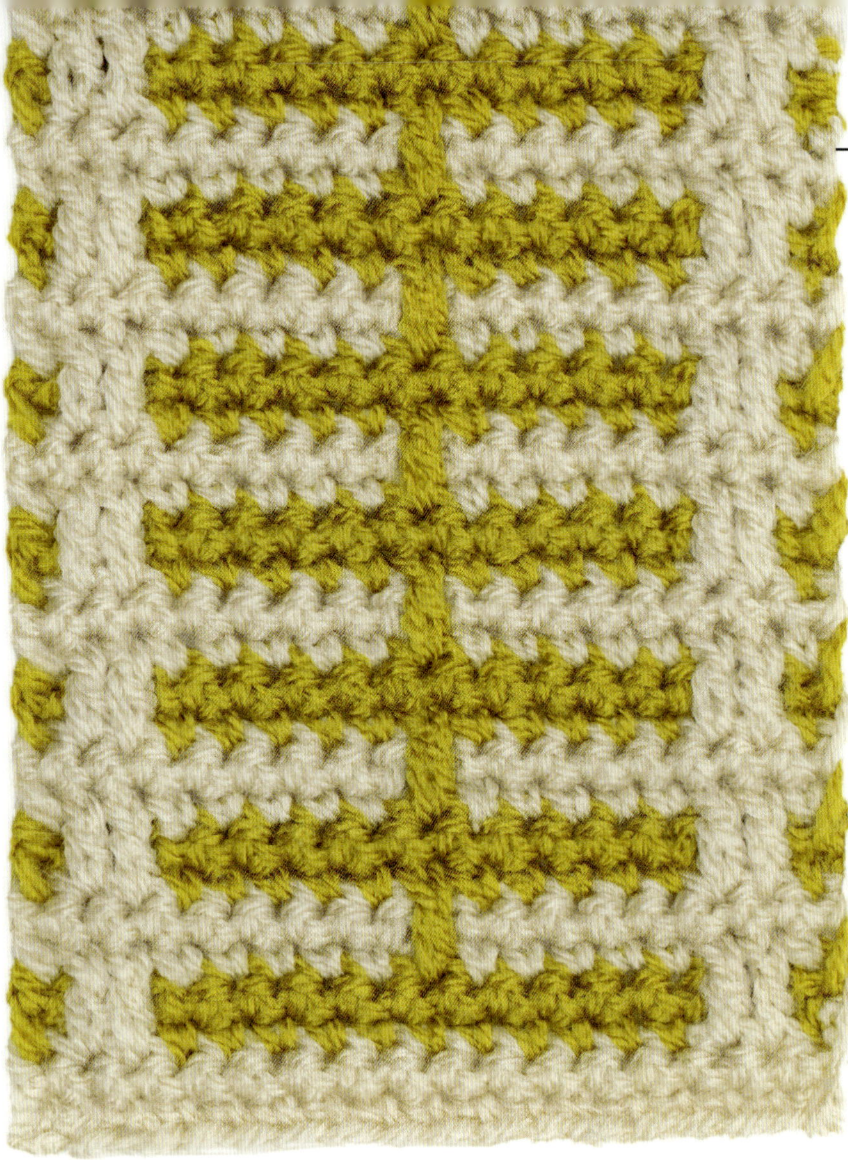

#034

GRÄTENMUSTER

Ein ganz einfaches Mosaikmuster, das mich an nebeneinanderliegende Fischgräten erinnert. Daher der Name!

Mit Farbe A 18 Lm anschlagen.

1. R (Hin-R): 1 fM in die 2. Lm ab der Nadel und in jede weitere Lm, wenden. (17 M)

2. R (Rück-R): 1 W-Lm (zählt nie als M), fortl 1 fM in jede M, FW zu Fb B, wenden.

3. R: 1 W-Lm, 1 fM, 3 Lm, 2 M ausl, 11 fM, 3 Lm, 2 M ausl, 1 fM, wenden.

4. R: 1 W-Lm, 1 fM, 3 Lm, 3-Lm-B ausl, 11 fM, 3 Lm, 3-Lm-B ausl, 1 fM, FW zu Fb A, wenden.

5. R: 1 W-Lm, 1 fM, 2 MStb, 5 fM, 2 Lm, 1 M ausl, 5 fM, 2 MStb, 1 fM, wenden.

6. R: 1 W-Lm, 8 fM, 2 Lm, 2-Lm-B ausl, 8 fM, FW zu Fb B, wenden.

7. R: 1 W-Lm, 1 fM, 3 Lm, 2 M ausl, 5 fM, 1 MStb, 5 fM, 3 Lm, 2 M ausl, 1 fM, wenden.

8. R: 1 W-Lm, 1 fM, 3 Lm, 3-Lm-B ausl, 11 fM, 3 Lm, 3-Lm-B ausl, 1 fM, FW zu Fb A, wenden.

Die 5.–8. R wh, bis der Streifen 1 cm kürzer ist als die gewünschte Länge (mit gerader Reihenzahl enden).

Folg R: Mit Farbe A 1 W-Lm, fortl 1 fM in jede fM und 1 MStb in jede ausgelassene M.

Letzte R: 1 W-Lm, fortl 1 fM in jede M.

Abmaschen und die Fäden vernähen.

#034 HÄKELSCHRIFT

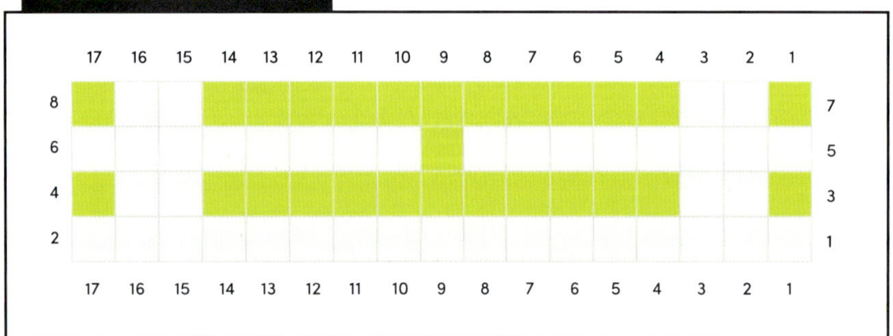

Symbole

Farbe A

Farbe B

Jedes Kästchen steht für eine Masche.

Alle ungeraden Reihen (Hin-R) werden von rechts nach links gelesen, alle geraden Reihen (Rück-R) von links nach rechts.

Einmal die 1.–8. Reihe arbeiten, danach stets die 5.–8. R wiederholen.

Extratipp

Aufgrund des dichten Maschenbilds eignen sich gehäkelte Mosaikmuster wunderbar für Accessoires: Aus Baumwollgarn mit einer dünnen Häkelnadel gearbeitet, ergibt dieses Muster einen tollen Taschengriff.

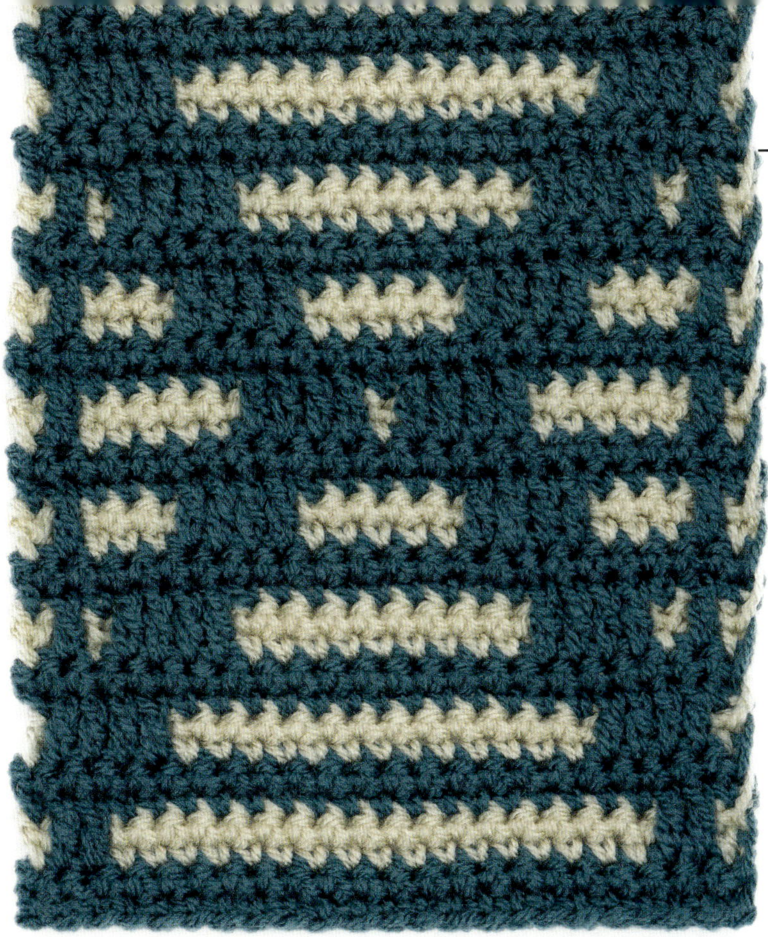

#035

GESTREIFTE RAUTEN

Rauten wirken leicht dominant. Das Muster eignet sich gut als Mittelpunkt einer Decke.

Mit Farbe A 24 Lm anschlagen.

1. R (Hin-R): 1 fM in die 2. Lm ab der Nadel und in jede weitere Lm, wenden. (23 M)

2., 6., 10., 14., 18. und 22. R (Rück-R): 1 W-Lm (zählt nie als M), fortl 1 fM in jede M, FW zu Fb B, wenden.

3. R: 1 W-Lm, 1 fM, 3 Lm, 2 M ausl, 17 fM, 3 Lm, 2 M ausl, 1 fM, wenden.

4. R: 1 W-Lm, 1 fM, 3 Lm, 3-Lm-B ausl, 17 fM, 3 Lm, 3-Lm-B ausl, 1 fM, FW zu Fb A, wenden.

5. R: 1 W-Lm, 1 fM, 2 MStb, 17 fM, 2 MStb, 1 fM, wenden.

7. R: 1 W-Lm, 1 fM, 5 Lm, 4 M ausl, 13 fM, 5 Lm, 4 M ausl, 1 fM, wenden.

8. R: 1 W-Lm, 1 fM, 5 Lm, 5-Lm-B ausl, 13 fM, 5 Lm, 5-Lm-B ausl, 1 fM, FW zu Fb A, wenden.

9. R: 1 W-Lm, 1 fM, 4 MStb, 13 fM, 4 MStb, 1 fM, wenden.

11. R: 1 W-Lm, 1 fM, 2 Lm, 1 M ausl, 1 fM, 5 Lm, 4 M ausl, 9 fM, 5 Lm, 4 M ausl, 1 fM, 2 Lm, 1 M ausl, 1 fM, wenden.

12. R: 1 W-Lm, 1 fM, 2 Lm, 2-Lm-B ausl, 1 fM, 5 Lm, 5-Lm-B ausl, 9 fM, 5 Lm, 5-Lm-B ausl, 1 fM, 2 Lm, 2-Lm-B ausl, 1 fM, FW zu FB A, wenden.

13. R: 1 W-Lm, 1 fM, 1 MStb, 1 fM, 4 MStb, 9 fM, 4 MStb, 1 fM, 1 MStb, 1 fM, wenden.

15. R: 1 W-Lm, 1 fM, 2 Lm, 1 M ausl, 3 fM, 5 Lm, 4 M ausl, 5 fM, 5 Lm, 4 M ausl, 3 fM, 2 Lm, 1 M ausl, 1 fM, wenden.

16. R: 1 W-Lm, 1 fM, 2 Lm, 2-Lm-B ausl, 3 fM, 5 Lm, 5-Lm-B ausl, 5 fM, 5 Lm, 5-Lm-B ausl, 3 fM, 2 Lm, 2-Lm-B ausl, 1 fM, FW zu Fb A, wenden.

17. R: 1 W-Lm, 1 fM, 1 MStb, 3 fM, 4 MStb, 5 fM, 4 MStb, 3 fM, 1 MStb, 1 fM, wenden.

19. R: 1 W-Lm, 1 fM, 2 Lm, 1 M ausl, 5 fM, 5 Lm, 4 M ausl, 1 fM, 5 Lm, 4 M ausl, 5 fM, 2 Lm, 1 M ausl, 1 fM wenden.

20. R: 1 W-Lm, 1 fM, 2 Lm, 2-Lm-B ausl, 5 fM, 5 Lm, 5-Lm-B ausl, 1 fM, 5 Lm, 5-Lm-B ausl, 5 fM, 2 Lm, 2-Lm-B ausl, 1 fM, FW zu Fb A, wenden.

21. R: 1 W-Lm, 1 fM, 1 MStb, 5 fM, 4 MStb, 1 fM, 4 MStb, 5 fM, 1 MStb, 1 fM, wenden.

23.–26. R: Wie 15.–18. R.

27.–30. R: Wie 11.–14. R.

31.–34. R: Wie 7.–10. R.

Die 3.–34. R wh, bis der Streifen 1 cm kürzer ist als die gewünschte Länge (mit gerader Reihenzahl enden).

Folg R: Mit Farbe A 1 W-Lm, fortl 1 fM in jede fM und 1 MStb in jede ausgelassene M.

Letzte R: 1 W-Lm, fortl 1 fM in jede M.

Abmaschen und die Fäden vernähen.

#035 HÄKELSCHRIFT

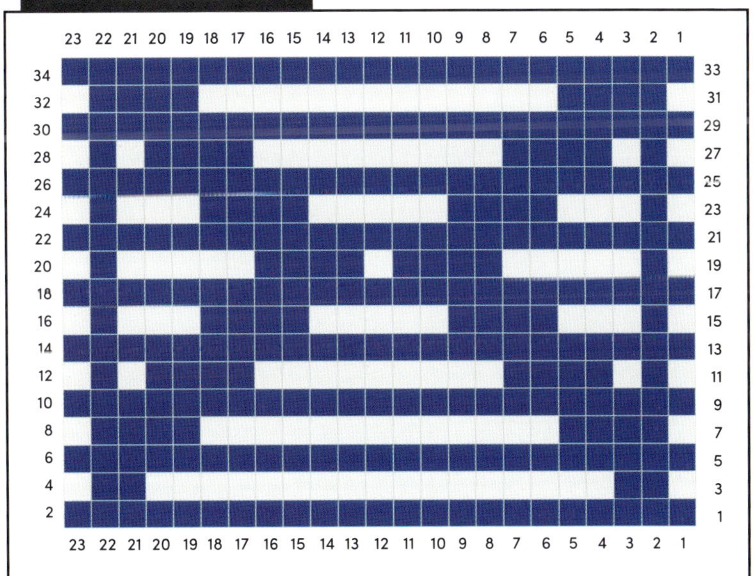

Symbole

Farbe A

Farbe B

Jedes Kästchen steht für eine Masche.

Alle ungeraden Reihen (Hin-R) werden von rechts nach links gelesen, alle geraden Reihen (Rück-R) von links nach rechts.

Einmal die 1.–34. Reihe arbeiten, danach stets die 3.–34. R wiederholen.

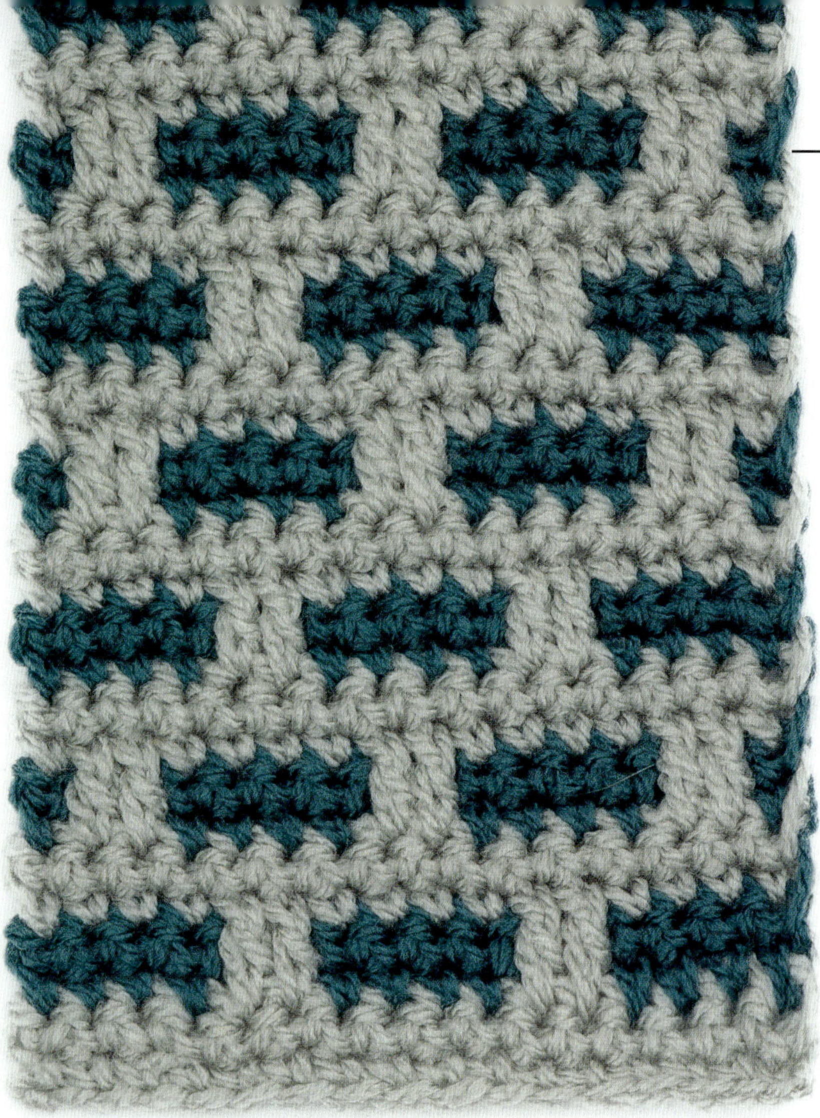

#036

REGENTROPFEN

Für dieses hübsche kleine Muster stand das Wetter Pate: Die kleinen Farbtupfer sehen aus wie unzählige Regentropfen, die vom Himmel fallen.

Anfangsluftmaschen: Maschenzahl teilbar durch 6 + 5

Mit Fb A gemäß Maschenzahl (s. o.) Lm in der gewünschten Streifenbreite anschlagen.

1. R (Hin-R): 1 fM in die 2. Lm ab der Nadel und in jede weitere Lm, wenden.

2. R (Rück-R): 1 W-Lm (zählt nie als M), fortl 1 fM in jede M, FW zu Fb B, wenden.

3. R: 1 W-Lm, [4 fM, 3 Lm, 2 M ausl] bis 4 M vor Ende, 4 fM, wenden.

4. R: 1 W-Lm, [4 fM, 3 Lm, 3-Lm-B ausl] bis 4 M vor Ende, 4 fM, FW zu Fb A, wenden.

5. R: 1 W-Lm, [4 fM, 2 MStb] bis 4 M vor Ende, 4 fM, wenden.

6. R: 1 W-Lm, fortl 1 fM in jede M, FW zu Fb B, wenden.

7. R: 1 W-Lm, 1 fM, 3 Lm, 2 M ausl, [4 fM, 3 Lm, 2 M ausl] bis 1 M vor Ende, 1 fM, wenden.

8. R: 1 W-Lm, 1 fM, 3 Lm, 3-Lm-B ausl, [4 fM, 3 Lm, 3-Lm-B ausl] bis 1 M vor Ende, 1 fM, FW zu Fb A, wenden.

9. R: 1 W-Lm, 1 fM, 2 MStb, [4 fM, 2 MStb] bis 1 M vor Ende, 1 fM, wenden.

10. R: 1 W-Lm, fortl 1 fM in jede M, FW zu Fb B, wenden.

Die 3.–10. R wh, bis der Streifen 1 cm kürzer ist als die gewünschte Länge (mit gerader Reihenzahl enden).

Folg R: Mit Farbe A 1 W-Lm, fortl 1 fM in jede fM und 1 MStb in jede ausgelassene M.

Letzte R: 1 W-Lm, fortl 1 fM in jede M.

Abmaschen und die Fäden vernähen.

#036 HÄKELSCHRIFT

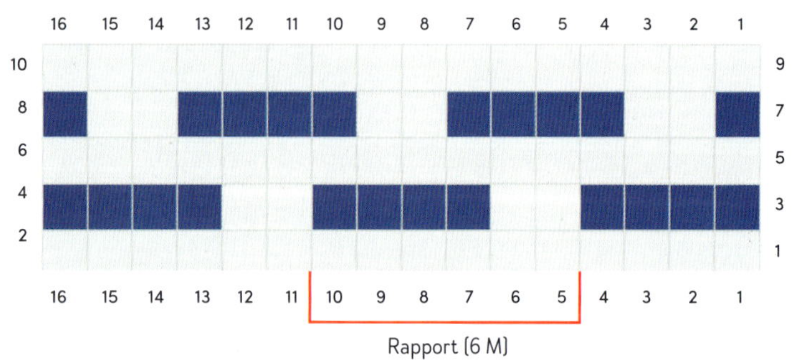

Symbole

Farbe A | Farbe B

Jedes Kästchen steht für eine Masche.

Alle ungeraden Reihen (Hin-R) werden von rechts nach links gelesen, alle geraden Reihen (Rück-R) von links nach rechts.

Einmal die 1.–10. Reihe arbeiten, danach stets die 3.–10. R wiederholen.

#037

MOSAIKNOPPEN

Ich liebe Noppen, und ich liebe Mosaikhäkeln – was läge also näher, als beides in einem Muster zu kombinieren?

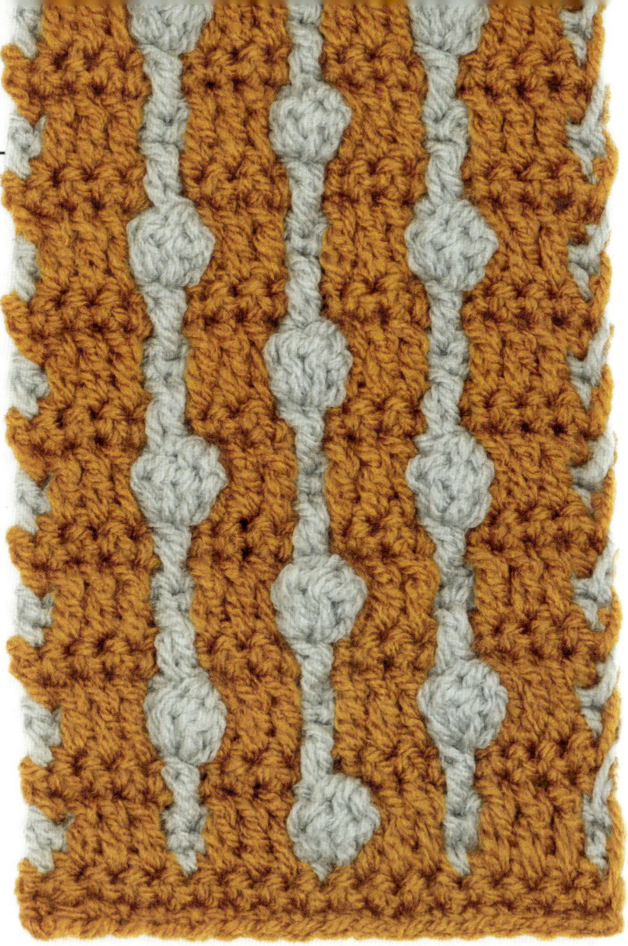

SPEZIALTECHNIK

Noppe: *4-mal [U, in M einstechen, U, Faden durchholen, U, 2 Schl auf der Nadel zus abm] (5 Schl auf der Nadel), U, alle Schl auf der Nadel zus abm. Noppen werden in Rück-R gearbeitet und erscheinen auf der Vorderseite; dazu die Noppen in der folg R auf die Vorderseite schieben. Jede Noppe zählt als 1 M; in der folg R 1 M oben in die Noppe häkeln.*

Anfangsluftmaschen: Maschenzahl teilbar durch 8 + 10

Mit Fb A gemäß Maschenzahl (s. o.) Lm in der gewünschten Streifenbreite anschlagen.

1. R (Hin-R): 1 fM in die 2. Lm ab der Nadel und in jede weitere Lm, wenden.

2. R (Rück-R): 1 W-Lm (zählt nie als M), fortl 1 fM in jede M, FW zu Fb B, wenden.

3. R: 1 W-Lm, 1 fM, fortl [4 Lm, 3 M ausl, 1 fM], wenden.

4. R (Noppen-R, Rück-R): 1 W-Lm, 2-mal [1 fM, 4 Lm, 4-Lm-B ausl], [1 Noppe in folg M, 4 Lm, 4-Lm-B ausl, 1 fM, 4 Lm, 4-Lm-B ausl] bis 1 M vor Ende, 1 fM, FW zu Fb A, wenden.

5. R: 1 W-Lm, 1 fM, 3 MStb, 2 Lm, 1 M ausl, 3 MStb, [2 Lm, Noppe ausl, 3 MStb, 2 Lm, 1 M ausl, 3 MStb] bis 1 M vor Ende, 1 fM, wenden.

6. R: 1 W-Lm, 4 fM, [2 Lm, 2-Lm-B ausl, 3 fM] bis 1 M vor Ende, 1 fM, FW zu Fb B, wenden.

7. R: 1 W-Lm, 1 fM, 4 Lm, 3 M ausl, 1 MStb, 4 Lm, 3 M ausl, [1 MStb (oben in Noppe), 4 Lm, 3 M ausl, 1 MStb, 4 Lm, 3 M ausl] bis 1 M vor Ende, 1 fM, wenden.

8. R (Noppen-R, Rück-R): 1 W-Lm, [1 fM, 4 Lm, 4-Lm-B ausl, 1 Noppe in folg M, 4 Lm, 4-Lm-B ausl] bis 1 M vor Ende, 1 fM, FW zu Fb A, wenden.

9. R: 1 W-Lm, 1 fM, 3 MStb, 2 Lm, Noppe ausl, 3 MStb, [2 Lm, 1 M ausl, 3 MStb, 2 Lm, Noppe ausl, 3 MStb] bis 1 M vor Ende, 1 fM, wenden.

10. R: 1 W-Lm, 4 fM, [2 Lm, 2-Lm B ausl, 3 fM] bis 1 M vor Ende, 1 fM, FW zu Fb B, wenden.

11. R. 1 W-Lm, 1 fM, 4 Lm, 3 M ausl, 1 MStb (oben in Noppe), 4 Lm, 3 M ausl, [1 MStb, 4 Lm, 3 M ausl, 1 MStb (oben in Noppe), 4 Lm, 3 M ausl] bis 1 M vor Ende, 1 M, wenden.

12. R (Noppen-R, Rück-R): 1 W-Lm, 2-mal [1 fM, 4 Lm, 4-Lm-B ausl], [1 Noppe in folg M, 4 Lm, 4-Lm-B ausl, 1 fM, 4 Lm, 4-Lm-B ausl] bis 1 M vor Ende, FW zu Fb A, wenden.

Die 5.–12. R wh, bis der Streifen 1 cm kürzer ist als die gewünschte Länge (mit gerader Reihenzahl enden).

Folg R: Mit Farbe A 1 W-Lm, fortl 1 fM in jede fM und Noppe und 1 MStb in jede ausgelassene M.

Letzte R: 1 W-Lm, fortl 1 fM in jede M

Abmaschen und die Fäden vernähen.

#037 HÄKELSCHRIFT

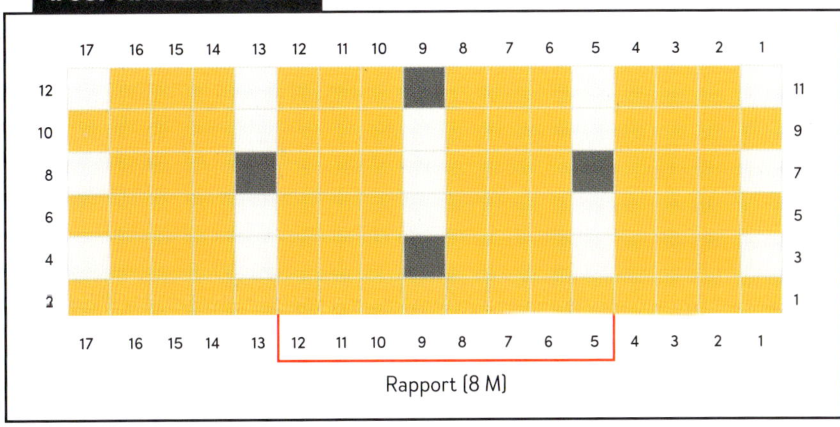

Symbole

- Farbe A
- Farbe B
- Noppe (in Farbe B)

Jedes Kästchen steht für eine Masche.

Alle ungeraden Reihen (Hin-R) werden von rechts nach links gelesen, alle geraden Reihen (Rück-R) von links nach rechts.

Einmal die 1.–12. Reihe arbeiten, danach stets die 5.–12. R wiederholen.

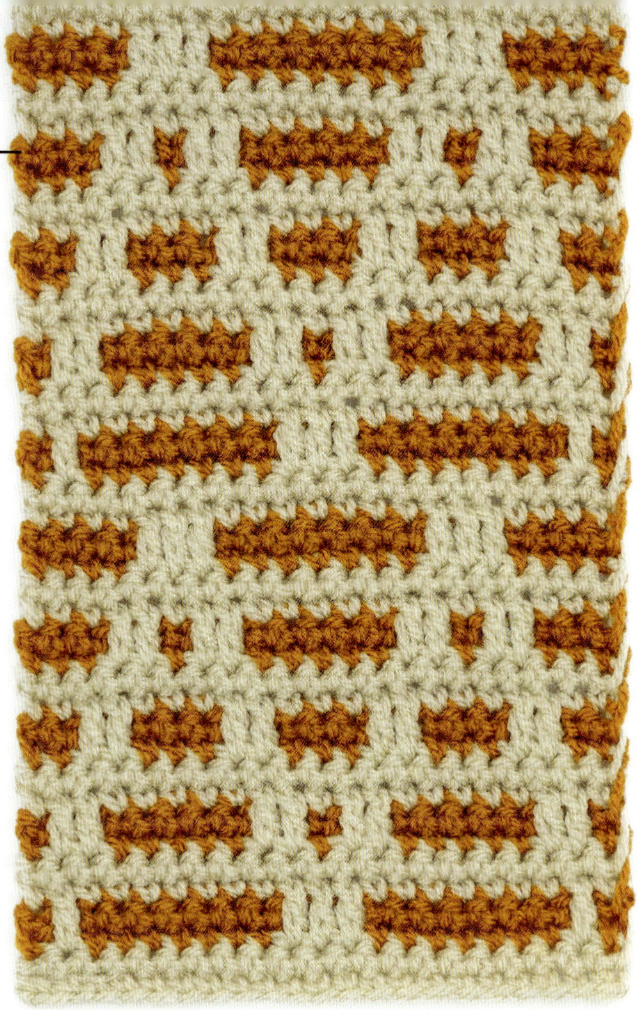

#038

TANZ DER BERGSPITZEN

Anfangsluftmaschen: Maschenzahl teilbar durch 10 + 12

Mit Fb A gemäß Maschenzahl (s. o.) Lm in der gewünschten Streifenbreite anschlagen.

1. R (Hin-R): 1 fM in die 2. Lm ab der Nadel und in jede weitere Lm, wenden.

2., 6., 10., 14., 18. und 22. R (Rück-R): 1 W-Lm (zählt nie als M), fortl 1 fM in jede M, FW zu Fb B, wenden.

3. R: 1 W-Lm, 1 fM, 2 Lm, 1 M ausl, 7 fM, [4 Lm, 3 M ausl, 7 fM] bis 2 M vor Ende, 2 Lm, 1 M ausl, 1 fM, wenden.

4. R: 1 W-Lm, 1 fM, 2 Lm, 2-Lm-B ausl, 7 fM, [4 Lm, 4-Lm-B ausl, 7 fM] bis 2 M vor Ende, 2 Lm, 2-Lm-B ausl, 1 fM, FW zu Fb A, wenden.

5. R: 1 W-Lm, 1 fM, 1 MStb, 7 fM, [3 MStb, 7 fM] bis 2 M vor Ende, 1 MStb, 1 fM, wenden.

7. R: 1 W-Lm, [1 fM, 3 Lm, 2 M ausl, 5 fM, 3 Lm, 2 M ausl] bis 1 M vor Ende, 1 fM, wenden.

8. R: 1 W-Lm, [1 fM, 3 Lm, 3-Lm-B ausl, 5 fM, 3 Lm, 3-Lm-B ausl] bis 1 M vor Ende, 1 fM, FW zu Fb A, wenden.

9. R: 1 W-Lm, [1 fM, 2 MStb, 5 fM, 2 MStb] bis 1 M vor Ende, 1 fM, wenden.

11. R: 1 W-Lm, 2 fM, 3 Lm, 2 M ausl, [3 fM, 3 Lm, 2 M ausl] bis 2 M vor Ende, 2 fM, wenden.

12. R: 1 W-Lm, 2 fM, 3 Lm, 3-Lm-B ausl, [3 fM, 3 Lm, 3-Lm-B ausl] bis 2 M vor Ende, 2 fM, FW zu FB A, wenden.

13. R: 1 W-Lm, 2 fM, 2 MStb, [3 fM, 2 MStb] bis 2 M vor Ende 2 fM, wenden.

15. R: 1 W-Lm, 3 fM, 3 Lm, 2 M ausl, 1 fM, 3 Lm, 2 M ausl, [5 fM, 3 Lm, 2 M ausl, 1 fM, 3 Lm, 2 M ausl] bis 3 M vor Ende, 3 fM, wenden.

16. R: 1 W-Lm, 3 fM, 3 Lm, 3-Lm-B ausl, 1 fM, 3 Lm, 3-Lm-B ausl, [5 fM, 3 Lm, 3-Lm-B ausl, 1 fM, 3 Lm, 3-Lm-B ausl] bis 3 M vor Ende, 3 fM, FW zu Fb A, wenden.

17. R: 1 W-Lm, 3 fM, 2 MStb, 1 fM, 2 Stb, [5 fM, 2 MStb, 1 fM, 2 MStb] bis 3 M vor Ende, 3 fM, wenden.

19. R: 1 W-Lm, 4 fM, 4 Lm, 3 M ausl, [7 fM, 4 Lm, 3 M ausl] bis 4 M vor Ende, 4 fM, wenden.

20. R: 1 W-Lm, 4 fM, 4 Lm, 4-Lm-B ausl, [7 fM, 4 Lm, 4-Lm-B ausl] bis 4 M vor Ende, 4 fM, FW zu Fb A, wenden.

21. R: 1 W-Lm, 4 fM, 3 MStb, [7 fM, 3 MStb] bis 4 M vor Ende, 4 fM, wenden.

Die 3.–22. R wh, bis der Streifen 1 cm kürzer ist als die gewünschte Länge (mit gerader Reihenzahl enden).

Folg R: Mit Farbe A 1 W-Lm, fortl 1 fM in jede fM und 1 MStb in jede ausgelassene M.

Letzte R: 1 W-Lm, fortl 1 fM in jede M.

Abmaschen und die Fäden vernähen.

#038 HÄKELSCHRIFT

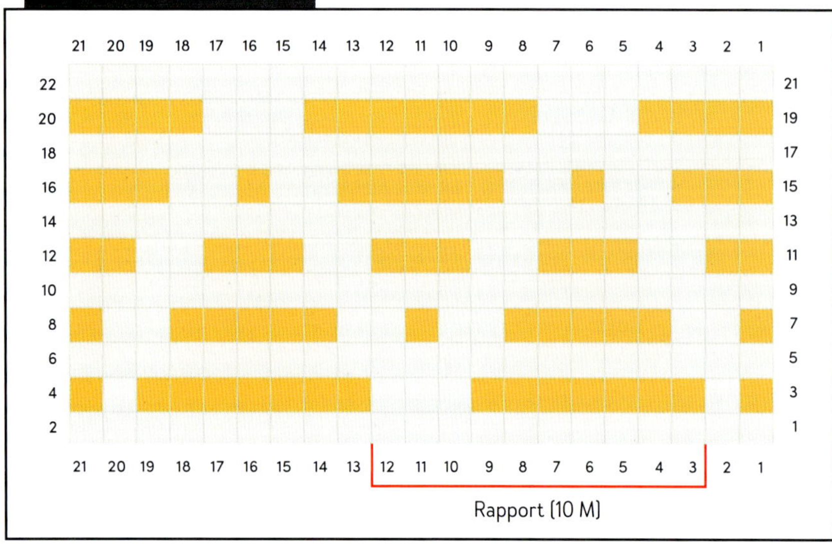

Symbole

Farbe A | Farbe B

Jedes Kästchen steht für eine Masche.

Alle ungeraden Reihen (Hin-R) werden von rechts nach links gelesen, alle geraden Reihen (Rück-R) von links nach rechts.

Einmal die 1.–22. Reihe arbeiten, danach stets die 3.–22. R wiederholen.

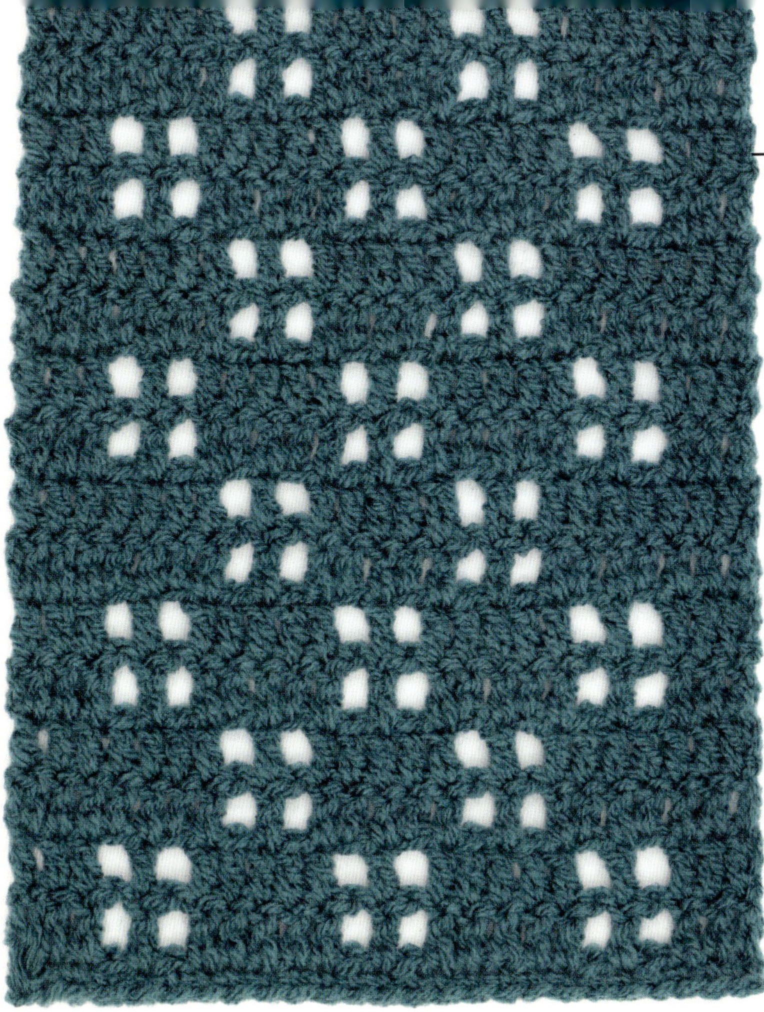

#039

SCHMETTERLINGE

Dieses hübsche durchbrochene Muster sieht aus, als hätten sich unzählige zarte Schmetterlinge niedergelassen.

Anfangsluftmaschen: Maschenzahl teilbar durch 8 + 10

Gemäß Maschenzahl (s. o.) Lm in der gewünschten Streifenbreite anschlagen.

1. R (Hin-R): 1 fM in die 2. Lm ab der Nadel und in jede weitere Lm, wenden.

2. R (Rück-R): 2 W-Lm (zählen nie als M), 3 Stb, 2-mal [1 Lm, 1 M ausl, 1 Stb], *4 Stb, 2-mal [1 Lm, 1 M ausl, 1 Stb]; ab * bis 2 M vor Ende wh, 2 Stb, wenden.

3. R: 2 W-Lm, 3 Stb, 2-mal [1 Lm, 1-Lm-B ausl, 1 Stb], *4 Stb, 2-mal [1 Lm, 1-Lm-B ausl, 1 Stb]; ab * bis 2 M vor Ende wh, 2 Stb, wenden.

4. R: 2 W-Lm, 3 Stb, 2-mal [1 Stb in 1-Lm-B, 1 Stb], *2-mal [1 Lm, 1 M ausl, 1 Stb], 2-mal [1 Stb in 1-Lm-B, 1 Stb]; ab * bis 2 M vor Ende wh, 2 Stb, wenden.

5. R: 2 W-Lm, 7 Stb, *2-mal [1 Lm, 1-Lm-B ausl, 1 Stb], 4 Stb; ab * bis 2 M vor Ende wh, 2 Stb, wenden.

6. R: 2 W-Lm, 3 Stb, 2-mal [1 Lm, 1 M ausl, 1 Stb], *2-mal [1 Stb in 1-Lm-B, 1 Stb], 2-mal [1 Lm, 1 M ausl, 1 Stb]; ab * bis 2 M vor Ende wh, 2 Stb, wenden.

Die 3.–6. R wh, bis der Streifen 0,5 cm kürzer ist als die gewünschte Länge (mit beliebiger Reihe enden).

Letzte R: 1 W-Lm, fortl 1 fM in jede M und jeden Lm-B.

Abmaschen und die Fäden vernähen.

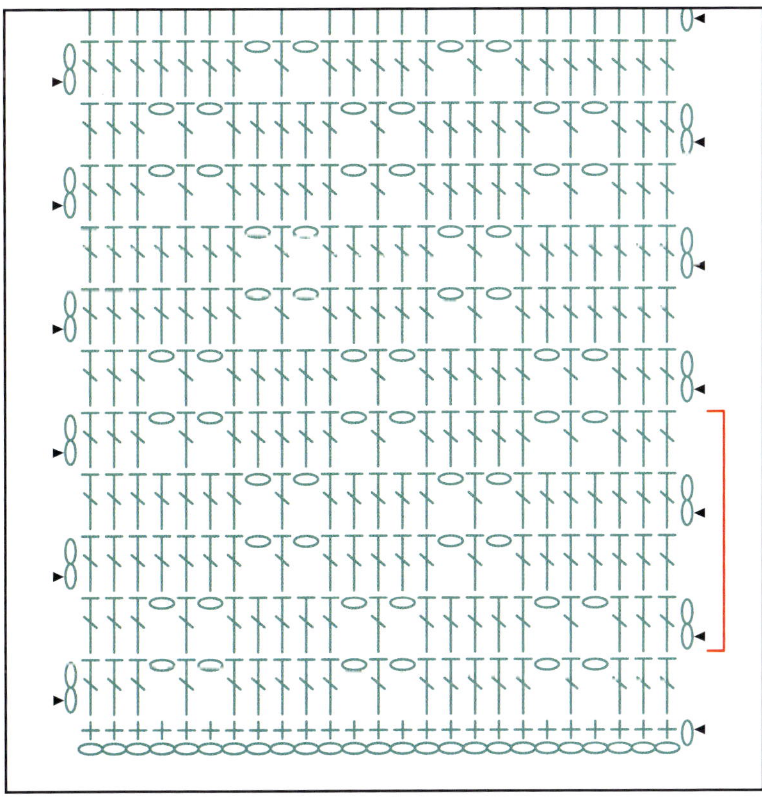

#039 HÄKELSCHRIFT

Gerade Kanten

Beim Filethäkeln ist wichtig, alle Luftmaschen für die Luftmaschenbogen eher locker zu häkeln – wenn sie zu fest sind, zieht sich die Häkelarbeit zusammen und die Kanten werden nicht gerade.

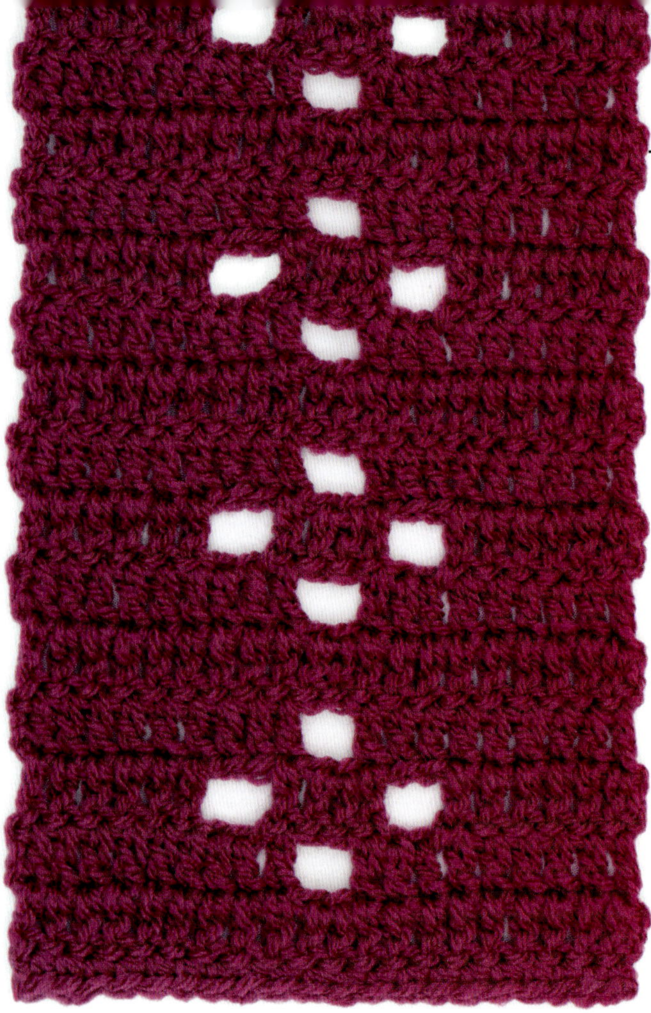

#040

KLEEBLATT

Filethäkelei muss nicht aufwendig und kompliziert sein – dieses schlichte Kleeblattmuster ist eine moderne Variante der traditionellen Häkeltechnik.

21 Lm anschlagen.

1. R (Hin-R): 1 fM in die 2. Lm ab der Nadel und in jede weitere Lm, wenden. (20 M)

2. R (Rück-R): 2 W-Lm (zählen nie als M), fortl 1 Stb in jede M, wenden.

3. R: 2 W-Lm, 9 Stb, 2 Lm, 2 M ausl, 9 Stb, wenden.

4. R: 2 W-Lm, 6 Stb, 2 Lm, 2 M ausl, 1 Stb, 2 Stb in 2-Lm-B, 1 Stb, 2 Lm, 2 M ausl, 6 Stb, wenden.

5. R: 2 W-Lm, 6 Stb, 2 Stb in 2-Lm-B, 1 Stb, 2 Lm, 2 M ausl, 1 Stb, 2 Stb in 2-Lm-B, 6 Stb, wenden.

6. R: 2 W-Lm, 9 Stb, 2 Stb in 2-Lm-B, 9 Stb, wenden.

Die 3.–6. R wh, bis der Streifen 2 cm kürzer ist als die gewünschte Länge (mit beliebiger Reihe enden).

Folg R: 2 W-Lm, fortl 1 Stb in jede M und 2 Stb in jeden Lm-B, wenden.

Letzte R: 1 W-Lm, fortl 1 fM in jede M.

Abmaschen und die Fäden vernähen.

#040 HÄKELSCHRIFT

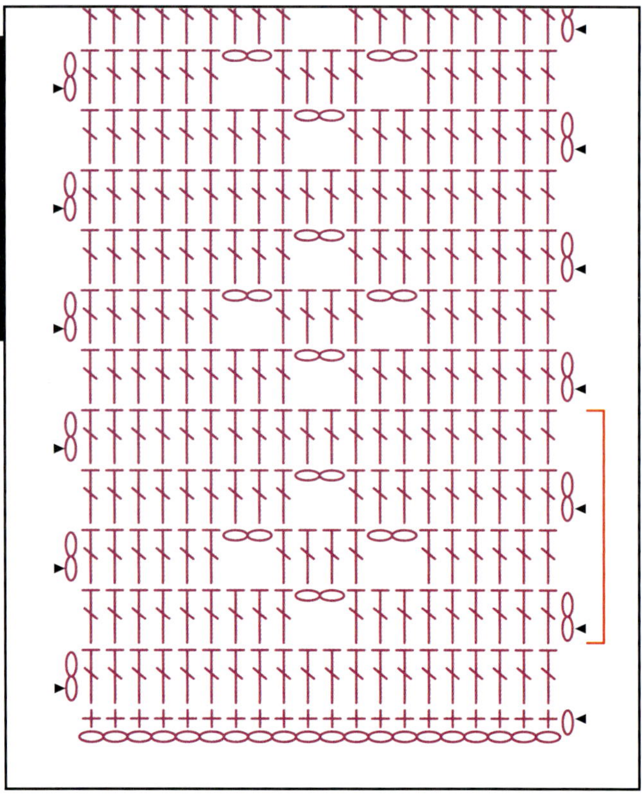

Wo einstechen?

Wenn in Luftmaschenbogen gearbeitet werden soll, können Sie entweder oben in die Luftmasche selbst oder um die Luftmasche herum häkeln. Letzteres finde ich viel einfacher.

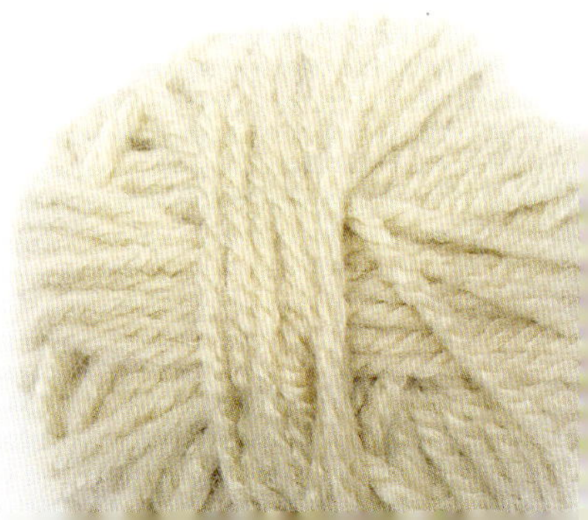

#041

BREITE ZACKEN

Ich liebe dieses Muster und habe es besonders breit gemacht, damit es schön zur Geltung kommt. Die gleichmäßig wiederkehrenden Zacken strahlen etwas Beruhigendes aus.

20 Lm anschlagen.

1. R (Hin-R): 1 fM in die 2. Lm ab der Nadel und in jede weitere Lm, wenden. (19 M)

2. R (Rück-R): 2 W-Lm (zählen nie als M), 2 Stb, 3-mal [1 Lm, 1 M ausl, 1 Stb], 11 Stb, wenden.

3. R: 2 W-Lm, 10 Stb, 1 Lm, 1 M ausl, 1 Stb, 2-mal [1 Lm, 1-Lm-B ausl, 1 Stb], 1 Stb in 1-Lm-B, 2 Stb, wenden.

4. R: 2 W-Lm, 4 Stb, 1 Stb in 1-Lm-B, 1 Stb, 2-mal [1 Lm, 1 Lm-B ausl, 1 Stb], 1 Lm, 1 M ausl, 8 Stb, wenden.

5. R: 2 W-Lm, 6 Stb, 1 Lm, 1 M ausl, 1 Stb, 2-mal [1 Lm, 1-Lm-B ausl, 1 Stb], 1 Stb in 1-Lm-B, 6 Stb, wenden.

6. R: 2 W-Lm, 8 Stb, 1 Stb in 1-Lm-B, 1 Stb, 2-mal [1 Lm, 1-Lm-B ausl, 1 Stb], 1 Lm, 1 M ausl, 4 Stb, wenden.

7. R: 2 W-Lm, 2 Stb, 1 Lm, 1 M ausl, 1 Stb, 2-mal [1 Lm, 1-Lm-B ausl, 1 Stb], 1 Stb in 1-Lm-B, 10 Stb, wenden.

8. R: 2 W-Lm, 10 Stb, 1 Lm, 1 M ausl, 1 Stb, 2-mal [1 Lm, 1-Lm-B ausl, 1 Stb], 1 Stb in 1-Lm-B, 2 Stb, wenden.

9. R: 2 W-Lm, 4 Stb, 1 Stb in 1-Lm-B, 1 Stb, 2-mal [1 Lm, 1-Lm-B ausl, 1 Stb], 1 Lm, 1 M ausl, 8 Stb, wenden.

10. R: 2 W-Lm, 6 Stb, 1 Lm, 1 M ausl, 1 Stb, 2-mal [1 Lm, 1-Lm-B ausl 1 Stb], 1 Stb in 1-Lm-B, 6 Stb, wenden.

11. R: 2 W-Lm, 8 Stb, 1 Stb in 1-Lm-B, 1 Stb, 2-mal [1 Lm, 1-Lm-B ausl, 1 Stb], 1 Lm, 1 M ausl, 4 Stb, wenden.

12. R: 2 W-Lm, 2 Stb, 1 Lm, 1 M ausl, 1 Stb, 2-mal [1 Lm, 1-Lm-B ausl, 1 Stb], 1 Stb in 1-Lm-B, 10 Stb, wenden.

Die 3.–12. R wh, bis der Streifen 0,5 cm kürzer ist als die gewünschte Länge (mit beliebiger Reihe enden).

Letzte R: 1 W-Lm, fortl 1 fM in jede M und in jeden 1-Lm-B.

Abmaschen und die Fäden vernähen.

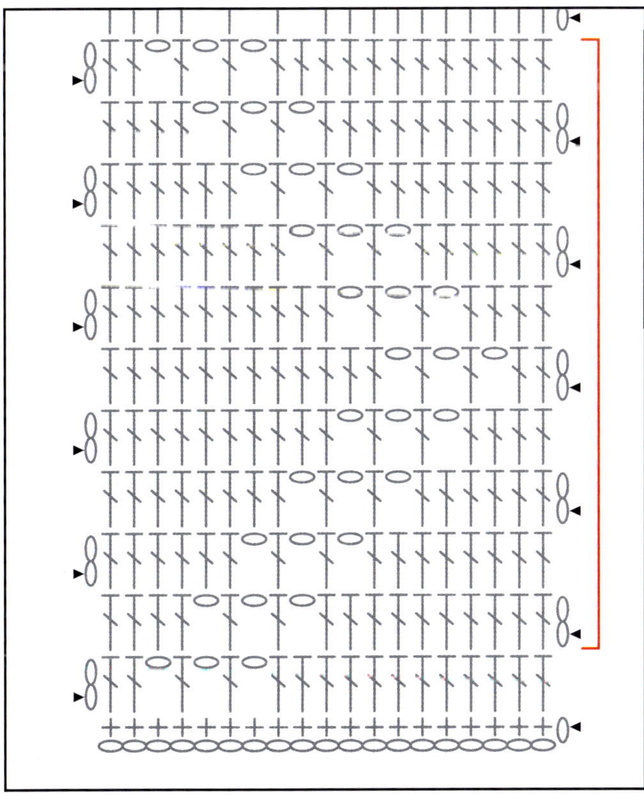

#041 HÄKELSCHRIFT

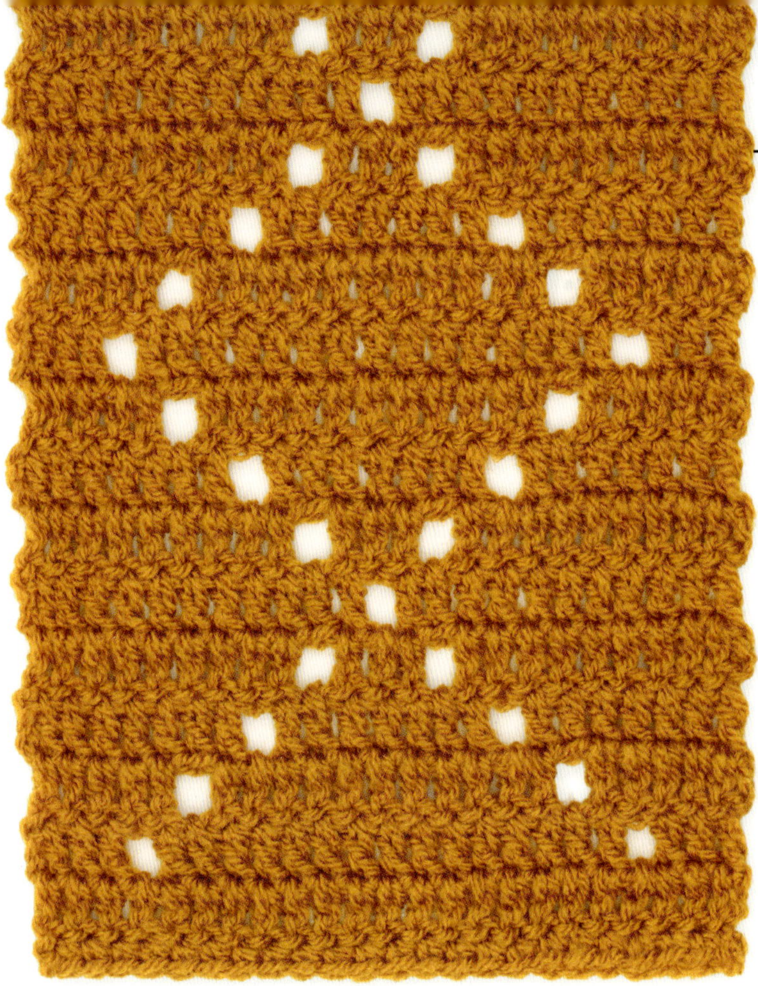

#042

GEKREUZTE RAUTEN

Durch Stäbchen und Luftmaschen entsteht dieses hübsche lineare Muster aus sich kreuzenden Lochreihen, das sich besonders gut mit Streifen in Strukturmustern kombinieren lässt.

24 Lm anschlagen.

1. R (Hin-R): 1 fM in die 2. Lm ab der Nadel und in jede weitere Lm, wenden. (23 M)

2. R (Rück-R): 2 W-Lm (zählen nie als M), fortl 1 Stb in jede M, wenden.

3. R: 2 W-Lm, 3 Stb, 1 Lm, 1 M ausl, 15 Stb, 1 Lm, 1 M ausl, 3 Stb, wenden.

4. R: 2 W-Lm, 3 Stb, 1 Stb in 1-Lm-B, 1 Stb, 1 Lm, 1 M ausl, 11 Stb, 1 Lm, 1 M ausl, 1 Stb, 1 Stb in 1-Lm-B, 3 Stb, wenden.

5. R: 2 W-Lm, 5 Stb, 1 Stb in 1-Lm-B, 1 Stb, 1 Lm, 1 M ausl, 7 Stb, 1 Lm, 1 M ausl, 1 Stb, 1 Stb in 1-Lm-B, 5 Stb, wenden.

6. R: 2 W-Lm, 7 Stb, 1 Stb in 1-Lm-B, 1 Stb, 1 Lm, 1 M ausl, 3 Stb, 1 Lm, 1 M ausl, 1 Stb, 1 Stb in 1-Lm-B, 7 Stb, wenden.

7. R: 2 W-Lm, 9 Stb, 1 Stb in 1-Lm-B, 1 Stb, 1 Lm, 1 M ausl, 1 Stb, 1 Stb in 1-Lm-B, 9 Stb, wenden.

8. R: 2 W-Lm, 9 Stb, 1 Lm, 1 M ausl, 1 Stb, 1 Stb in 1-Lm-B, 1 Stb, 1 Lm, 1 M ausl, 9 Stb, wenden.

9. R: 2 W-Lm, 7 Stb, 1 Lm, 1 M ausl, 1 Stb, 1 Stb in 1-Lm-B, 3 Stb, 1 Stb in 1-Lm-B, 1 Stb, 1 Lm, 1 M ausl, 7 Stb, wenden.

10. R: 2 W-Lm, 5 Stb, 1 Lm, 1 M ausl, 1 Stb, 1 Stb in 1-Lm-B, 7 Stb, 1 Stb in 1-Lm-B, 1 Stb, 1 Lm, 1 M ausl, 5 Stb, wenden.

11. Reihe: 2 W-Lm, 3 Stb, 1 Lm, 1 M ausl, 1 Stb, 1 Stb in 1-Lm-B, 11 Stb, 1 Stb in 1-Lm-B, 1 Stb, 1 Lm, 1 M ausl, 3 Stb, wenden.

Die 4.–11. R wh, bis der Streifen 2 cm kürzer ist als die gewünschte Länge (mit beliebiger Reihe enden).

Folg R: 2 W-Lm, fortl 1 Stb in jede M und in jeden Lm-B, wenden.

Letzte R: 1 W-Lm, fortl 1 fM in jede M.

Abmaschen und die Fäden vernähen.

#042 HÄKELSCHRIFT

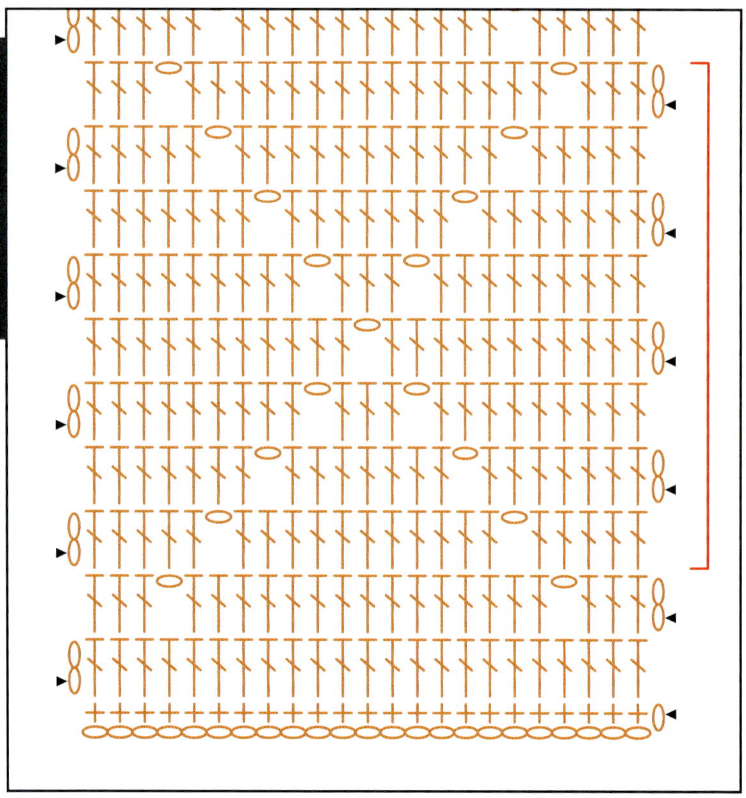

Diagonal

Für dieses schöne Kreuzmuster benötigen Sie nur feste Maschen, Stäbchen und Luftmaschen. Der breite Streifen bringt Ruhe in Ihr Design und kommt in Kombination mit Streifen in Strukturmustern besonders gut zur Geltung.

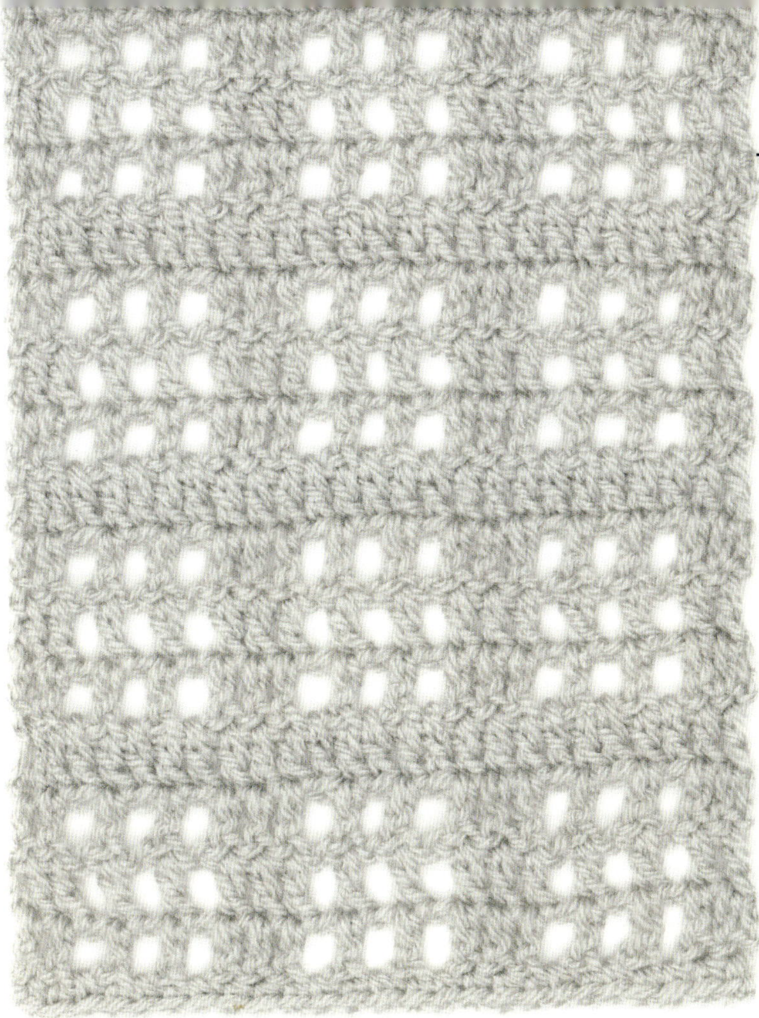

#043

GITTERMUSTER

Die Filethäkeltechnik eignet sich perfekt für Gitter und Quadrate. Dieses schlichte Muster sieht sehr modern und fast schon architektonisch aus.

Anfangsluftmaschen: Maschenzahl teilbar durch 8 + 2

Gemäß Maschenzahl (s. o.) Lm in der gewünschten Streifenbreite anschlagen.

1. R (Hin-R): 1 fM in die 2. Lm ab der Nadel und in jede weitere Lm, wenden.

2. R (Rück-R): 2 W-Lm (zählen nie als M), *2 Stb, 3-mal [1 Lm, 1 M ausl, 1 Stb]; ab * bis 1 M vor Ende wh, 1 Stb, wenden.

3. und 4. R: 2 W-Lm, *2 Stb, 3-mal [1 Lm, 1-Lm-B ausl, 1 Stb]; ab * bis 1 M vor Ende wh, 1 Stb, wenden.

5. R: 2 W-Lm, fortl 1 Stb in jede M und in jeden 1-Lm-B, wenden.

Die 2.–5. R wh, bis der Streifen 0,5 cm kürzer ist als die gewünschte Länge (mit beliebiger Reihe enden).

Letzte R: 1 W-Lm, fortl 1 fM in jede M und jeden Lm-B (falls nicht in einer 5. R geendet wird vorhanden).

Abmaschen und die Fäden vernähen.

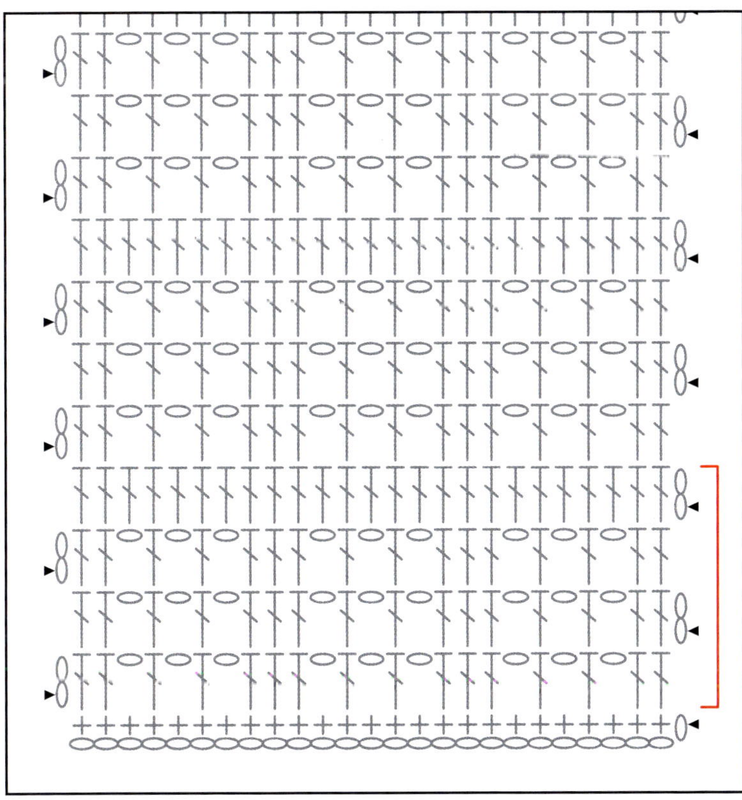

#043 HÄKELSCHRIFT

Immer im Rhythmus

Dies ist ein überraschend unkompliziertes und rhythmisches Muster, wenn man die ersten Reihen gearbeitet hat und die ersten kleinen Gitter entstanden sind.

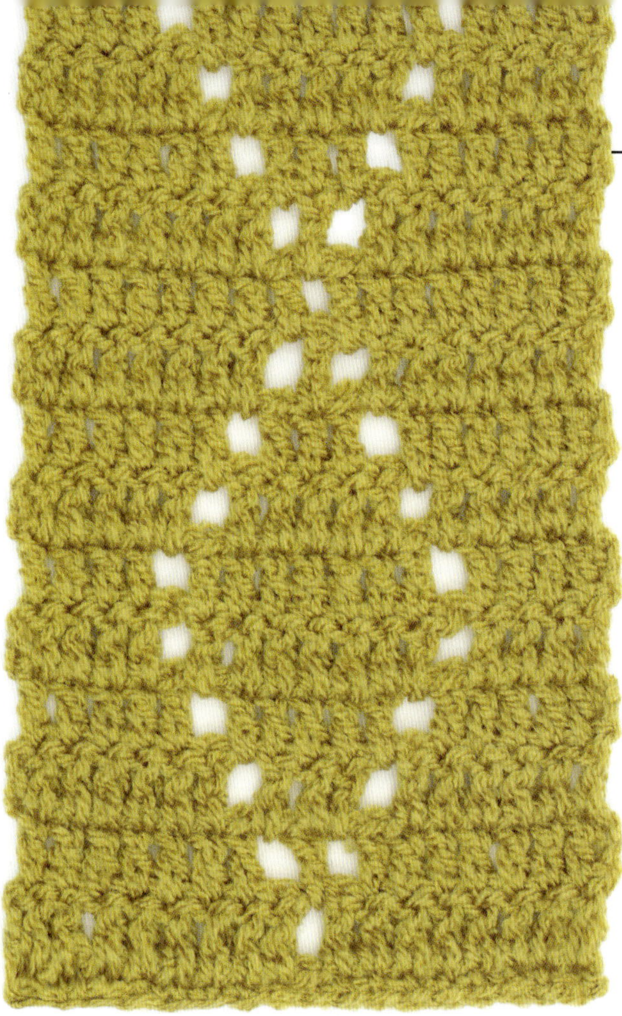

#044

VERBUNDENE BLÄTTER

Zart gelochte Blätter fließen anmutig über diesen Streifen – ein Muster, das sehr sanft und natürlich wirkt.

18 Lm anschlagen.

1. R (Hin-R): 1 fM in die 2. Lm ab der Nadel und in jede weitere Lm, wenden. (17 M)

2. R (Rück-R): 2 W-Lm (zählen nie als M), 8 Stb, 1 Lm, 1 M ausl, 8 Stb, wenden.

3. R: 2 W-Lm, 7 Stb, 1 Lm, 1 M ausl, 1 Stb in 1-Lm-B, 1 Lm, 1 M ausl, 7 Stb, wenden.

4. R: 2 W-Lm, 6 Stb, 1 Lm, 1 M ausl, 1 Stb in 1-Lm-B, 1 Stb, 1 Stb in 1-Lm-B, 1 Lm, 1 M ausl, 6 Stb, wenden.

5. R: 2 W-Lm, 5 Stb, 1 Lm, 1 M ausl, 1 Stb in 1-Lm-B, 3 Stb, 1 Stb in 1-Lm-B, 1 Lm, 1 M ausl, 5 Stb, wenden.

6. R: 2 W-Lm, 4 Stb, 1 Lm, 1 M ausl, 1 Stb in 1-Lm-B, 5 Stb, 1 Stb in 1-Lm-B, 1 Lm, 1 M ausl, 4 Stb, wenden.

7. R: 2 W-Lm, 4 Stb, 1 Lm, 1-Lm-B ausl, 7 Stb, 1 Lm, 1-Lm-B ausl, 4 Stb, wenden.

8. R: 2 W-Lm, 4 Stb, 1 Stb in 1-Lm-B, 1 Lm, 1 M ausl, 5 Stb, 1 Lm, 1 M ausl, 1 Stb in 1-Lm-B, 4 Stb, wenden.

9. R: 2 W-Lm, 5 Stb, 1 Stb in 1-Lm-B, 1 Lm, 1 M ausl, 3 Stb, 1 Lm, 1 M ausl, 1 Stb in 1-Lm-B, 5 Stb, wenden.

10. R: 2 W-Lm, 6 Stb, 1 Stb in 1-Lm-B, 1 Lm, 1 M ausl, 1 Stb, 1 Lm, 1 M ausl, 1 Stb in 1-Lm-B, 6 Stb, wenden.

11. R: 2 W-Lm, 7 Stb, 1 Stb in 1-Lm-B, 1 Lm, 1 M ausl, 1 Stb in 1-Lm-B, 7 Stb, wenden.

Die 3.–11. R wh, bis der Streifen 0,5 cm kürzer ist als die gewünschte Länge (mit beliebiger Reihe enden).

Letzte R: 1 W-Lm, fortl 1 fM in jede M und in jeden Lm-B.

Abmaschen und die Fäden vernähen.

#044 HÄKELSCHRIFT

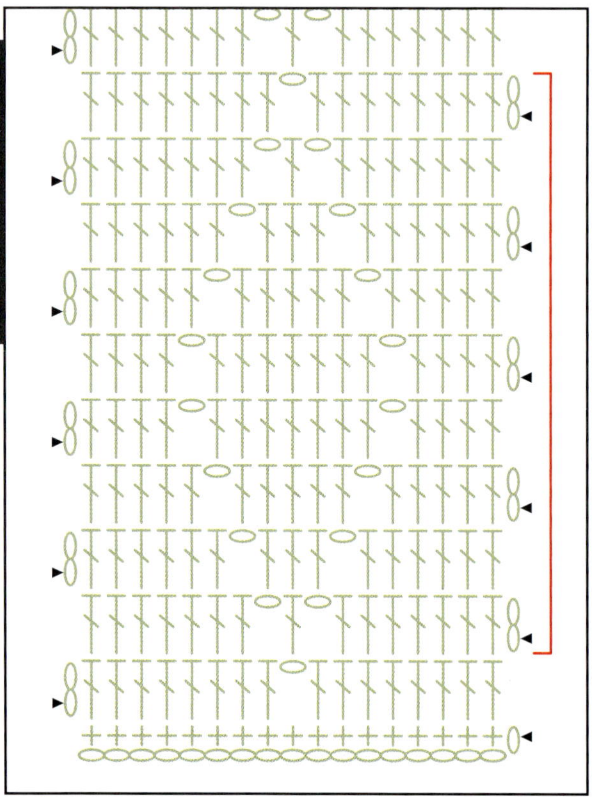

Das Muster spannen

Dieses Muster wirkt am besten, wenn es leicht gespannt wurde – so kommt das fließende Blattmuster wesentlich schöner zur Geltung.

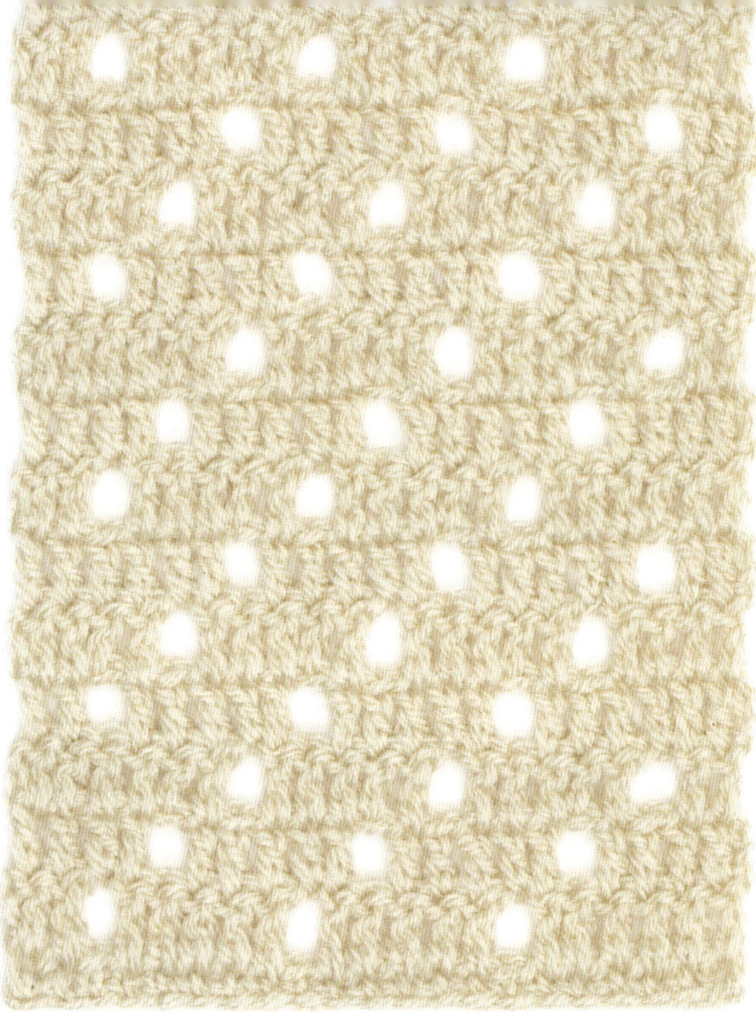

#045

EINFACHE DIAGONALEN

Mit diesem diagonalen Muster können Sie Modelle, in denen waagrechte oder senkrechten Elemente dominieren, sehr schön auflockern.

Anfangsluftmaschen: Maschenzahl teilbar durch 6 + 4

Gemäß Maschenzahl (s. o.) Lm in der gewünschten Streifenbreite anschlagen.

1. R (Hin-R): 1 fM in die 2. Lm ab der Nadel und in jede weitere Lm, wenden.

2. R (Rück-R): 2 W-Lm (zählen nie als M), 2 Stb, *1 Lm, 1 M ausl, 5 Stb; ab * bis 1 M vor Ende wh, 1 Stb, wenden.

3. R: 2 W-Lm, 1 Stb, *3 Stb, 1 Lm, 1 M ausl, 1 Stb, 1 Stb in 1-Lm-B; ab * bis 2 M vor Ende wh, 2 Stb, wenden.

4. R: 2 W-Lm, 1 Stb, *3 Stb, 1 Stb in 1-Lm-B, 1 Stb, 1 Lm, 1 M ausl; ab * bis 2 M vor Ende wh, 2 Stb, wenden.

5. R: 2 W-Lm, 2 Stb, *1 Stb in 1-Lm-B, 3 Stb, 1 Lm, 1 M ausl, 1 Stb; ab * bis 1 M vor Ende wh, 1 Stb, wenden.

6. R: 2 W-Lm, 2 Stb, *1 Stb in 1-Lm-B, 1 Stb, 1 Lm, 1 M ausl, 3 Stb; ab * bis 1 M vor Ende wh, 1 Stb, wenden.

7. R: 2 W-Lm, 2 Stb, *1 Lm, 1 M ausl, 1 Stb, 1 Stb in 1-Lm-B, 3 Stb; ab * bis 1 M vor Ende wh, 1 Stb, wenden.

8. R: 2 W-Lm, 2 Stb, *1 Lm, 1 M ausl, 3 Stb, 1 Stb in 1-Lm-B, 1 Stb; ab * bis 1 M vor Ende wh, 1 Stb, wenden.

Die 3.–8. R wh, bis der Streifen 2 cm kürzer ist als die gewünschte Länge (mit beliebiger Reihe enden).

Folg R: 2 W-Lm, fortl 1 Stb in jede M und in jeden Lm-B, wenden.

Letzte R: 1 W-Lm, fortl 1 fM in jede M.

Abmaschen und die Fäden vernähen.

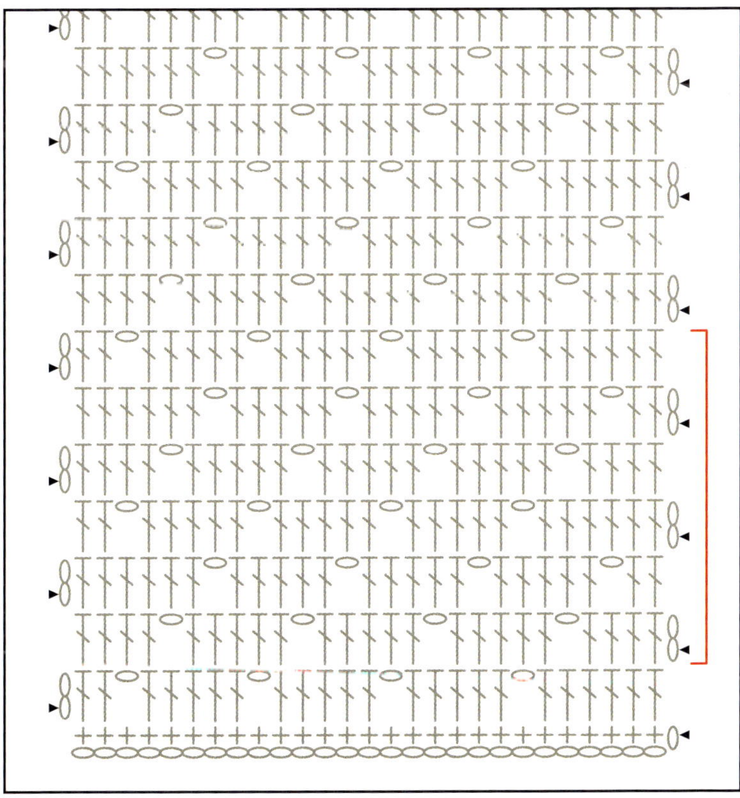

#045 HÄKELSCHRIFT

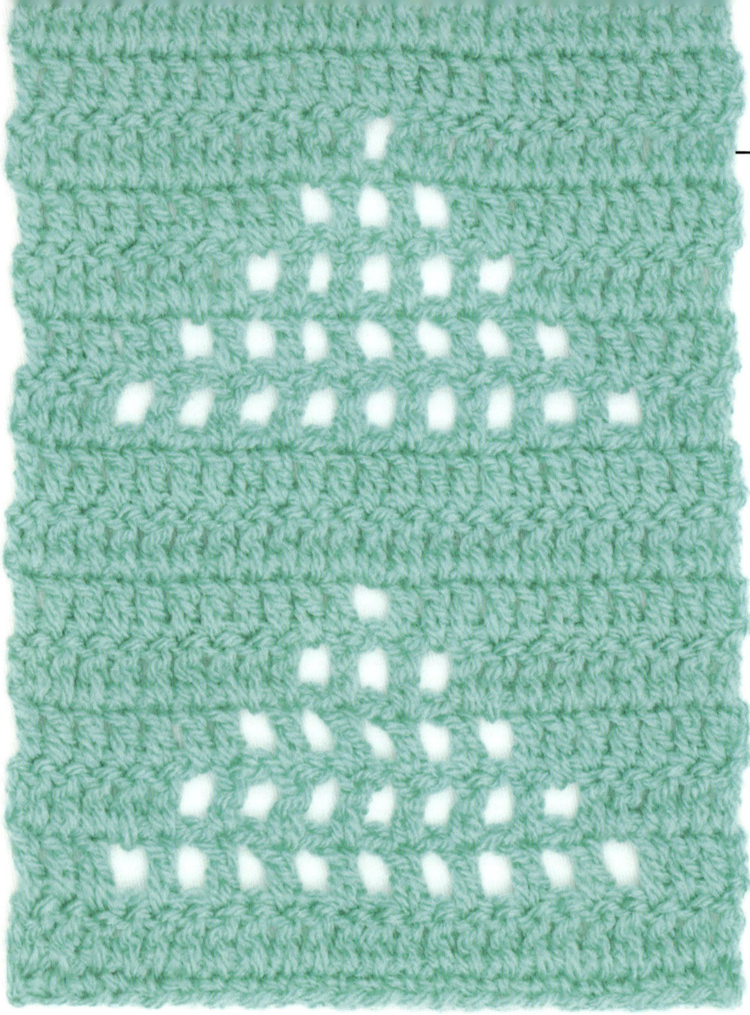

#046

BESCHLEUNIGUNG

Ein auffälliges, modernes Muster, das sehr schwungvoll und dynamisch wirkt. Den Effekt können Sie noch verstärken, indem Sie zwei Streifen häkeln, deren Pfeile in entgegengesetzte Richtungen zeigen.

24 Lm anschlagen.

1. R (Hin-R): 1 fM in die 2. Lm ab der Nadel und in jede weitere Lm, wenden. (23 M)

2. R (Rück-R): 2 W-Lm (zählen nie als M), fortl 1 Stb in jede M, wenden.

3. R: 2 W-Lm, 3 Stb, 9-mal [1 Lm, 1 M ausl, 1 Stb], 2 Stb, wenden.

4. R: 2 W-Lm, 3 Stb, 1 Stb in 1-Lm-B, 1 Stb, 7-mal [1 Lm, 1-Lm-B ausl, 1 Stb], 1 Stb in 1-Lm-B, 3 Stb, wenden.

5. R: 2 W-Lm, 5 Stb, 1 Stb in 1-Lm-B, 1 Stb, 5-mal [1 Lm, 1-Lm-B ausl, 1 Stb], 1 Stb in 1-Lm-B, 5 Stb, wenden.

6. R: 2 W-Lm, 7 Stb, 1 Stb in 1-Lm-B, 1 Stb, 3-mal [1 Lm, 1 Lm-B ausl, 1 Stb], 1 Stb in 1-Lm-B, 7 Stb, wenden.

7. R: 2 W-Lm, 9 Stb, 1 Stb in 1-Lm-B, 1 Stb, 1 Lm, 1-Lm-B ausl, 1 Stb, 1 Stb in 1-Lm-B, 9 Stb, wenden.

8. R: 2 W-Lm, 11 Stb, 1 Stb in 1-Lm-B, 11 Stb, wenden.

Die 2.–8. R wh, bis der Streifen 2 cm kürzer ist als die gewünschte Länge (mit beliebiger Reihe enden).

Folg R: 2 W-Lm, fortl 1 Stb in jede M und in jeden Lm-B (falls vorhanden), wenden.

Letzte R: 1 W-Lm, fortl 1 fM in jede M.

Abmaschen und die Fäden vernähen.

#046 HÄKELSCHRIFT

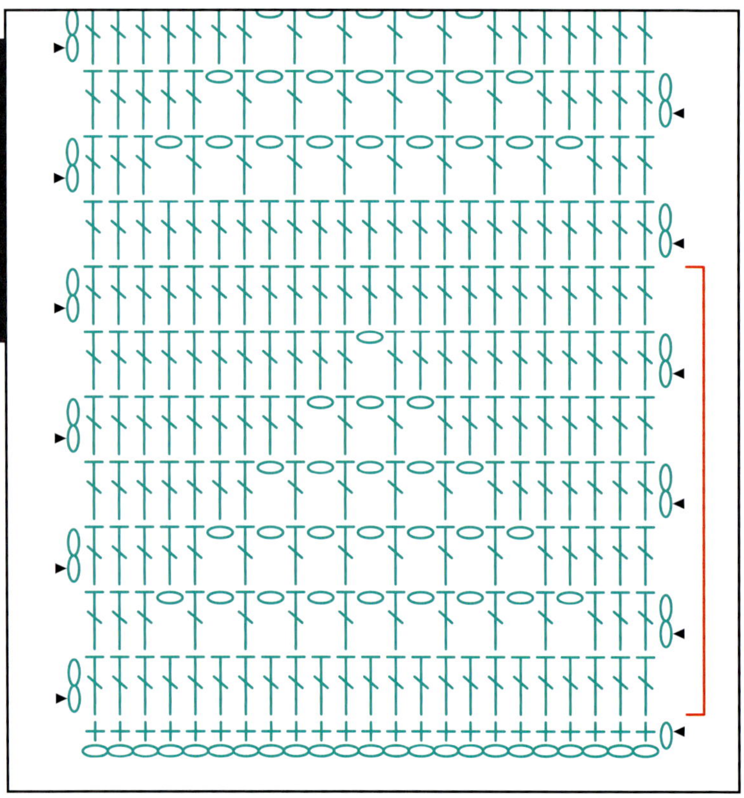

Das Muster abwandeln

Sie können das Muster abwandeln, indem Sie zwischen den Pfeilen einfach mehr Stäbchenreihen häkeln, damit die Pfeile weiter auseinanderliegen.

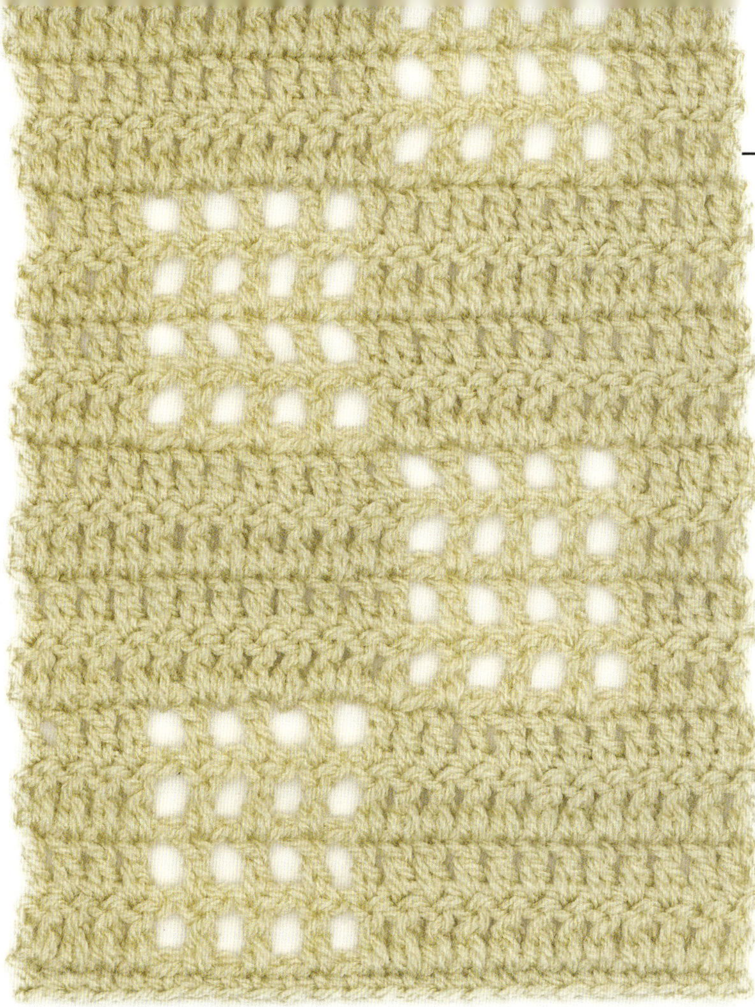

#047

VIER MAL VIER

Diese schlichten, gleichmäßigen Lochmuster-Quadrate sind schnell gehäkelt – ein tolles Muster!

24 Lm anschlagen.

1. R (Hin-R): 1 fM in die 2. Lm ab der Nadel und in jede weitere Lm, wenden. (23 M)

2. R (Rück-R): 2 W-Lm (zählen nie als M), 4 Stb, 4-mal [1 Lm, 1 M ausl, 1 Stb], 11 Stb, wenden.

3. R: 2 W-Lm, 12 Stb, 4-mal [1 Lm, 1-Lm-B ausl, 1 Stb], 3 Stb, wenden.

4. R: 2 W-Lm, 4 Stb, 4-mal [1 Lm, 1-Lm-B ausl, 1 Stb], 11 Stb, wenden.

5. R: Wie 3. R.

6. R: 2 W-Lm, 4 Stb, 4-mal [1 Stb in 1-Lm-B, 1 Stb], 4-mal [1 Lm, 1 M ausl, 1 Stb], 3 Stb, wenden.

7. R: 2 W-Lm, 4 Stb, 4-mal [1 Lm, 1-Lm-B ausl, 1 Stb], 11 Stb, wenden.

8. R: 2 W-Lm, 12 Stb, 4-mal [1 Lm, 1-Lm-B ausl, 1 Stb], 3 Stb, wenden.

9. R: Wie 7. R.

10. R: 2 W-Lm, 4 Stb, 4-mal [1 Lm, 1 M ausl, 1 Stb], 4-mal [1 Stb in 1-Lm-B, 1 Stb], 3 Stb, wenden.

Die 3.–10. R wh, bis der Streifen 0,5 cm kürzer ist als die gewünschte Länge (mit beliebiger Reihe enden).

Letzte R: 1 W-Lm, fortl 1 fM in jede M und in jeden 1-Lm-B.

Abmaschen und die Fäden vernähen.

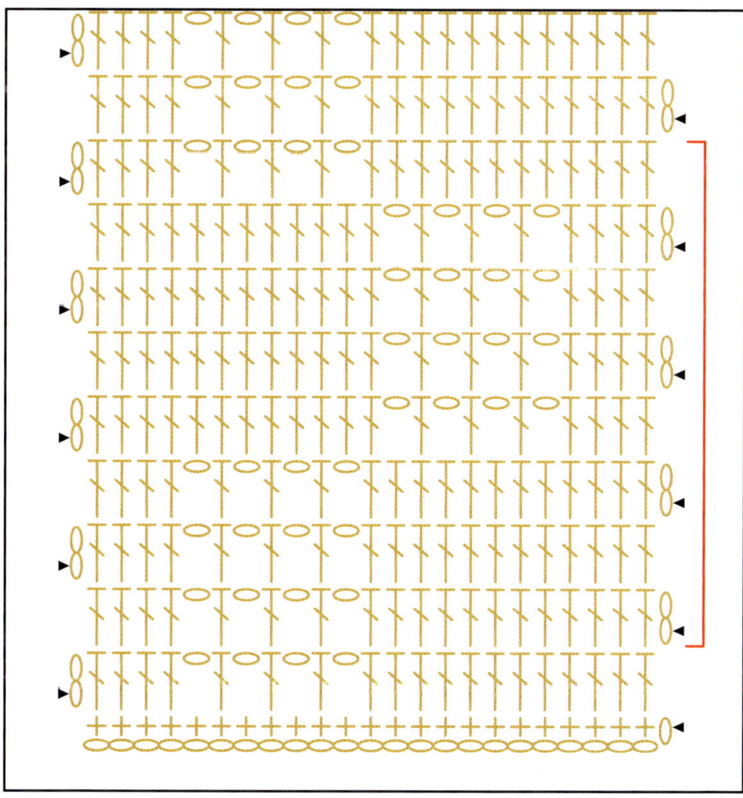

#047 HÄKELSCHRIFT

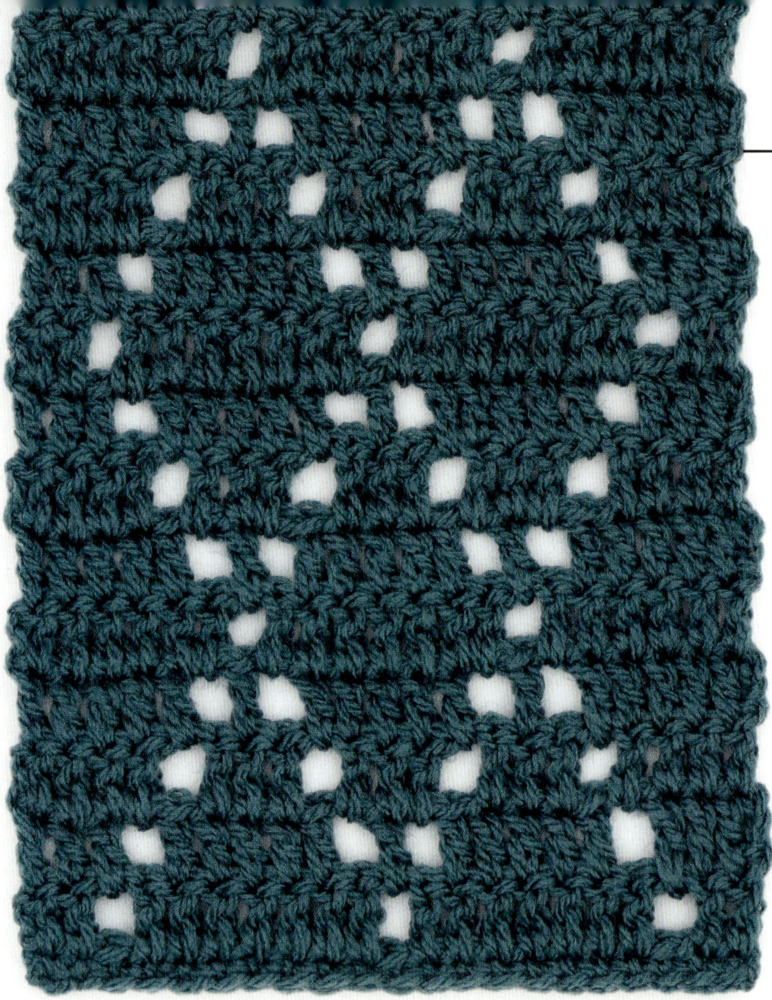

#048

RAUTENWIRBEL

Beim Schreiben dieses Musters schwirrte mir der Kopf, daher musste es einfach Rautenwirbel heißen!

Anfangsluftmaschen: Maschenzahl teilbar durch 8 + 6.

Gemäß Maschenzahl (s. o.) Lm in der gewünschten Streifenbreite anschlagen.

1. R (Hin-R): 1 fM in die 2. Lm ab der Nadel und in jede weitere Lm, wenden.

2. R (Rück-R): 2 W-Lm (zählen nie als M), 2 Stb, 1 Lm, 1 M ausl, *7 Stb, 1 Lm, 1 M ausl; ab * bis 2 M vor Ende wh, 2 Stb, wenden.

3. R: 2 W-Lm, 2 Stb, 1 Stb in 1-Lm-B, *1 Lm, 1 M ausl, 5 Stb, 1 Lm, 1 M ausl, 1 Stb in 1-Lm-B; ab * bis 2 M vor Ende wh, 2 Stb, wenden.

4. R: 2 W-Lm, 3 Stb, *1 Stb in 1-Lm-B, 1 Lm, 1 M ausl, 3 Stb, 1 Lm, 1 M ausl, 1 Stb in 1-Lm-B, 1 Stb; ab * bis 2 M vor Ende wh, 2 Stb, wenden.

5. R: 2 W-Lm, 4 Stb, *1 Stb in 1-Lm-B, 1 Lm, 1 M ausl, 1 Stb, 1 Lm, 1 M ausl, 1 Stb in 1-Lm-B, 3 Stb; ab * bis 1 M vor Ende wh, 1 Stb, wenden.

6. R: 2 W-Lm, 5 Stb, *1 Stb in 1-Lm-B, 1 Lm, 1 M ausl, 1 Stb in 1-Lm-B, 5 Stb; ab * fortl wh, wenden.

7. R: 2 W-Lm, 5 Stb, *1 Lm, 1 M ausl, 1 Stb in 1Lm-B, 1 Lm, 1 M ausl, 5 Stb; ab * fortl wh, wenden.

8. R: 2 W-Lm, 4 Stb, *1 Lm, 1 M ausl, 1 Stb in 1-Lm-B, 1 Stb, 1 Stb in 1-Lm-B, 1 Lm, 1 M ausl, 3 Stb; ab * bis 1 M vor Ende wh, 1 Stb, wenden.

9. R: 2 W-Lm, 3 Stb, *1 Lm, 1 M ausl, 1 Stb in 1-Lm-B, 3 Stb, 1 Stb in 1-Lm-B, 1 Lm, 1 M ausl, 1 Stb; ab * bis 2 M vor Ende wh, 2 Stb, wenden.

10. R: 2 W-Lm, 2 Stb, *1 Lm, 1 M ausl, 1 Stb in 1-Lm-B, 5 Stb, 1 Stb in 1-Lm-B; ab * bis 3 M vor Ende wh, 1 Lm, 1 M ausl, 2 Stb, wenden.

Die 3.–10. R wh, bis der Streifen 0,5 cm kürzer ist als die gewünschte Länge (mit beliebiger Reihe enden).

Letzte R: 1 W-Lm, fortl 1 fM in jede M und in jeden Lm-B.

Abmaschen und die Fäden vernähen.

#048 HÄKELSCHRIFT

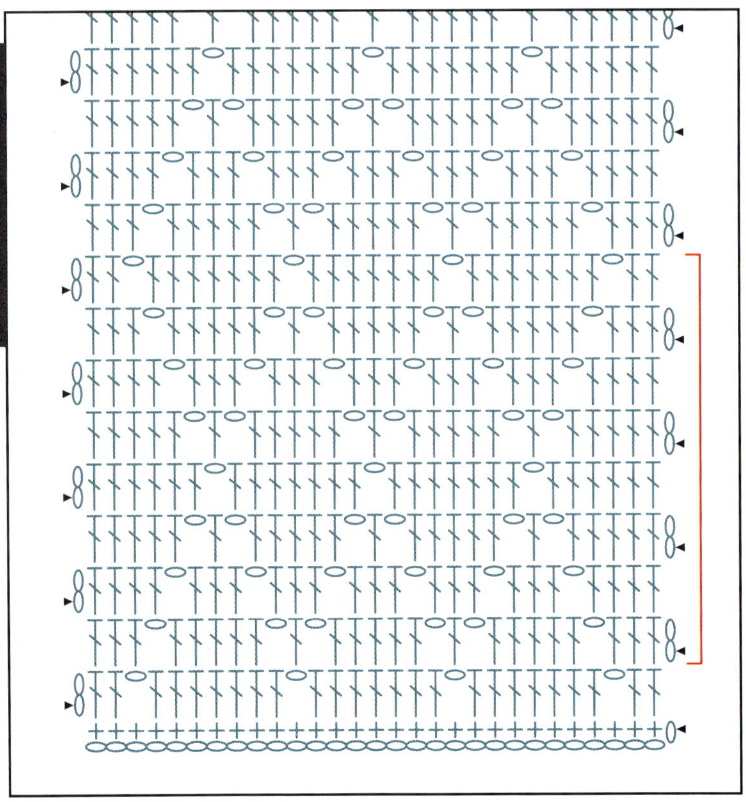

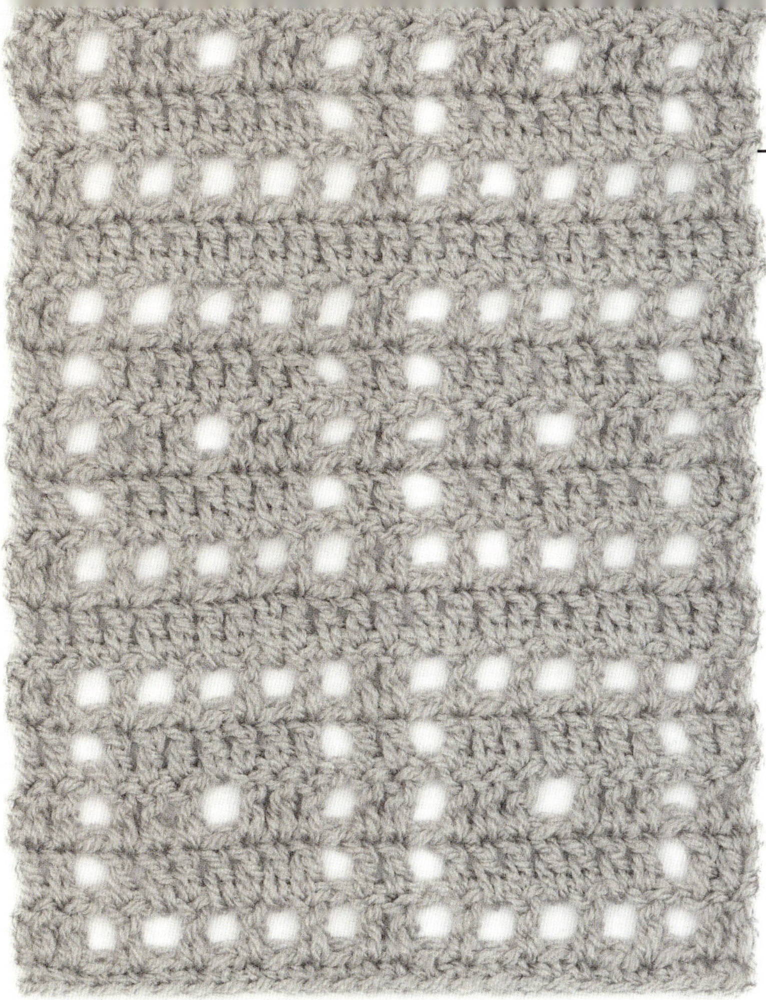

#049

GELOCHTE QUADRATE

Die Filethäkelei eignet sich ausgesprochen gut für Quadrate. Hier habe ich in die Mitte jedes Quadrats noch ein kleines Loch eingefügt – ein hübsches kleines Detail.

Anfangsluftmaschen: Maschenzahl teilbar durch 11 + 3

Gemäß Maschenzahl (s. o.) Lm in der gewünschten Streifenbreite anschlagen.

1. R (Hin-R): 1 fM in die 2. Lm ab der Nadel und in jede weitere Lm, wenden.

2. R (Rück-R): 2 W-Lm (zählen nie als M), 2 Stb, *5-mal [1 Lm, 1 M ausl, 1 Stb], 1 Stb; ab * fortl wh, wenden.

3. R: 2 W-Lm, *2 Stb, 1 Lm, 1-Lm-B ausl, 1 Stb, 3-mal [1 Stb in 1-Lm-B, 1 Stb], 1 Lm, 1-Lm-B ausl; ab * bis 2 M vor Ende wh, 2 Stb, wenden.

4. R: 2 W-Lm, *2 Stb, 1 Lm, 1-Lm-B ausl, 3 Stb, 1 Lm, 1 M ausl, 3 Stb, 1 Lm, 1-Lm-B ausl; ab * bis 2 M vor Ende wh, 2 Stb, wenden.

5. R: 2 W-Lm, *2 Stb, 1 Lm, 1-Lm-B ausl, 3 Stb, 1 Stb in 1-Lm-B, 3 Stb, 1 Lm, 1-Lm-B ausl; ab * bis 2 M vor Ende wh, 2 Stb, wenden.

6. R: 2 W-Lm, *2 Stb, 1 Lm, 1-Lm-B ausl, 1 Stb, 3-mal [1 Lm, 1 M ausl, 1 Stb], 1 Lm, 1-Lm-B ausl; ab * bis 2 M vor Ende wh, 2 Stb, wenden.

7. R: 2 W-Lm, 2 Stb, *5-mal [1 Stb in 1-Lm-B, 1 Stb], 1 Stb; ab * fortl wh, wenden.

Die 2.–7. R wh, bis der Streifen 0,5 cm kürzer ist als die gewünschte Länge (mit beliebiger Reihe enden).

Letzte R: 1 W-Lm, fortl 1 fM in jede M und in jeden 1-Lm-B.

Abmaschen und die Fäden vernähen.

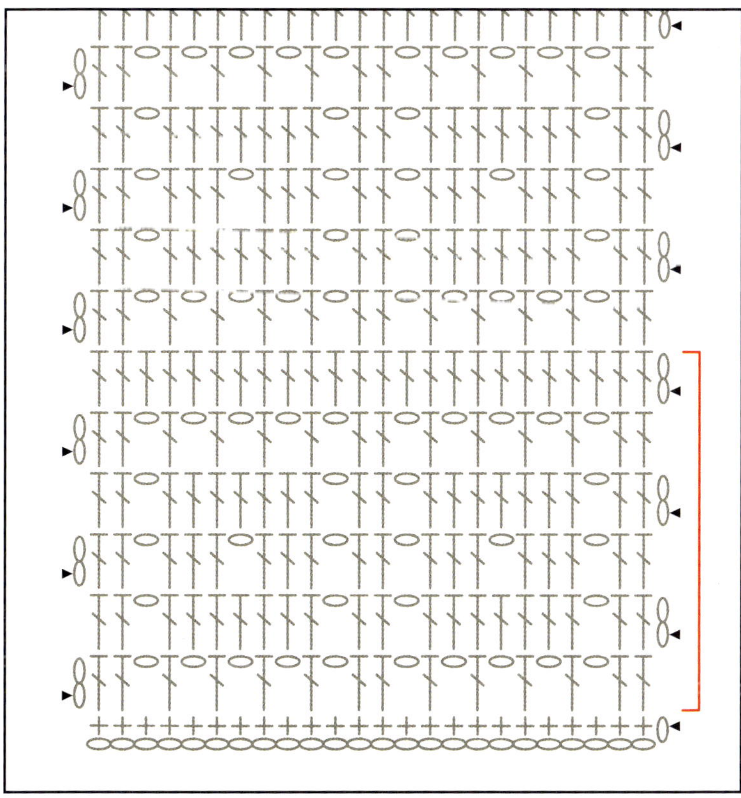

#049 HÄKELSCHRIFT

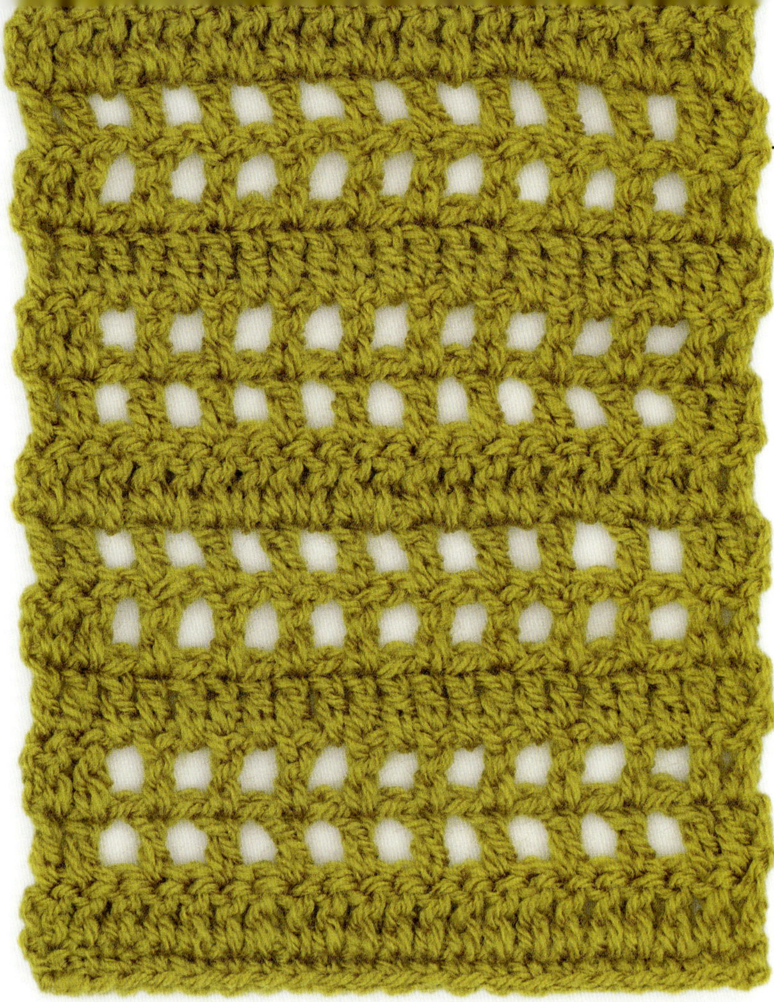

#050

DOPPELDECKER

Dieses schlichte Muster entsteht durch doppelte senkrechte Lochreihen in Filethäkeltechnik – daher der Name.

Anfangsluftmaschen: Maschenzahl teilbar durch 2 + 4

Gemäß Maschenzahl (s. o.) Lm in der gewünschten Streifenbreite anschlagen.

1. R (Hin-R): 1 fM in die 2. Lm ab der Nadel und in jede weitere Lm, wenden.

2. R (Rück-R): 2 W-Lm (zählen nie als M), fortl 1 Stb in jede M, wenden.

3. R: 2 W-Lm, 2 Stb, *1 Lm, 1 M ausl, 1 Stb; ab * bis 1 M vor Ende wh, 1 Stb, wenden.

4. R: 2 W-Lm, 2 Stb, *1 Lm, 1-Lm-B ausl, 1 Stb; ab * bis 1 M vor Ende wh, 1 Stb, wenden.

5. R: 2 W-Lm, 2 Stb, *1 Stb in 1-Lm-B, 1 Stb; ab * bis 1 M vor Ende wh, 1 Stb, wenden.

Die 3.–5. R wh, bis der Streifen 0,5 cm kürzer ist als die gewünschte Länge (mit beliebiger Reihe enden).

Letzte R: 1 W-Lm, fortl 1 fM in jede M und in jeden 1-Lm-B (falls vorhanden).

Abmaschen und die Fäden vernähen.

#050 HÄKELSCHRIFT

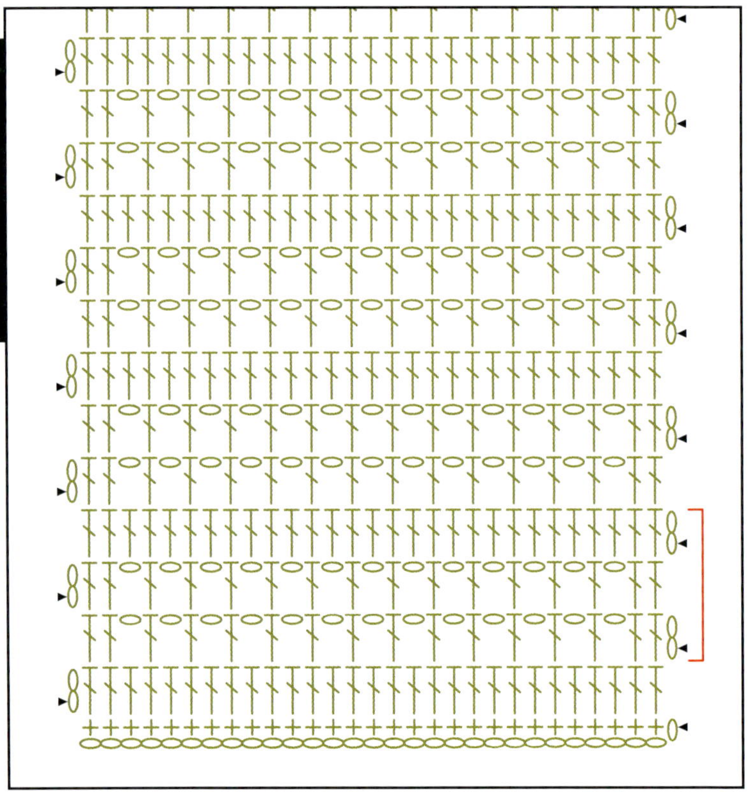

Die Muster öffnen

Wenn Ihre Decke oder Ihr Projekt fertig ist, kann leichtes Spannen enorm dazu beitragen, dass selbst ganz einfache Filet-Häkelmuster viel schöner herauskommen.

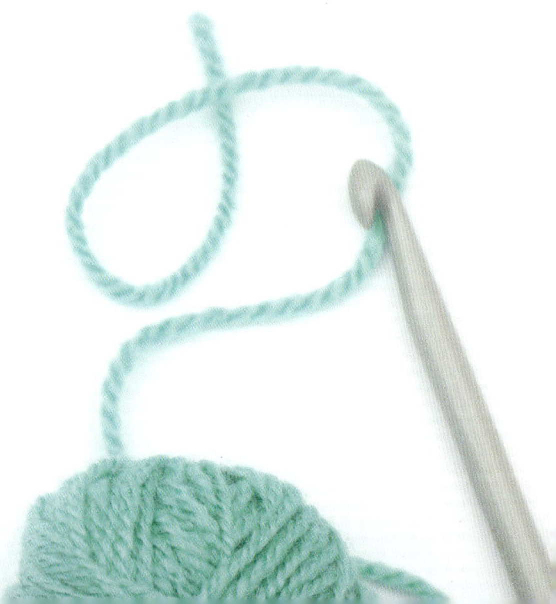

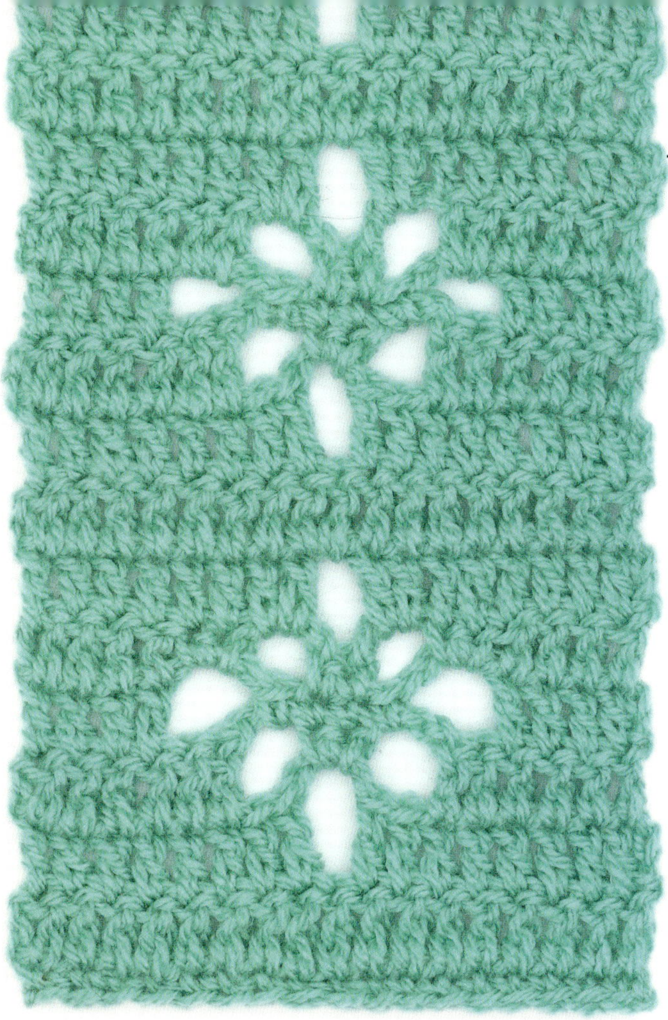

#051

ZARTE AJOURBLÜTEN

Wunderhübsche kleine Blüten! Einfach hier und da eine Luftmasche einfügen, und schon erscheinen diese zarten Schönheiten wie von Zauberhand.

18 Lm anschlagen.

1. R (Hin-R): 1 fM in die 2. Lm ab der Nadel und in jede weitere Lm, wenden. (17 M)

2. R (Rück-R): 2 W-Lm (zählen nie als M), fortl 1 Stb in jede M, wenden.

3. R: 2 W-Lm, 8 Stb, 3 Lm, 1 Stb ausl, 8 Stb, wenden.

4. R: 2 W-Lm, 6 Stb, 3 Lm, 2 Stb ausl, 2 fM in 3-Lm-B, 3 Lm, 2 Stb ausl, 6 Stb, wenden.

5. R: 2 W-Lm, 4 Stb, 3 Lm, 2 Stb ausl, 1 fM in 3-Lm-B, 2 fM, 1 fM in 3-Lm-B, 3 Lm, 2 Stb ausl, 4 Stb, wenden.

6. R: 2 W-Lm, 4 Stb, 2 Stb in 3-Lm-B, 3 Lm, 1 fM ausl, 2 fM, 3 Lm, 1 fM ausl, 2 Stb in 3-Lm-B, 4 Stb, wenden.

7. R: 2 W-Lm, 6 Stb, 2 Stb in 3-Lm-B, 1 Lm, 2 fM ausl, 2 Stb in 3-Lm-B, 6 Stb, wenden.

8. R: 2 W-Lm, 8 Stb, 1 Stb in 1-Lm-B, 8 Stb, wenden.

Die 3.–8. R fortl wh, mit einer 8. Reihe enden. Ist der Streifen noch zu kurz, die 2. R wh, bis der Streifen 0,5 cm kürzer ist als die gewünschte Länge.

Letzte R: 1 W-Lm (zählt nicht als M), fortl 1 fM in jede M.

Abmaschen und die Fäden vernähen.

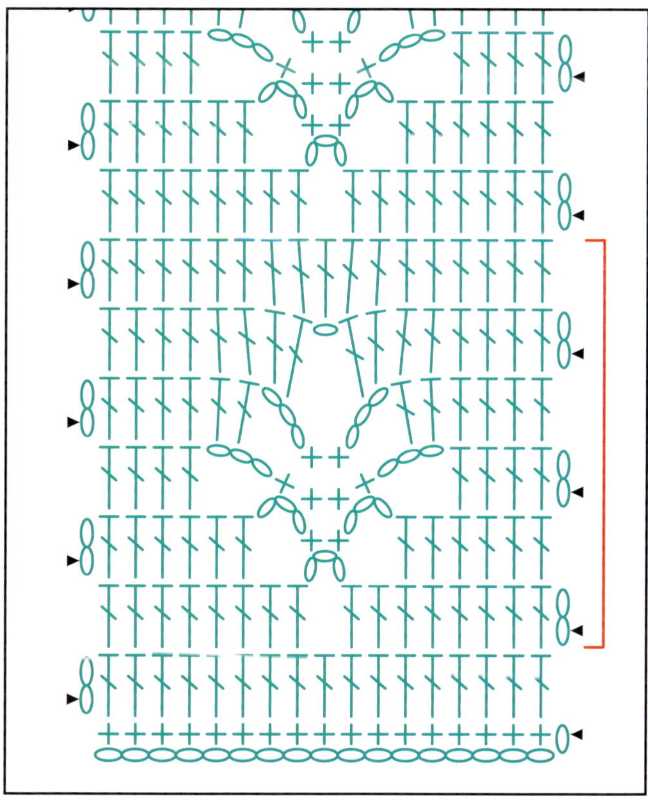

#051 HÄKELSCHRIFT

Vollständige Blüten

Dieses Muster sieht am schönsten aus, wenn am Ende des Streifens eine vollständige Blüte sitzt, nicht nur eine halb fertige. Ist der Streifen nach einer Blüte noch zu kurz, wiederholen Sie einfach die 2. Reihe so lange, bis der Streifen lang genug ist.

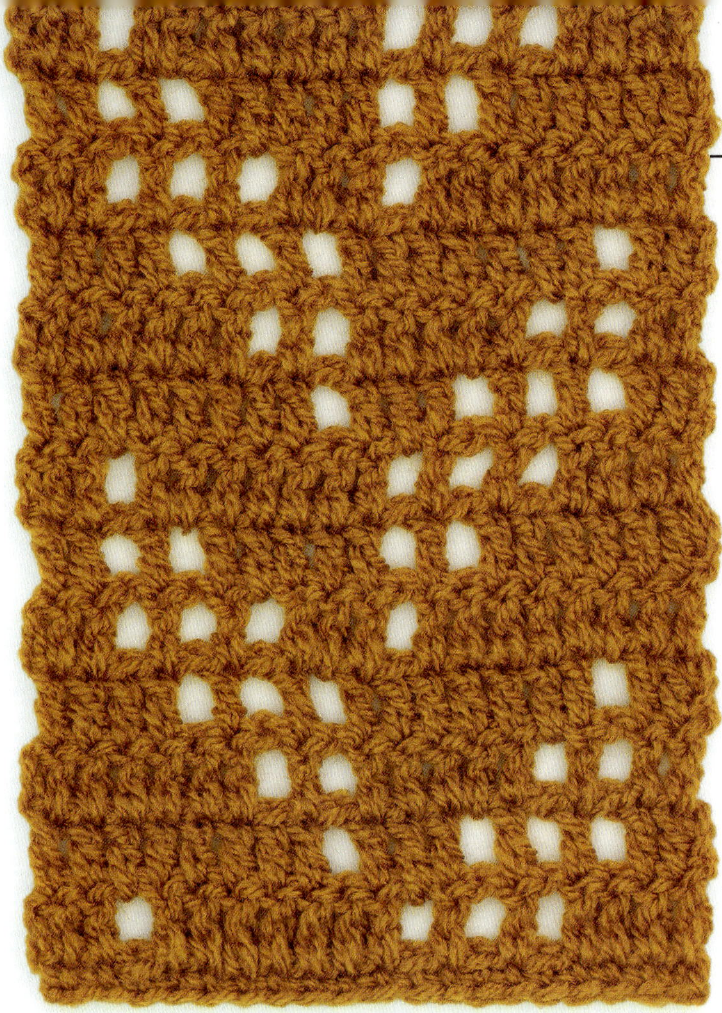

#052

VERSETZTE PFEILE

An diesem Muster gefällt mir besonders, dass es durch die schrägen Linien so lebendig und dynamisch wirkt. Es dauert ein paar Reihen, bis das Muster erscheint, doch das Warten lohnt sich.

20 Lm anschlagen.

1. R (Hin-R): 1 fM in die 2. Lm ab der Nadel und in jede weitere Lm, wenden. (19 M)

2. R (Rück-R): 2 W-Lm (zählen nie als M), fortl 1 Stb in jede M, wenden.

3. R: 2 W-Lm, 2 Stb, 1 Lm, 1 M ausl, 7 Stb, 3-mal [1 Lm, 1 M ausl, 1 Stb], 3 Stb, wenden.

4. R: 2 W-Lm, 2 Stb, 1 Lm, 1 M ausl, 1 Stb, 2-mal [1 Lm, 1-Lm-B ausl, 1 Stb], 1 Stb in 1-Lm-B, 1 Stb, 1 Lm, 1 M ausl, 5 Stb, 1 Stb in 1-Lm-B, 2 Stb, wenden.

5. R: 2 W-Lm, 6 Stb, 1 Lm, 1 M ausl, 1 Stb, 1 Lm, 1-Lm-B ausl, 3 Stb, 1 Stb in 1-Lm-B, 1 Stb, 2-mal [1 Lm, 1-Lm-B ausl, 1 Stb], 1 Stb, wenden.

6. R: 2 W-Lm, 2 Stb, 1 Lm, 1-Lm-B ausl, 1 Stb, 1 Stb in 1-Lm-B, 5 Stb, 2-mal [1 Lm, 1-Lm-B ausl, 1 Stb], 1 Lm, 1 M ausl, 4 Stb, wenden.

Die 4.–6. R wh, bis der Streifen 0,5 cm kürzer ist als die gewünschte Länge (mit beliebiger Reihe enden).

Letzte R: 1 W-Lm, fortl 1 fM in jede M und in jeden 1-Lm-B.

Abmaschen und die Fäden vernähen.

#052 HÄKELSCHRIFT

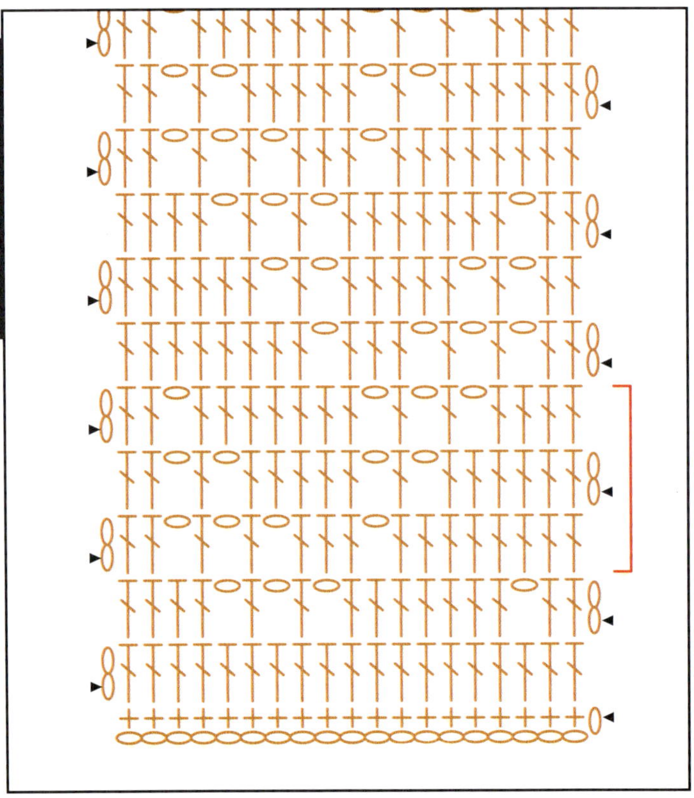

Konzentriert bleiben

Dieses Muster erfordert ein wenig Konzentration, da viele Luftmaschenbogen gehäkelt und viele Maschen ausgelassen werden. Als Belohnung erhalten sie ein sehr lebendiges, ungewöhnliches Muster.

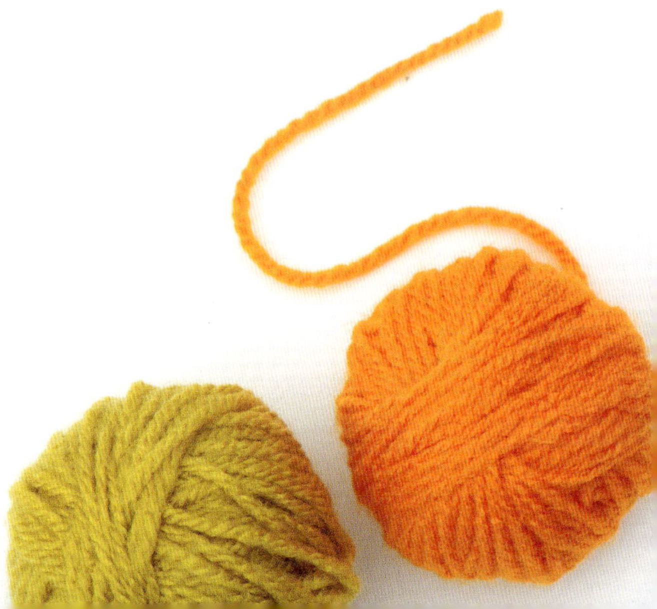

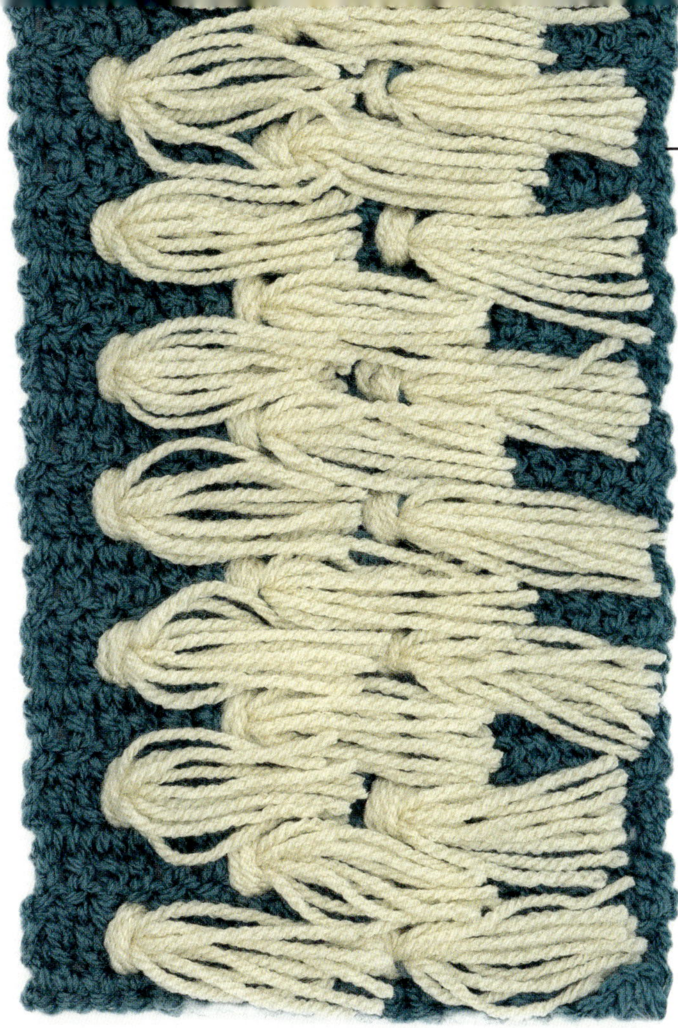

#053

PUSCHELIGE QUASTEN

Verlängerte Stäbchen (verl Stb) bilden hier den Untergrund, der anschließend dicht an dicht mit lustigen kleinen Quasten verziert wird – mega-puschelig!

UNTERGRUND

Mit Fb A 20 Lm anschlagen.

1. R (Hin-R): 1 fM in die 2. Lm ab der Nadel und in jede weitere Lm, wenden. (19 M)

2. R (Rück-R): 2 W-Lm (zählen nie als M), fortl 1 verl Stb in jede M, wenden.

Die 2. R wh, bis der Streifen 0,5 cm kürzer ist als die gewünschte Länge.

Letzte R: 1 W-Lm, fortl 1 fM in jede M.

Abmaschen und die Fäden vernähen.

Den Untergrund mit zugewandter Vorderseite waagrecht hinlegen. In der 2. R (und allen geraden Reihen) eine Quaste um das 3. und 11. verl Stb ab der Oberkante befestigen. In der 3. R (und allen ungeraden Reihen) eine Quaste um das 7. verl Stb ab der Oberkante befestigen.

QUASTEN

(die benötigte Anzahl anfertigen)

Für jede Quaste aus Fb B fünf Fäden von 15 cm (oder zu Ihrem Projekt passender) Länge zuschneiden, zusammenlegen und in der Mitte falten. Die Schlaufenenden ein Stückchen unter die angegebene Masche schieben (die Schlaufen stets ab der Oberkante nach unten einführen, damit die Quasten korrekt hängen). Die abgeschnittenen Enden durch die Schlaufen fädeln und zur Befestigung leicht anziehen. Zum Schluss die Quasten auf die gewünschte Länge abschneiden.

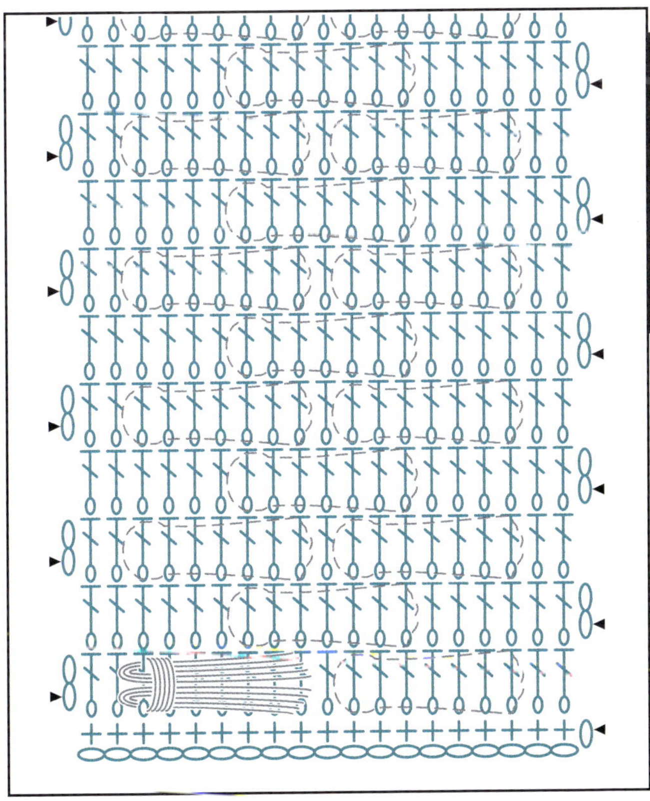

#053 HÄKELSCHRIFT

Die Anzahl variieren

Sie müssen nicht exakt so viele Quasten anbringen wie in meinem Beispiel. Befestigen Sie einfach beliebig mehr oder weniger Quasten, um einen anderen Effekt zu erzielen.

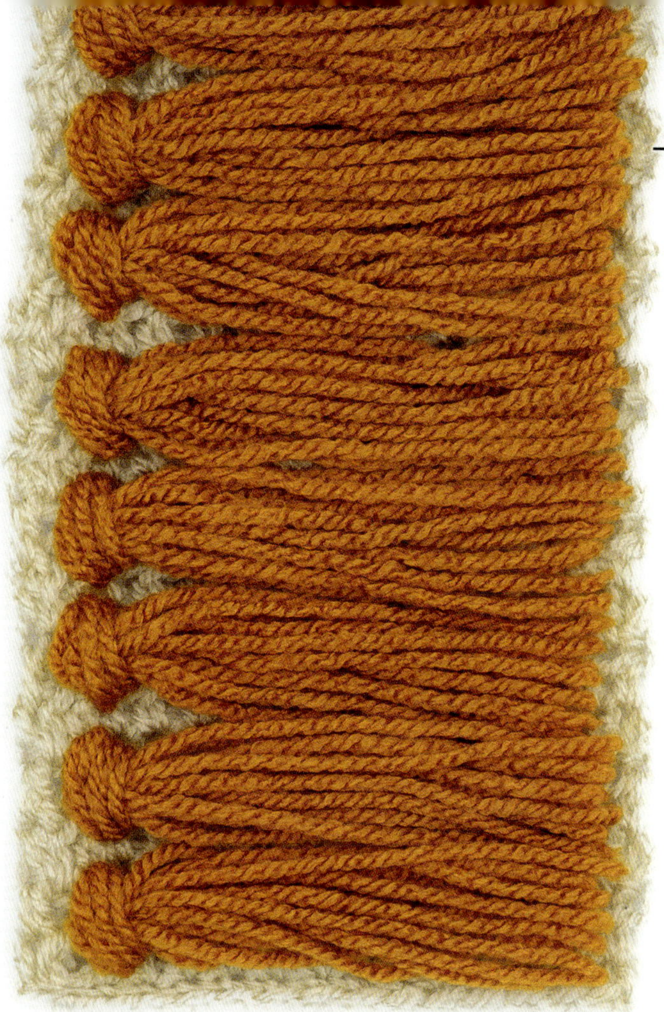

#054

LANGE FRANSEN

Fluffige Quasten sehen an einer Decke sehr hübsch aus, vor allem als Bordüre an der Ober- und Unterkante. Diese langen Fransen sind eine schöne Verzierung für jedes Modell.

UNTERGRUND

Mit Fb A 15 Lm anschlagen.

1. R (Hin-R): 1 fM in die 2. Lm ab der Nadel und in jede weitere Lm, wenden. (14 M)

2. R (Rück-R): 1 W-Lm (zählt nie als M), fortl. 1 hStb in jede M, wenden.

3. R: 1 W-Lm, 1 hStb, 1 vRStb um Maschenkörper des hStb der Vorrunde (die entsprechende M der Arbeitsreihe ausl), 12 hStb, wenden.

Die 2. und 3. R wh, bis der Streifen 0,5 cm kürzer ist als die gewünschte Länge (mit einer 2. Reihe enden).

Letzte R: 1 W-Lm, fortl 1 fM in jede M.

Abmaschen und die Fäden vernähen.

QUASTEN

(für jedes vRStb eine Quaste anfertigen)

Den Untergrund mit zugewandter Vorderseite waagrecht hinlegen. Für jede Quaste aus Fb B sechs Fäden von 20 cm Länge zuschneiden, zusammenlegen und in der Mitte falten. Die Schlaufenenden ein Stückchen unter das erste vRStb schieben (die Schlaufen stets ab der Oberkante nach unten einführen, damit die Quasten korrekt hängen). Die abgeschnittenen Enden durch die Schlaufen fädeln und zur Befestigung leicht anziehen. An den übrigen vRStb wh. Zum Schluss die Quasten auf die gewünschte Länge abschneiden.

#054 HÄKELSCHRIFT

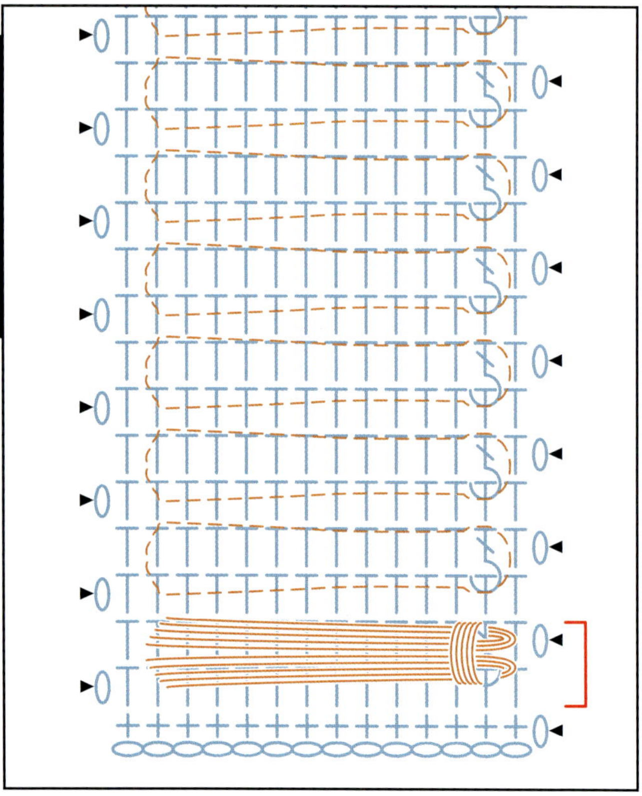

Gleichmäßige Fransen

Es ist ratsam, die Quasten nach dem Befestigen am Untergrund ziemlich fest anzuziehen, damit sie alle gleich aussehen. Zum Schluss mit einer scharfen Schere auf die gleiche Länge kürzen.

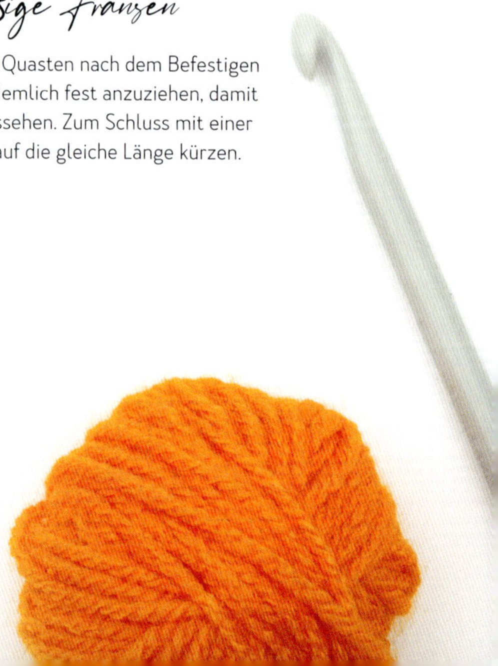

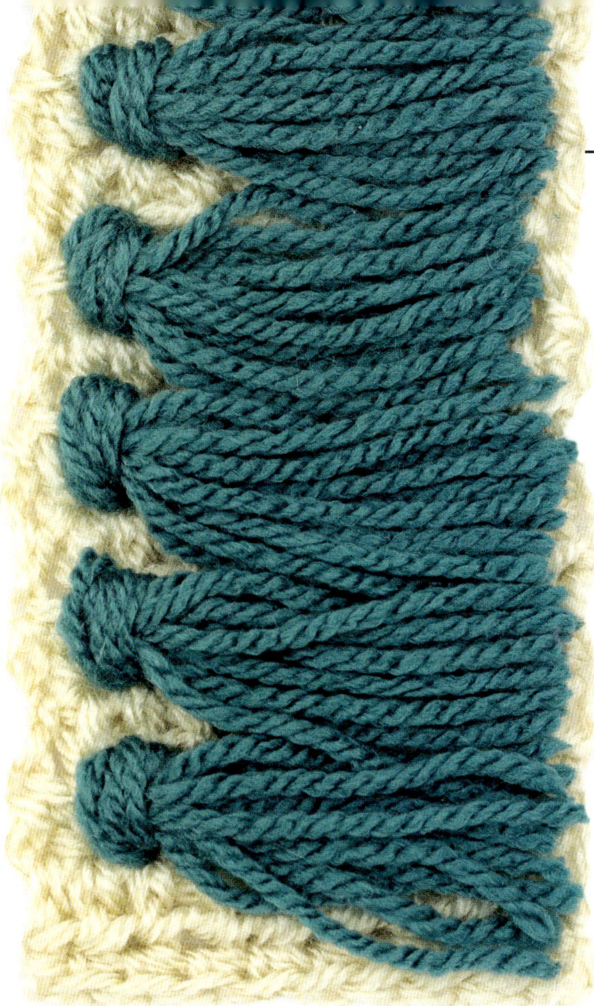

#055

KURZE FRANSEN

Eine Reihe kurzer Quasten bildet ebenfalls hübsche Fransen – perfekt, um ein Design aufzulockern und Bewegung hineinzubringen. Auch mehrere Streifen mit kurzen Fransen sehen fantastisch aus.

UNTERGRUND

Mit Fb A 10 Lm anschlagen.

1. R (Hin-R): 1 fM in die 2. Lm ab der Nadel und in jede weitere Lm, wenden. (9 M)

2. R (Rück-R): 1 W-Lm (zählt nie als M), fortl. 1 hStb in jede M, wenden.

3. R: 1 W-Lm, 1 hStb, 1 vRStb um Maschenkörper des hStb der Vor-R (die entsprechende M der Arbeitsreihe ausl), 7 hStb, wenden.

Die 2. und 3. R wh, bis der Streifen 0,5 cm kürzer ist als die gewünschte Länge (mit einer 2. Reihe enden).

Letzte R: 1 W-Lm, fortl 1 fM in jede M.

Abmaschen und die Fäden vernähen.

QUASTEN

(für jedes vRStb eine Quaste anfertigen)

Den Untergrund mit zugewandter Vorderseite waagrecht hinlegen. Für jede Quaste aus Fb B sechs Fäden von 16 cm Länge zuschneiden, zusammenlegen und in der Mitte falten. Die Schlaufenenden ein Stückchen unter das erste vRStb schieben. Die abgeschnittenen Enden durch die Schlaufen fädeln und zur Befestigung leicht anziehen. An den übrigen vRStb wh. Zum Schluss die Quasten auf die gewünschte Länge abschneiden.

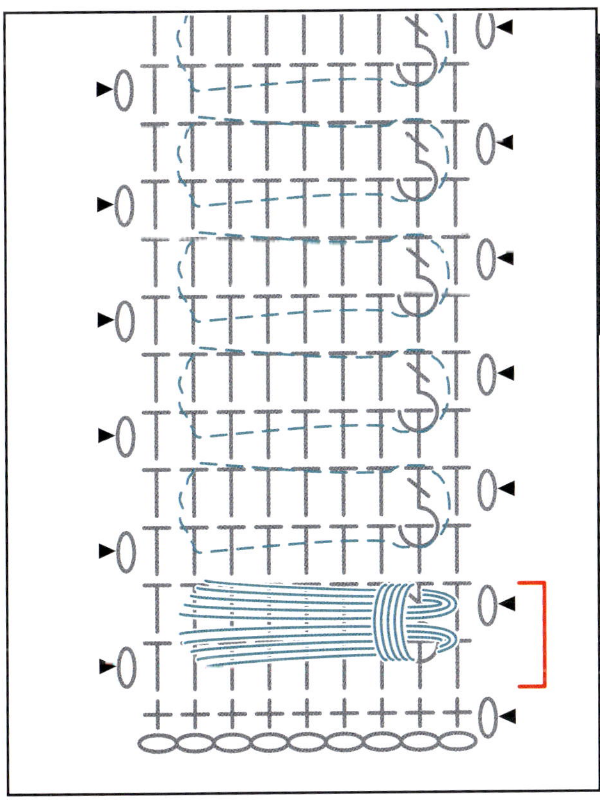

#055 HÄKELSCHRIFT

Die Länge variieren

Wie lang Ihre Quasten sein sollen, bestimmen Sie – nachdem Sie alle Quasten am Untergrund befestigt haben, schneiden Sie sie einfach auf die gewünschte Länge zurück. Für eine saubere Schnittkante eine scharfe Schere verwenden.

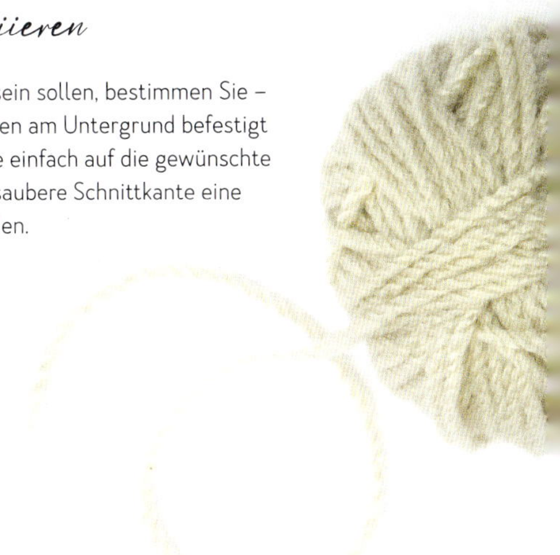

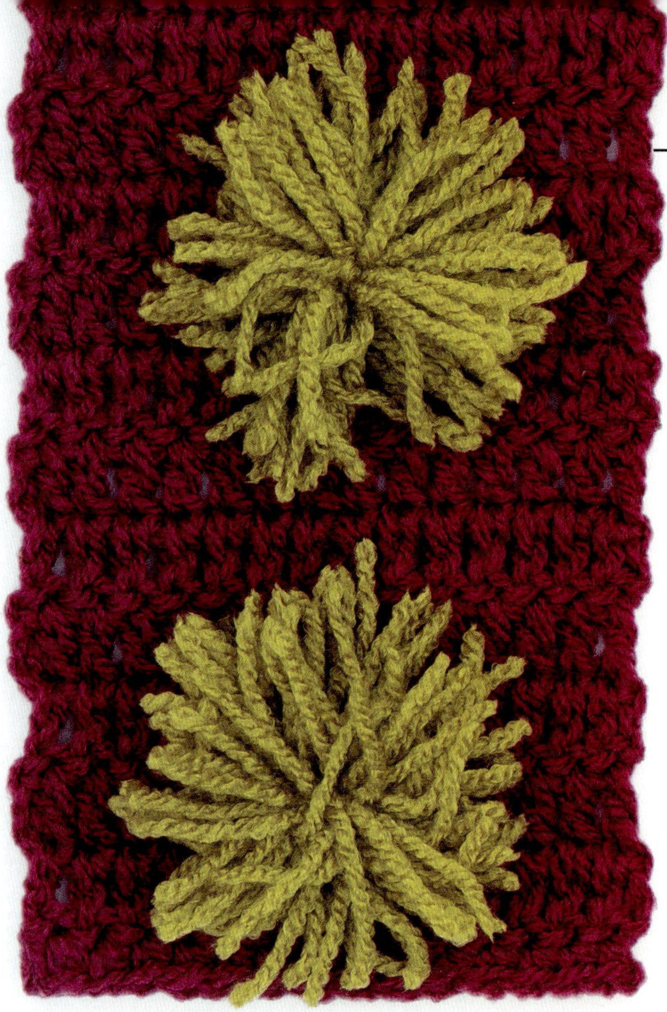

#056

CHEERLEADER-POMPONS

Diese Pompons finde ich genial – sie sind ganz einfach zu machen und sehen fantastisch aus. Verzieren Sie diesen lustigen Streifen mit so vielen Pompons, wie Sie möchten.

UNTERGRUND

Mit Fb A 15 Lm anschlagen.

1. R (Hin-R): 1 fM in die 2. Lm ab der Nadel und in jede weitere Lm, wenden. (14 M)

2. R (Rück-R): 2 W-Lm (zählen nie als M), fortl. 1 Stb in jede M, wenden.

Die 2. R wh, bis der Streifen 0,5 cm kürzer ist als die gewünschte Länge.

Letzte R: 1 W-Lm, fortl 1 fM in jede M.

Abmaschen und die Fäden vernähen.

EINFACHE FINGER-POMPONS

(die gewünschte Anzahl anfertigen)

Eine Hand hochhalten. Das Garn der Fb B 25-mal um die kompletten Finger wickeln, den Faden abschneiden. Das Garnbündel vorsichtig von den Fingern ziehen und in die Mitte eines 30 cm langen Fadens (Fb B) legen. Den Faden fest um die Mitte des Bündels binden und mehrfach gut verknoten. Nun auf beiden Seiten des Bündels alle Schlaufen durchschneiden (nicht durch den verknoteten Faden schneiden!). Die Fadenenden zum Pompon zurechtschneiden. Den Pompon an der gewünschten Stelle auf die Vorderseite des Streifens legen, beide Fadenenden auf die Rückseite durchschieben und auf links verknoten.

#056 HÄKELSCHRIFT

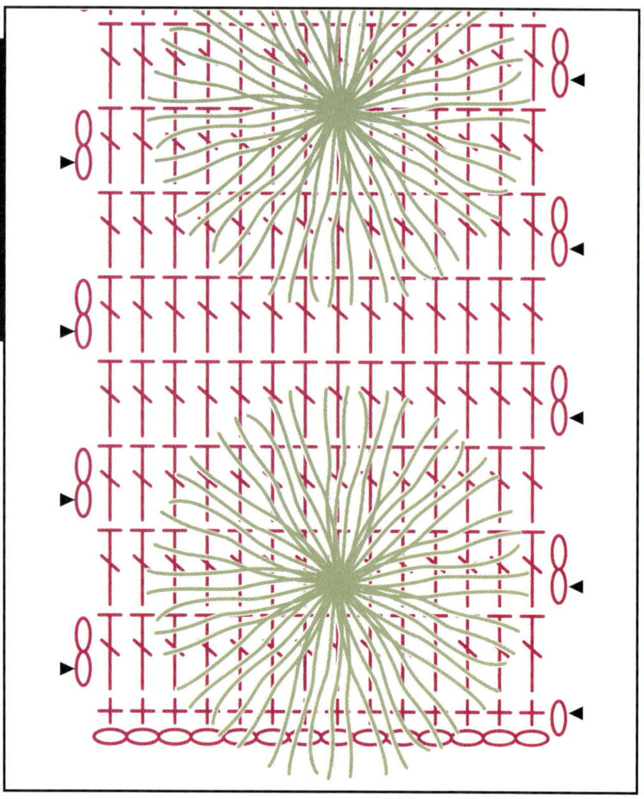

Dicke Pompons

Die Dicke der Pompons lässt sich ganz leicht variieren, indem Sie das Garn öfter oder weniger oft um Ihre Finger wickeln, bevor Sie das Garnbündel abnehmen.

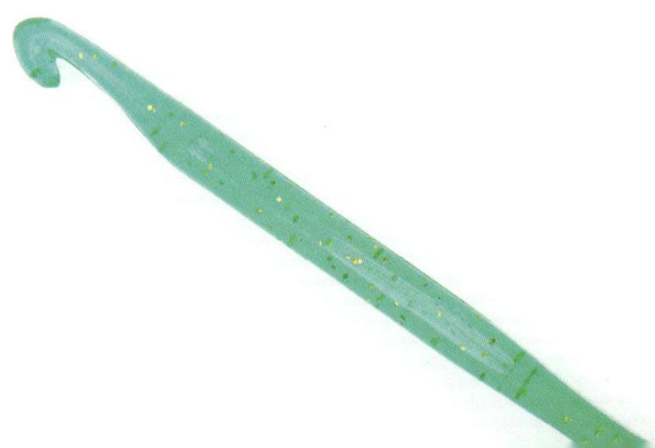

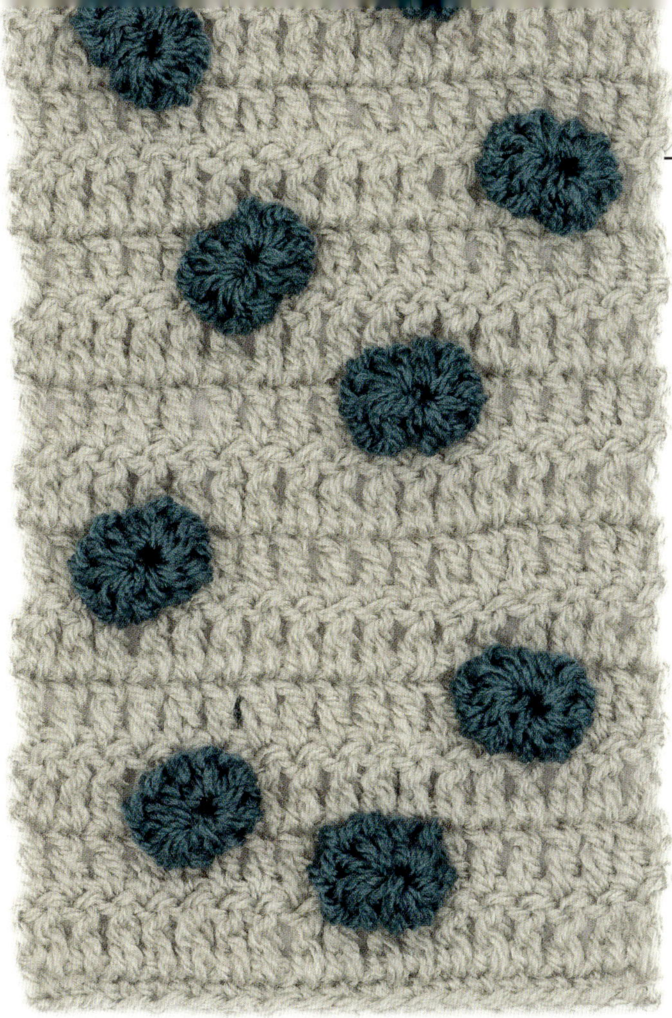

#057

NAPFSCHNECKEN

Diese ungleichmäßig verteilten Farbtupfer sehen aus wie kleine Napfschnecken, die am Meer an den Felsen kleben – eine wunderbare Möglichkeit, um ein Modell bunter und abwechslungsreicher zu gestalten. Uni oder in verschiedenen Farben – alles ist erlaubt!

SPEZIALTECHNIK

Büschelmasche aus 4 Stäbchen (4Stb-BüM): *4-mal [U, in M einstechen, U, Faden durchholen, U, 2 Schl zus abm], U, alle 5 Schl zus abm.*

Das Muster funktioniert mit einer beliebigen Anzahl von Anfangsluftmaschen.

UNTERGRUND

Mit Fb A Lm in der gewünschten Streifenbreite anschlagen.

1. R (Hin-R): 1 fM in die 2. Lm ab der Nadel und in jede weitere Lm, wenden.

2. R (Rück-R): 2 W-Lm (zählen nie als M), fortl. 1 Stb in jede M, wenden.

Die 2. R wh, bis der Streifen 0,5 cm kürzer ist als die gewünschte Länge.

Letzte R: 1 W-Lm (zählt nicht als M), fortl 1 fM in jede M.

Abmaschen und die Fäden vernähen.

NAPFSCHNECKEN

(an beliebigen Stellen auf dem Untergrund befestigen)

Fb B mit Anfangsschlinge auf die Nadel legen. Von der Vorderseite des Untergrunds aus arbeiten. 1 Km um den Maschenkörper eines beliebigen Stb, 2-mal [3 Lm, 1 4Stb-BüM in die 3. Lm ab der Nadel], 1 Km in Lm unten an der BüM.

Abmaschen, beide losen Fadenenden auf die Rückseite durchziehen, zusammenknoten und vernähen.

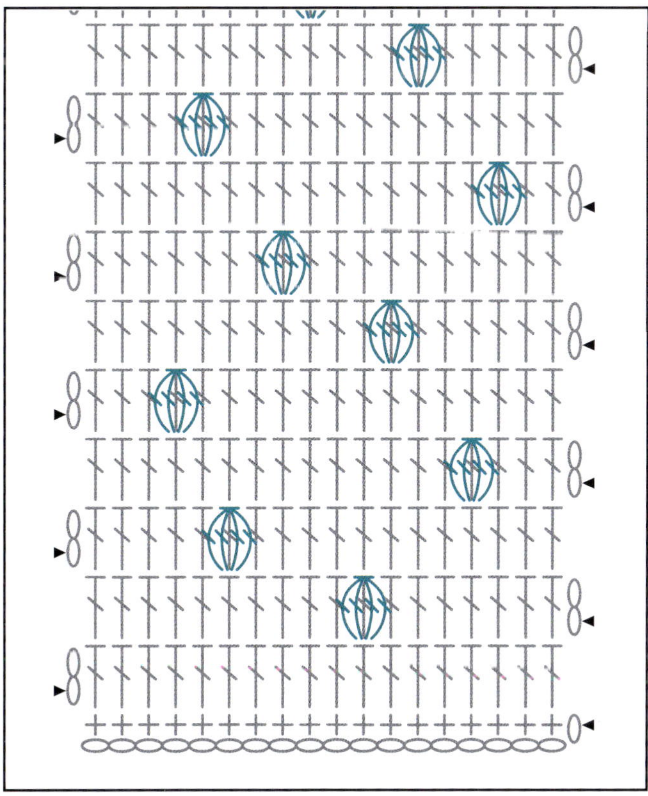

#057 HÄKELSCHRIFT

Ihre persönliche Note

Verzieren Sie den Streifen mit so vielen oder wenigen »Schnecken«, wie Sie möchten. Sie können sie ungleichmäßig verteilen oder symmetrisch anordnen, wie es Ihnen gefällt!

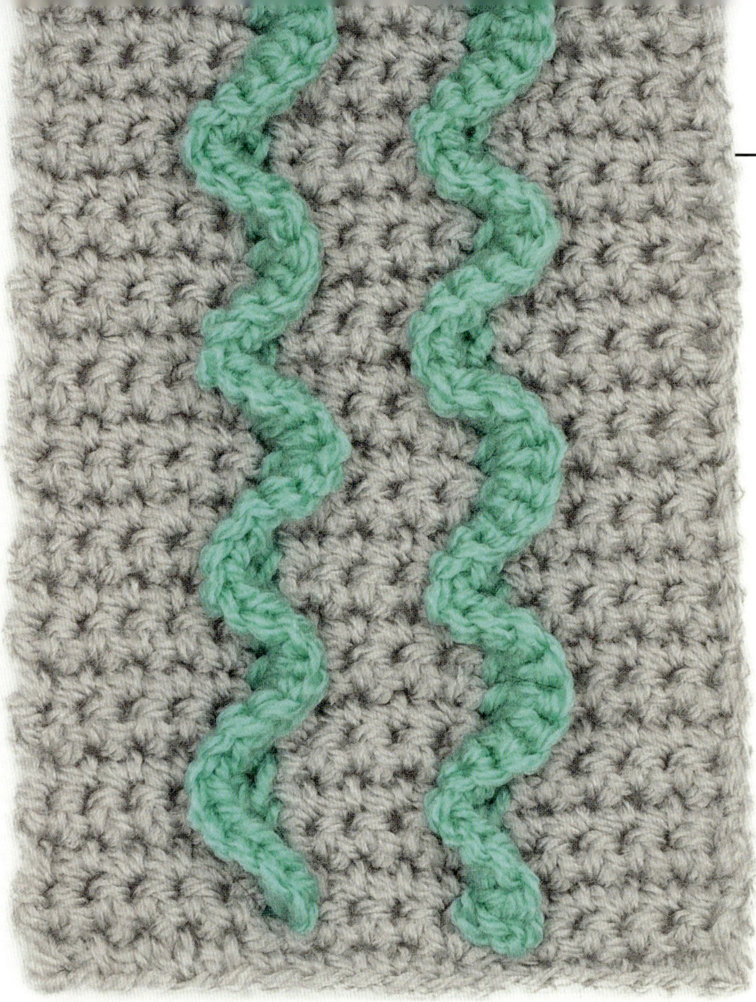

#058

EINFACHE RÜSCHEN

Diese charmanten Rüschen sind ganz einfach zu häkeln und verleihen Ihrer Decke Volumen und Struktur.

Anfangsluftmaschen: Maschenzahl teilbar durch 5 + 7

UNTERGRUND

Mit Fb A gemäß Maschenzahl (s. o.) Lm in der gewünschten Streifenbreite anschlagen.

1. R (Hin-R): 1 fM in die 2. Lm ab der Nadel und in jede weitere Lm, wenden.

2. R (Rück-R): 1 W-Lm (zählt nie als M), 5 fM, *1 Lm, 1 M ausl, 4 fM; ab * bis 1 M vor Ende wh, 1 fM, wenden.

3. R: 1 W-Lm, 5 fM, *1 Lm, 1-Lm-B ausl, 4 fM; ab * bis 1 M vor Ende wh, 1 fM, wenden.

Die 3. R wh, bis der Streifen 0,5 cm kürzer ist als die gewünschte Länge.

Letzte R: 1 W-Lm, fortl 1 fM in jede M und in jeden 1-Lm-B.

Abmaschen und die Fäden vernähen.

#058 HÄKELSCHRIFT

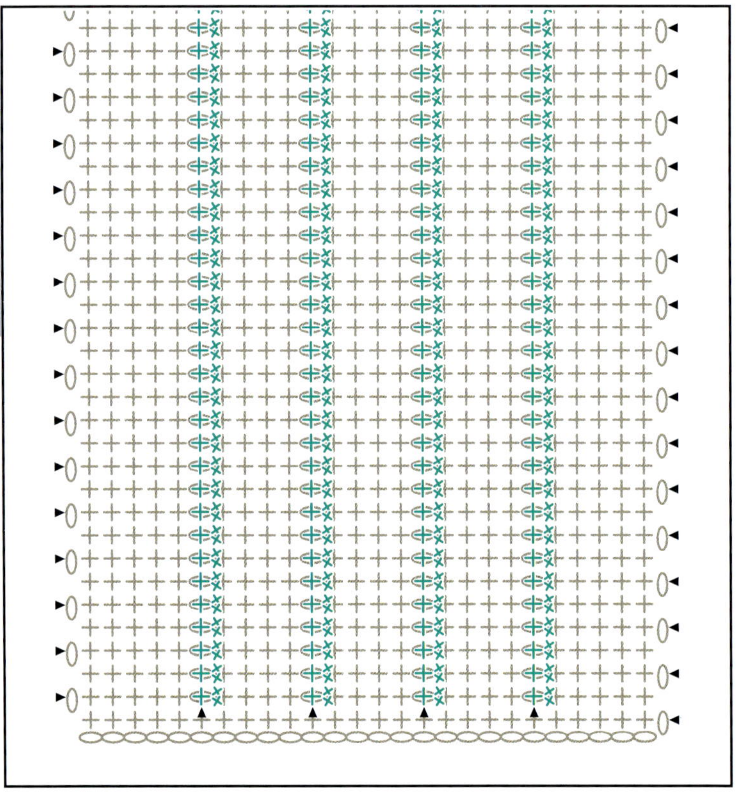

EINFACHE RÜSCHEN

(in die senkrechten Maschensäulen der 1-Lm-Bogen häkeln)

Fb B mit Anfangsschlinge auf die Nadel legen.

1. R: Mit zugewandter Vorderseite des Untergrunds die Nadel von vorn nach hinten und wieder nach vorn um den ersten 1-Lm-B in der 2. R führen, U, Faden durchholen, U, beide Schl auf der Nadel zus abm (= 1 fM). Ebenso 1 fM um 1-Lm-B in der 3. R und alle weiteren 1-Lm-Bogen bis zum Streifenende arbeiten, wenden.

2. R: 1 W-Lm, fortl 2 fM in jede M.

Abmaschen und die Fäden vernähen.

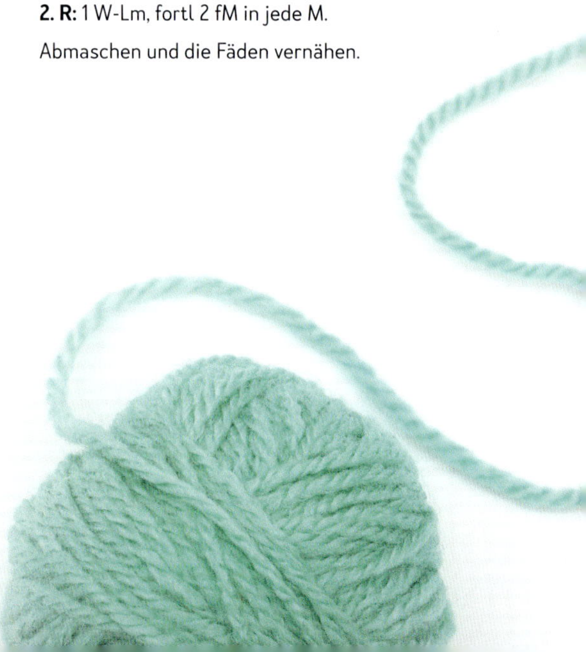

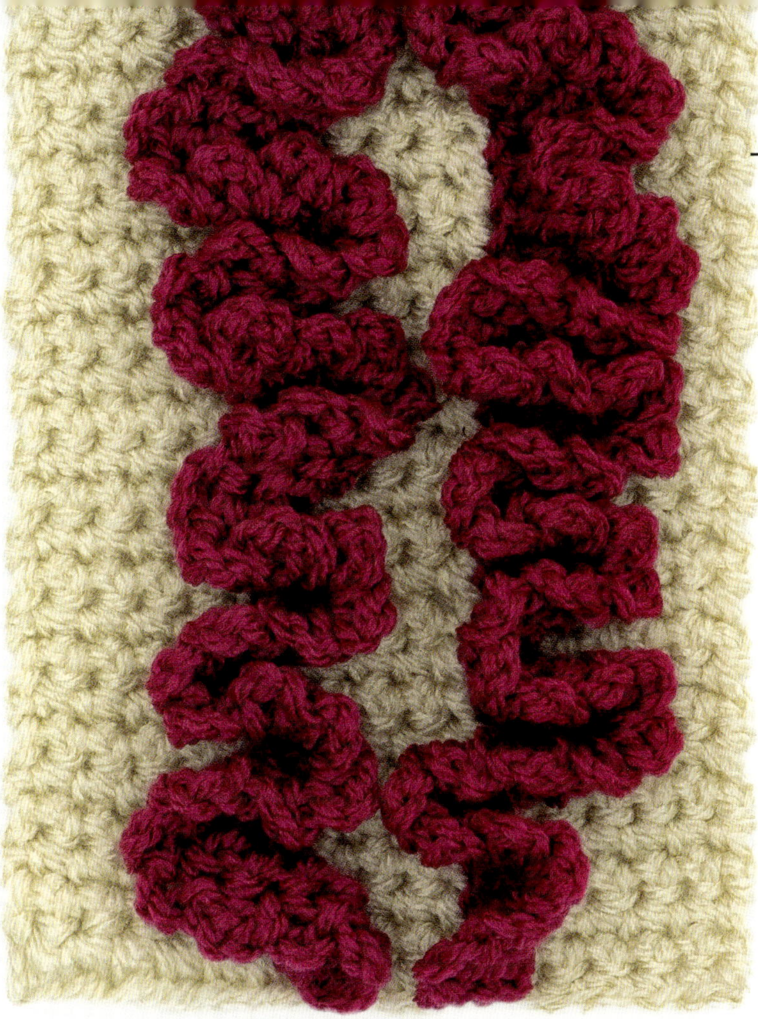

#059

RÜSCHEN

Diese Rüschen sind größer und auffälliger als die Einfachen Rüschen und ein echter Blickfang. Sie verdienen es, bei einem Projekt im Mittelpunkt zu stehen.

Anfangsluftmaschen: Maschenzahl teilbar durch 5 + 7

UNTERGRUND

Mit Fb A gemäß Maschenzahl (s. o.) Lm in der gewünschten Streifenbreite anschlagen.

1. R (Hin-R): 1 fM in die 2. Lm ab der Nadel und in jede weitere Lm, wenden.

2. R (Rück-R): 1 W-Lm (zählt nie als M), 5 fM, *1 Lm, 1 M ausl, 4 fM; ab * bis 1 M vor Ende wh, 1 fM, wenden.

3. R: 1 W-Lm, 5 fM, *1 Lm, 1-Lm-B ausl, 4 fM; ab * bis 1 M vor Ende wh, 1 fM, wenden.

Die 3. R wh, bis der Streifen 0,5 cm kürzer ist als die gewünschte Länge.

Letzte R: 1 W-Lm, fortl 1 fM in jede M und in jeden 1-Lm-B.

Abmaschen und die Fäden vernähen.

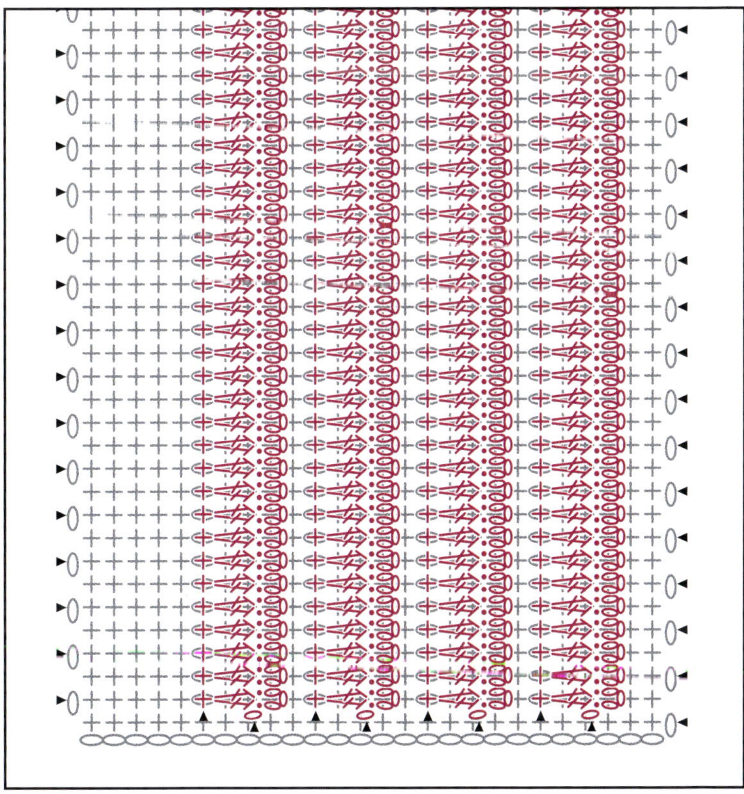

#059 HÄKELSCHRIFT

RÜSCHEN

(in die senkrechten Maschensäulen der 1-Lm-Bogen häkeln)

Fb B mit Anfangsschlinge auf die Nadel legen.

1. R: Mit zugewandter Vorderseite des Untergrunds die Nadel von vorn nach hinten und wieder nach vorn um den ersten 1-Lm B in der 2. R führen, U, Faden durchholen, U, beide Schl auf der Nadel zus abm (= 1 fM). Ebenso 1 fM um 1-Lm-B in der 3. R und alle weiteren 1-Lm-Bogen bis zum Streifenende arbeiten, wenden.

2. R: 2 W-Lm, fortl 2 Stb in jede M, wenden.

3. R: 1 W-Lm, 1 Km in die 1. M, *3 Lm, 1 Km in folg M; ab * fortl wh.

Abmaschen und die Fäden vernähen.

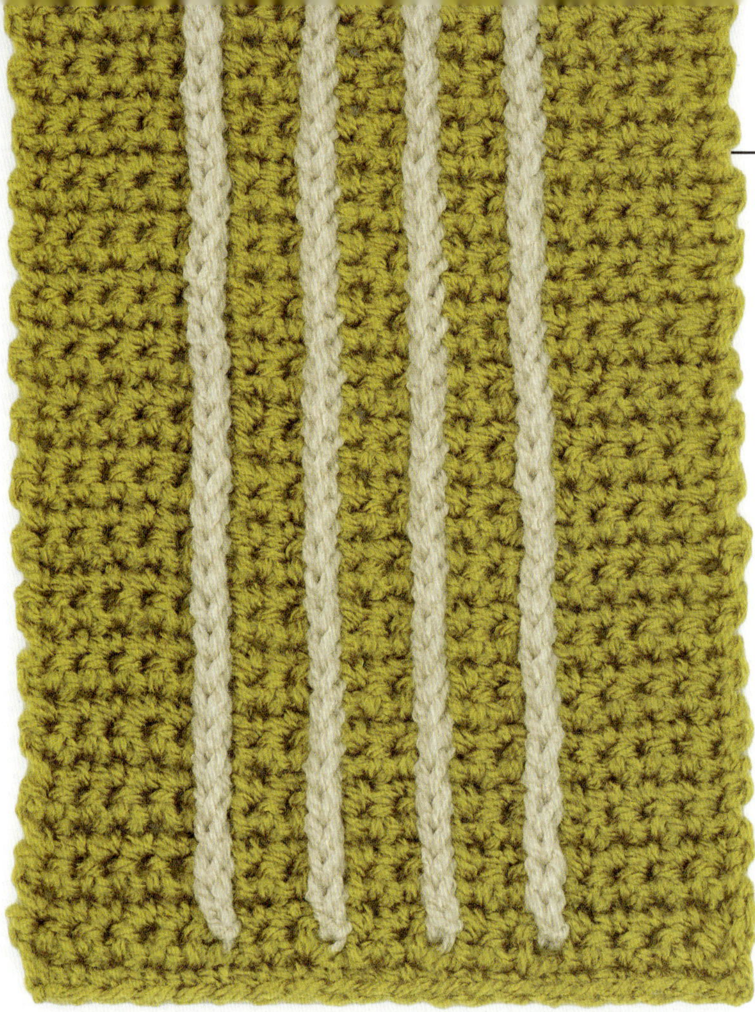

#060

AUFGEHÄKELTE FESTE MASCHEN

Ein glatter Untergrund ist die perfekte Basis für Linien aus aufgehäkelten festen Maschen. Werden sie in einer Kontrastfarbe aufgehäkelt, springt dieses 3-D-Muster richtig ins Auge.

Anfangsluftmaschen: Maschenzahl teilbar durch 3 + 12

UNTERGRUND

Mit Fb A gemäß Maschenzahl (s. o.) Lm in der gewünschten Streifenbreite anschlagen.

1. R (Hin-R): 1 fM in die 2. Lm ab der Nadel und in jede weitere Lm, wenden.

2. R (Rück-R): 1 W-Lm (zählt nie als M), 5 fM, 1 Lm, 1 M ausl, *2 fM, 1 Lm, 1 M ausl; ab * bis 5 M vor Ende wh, 5 fM, wenden.

3. R: 1 W-Lm, 5 fM, 1 Lm, 1-Lm-B ausl, *2 fM, 1 Lm, 1-Lm-B ausl; ab * bis 5 M vor Ende wh, 5 fM, wenden.

Die 3. R wh, bis der Streifen 0,5 cm kürzer ist als die gewünschte Länge.

Letzte R: 1 W-Lm, fortl 1 fM in jede M und in jeden 1-Lm-B.

Abmaschen und die Fäden vernähen.

AUFGEHÄKELTE FESTE MASCHEN

(in die senkrechten Maschensäulen der 1-Lm-Bogen häkeln)

Fb B mit Anfangsschlinge auf die Nadel legen. Mit zugewandter Vorderseite des Untergrunds die Nadel von vorn nach hinten und wieder nach vorn um den ersten 1-Lm-B in der 2. R führen, U, Faden durchholen, U, beide Schl auf der Nadel zus abm (= 1 fM). Ebenso 1 fM um 1-Lm-B in der 3. R und alle weiteren 1-Lm-Bogen bis zum Streifenende arbeiten.

Abmaschen und die Fäden vernähen.

#060 HÄKELSCHRIFT

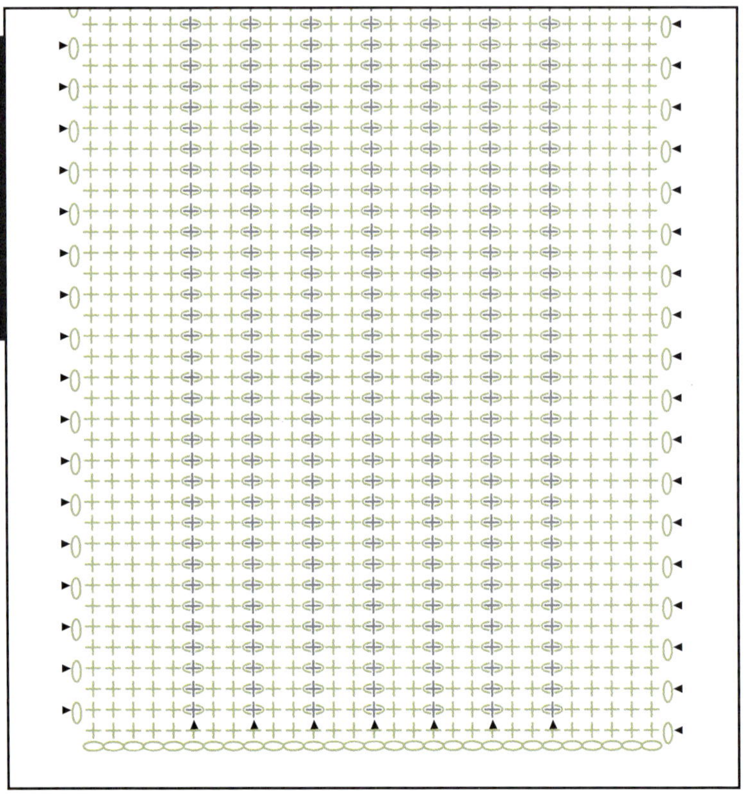

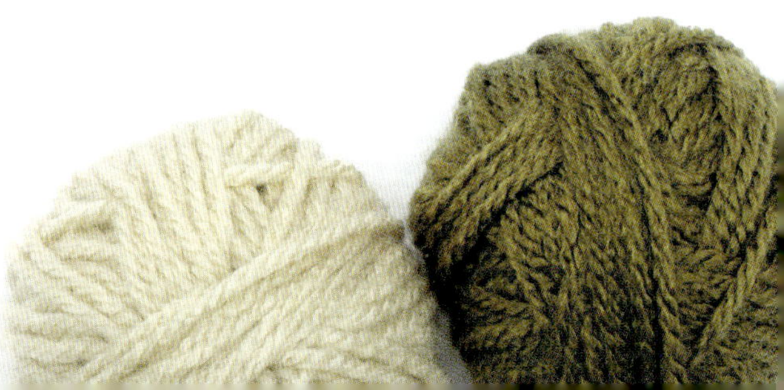

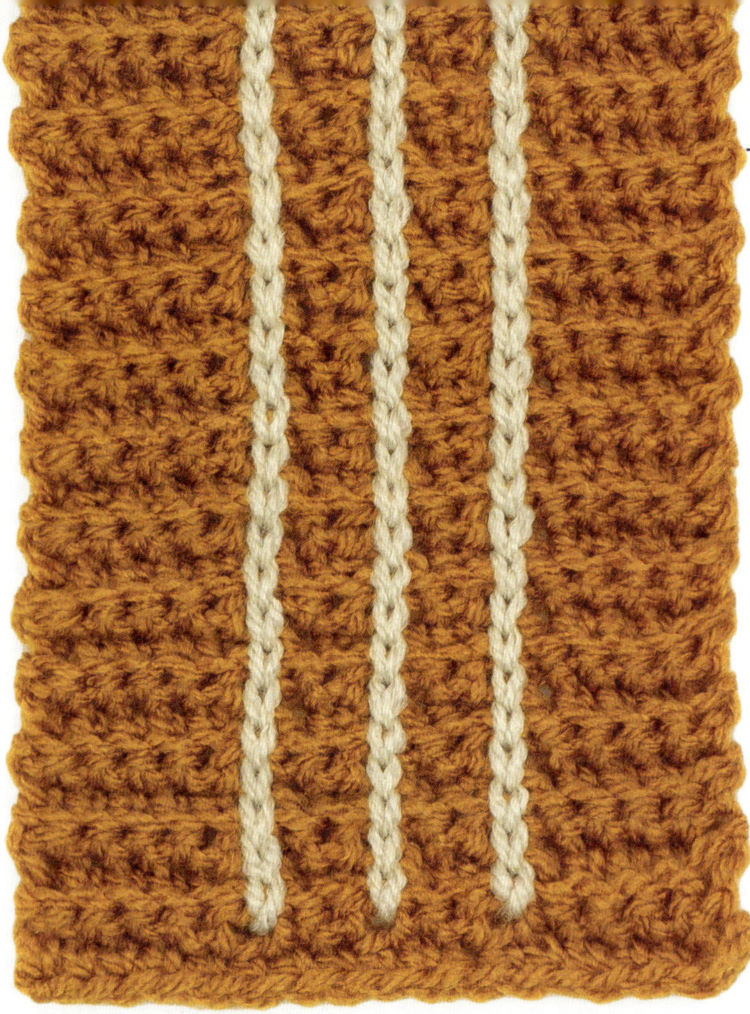

#061

AUFGEHÄKELTE KETTMASCHEN

Dieses Muster ist fantastisch, um einer Decke horizontal und vertikal Struktur zu verleihen, denn die Kettmaschenreihen werden auf einem gerippten Untergrund gearbeitet.

Anfangsluftmaschen: Maschenzahl teilbar durch 3 + 12

UNTERGRUND

Mit Fb A gemäß Maschenzahl (s. o.) Lm in der gewünschten Streifenbreite anschlagen.

1. R (Hin-R): 1 fM in die 2. Lm ab der Nadel und in jede weitere Lm, wenden.

2. R (Rück-R): 1 W-Lm (zählt nie als M), 5 fM in hMg, 1 Lm, 1 M ausl, *2 fM in hMg, 1 Lm, 1 M ausl; ab * bis 5 M vor Ende wh, 5 fM in hMg, wenden.

3. R: 1 W-Lm, 5 fM in hMg, 1 Lm, 1-Lm-B ausl, *2 fM in hMg, 1 Lm, 1-Lm-B ausl; ab * bis 5 M vor Ende wh, 5 fM in hMg, wenden.

Die 3. R wh, bis der Streifen 0,5 cm kürzer ist als die gewünschte Länge.

Letzte R: 1 W-Lm, fortl 1 fM in jede M und in jeden 1-Lm-B.

Abmaschen und die Fäden vernähen.

AUFGEHÄKELTE KETTMASCHEN

(in die senkrechten Maschensäulen der 1-Lm-Bogen häkeln)

Mit zugewandter Vorderseite des Untergrunds arbeiten. Fb B stets auf der Rückseite halten. Von vorn nach hinten unter den ersten 1-Lm-B in der 2. R einstechen, U, Faden locker durchholen, um eine Schl auf der Nadel zu bilden, *unter 1-Lm-B der folg R einstechen, U, Faden locker durchholen und die Schl auf der Nadel abm (= 1 Km); ab * fortl an jedem 1-Lm-B wh.

Abmaschen und die Fäden vernähen.

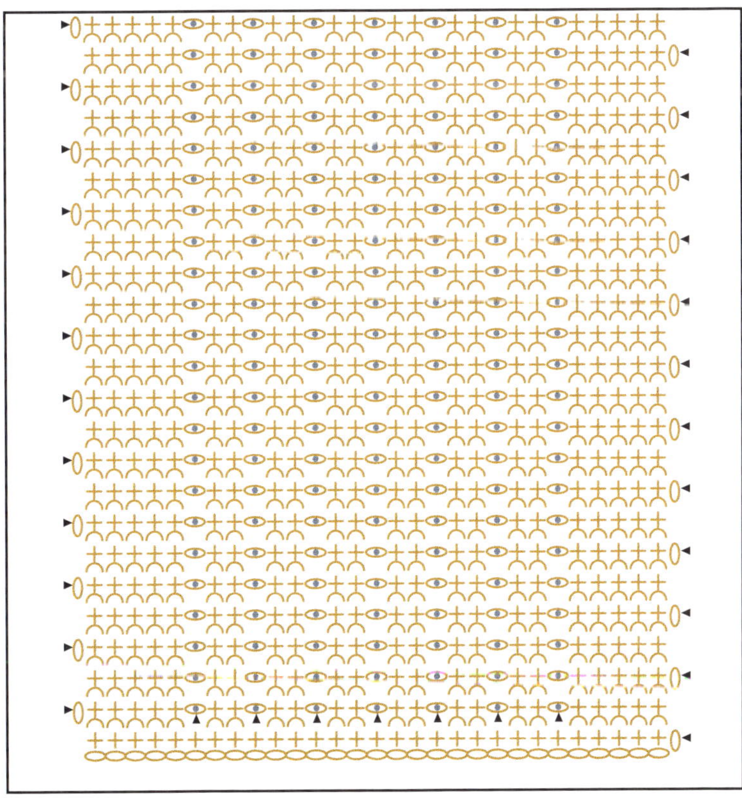

#061 HÄKELSCHRIFT

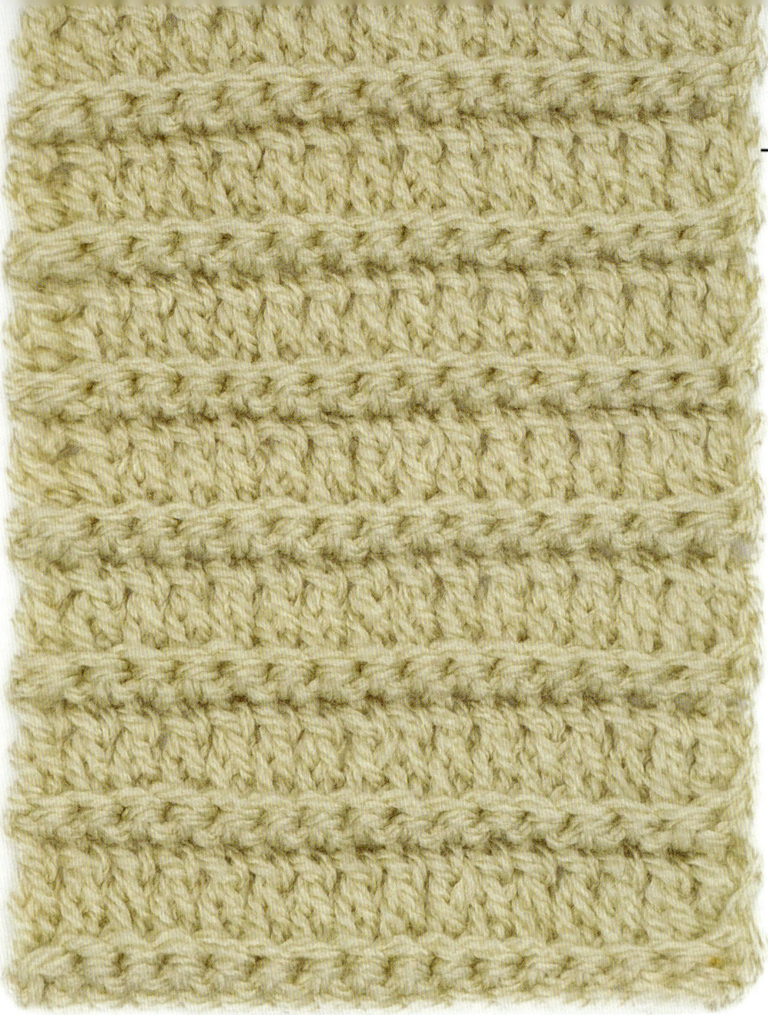

#062

GROBE RIPPEN

Ein supereinfaches Muster, das jedoch sehr interessant aussieht – für diese plastische Rippstruktur werden zwei verschiedene Maschen in das hintere Maschenglied gearbeitet.

Das Muster funktioniert mit einer beliebigen Anzahl von Anfangsluftmaschen.

Lm in der gewünschten Streifenbreite anschlagen.

1. R (Hin-R): 1 fM in die 2. Lm ab der Nadel und in jede weitere Lm, wenden.

2. R (Rück-R): 2 W-Lm (zählen nie als M), fortl 1 verl Stb in hMg jeder M, wenden.

3. R: 1 W-Lm (zählt nie als M), fortl 1 fM in hMg jeder M, wenden.

Die 2. und 3. R wh, bis der Streifen 0,5 cm kürzer ist als die gewünschte Länge (mit beliebiger Reihe enden).

Letzte R: 1 W-Lm, fortl 1 fM in jede M.

Abmaschen und die Fäden vernähen.

#062 HÄKELSCHRIFT

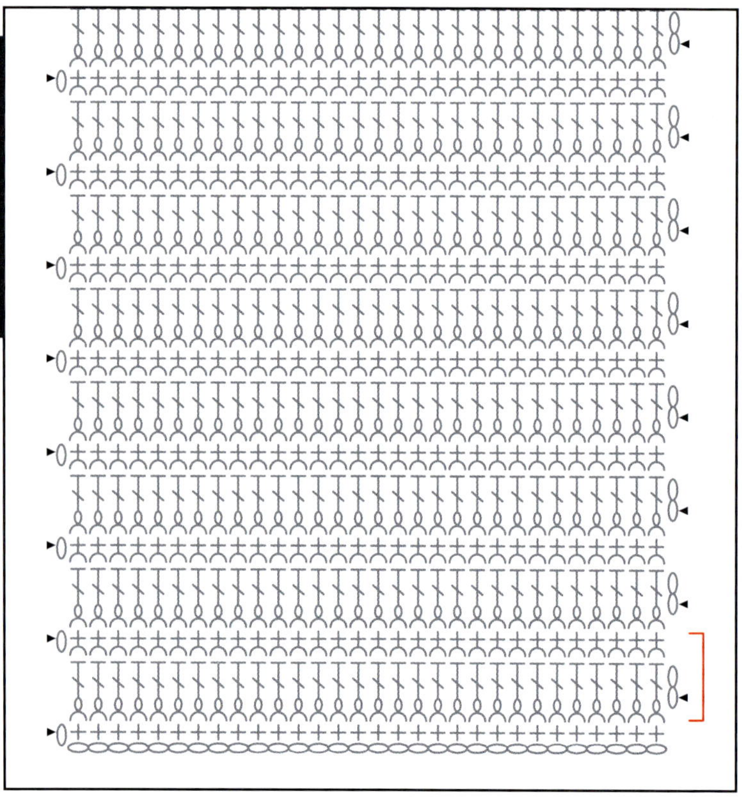

Die richtige Schlaufe finden

Nehmen Sie sich Zeit, um die hinteren Maschenglieder zu finden, in die gehäkelt wird. Wenn Sie die Oberkante der Arbeit zu sich hin neigen, können Sie die hinteren Maschenglieder besser erkennen.

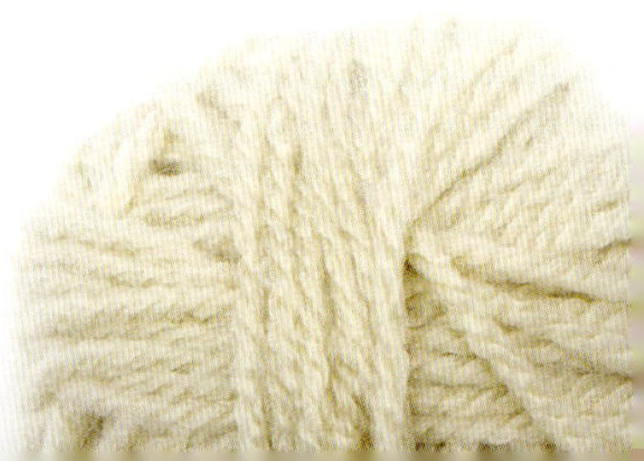

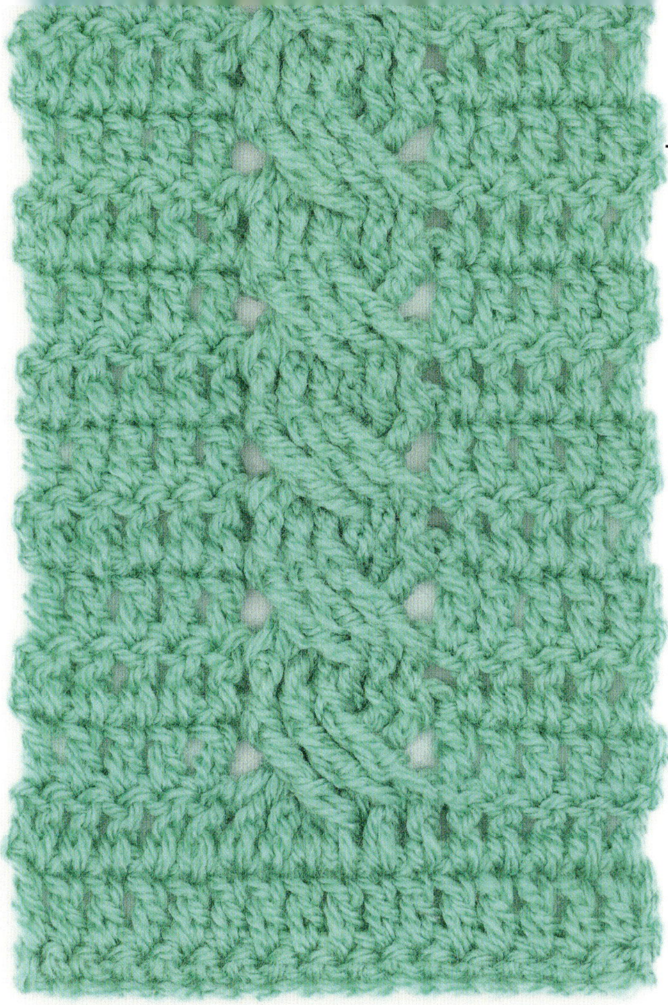

#063

BREITER ZOPF

Dieser breite Zopf kommt umgeben von schlichteren Mustern am besten zur Geltung, doch auch zwischen anderen Strukturmustern sieht er schön aus.

17 Lm anschlagen.

1. R (Hin-R): 1 fM in die 2. Lm ab der Nadel und in jede weitere Lm, wenden. (16 M)

2. R (Rück-R): 2 W-Lm (zählen nie als M), fortl 1 Stb in jede M, wenden.

3. R: 2 W-Lm, fortl 1 Stb in jede M, wenden.

4. R (Zopf-R): 2 W-Lm, 5 Stb, 3 M ausl, je 1 vRDStb um folg 3 M der Vor-R, zurück zur 1. ausgel M gehen, je 1 vRDStb um folg 3 ausgel M der Vor-R, 5 Stb, wenden.

5. R: 2 W-Lm, 5 Stb, je 1 hRStb um folg 6 vRDStb (der Reihe nach), 5 Stb, wenden.

Die 4. und 5. R wh, bis der Streifen 2 cm kürzer ist als die gewünschte Länge (mit beliebiger Reihe enden).

Folg R: 2 W-Lm, fortl 1 Stb in jede M, wenden.

Letzte R: 1 W-Lm, fortl 1 fM in jede M.

Abmaschen und die Fäden vernähen.

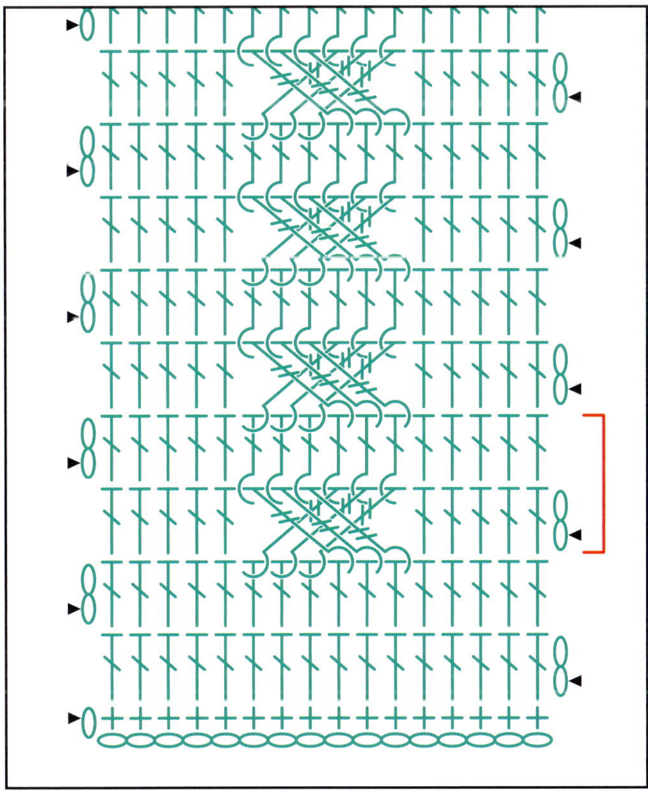

#063 HÄKELSCHRIFT

Um den Maschenkörper herum

Alle vorderen und hinteren Reliefmaschen (vRM und hRM) um den Maschenkörper der angegebenen Masche in der Vorreihe herumhäkeln. Vordere Reliefmaschen werden von vorn nach hinten und wieder nach vorn gearbeitet, hintere Reliefmaschen von hinten nach vorn und wieder nach hinten. Nach einer Reliefmasche die folgende Masche der Arbeitsreihe stets auslassen.

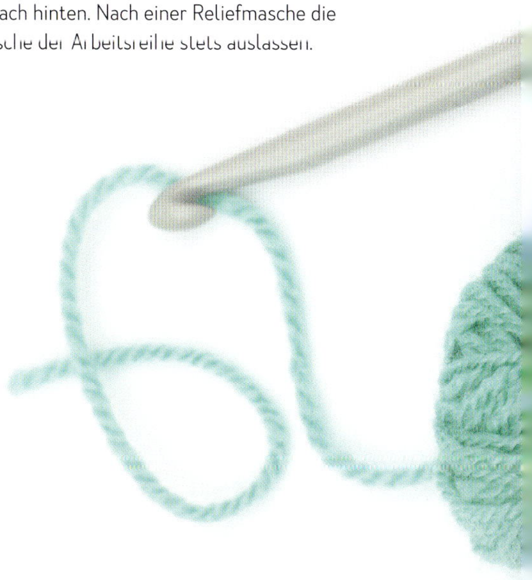

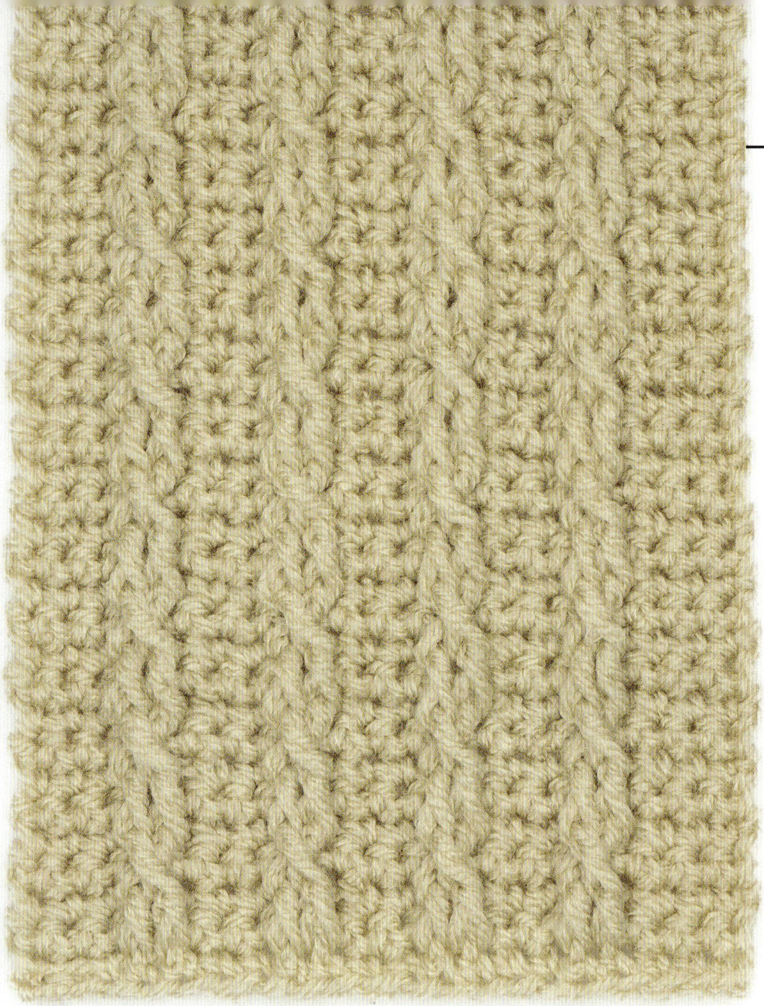

#064

MINI-ZÖPFE

Diese Mini-Zöpfe liegen irgendwo zwischen einem breiten Zopf und einer schmalen Rippe – ein betont schlichtes Strukturmuster, mit dem Sie dezentere lineare Akzente setzen können.

Anfangsluftmaschen: Maschenzahl teilbar durch 4 + 5

Gemäß Maschenzahl (s. o.) Lm in der gewünschten Streifenbreite anschlagen.

1. R (Hin-R): 1 fM in die 2. Lm ab der Nadel und in jede weitere Lm, wenden.

2. R (Rück-R): 1 W-Lm (zählt nie als M), fortl 1 fM in jede M, wenden.

3. R: 1 W-Lm, 3 fM, *2 vRStb (um Maschenkörper der entspr. fM 2 R weiter unten), 2 fM; ab * bis 1 M vor Ende wh, 1 fM, wenden.

4. R: 1 W-Lm, fortl 1 fM in jede M, wenden.

5. R (Zopf-R): 1 W-Lm, 3 fM, *folg vRStb ausl, 1 vRStb um folg vRStb, zurückgehen und 1 vRStb um das ausgel vRStb, 2 fM; ab * bis 1 M vor Ende wh, 1 fM, wenden.

6. R: 1 W-Lm, fortl 1 fM in jede M, wenden.

7. R: 1 W-Lm, 3 fM, *je 1 vRStb um folg 2 vRStb (der Reihe nach; das erste sitzt versteckt, nehmen Sie sich Zeit, um es zu finden), 2 fM; ab * bis 1 M vor Ende wh, 1 fM, wenden.

Die 4.–7. R wh, bis der Streifen 0,5 cm kürzer ist als die gewünschte Länge (mit beliebiger Reihe enden).

Letzte R: 1 W-Lm, fortl 1 fM in jede M.

Abmaschen und die Fäden vernähen.

#064 HÄKELSCHRIFT

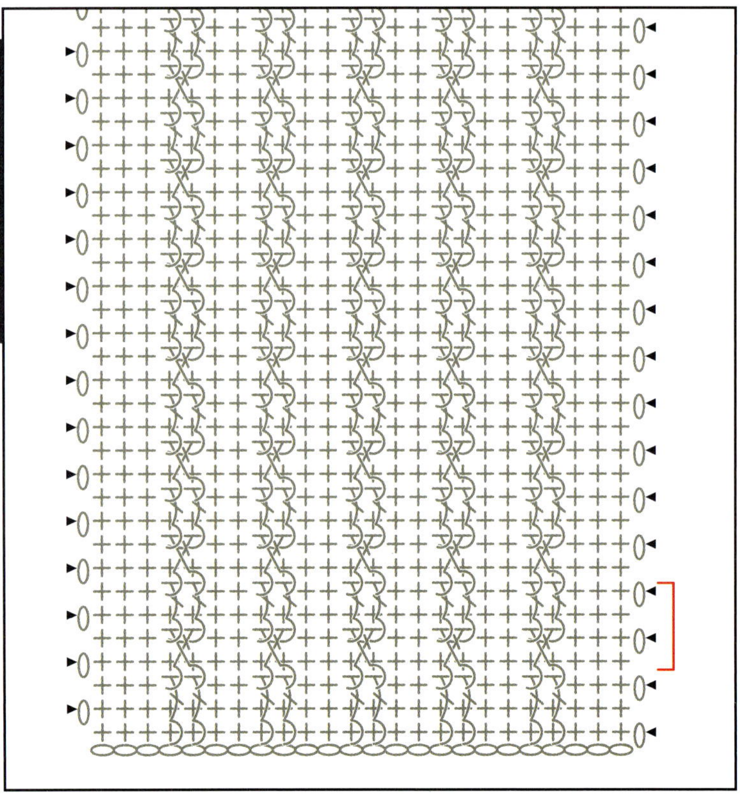

In Vorreihen häkeln

In diesem Muster arbeiten Sie alle vorderen Reliefmaschen (vRM) um den Maschenkörper der angegebenen Masche 2 Reihen weiter unten – so entsteht das tolle Zopfmuster. Alle vRM werden von der Vorderseite der Arbeit aus gehäkelt.

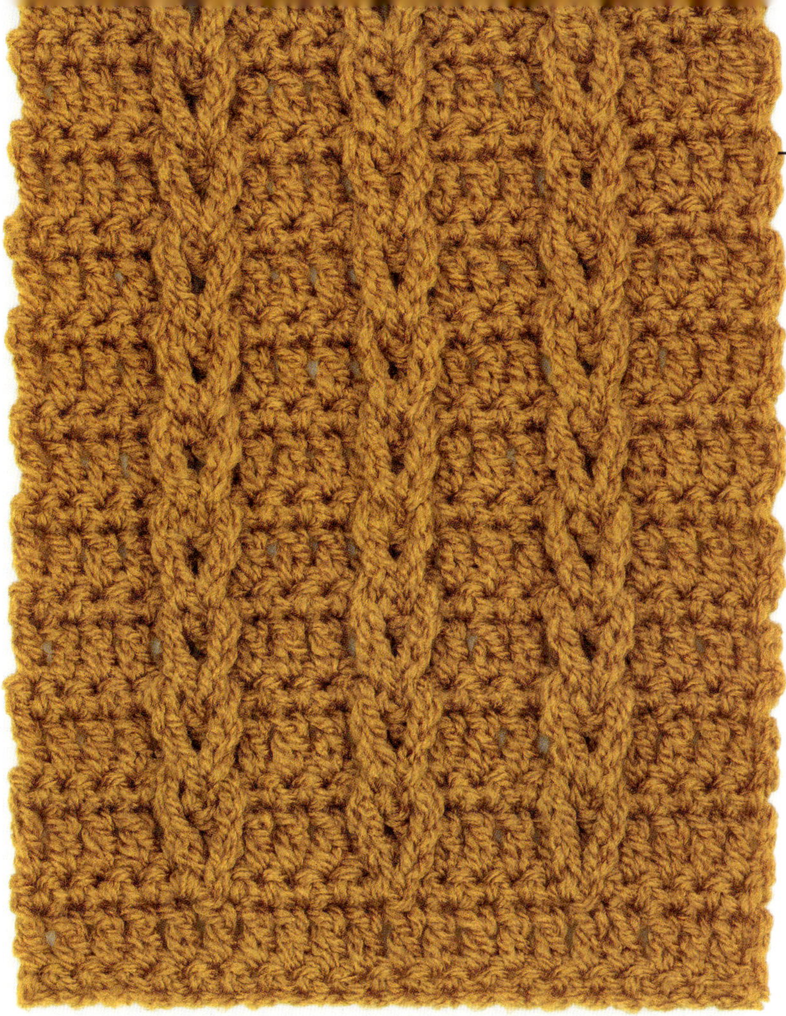

#065

JAKOBSLEITER

Dieses raffinierte und ungewöhnliche Muster wirkt wie ein Zopfmuster – dazu werden kurze Luftmaschenketten gehäkelt und zum Schluss miteinander »verflochten«.

Anfangsluftmaschen: Maschenzahl teilbar durch 5 + 6

Gemäß Maschenzahl (s. o.) Lm in der gewünschten Streifenbreite anschlagen.

1. R (Hin-R): 1 fM in die 2. Lm ab der Nadel und in jede weitere Lm, wenden.

2. R (Rück-R): 2 W-Lm (zählen nie als M), *5 Stb, 10 Lm, 1 Km oben in das zuletzt gearb Stb; ab * bis 5 M vor Ende wh, 5 Stb, wenden.

3. R: 1 W-Lm (zählt nie als M), fortl 1 fM in jedes Stb (die Lm-Ketten nicht beachten und einfach beiseiteschieben), wenden.

Die 2. und 3. R wh, bis der Streifen 4 cm kürzer ist als die gewünschte Länge (mit einer 3. Reihe enden).

»Verflechten« der 10-Lm-Schlaufen für den Zopfeffekt: Die Arbeit mit zugewandter Vorderseite hinlegen. An der ersten Säule von Lm-Schlaufen die 2. Schl fassen und durch die 1. Schl ziehen; die 3. Schl fassen und durch die 2. Schl ziehen. Auf diese Weise entlang der Säule nach oben arbeiten. Die letzte Schl oben bleibt frei. An jeder Säule wh.

Nun den Streifen erneut messen: Hat er sich verkürzt, erneut die 2. und 3. R häkeln, bis der Streifen 4 cm kürzer ist als die gewünschte Länge. Dann die hinzugefügten Lm-Ketten wie zuvor verflechten.

Folg R (Hin-R): 2 W-Lm, fortl 1 Stb in jede M, Lm-Ketten auslassen.

Folg R (Rück-R): 1 W-Lm, *4 fM, für folg fM Nadel normal einstechen UND unter die entsprechende Schlaufe (Lm-Kette) führen, um diese in der fM zu befestigen; ab * bis 5 M vor Ende wh, 5 fM.

Folg R: 2 W-Lm, fortl 1 Stb in jede M, wenden.

Letzte R: 1 W-Lm, fortl 1 fM in jede M.

Abmaschen und die Fäden vernähen.

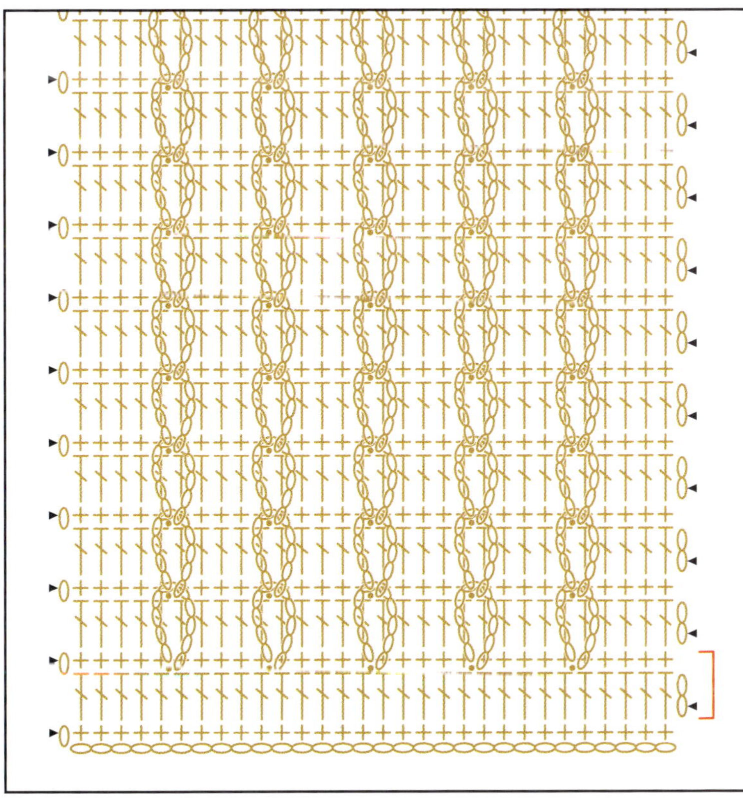

#065 HÄKELSCHRIFT

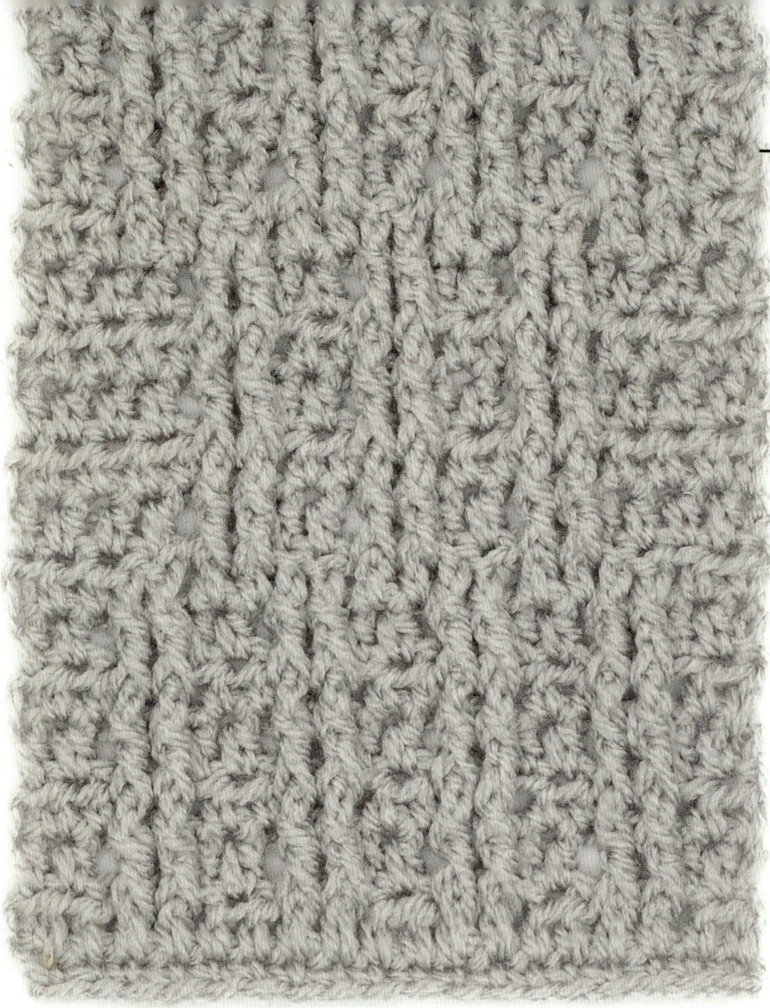

#066

SPRINGENDE LINIEN

Diese plastischen, »springenden« Zopflinien sind viel einfacher zu häkeln, als sie aussehen. Sie verleihen eine wundervolle Tiefe und lassen sich gut mit anderen Zopfmustern kombinieren.

Anfangsluftmaschen: Maschenzahl teilbar durch 4 + 7

Gemäß Maschenzahl (s. o.) Lm in der gewünschten Streifenbreite anschlagen.

1. R (Hin-R): 1 fM in die 2. Lm ab der Nadel und in jede weitere Lm, wenden.

2. R (Rück-R): 1 W-Lm (zählt nie als M), fortl 1 hStb in jede M, wenden.

3. R: 1 W-Lm, 2 hStb, *2 vRStb, 2 hStb; ab * fortl wh, wenden.

4. R: 1 W-Lm, 2 hStb, *2 hRStb, 2 hStb; ab * fortl wh, wenden.

5.–8. R: 2-mal die 3. und 4. R wh.

9. R: 1 W-Lm, 4 hStb, *2 vRStb, 2 hStb; ab * bis 2 M vor Ende, wh, 2 hStb, wenden.

10. R: 1 W-Lm, 4 hStb, *2 hRStb, 2 hStb; ab * bis 2 M vor Ende wh, 2 hStb, wenden.

11.–14. R: 2-mal die 9. und 10. R wh.

Die 3.–14. R wh, bis der Streifen 0,5 cm kürzer ist als die gewünschte Länge (mit beliebiger Reihe enden).

Letzte R: 1 W-Lm, fortl 1 fM in jede M.

Abmaschen und die Fäden vernähen.

Reliefmaschen

Denken Sie daran, alle vorderen und hinteren Reliefmaschen (vRM und hRM) um den Maschenkörper der entsprechenden Masche der Vorreihe zu arbeiten. Nach einer Reliefmasche die folgende Masche der Arbeitsreihe stets auslassen.

#066 HÄKELSCHRIFT

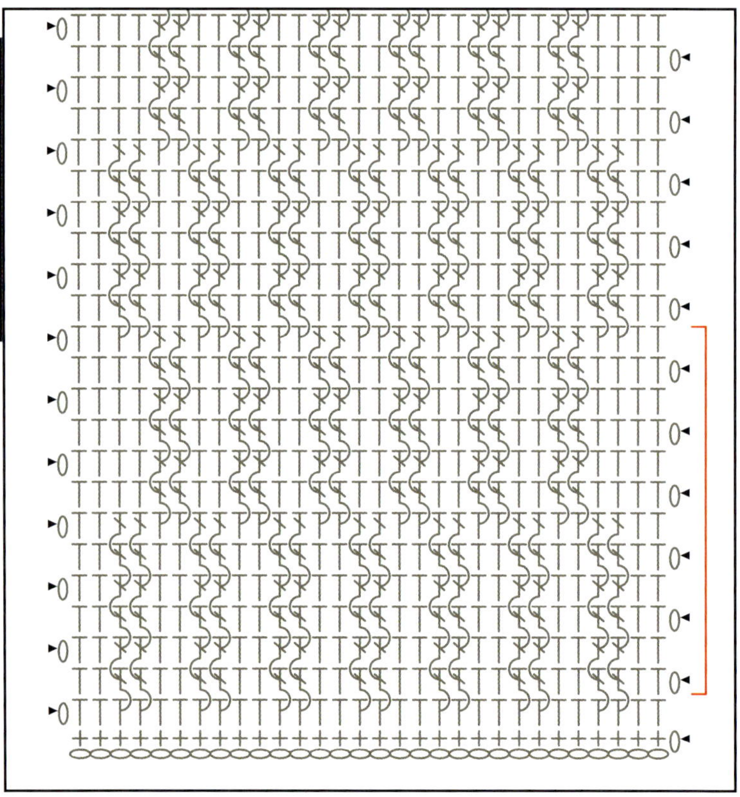

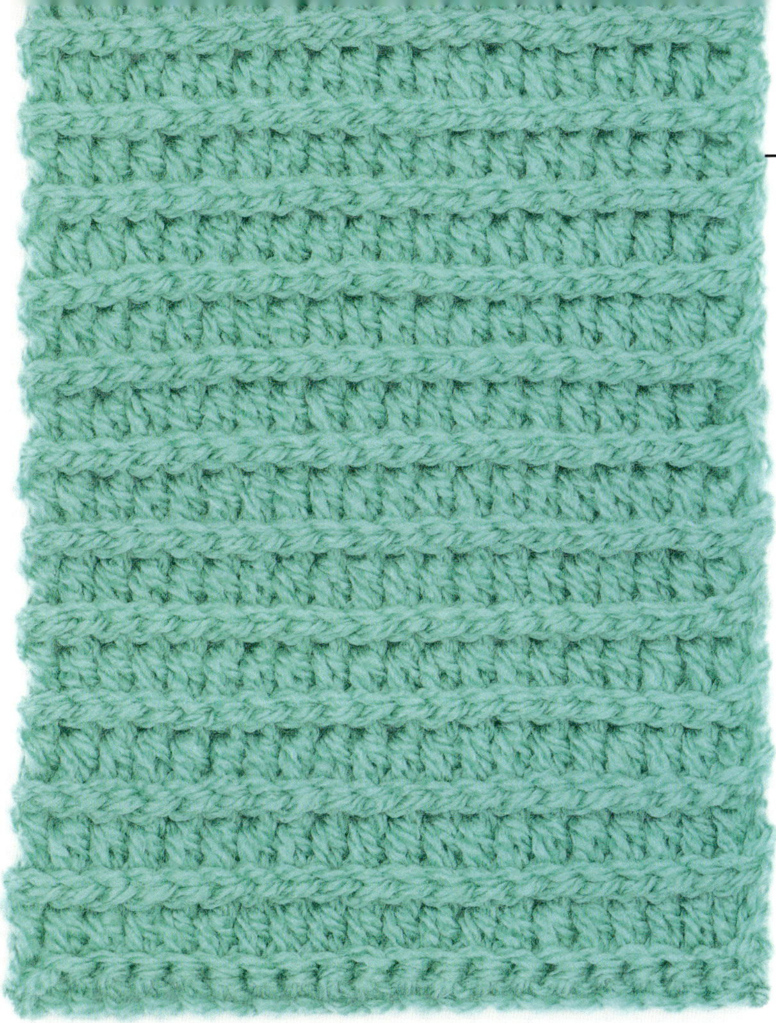

#067

FEINE RIPPEN

Ein tolles Muster, um mit einem nicht zu breiten Streifen vertikale Akzente zu setzen. Die akkuraten kettenähnlichen Rippen entstehen durch Kettmaschenreihen.

Das Muster funktioniert mit einer beliebigen Anzahl von Anfangsluftmaschen.

Lm in der gewünschten Streifenbreite anschlagen.

1. R (Hin-R): 1 fM in die 2. Lm ab der Nadel und in jede weitere Lm, wenden.

2. R (Rück-R): 1 W-Lm (zählt nie als M), fortl 1 hStb in hMg jeder M, wenden.

3. R: 1 W-Lm, fortl 1 Km in hMg jeder M, wenden.

Die 2. und 3. R wh, bis der Streifen 0,5 cm kürzer ist als die gewünschte Länge (mit beliebiger Reihe enden).

Letzte R: 1 W-Lm, fortl 1 fM in jede M.

Abmaschen und die Fäden vernähen.

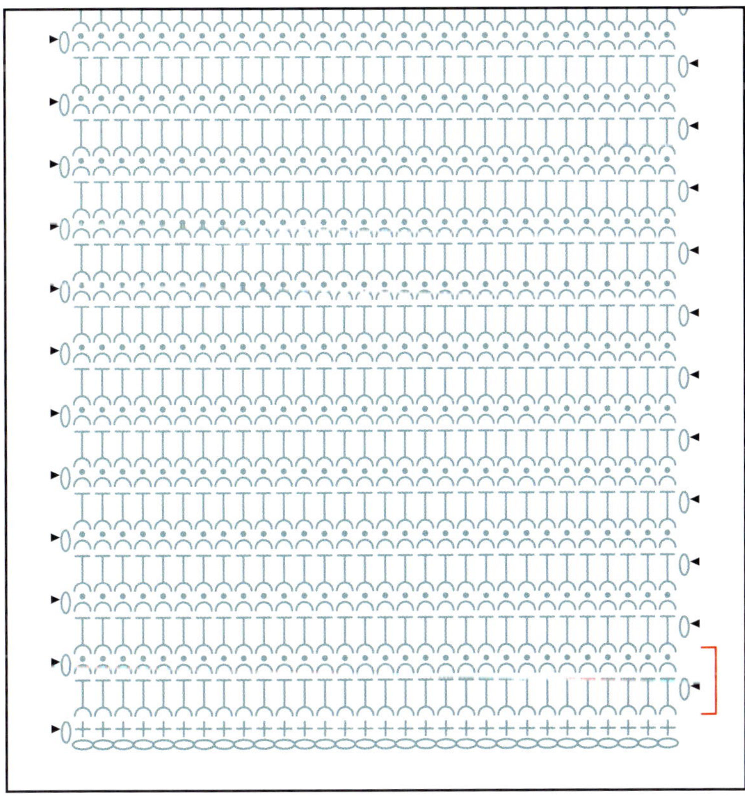

#067 HÄKELSCHRIFT

Locker bleiben

Häkeln Sie die Kettmaschen so locker, dass Sie in der folgenden Reihe leicht darin einstechen können.

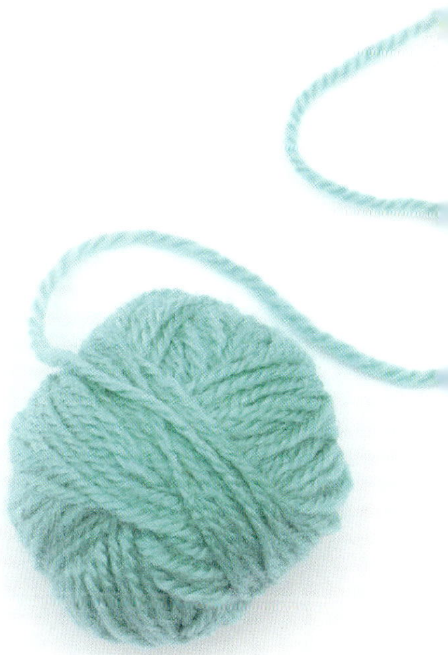

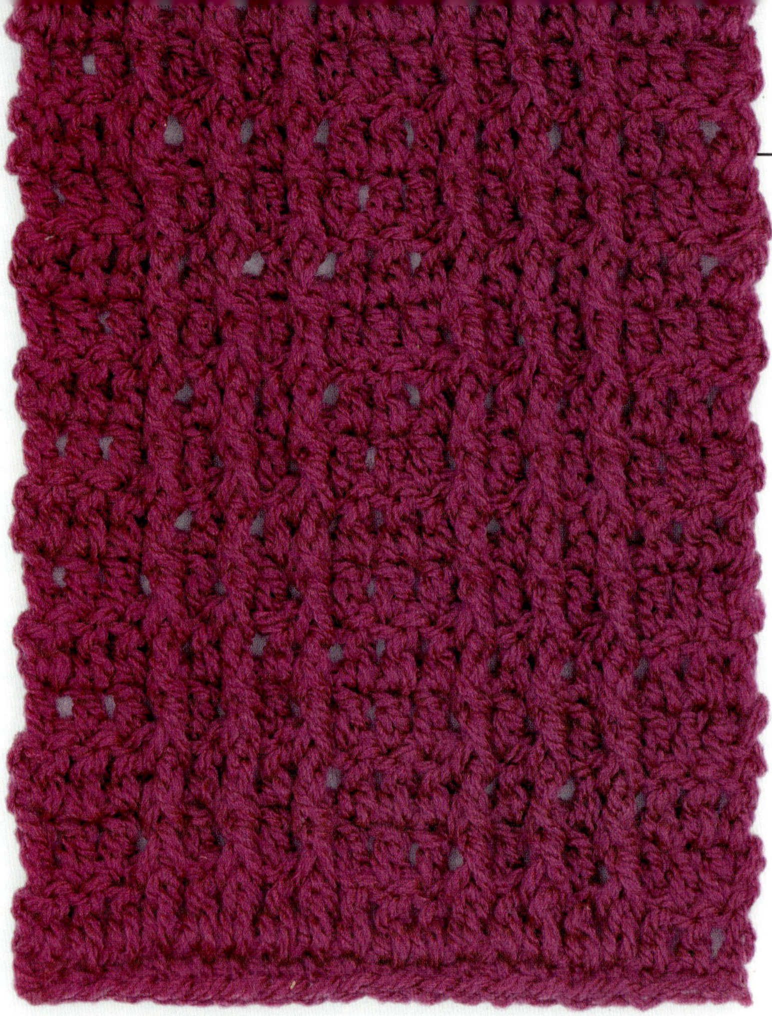

#068

ZIERLICHE RIPPEN

Wenn Sie feine horizontale Akzente setzen möchten, ohne gleich zu Zöpfen zu greifen, sind die Zierlichen Rippen eine gute Alternative.

Anfangsluftmaschen: Maschenzahl teilbar durch 8 + 4

Gemäß Maschenzahl (s. o.) Lm in der gewünschten Streifenbreite anschlagen.

1. R (Hin-R): 1 fM in die 2. Lm ab der Nadel und in jede weitere Lm, wenden.

2. R (Rück-R): 2 W-Lm (zählen nie als M), fortl 1 Stb in jede M, wenden.

3. R: 2 W-Lm, 3 Stb, *3-mal [1 vRStb, 1 Stb], 2 Stb; ab * fortl wh, wenden.

4. R: 2 W-Lm, 3 Stb, *3-mal [1 hRStb, 1 Stb], 2 Stb; ab * fortl wh, wenden.

Die 3. und 4. R wh, bis der Streifen 0,5 cm kürzer ist als die gewünschte Länge (mit beliebiger Reihe enden).

Letzte R: 1 W-Lm, fortl 1 fM in jede M.

Abmaschen und die Fäden vernähen.

#068 HÄKELSCHRIFT

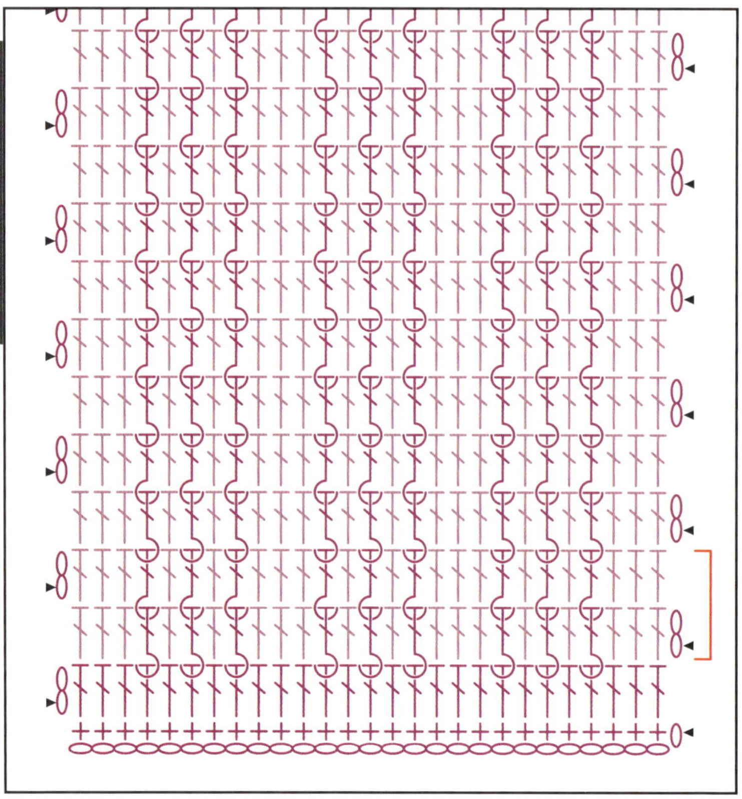

Gewusst wie

Alle vorderen Reliefmaschen (vRM) von vorn nach hinten und wieder nach vorn und alle hinteren Reliefmaschen (hRM) von hinten nach vorn und wieder nach hinten um den Maschenkörper der entsprechenden Masche in der Vorreihe arbeiten. Nach einer Reliefmasche die folgende Masche der Arbeitsreihe stets auslassen.

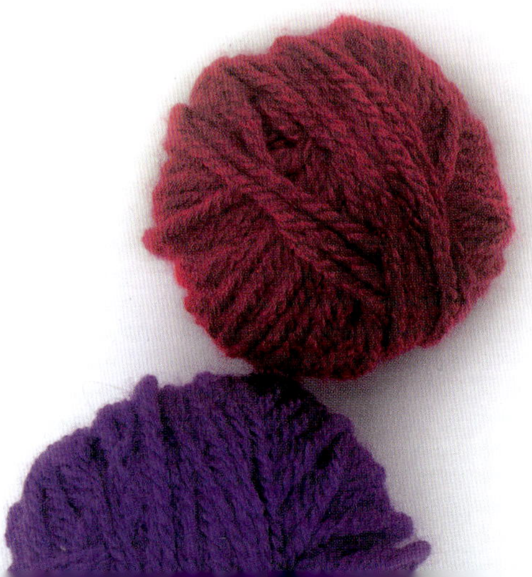

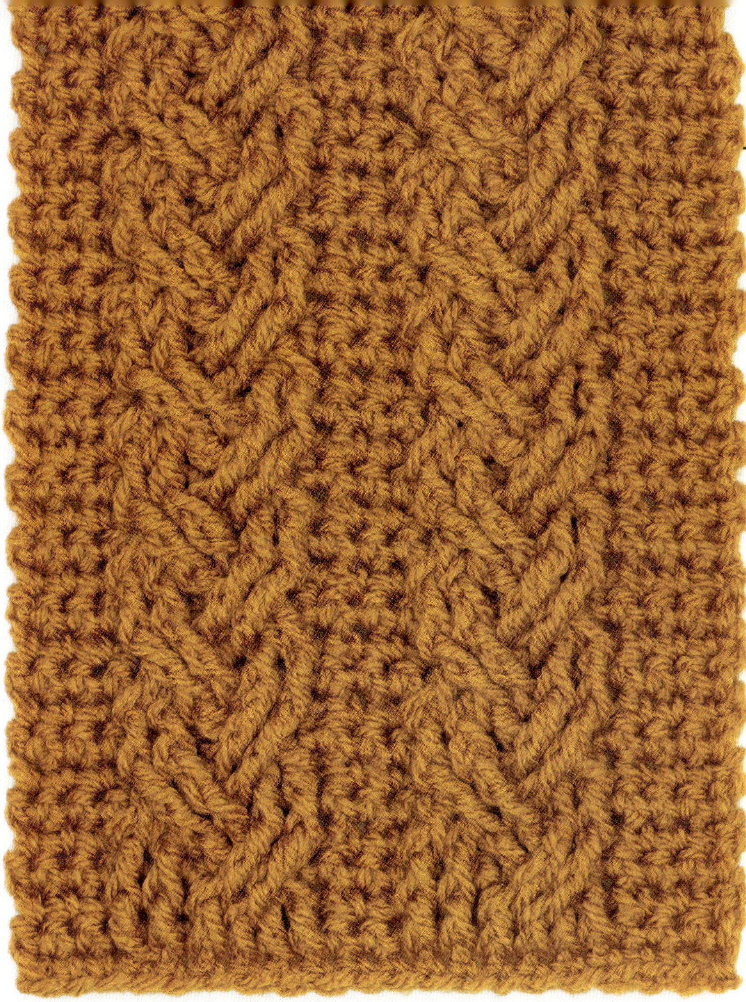

#069

FLECHTBORTEN

Gehäkelte Zöpfe können ebenso schön sein wie ihre gestrickten Pendants. Diese Flechtborten sind etwas knifflig zu häkeln, doch für das fantastische Muster lohnt sich die Mühe!

Anfangsluftmaschen: Maschenzahl teilbar durch 8 + 5

Gemäß Maschenzahl (s. o.) Lm in der gewünschten Streifenbreite anschlagen.

1. R (Hin-R): 1 fM in die 2. Lm ab der Nadel und in jede weitere Lm, wenden.

2. R (Rück-R): 1 W-Lm (zählt nie als M), fortl 1 fM in jede M, wenden.

3. R: 1 W-Lm, 3 fM, *6 vRStb (um Maschenkörper der entspr. fM der 1. R herum arb), 2 fM; ab * bis 1 M vor Ende wh, 1 fM, wenden.

4. R: 1 W-Lm, fortl 1 fM in jede M, wenden.

5. R (Zopf-R): 1 W-Lm, 3 fM, *um Maschenkörper der folg 6 vRM 2 R weiter unten arb wie folgt: die ersten 2 M ausl, je 1 vRDStb um folg 2 M, zurückgehen und der Reihe nach je 1 vRDStb um die 2 ausgel M arb (diese M HINTER den eben gearb M arb – die eben gearb 2 vRDStb nach vorn schieben und dahinter einstechen), je 1 vRStb um die letzten 2 M, 2 fM; ab * bis 1 M vor Ende wh, 1 fM, wenden.

6. R: 1 W-Lm, fortl 1 fM in jede M, wenden.

7. R (Zopf-R): 1 W-Lm, 3 fM, *um Maschenkörper der folg 6 vRM 2 R weiter unten arb wie folgt: je 1 vRStb um folg 2 M, folg 2 M ausl, je 1 vRDStb um die letzten 2 M, zurückgehen und der Reihe nach je 1 vRDStb um die 2 ausgel M arb, 2 fM; ab * bis 1 M vor Ende wh, 1 fM, wenden.

Die 4.–7. R wh, bis der Streifen 0,5 cm kürzer ist als die gewünschte Länge (mit gerader Reihenzahl enden).

Letzte R: 1 W-Lm, fortl 1 fM in jede M.

Abmaschen und die Fäden vernähen.

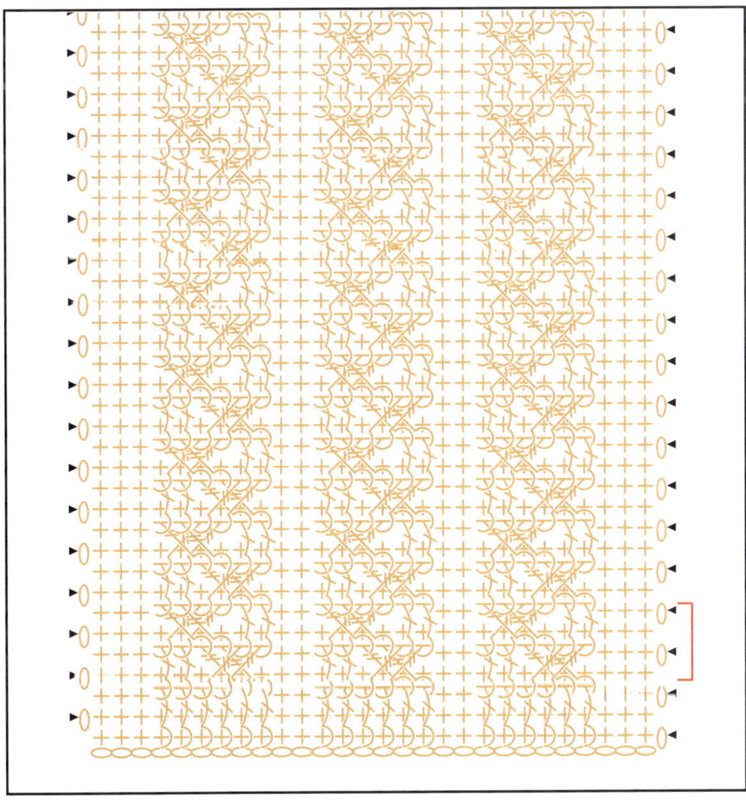

#069 HÄKELSCHRIFT

Versteckte Maschen

Alle vorderen Reliefmaschen (vRM) um den Maschenkörper der angegebenen Masche zwei Reihen weiter unten arbeiten. Manche vRM sitzen versteckt hinter anderen Maschen; nehmen Sie sich Zeit, um sie zu finden. Nach einer vorderen Reliefmasche die folgende Masche der Arbeitsreihe stets auslassen.

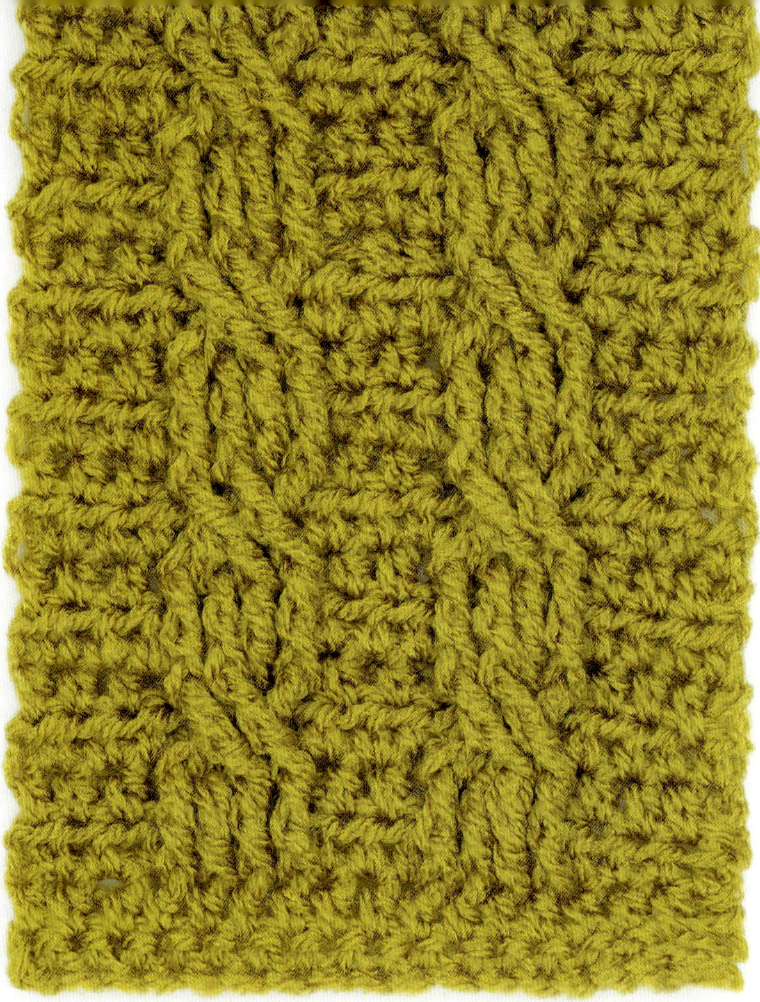

#070

VERSCHLUNGENE RANKEN

Zauberhaft verschlungene Ranken winden sich über dieses elegante Strukturmuster und setzen stilvolle Akzente.

Anfangsluftmaschen: Maschenzahl teilbar durch 6 + 5

Gemäß Maschenzahl (s. o.) Lm in der gewünschten Streifenbreite anschlagen.

1. R (Hin-R): 1 fM in die 2. Lm ab der Nadel und in jede weitere Lm, wenden.

2. R (Rück-R): 1 W-Lm (zählt nie als M), fortl 1 hStb in jede M, wenden.

3. R: 1 W-Lm, fortl 1 hStb in jede M, wenden.

4. R: 1 W-Lm, 3 hStb, *4 vRDStb (um Maschenkörper der entspr hStb 2 Reihen weiter unten arb), 2 hStb; ab * bis 1 M vor Ende wh, 1 hStb, wenden.

5. R: 1 W-Lm, fortl 1 hStb in jede M, wenden.

6. R (Zopf-R): 1 W-Lm, 3 hStb, *(um Maschenkörper der vRDStb 2 R weiter unten arb): 2 vRDStb ausl, je 1 vRDStb um folg 2 vRDStb, zurückgehen zum ersten ausgel vRDStb, je 1 vRDStb um die 2 ausgel vRDStb, 2 hStb; ab * bis 1 M vor Ende wh, 1 hStb, wenden.

7. R: 1 W-Lm, fortl 1 hStb in jede M, wenden.

8. R: 1 W-Lm, 3 hStb, *der Reihe nach je 1 vRDStb um Maschenkörper der folg 4 vRDStb 2 Reihen weiter unten (die ersten 2 sitzen versteckt, nehmen Sie sich Zeit, um sie zu finden), 2 hStb; ab * bis 1 M vor Ende wh, 1 hStb, wenden.

Die 5.–8. R wh, bis der Streifen 0,5 cm kürzer ist als die gewünschte Länge ist (mit beliebiger Reihe enden).

Folg R: 1 W-Lm, fortl 1 hStb in jede M, wenden.

Letzte R: 1 W-Lm, fortl 1 fM in jede M.

Abmaschen und die Fäden vernähen.

#070 HÄKELSCHRIFT

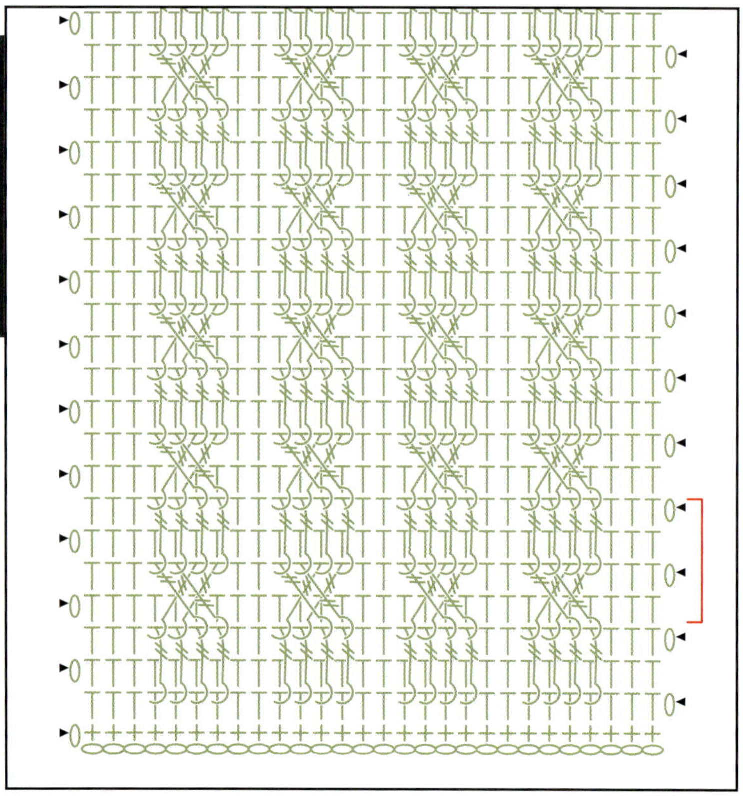

Zöpfe häkeln

In diesem Muster arbeiten Sie alle vorderen Reliefmaschen (vRM) um den Maschenkörper der angegebenen Masche 2 Reihen weiter unten – so entsteht das tolle Zopfmuster. Alle vRM werden von der Vorderseite der Arbeit aus gehäkelt; die darauffolgende Masche in der Arbeitsreihe wird stets ausgelassen.

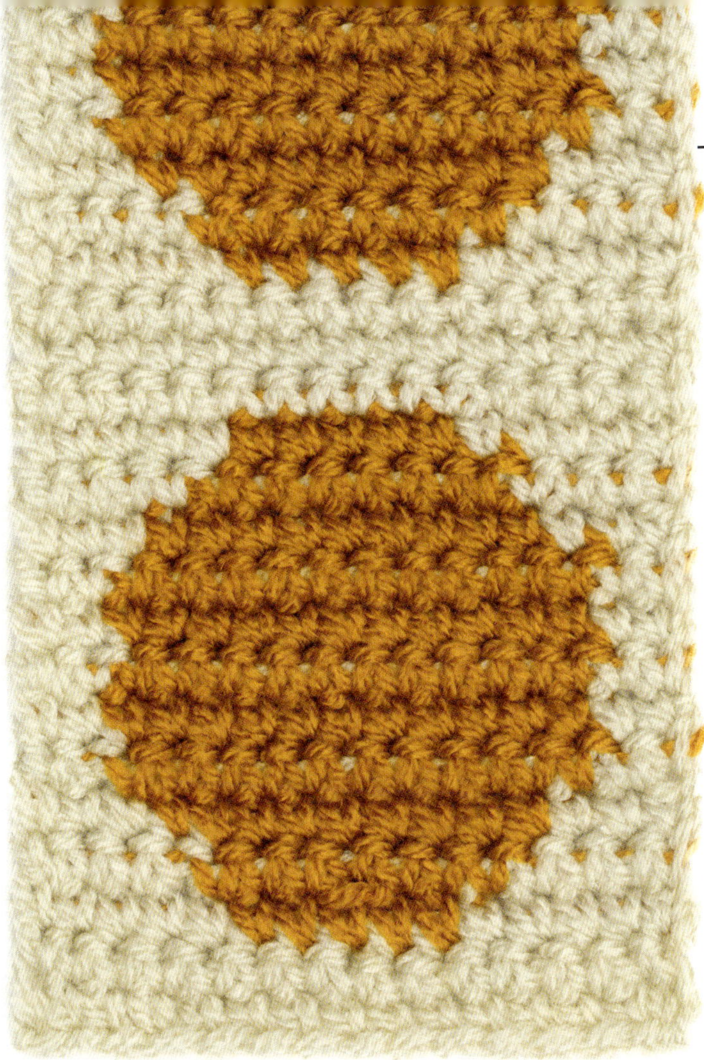

#071

GROßE SONNE

Diese wunderschönen ausdrucksvollen Kreise werden in der Tapestry-Technik gehäkelt und sind eine kleine Hommage an unseren Lieblingsstern, die Sonne.

Mit Fb A 16 Lm anschlagen.

1. R (Hin-R): 1 fM in die 2. Lm ab der Nadel und in jede weitere Lm, wenden. (15 M)

2. R (Rück-R): 1 W-Lm (zählt nie als M), A15, wenden.

3. R: 1 W-Lm, A5, B5, A5, wenden.

4. R: 1 W-Lm, A4, B7, A4, wenden.

5. R: 1 W-Lm, A3, B9, A3, wenden.

6.–10. R: 1 W-Lm, A2, B11, A2, wenden.

11. R: 1 W-Lm, A3, B9, A3, wenden.

12. R: 1 W-Lm, A4, B7, A4, wenden.

13. R: 1 W-Lm, A5, B5, A5, wenden.

14.–16. R: 1 W-Lm, A15, wenden.

Die 3.–16. R wh, bis der Streifen 1 cm kürzer ist als die gewünschte Länge (mit beliebiger Reihe enden).

Letzte 2 R: 1 W-Lm, A15, wenden.

Abmaschen und die Fäden vernähen.

#071 HÄKELSCHRIFT

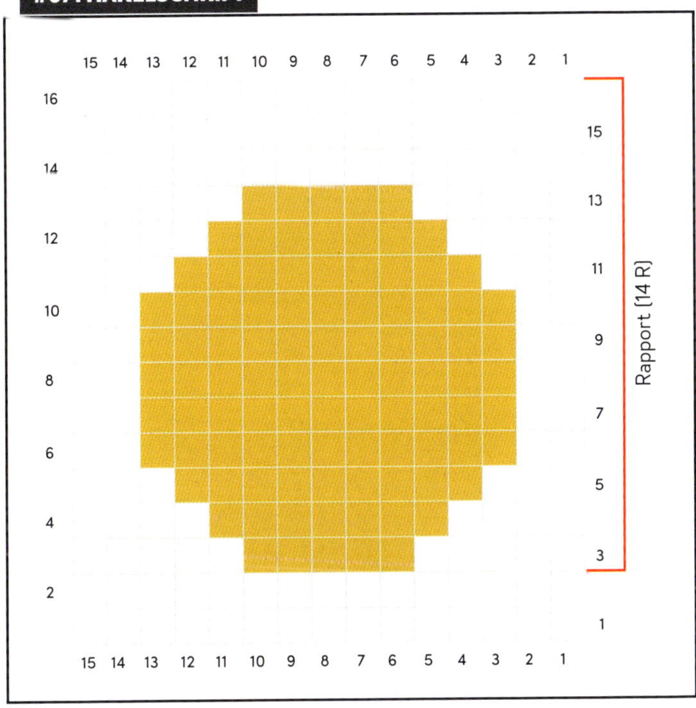

Symbole

Farbe A Farbe B

Jedes Kästchen steht für eine Masche.

Alle ungeraden Reihen (Hin-R) werden von rechts nach links gelesen, alle geraden Reihen (Rück-R) von links nach rechts.

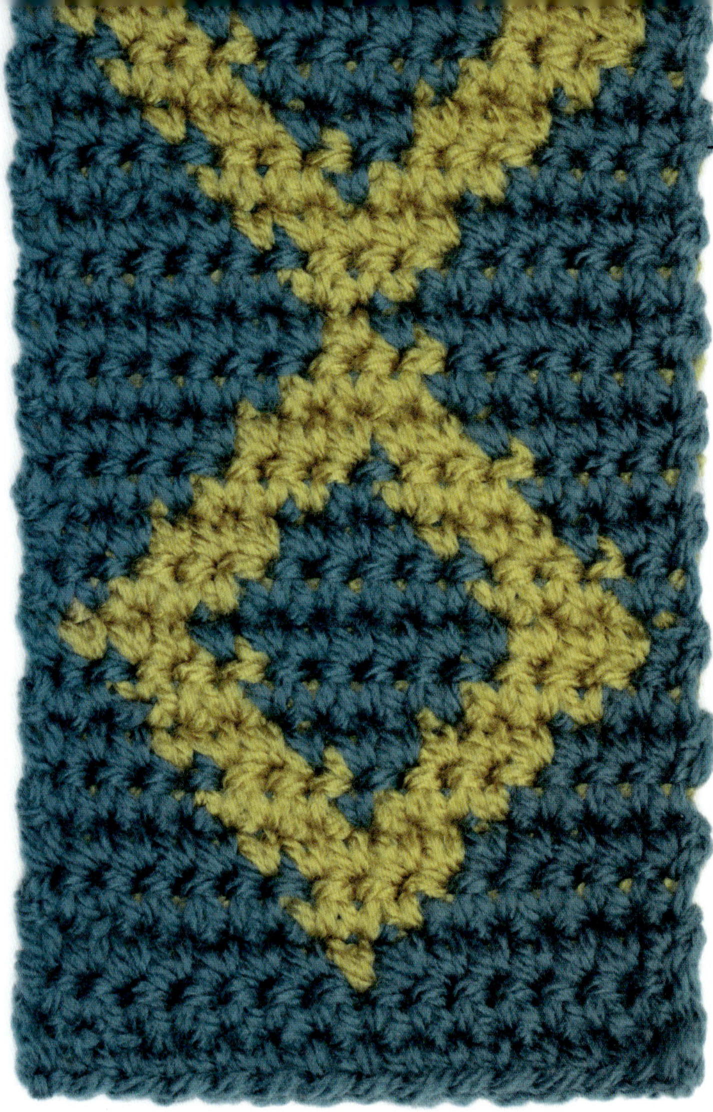

#072

KÄSTCHEN

Ein schlichtes Muster, das wunderschöne geometrische Akzente setzt, aber nicht zu aufdringlich ist. Es wäre ideal als Abschluss am oberen und unteren Rand einer Decke.

Mit Fb A 16 Lm anschlagen.

1. R (Hin-R): 1 fM in die 2. Lm ab der Nadel und in jede weitere Lm, wenden. (15 M)

2. R (Rück-R): 1 W-Lm (zählt nie als M), A15, wenden.

3. R: 1 W-Lm, A7, B1, A7, wenden.

4. R: 1 W-Lm, A6, B3, A6, wenden.

5. R: 1 W-Lm, A5, B5, A5, wenden.

6. R: 1 W-Lm, A4, B3, A1, B3, A4, wenden.

7. R: 1 W-Lm, A3, B3, A3, B3, A3, wenden.

8. R: 1 W-Lm, A2, B3, A5, B3, A2, wenden.

9. R: 1 W-Lm, A1, B3, A7, B3, A1, wenden.

10. R: 1 W-Lm, A2, B3, A5, B3, A2, wenden.

11. R: 1 W-Lm, A3, B3, A3, B3, A3, wenden.

12. R: 1 W-Lm, A4, B3, A1, B3, A4, wenden.

13. R: 1 W-Lm, A5, B5, A5, wenden.

14. R: 1 W-Lm, A6, B3, A6, wenden.

Die 3.–14. R wh, bis der Streifen 1 cm kürzer ist als die gewünschte Länge (mit beliebiger Reihe enden).

Letzte 2 R: 1 W-Lm, A15, wenden.

Abmaschen und die Fäden vernähen.

#072 HÄKELSCHRIFT

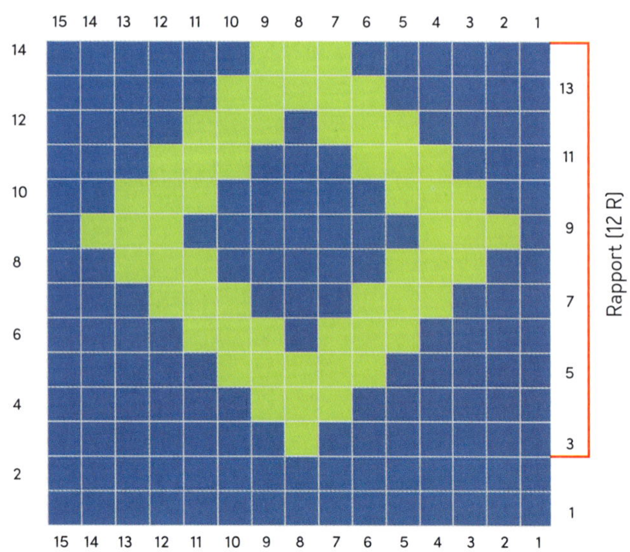

Symbole

Farbe A — Farbe B

Jedes Kästchen steht für eine Masche.

Alle ungeraden Reihen (Hin-R) werden von rechts nach links gelesen, alle geraden Reihen (Rück-R) von links nach rechts.

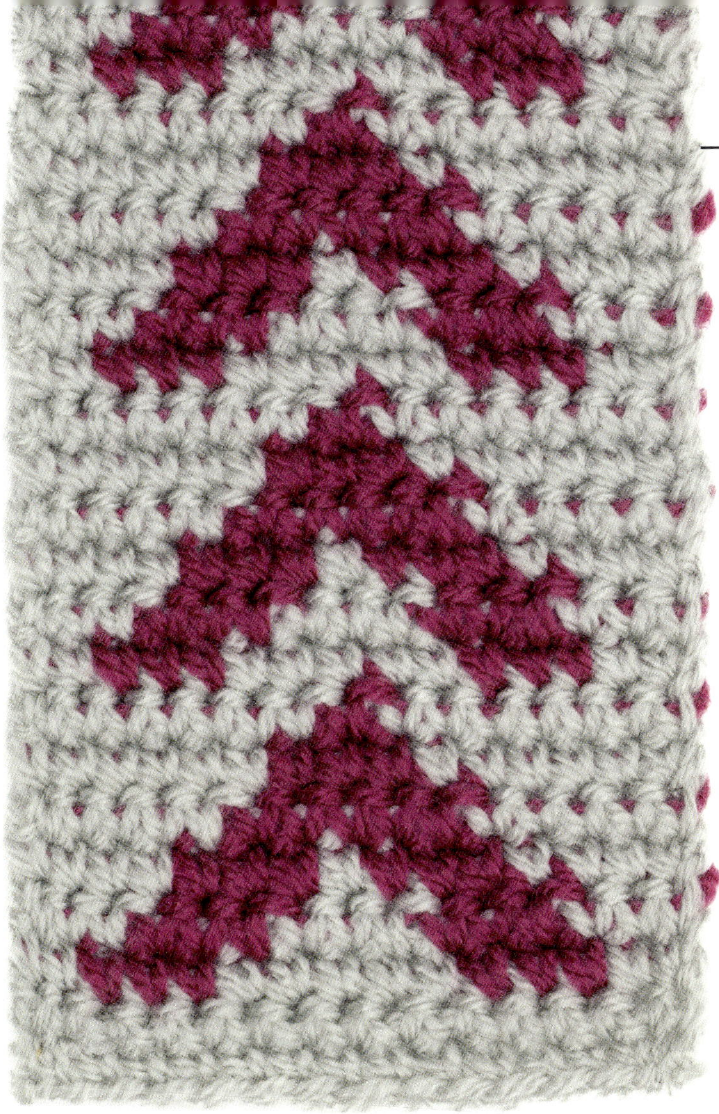

#073

KLEINE CHEVRONS

Dieses Buch enthält mehrere Chevron- und Zickzackmuster, weil ich sie so liebe! Diese fröhlichen kleinen Zacken machen Spaß und sehen bezaubernd aus.

Mit Fb A 16 Lm anschlagen.

1. R (Hin-R): 1 fM in die 2. Lm ab der Nadel und in jede weitere Lm, wenden. (15 M)

2. R (Rück-R): 1 W-Lm (zählt nie als M), A15, wenden.

3. R: 1 W-Lm, A2, B3, A5, B3, A2, wenden.

4. R: 1 W-Lm, A3, B3, A3, B3, A3, wenden.

5. R: 1 W-Lm, A4, B3, A1, B3, A4, wenden.

6. R: 1 W-Lm, A5, B5, A5, wenden.

7. R: 1 W-Lm, A6, B3, A6, wenden.

8. R: 1 W-Lm, A7, B1, A7, wenden.

Die 3.–8. R wh, bis der Streifen 1 cm kürzer ist als die gewünschte Länge (mit beliebiger Reihe enden).

Letzte 2 R: 1 W-Lm, A15, wenden.

Abmaschen und die Fäden vernähen.

Die nötige Festigkeit

Alle Maschen recht fest häkeln und zwischendurch den mitgeführten Faden immer wieder leicht anziehen, damit Ihr Tapestry Muster schön dicht und gleichmäßig wird.

#073 HÄKELSCHRIFT

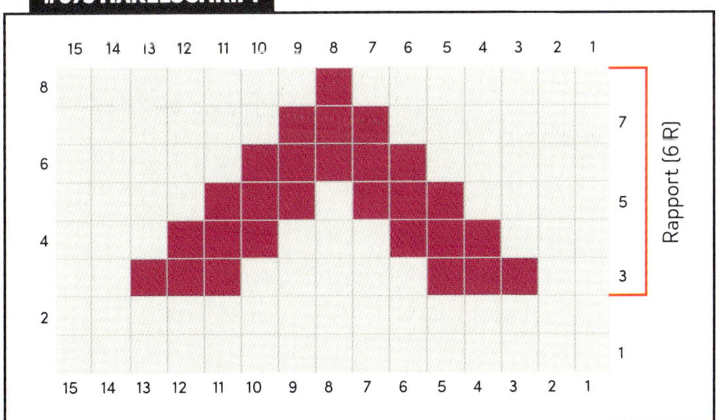

Symbole

Farbe A | Farbe B

Jedes Kästchen steht für eine Masche.

Alle ungeraden Reihen (Hin-R) werden von rechts nach links gelesen, alle geraden Reihen (Rück-R) von links nach rechts.

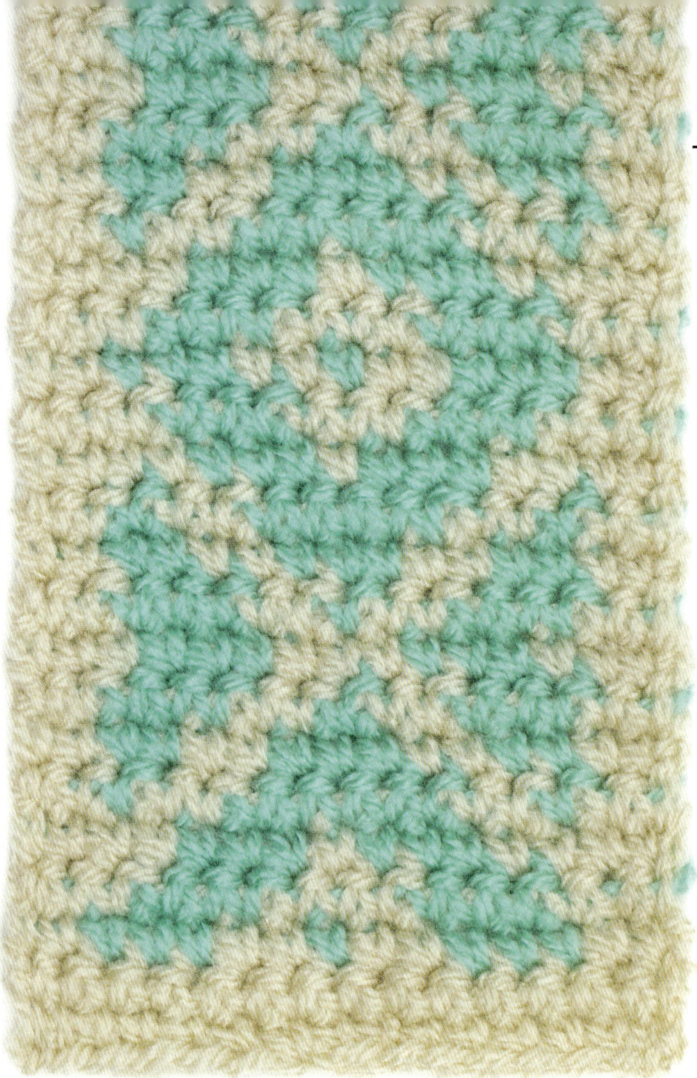

#074

RAUTEN-KACHELMUSTER

Rauten sind die perfekte Form für Tapestry-Muster. Hier habe ich sie etwas aufwendiger und edler gestaltet, um ihnen das gewisse Extra zu verleihen.

Mit Fb A 16 Lm anschlagen.

1. R (Hin-R): 1 fM in die 2. Lm ab der Nadel und in jede weitere Lm, wenden. (15 M)

2. R (Rück-R): 1 W-Lm (zählt nie als M), A15, wenden.

3. R: 1 W-Lm, A2, B3, A2, B1, A2, B3, A2, wenden.

4. R: 1 W-Lm, A3, B3, A3, B3, A3, wenden.

5. R: 1 W-Lm, A4, B3, A1, B3, A4, wenden.

6. R: 1 W-Lm, A2, B1, A2, B5, A2, B1, A2, wenden.

7. R: 1 W-Lm, A2, B2, A2, B3, A2, B2, A2, wenden.

8. R: 1 W-Lm, A2, B3, A2, B1, A2, B3, A2, wenden.

9. R: 1 W-Lm, A3, B3, A3, B3, A3, wenden.

10. R: 1 W-Lm, A2, B3, A2, B1, A2, B3, A2, wenden.

11. R: 1 W-Lm, A2, B2, A2, B3, A2, B2, A2, wenden.

12. R: 1 W-Lm, A2, B1, A2, B5, A2, B1, A2, wenden.

13. R: 1 W-Lm, A4, B3, A1, B3, A4, wenden.

14. R: 1 W-Lm, A3, B3, A3, B3, A3, wenden.

Die 3.–14. R wh, bis der Streifen 1 cm kürzer ist als die gewünschte Länge (mit beliebiger Reihe enden).

Letzte 2 R: 1 W-Lm, A15, wenden.

Abmaschen und die Fäden vernähen.

#074 HÄKELSCHRIFT

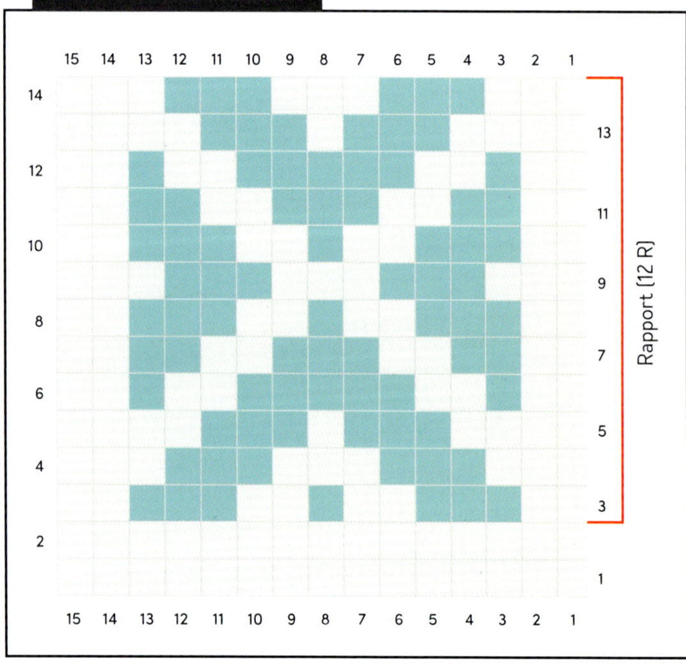

Symbole

Farbe A   Farbe B

Jedes Kästchen steht für eine Masche.

Alle ungeraden Reihen (Hin-R) werden von rechts nach links gelesen, alle geraden Reihen (Rück-R) von links nach rechts.

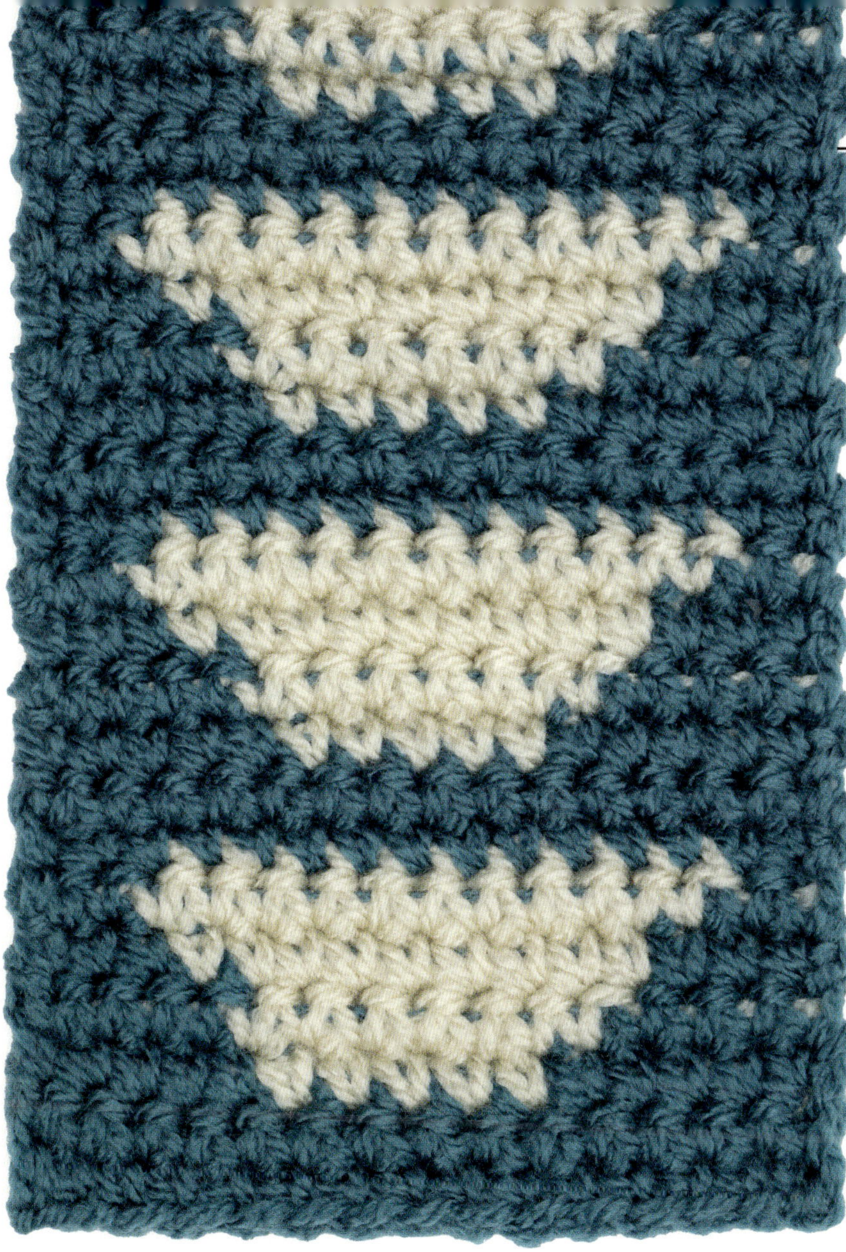

#075

KLEINER MOND

Kleine Monde ziehen still über den Nachthimmel. Ein wunderschönes sanftes Muster.

Mit Fb A 16 Lm anschlagen.

1. R (Hin-R): 1 fM in die 2. Lm ab der Nadel und in jede weitere Lm, wenden. (15 M)

2. R (Rück-R): 1 W-Lm (zählt nie als M), A15, wenden.

3. R: 1 W-Lm, A5, B5, A5, wenden.

4. R: 1 W-Lm, A4, B7, A4, wenden.

5. R: 1 W-Lm, A3, B9, A3, wenden.

6. R: 1 W-Lm, A2, B11, A2, wenden.

7. und 8. R: 1 W-Lm, A15, wenden.

Die 3.–8. R wh, bis der Streifen 1 cm kürzer ist als die gewünschte Länge (mit beliebiger Reihe enden).

Letzte 2 R: 1 W-Lm, A15, wenden.

Abmaschen und die Fäden vernähen.

Die Fäden verbergen

Versuchen Sie sich zu merken, welche Seite Ihrer Arbeit die Vorderseite und welche die Rückseite ist, sodass Sie die nicht verwendete Farbe beim Wenden am Ende jeder Reihe stets auf der Rückseite mit nach oben führen.

#075 HÄKELSCHRIFT

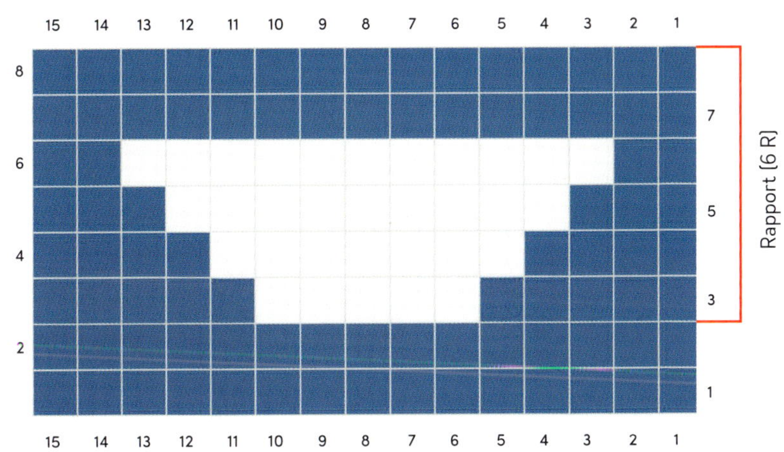

Symbole

Farbe A

Farbe B

Jedes Kästchen steht für eine Masche.

Alle ungeraden Reihen (Hin-R) werden von rechts nach links gelesen, alle geraden Reihen (Rück-R) von links nach rechts.

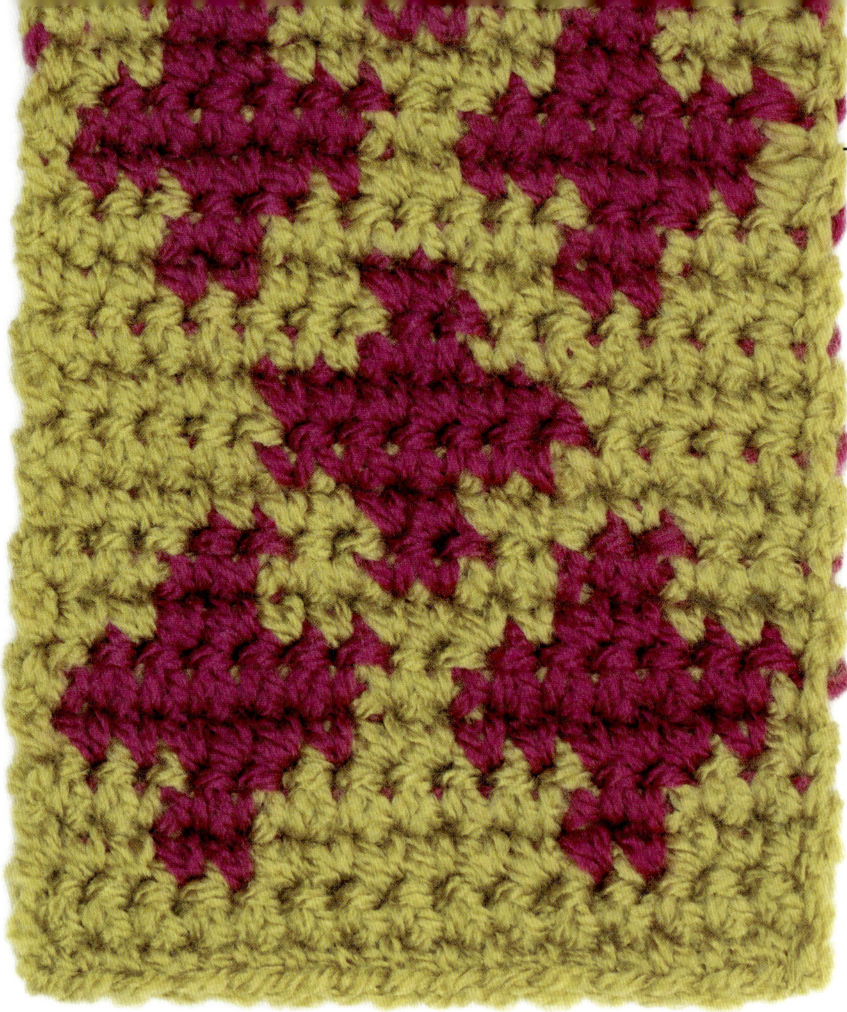

#076

PLUSZEICHEN

Ein sehr positives Muster! Diese kleinen Pluszeichen setzen an jeder Decke besonders fröhliche Akzente.

Mit Fb A 17 Lm anschlagen.

1. R (Hin-R): 1 fM in die 2. Lm ab der Nadel und in jede weitere Lm, wenden. (16 M)

2. R (Rück-R): 1 W-Lm (zählt nie als M), A16, wenden.

3. und 4. R: 1 W-Lm, A3, B2, A6, B2, A3, wenden.

5. und 6. R: 1 W-Lm, A1, B6, A2, B6, A1, wenden.

7. R: 1 W-Lm, A3, B2, A6, B2, A3, wenden.

8. R: 1 W-Lm, A3, 2-mal [B2, A2], B2, A3, wenden.

9. R: 1 W-Lm, A7, B2, A7, wenden.

10. und 11. R: 1 W-Lm, A5, B6, A5, wenden.

12. R: 1 W-Lm, A7, B2, A7, wenden.

13. R: 1 W-Lm, A3, 2-mal [B2, A2], B2, A3, wenden.

14. R: 1 W-Lm, A3, B2, A6, B2, A3, wenden.

Die 5.–14. R wh, bis der Streifen 1 cm kürzer ist als die gewünschte Länge (mit beliebiger Reihe enden).

Letzte 2 R: 1 W-Lm, A16, wenden.

Abmaschen und die Fäden vernähen.

#076 HÄKELSCHRIFT

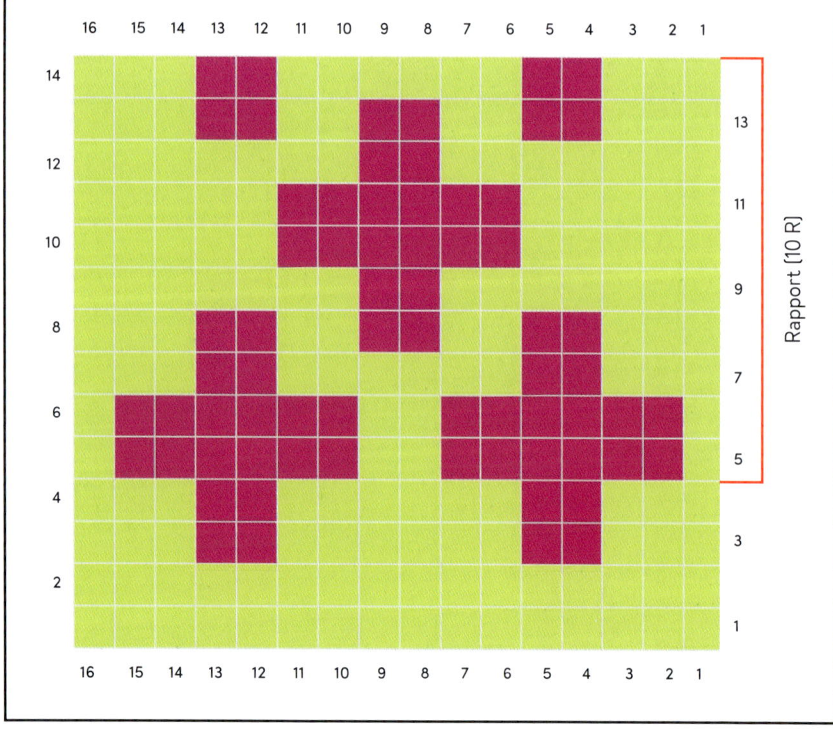

Knoten vermeiden

Bei allen Tapestry-Mustern mit mehreren Farbwechseln in einer Reihe empfiehlt es sich, alle paar Reihen eine Pause zu machen und die Knäuel zu entwirren, damit keine Knoten entstehen.

Symbole

Farbe A | Farbe B

Jedes Kästchen steht für eine Masche.

Alle ungeraden Reihen (Hin-R) werden von rechts nach links gelesen, alle geraden Reihen (Rück-R) von links nach rechts.

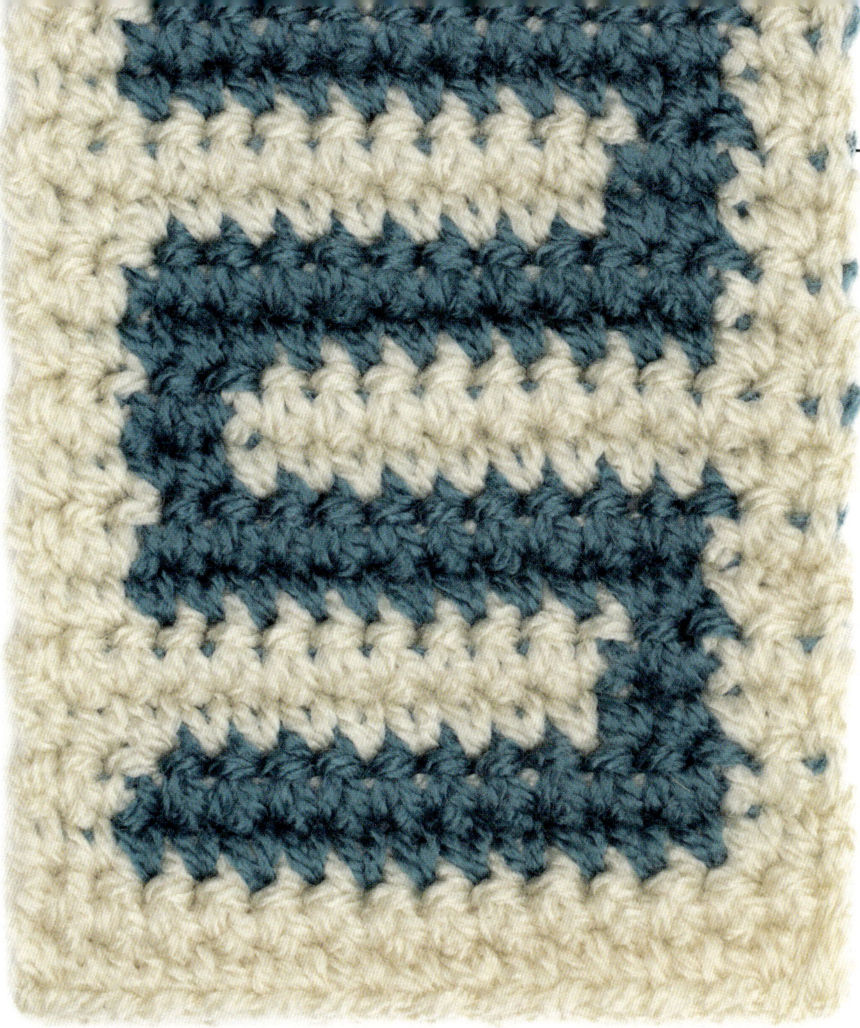

#077

SCHLANGENLINIE

Muster müssen nicht kompliziert sein, um ins Auge zu fallen. Dieses einfache geschlängelte Tapestry-Muster ist dafür der perfekte Beweis!

Mit Fb A 16 Lm anschlagen.

1. R (Hin-R): 1 fM in die 2. Lm ab der Nadel und in jede weitere Lm, wenden. (15 M)

2. R (Rück-R): 1 W-Lm (zählt nie als M), A15, wenden.

3. und 4. R: 1 W-Lm, A2, B11, A2, wenden.

5. R: 1 W-Lm, A2, B2, A11, wenden.

6. R: 1 W-Lm, A11, B2, A2, wenden.

7. und 8. R: 1 W-Lm, A2, B11, A2, wenden.

9. R: 1 W-Lm, A11, B2, A2, wenden.

10. R: 1 W-Lm, A2, B2, A11, wenden.

Die 3.–10. R wh, bis der Streifen 1 cm kürzer ist als die gewünschte Länge (mit beliebiger Reihe enden).

Letzte 2 R: 1 W-Lm, A15, wenden.

Abmaschen und die Fäden vernähen.

#077 HÄKELSCHRIFT

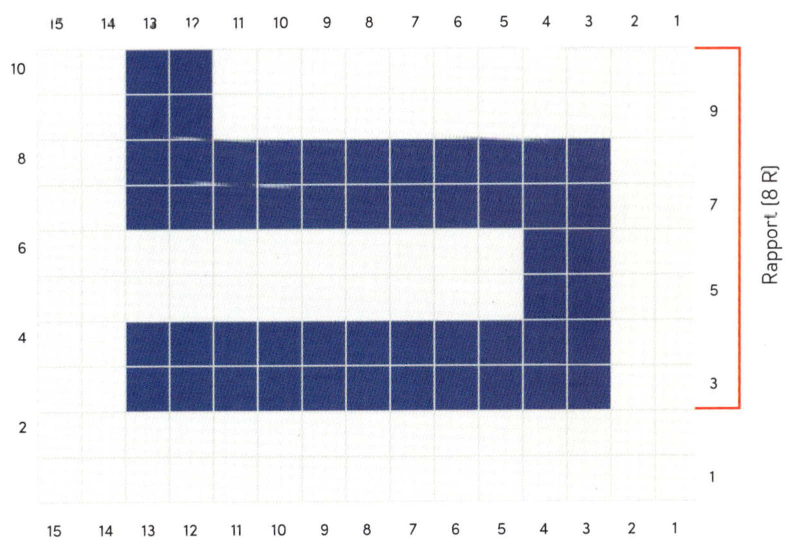

Eine Umrandung häkeln

Tapestry-Häkelmuster sehen in Schwarz-Weiß sehr edel aus die Schlangenlinien wären dabei toll für die Umrandung einer Decke in modernen, monochromen Farbtönen.

Symbole

Farbe A Farbe B

Jedes Kästchen steht für eine Masche.

Alle ungeraden Reihen (Hin-R) werden von rechts nach links gelesen, alle geraden Reihen (Rück-R) von links nach rechts.

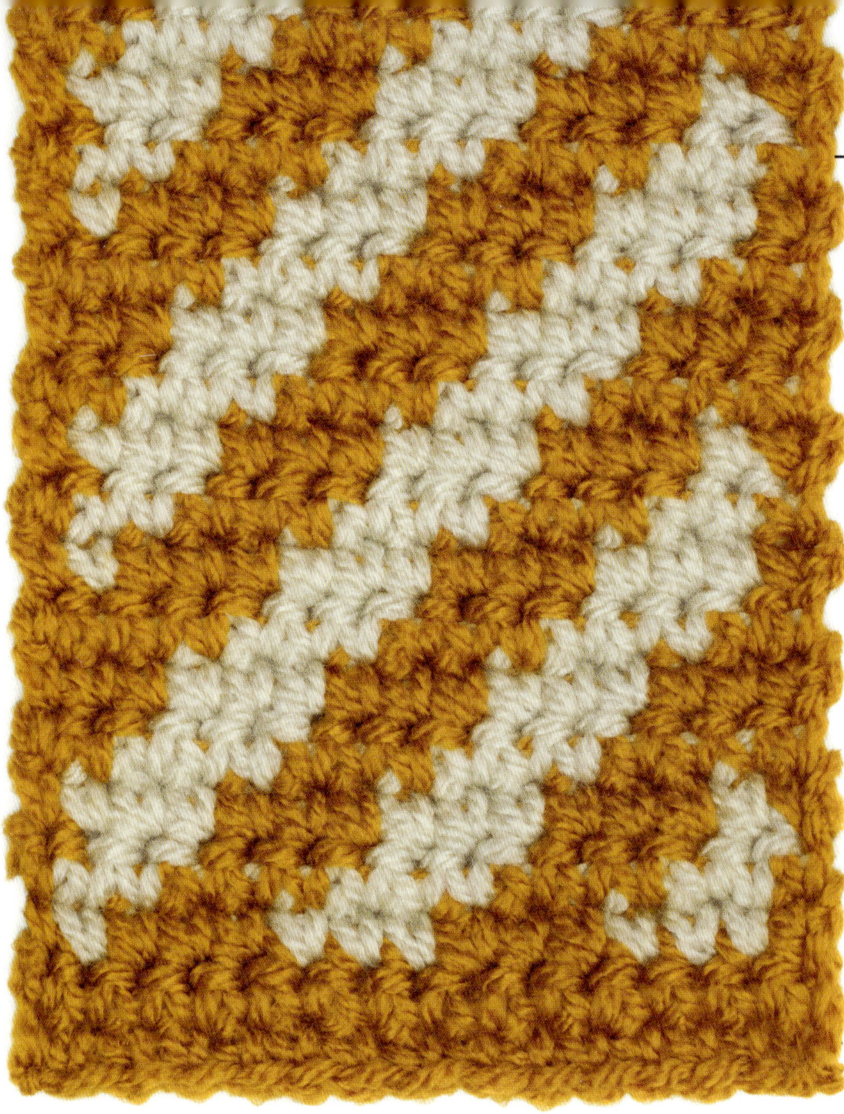

#078

DIAGONALE STREIFEN

Noch mehr Diagonalen, diesmal in der Tapestry-Technik. Mir gefallen die gleichmäßige Struktur und die schrägen Linien, mit der dieses Muster an jeder Decke besondere Akzente setzt.

Mit Fb A 16 Lm anschlagen.

1. R (Hin-R): 1 fM in die 2. Lm ab der Nadel und in jede weitere Lm, wenden. (15 M)

2. R (Rück-R): 1 W-Lm (zählt nie als M), A15, wenden.

3. R: 1 W-Lm, A1, 2-mal [B3, A3], B1, A1, wenden.

4. R: 1 W-Lm, A1, B2, A3, B3, A3, B2, A1, wenden.

5. R: 1 W-Lm, A1, B1, 2-mal [A3, B3], A1, wenden.

6. R: 1 W-Lm, A2, B3, A3, B3, A4, wenden.

7. R: 1 W-Lm, A3, 2-mal [B3, A3], wenden.

8. R: 1 W-Lm, A4, B3, A3, B3, A2, wenden.

Die 3.–8. R wh, bis der Streifen 1 cm kürzer ist als die gewünschte Länge (mit beliebiger Reihe enden).

Letzte 2 R: 1 W-Lm, A15, wenden.

Abmaschen und die Fäden vernähen.

Gegenlaufende Streifen

Einen eindrucksvollen Effekt erzielen Sie, wenn Sie zwei Streifen in diesem Muster häkeln und so zusammenfügen, dass die Streifen in entgegengesetzter Richtung verlaufen.

#078 HÄKELSCHRIFT

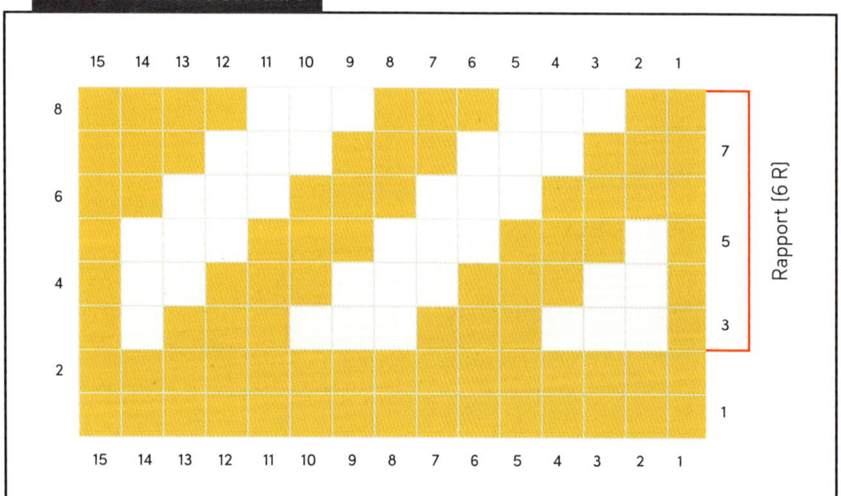

Symbole

Farbe A   Farbe B

Jedes Kästchen steht für eine Masche.

Alle ungeraden Reihen (Hin-R) werden von rechts nach links gelesen, alle geraden Reihen (Rück-R) von links nach rechts.

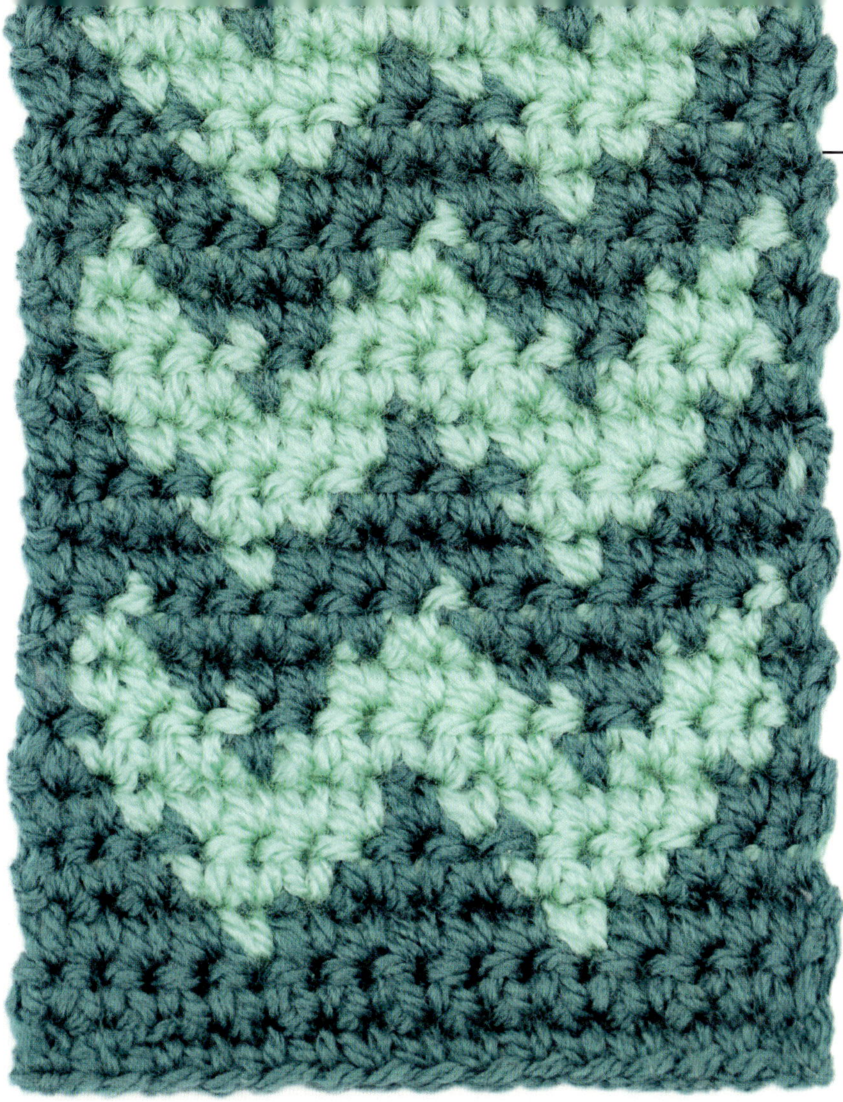

#079

GROßES WOW

Dieses Muster ähnelt so dem Buchstaben W, dass ich es einfach Großes Wow nennen musste. Ein witziger Name für ein witziges Muster.

Mit Fb A 16 Lm anschlagen.

1. R (Hin-R): 1 fM in die 2. Lm ab der Nadel und in jede weitere Lm, wenden. (15 M)

2. R (Rück-R): 1 W-Lm (zählt nie als M), A15, wenden.

3. R: 1 W-Lm, A4, B1, A5, B1, A4, wenden.

4. R: 1 W-Lm, A3, B3, A3, B3, A3, wenden.

5. R: 1 W-Lm, A2, B5, A1, B5, A2, wenden.

6. R: 1 W-Lm, A1, B3, A1, B5, A1, B3, A1, wenden.

7. R: 1 W-Lm, A1, B2, A3, B3, A3, B2, A1, wenden.

8. R: 1 W-Lm, A1, B1, A5, B1, A5, B1, A1, wenden.

Die 3.–8. R wh, bis der Streifen 1 cm kürzer ist als die gewünschte Länge (mit beliebiger Reihe enden).

Letzte 2 R: 1 W-Lm, A15, wenden.

Abmaschen und die Fäden vernähen.

Extratipp

Dank ihrer dichten, festen Struktur eignen sich Tapestry-Muster gut für kleine, stabile Objekte. Dieses Muster wäre wunderschön für eine kleine Geldbörse oder ein Täschchen: einfach an den Seiten zusammennähen und oben einen Reißverschluss einsetzen!

#079 HÄKELSCHRIFT

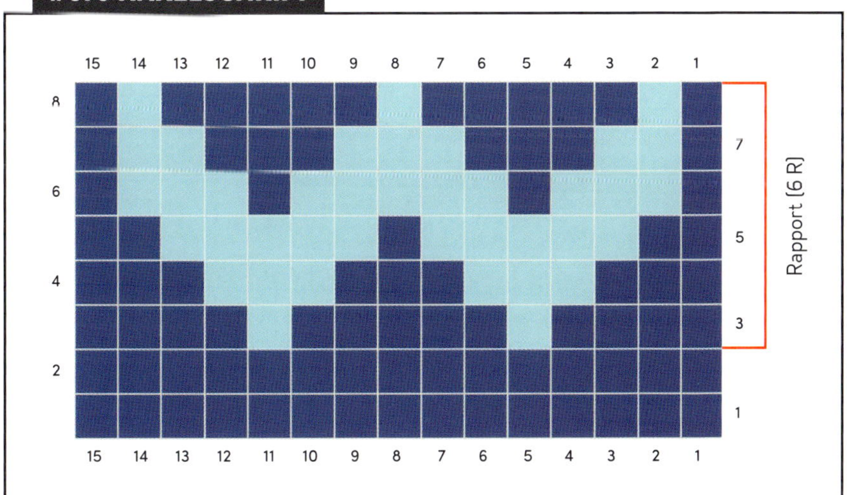

Symbole

Farbe A — Farbe B

Jedes Kästchen steht für eine Masche.

Alle ungeraden Reihen (Hin-R) werden von rechts nach links gelesen, alle geraden Reihen (Rück-R) von links nach rechts.

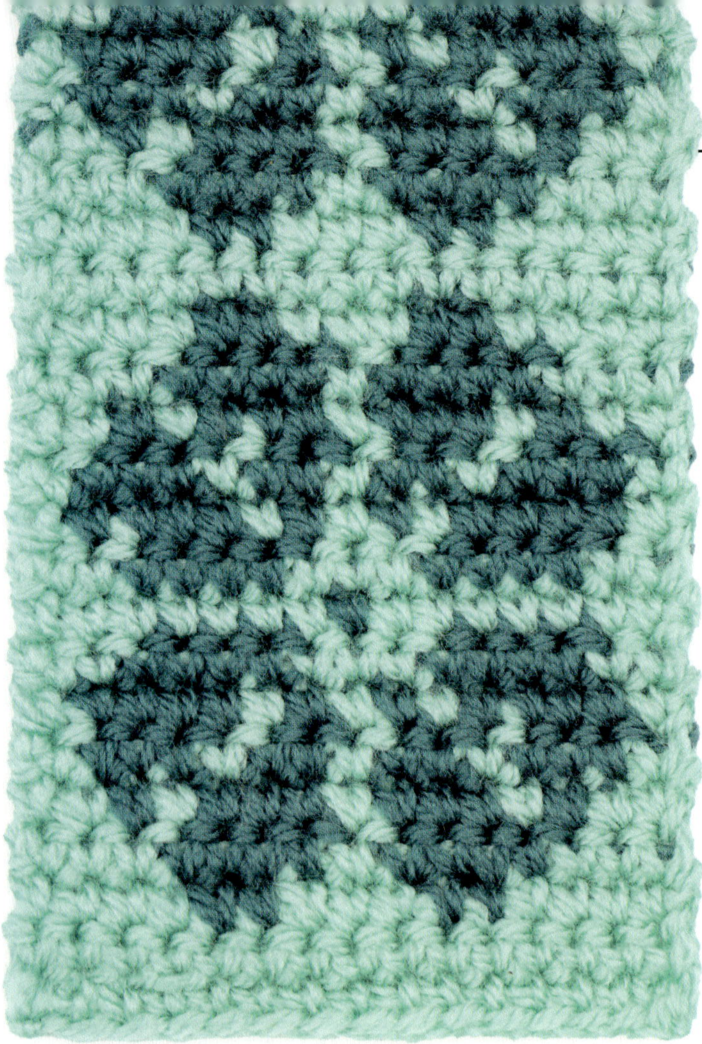

#080

FLOWER POWER

Ja, dieses Muster enthält viele Farbwechsel, aber lassen Sie sich Zeit, und Sie werden mit diesen wunderschönen Tapestry-Blumen belohnt.

Mit Fb A 16 Lm anschlagen.

1. R (Hin-R): 1 fM in die 2. Lm ab der Nadel und in jede weitere Lm, wenden. (15 M)

2. R (Rück-R): 1 W-Lm (zählt nie als M), A15, wenden.

3. R: 1 W-Lm, A4, B2, A3, B2, A4, wenden.

4. R: 1 W-Lm, A3, B4, A1, B4, A3, wenden.

5. R: 1 W-Lm, A2, B1, A1, B3, A1, B3, A1, B1, A2, wenden.

6. R: 1 W-Lm, A1, B3, A1, B2, A1, B2, A1, B3, A1, wenden.

7. R: 1 W-Lm, A1, B4, A1, B1, A1, B1, A1, B4, A1, wenden.

8. R: 1 W-Lm, A2, B4, A3, B4, A2, wenden.

9. R: 1 W-Lm, A7, B1, A7, wenden.

10. R: 1 W-Lm, A2, B4, A3, B4, A2, wenden.

11. R: 1 W-Lm, A1, B4, A1, B1, A1, B1, A1, B4, A1, wenden.

12. R: 1 W-Lm, A1, B3, A1, B2, A1, B2, A1, B3, A1, wenden.

13. R: 1 W-Lm, A2, B1, A1, B3, A1, B3, A1, B1, A2, wenden.

14. R: 1 W-Lm, A3, B4, A1, B4, A3, wenden.

15. R: 1 W-Lm, A4, B2, A3, B2, A4, wenden.

16. R: 1 W-Lm, A15, wenden.

Die 3.–16. R wh, bis der Streifen 1 cm kürzer ist als die gewünschte Länge (mit beliebiger Reihe enden).

Letzte 2 R: 1 W-Lm, A15, wenden.

Abmaschen und die Fäden vernähen.

#080 HÄKELSCHRIFT

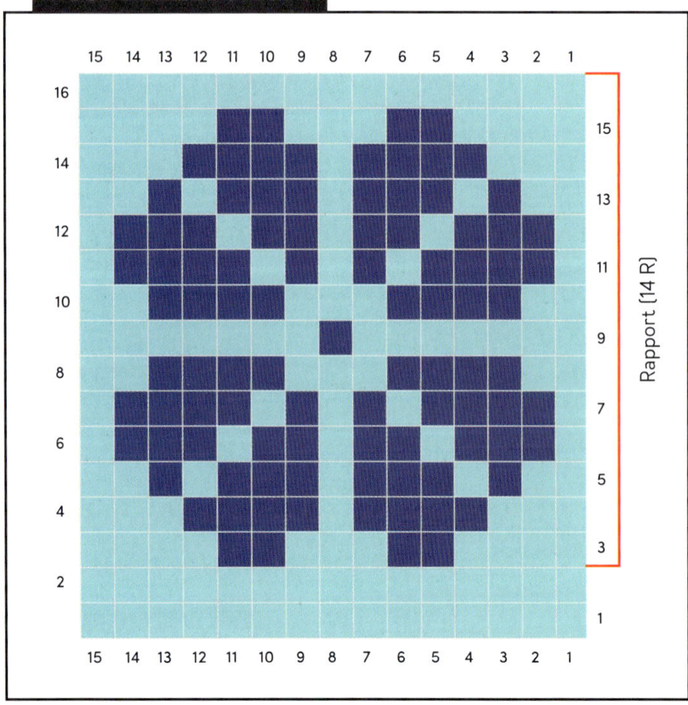

Symbole

Farbe A — Farbe B

Jedes Kästchen steht für eine Masche.

Alle ungeraden Reihen (Hin-R) werden von rechts nach links gelesen, alle geraden Reihen (Rück-R) von links nach rechts.

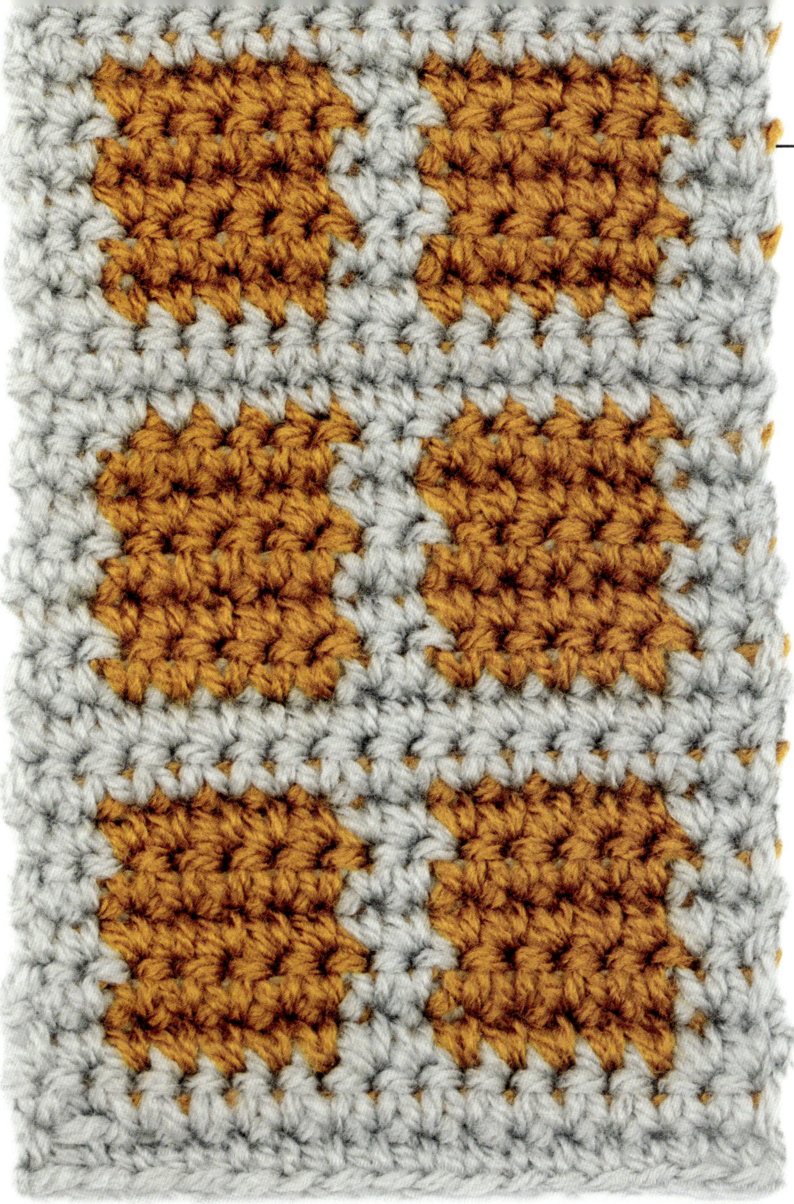

#081

IN REIH UND GLIED

Dieses Kästchenraster spielt mit der schlichten Schönheit von Quadraten. Es ist eines jener Muster, die immer gehen: Es sieht in allen Farben und an jedem Projekt gut aus.

Mit Fb A 17 Lm anschlagen.

1. R (Hin-R): 1 fM in die 2. Lm ab der Nadel und in jede weitere Lm, wenden. (16 M)

2. R (Rück-R): 1 W-Lm (zählt nie als M), A16, wenden.

3.–7. R: 1 W-Lm, A2, B5, A2, B5, A2, wenden.

8. und 9. R: 1 W-Lm, A16, wenden.

Die 3.–9. R wh, bis der Streifen 1 cm kürzer ist als die gewünschte Länge (mit beliebiger Reihe enden).

Letzte 2 R: 1 W-Lm, A16, wenden.

Abmaschen und die Fäden vernähen.

Farbenspiel

Dies ist ein schlichtes Muster, doch das heißt nicht, dass es langweilig ist. Bleiben Sie bei zwei Farben oder wechseln Sie die Farbe B alle paar Reihen – so entstehen kunterbunte Quadrate.

#081 HÄKELSCHRIFT

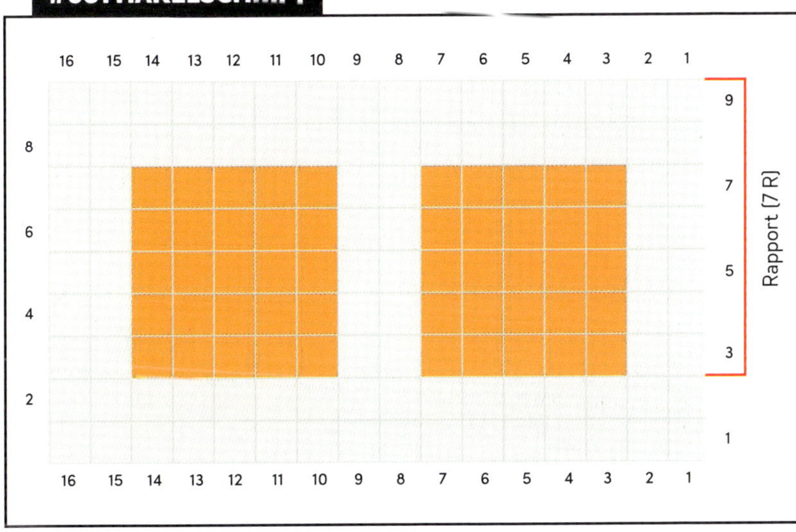

Symbole

Farbe A Farbe B

Jedes Kästchen steht für eine Masche.

Alle ungeraden Reihen (Hin-R) werden von rechts nach links gelesen, alle geraden Reihen (Rück-R) von links nach rechts.

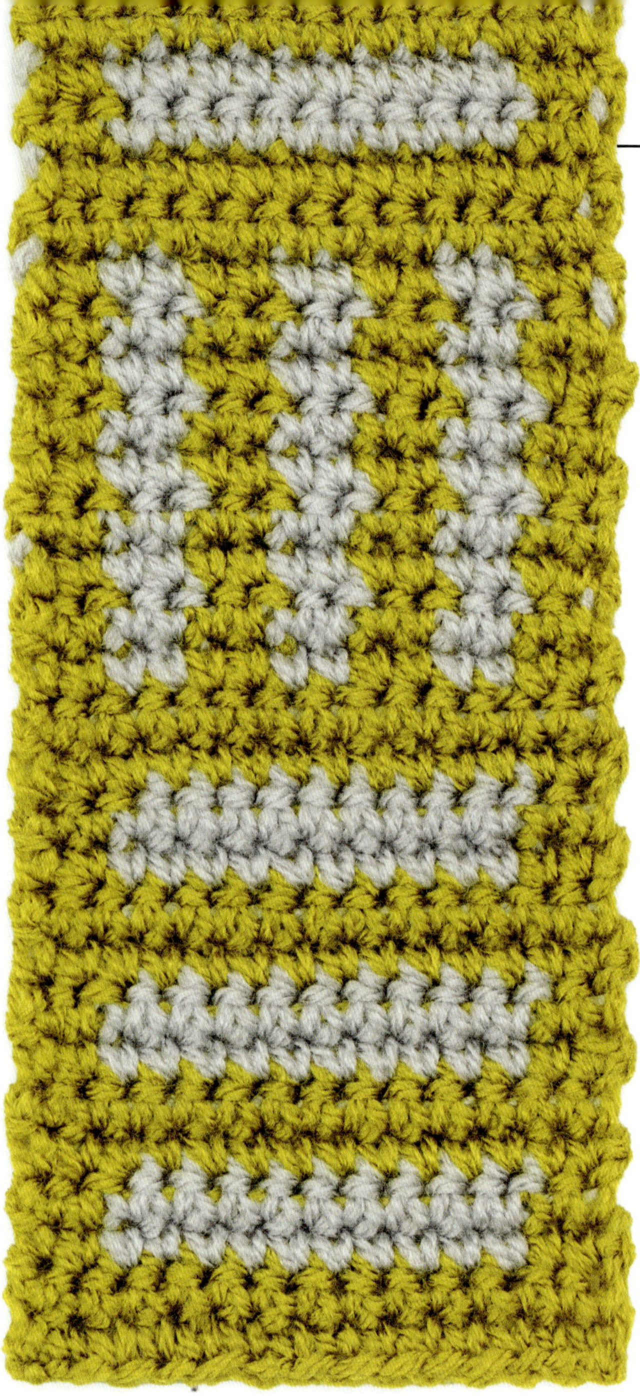

#082

DREI KLEINE LINIEN

Dieses schlichte, lineare Muster kommt in zwei Kontrastfarben am besten zur Geltung.

Mit Fb A 15 Lm anschlagen.

1. R (Hin-R): 1 fM in die 2. Lm ab der Nadel und in jede weitere Lm, wenden. (14 M)

2. R (Rück-R): 1 W-Lm (zählt nie als M), A14, wenden.

3. und 4. R: 1 W-Lm, A2, B10, A2, wenden.

5. und 6. R: 1 W-Lm, A14, wenden.

7.–14. R: 2-mal die 3.–6. R wh.

15.–24. R: 1 W-Lm, 3-mal [A2, B2], A2, wenden.

25. und 26. R: 1 W-Lm, A14, wenden.

Die 3.–26. R wh, bis der Streifen 1 cm kürzer ist als die gewünschte Länge (mit beliebiger Reihe enden).

Letzte 2 R: 1 W-Lm, A14, wenden.

Abmaschen und die Fäden vernähen.

#082 HÄKELSCHRIFT

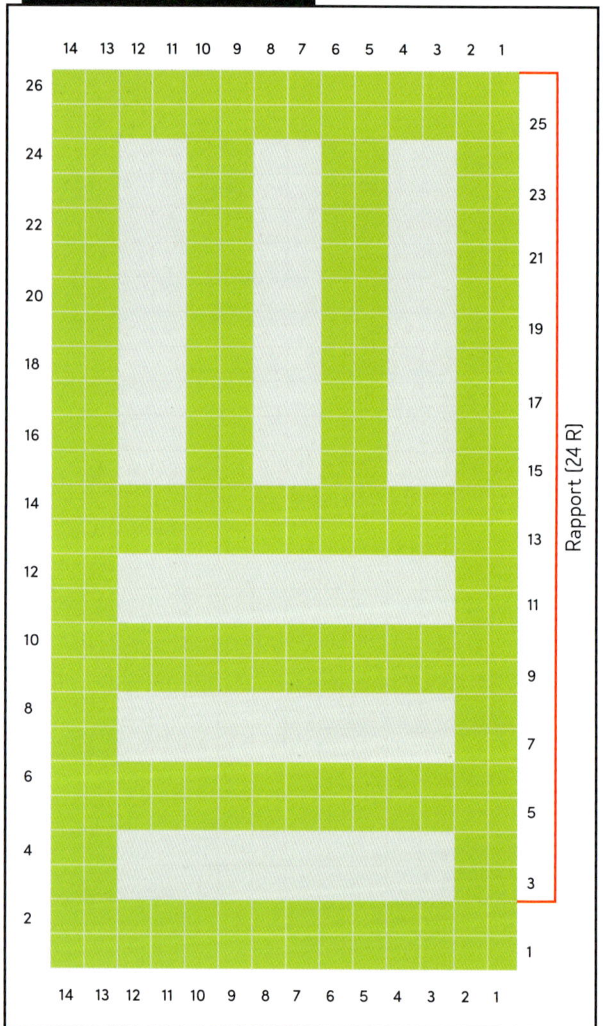

Symbole

Farbe A — Farbe B

Jedes Kästchen steht für eine Masche.

Alle ungeraden Reihen (Hin-R) werden von rechts nach links gelesen, alle geraden Reihen (Rück-R) von links nach rechts.

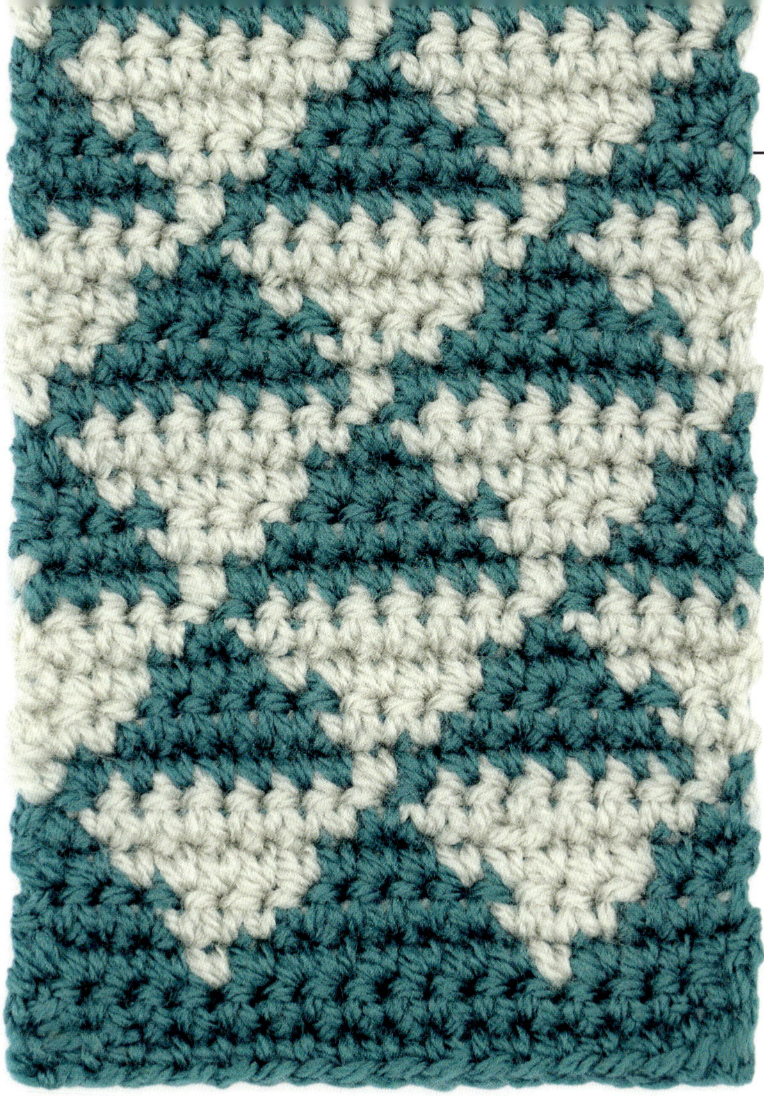

#083

TAPESTRY-DREIECKE

Noch mehr Dreiecke – in Form dieses ästhetischen spiegelbildlichen Musters. Es sieht nicht nur ansprechend aus, sondern lässt sich aufgrund des einprägsamen Rhythmus auch gut häkeln.

Mit Fb A 18 Lm anschlagen.

1. R (Hin-R): 1 fM in die 2. Lm ab der Nadel und in jede weitere Lm, wenden. (17 M)

2. R (Rück-R): 1 W-Lm (zählt nie als M), A17, wenden.

3. R: 1 W-Lm, A4, B1, A7, B1, A4, wenden.

4. R: 1 W-Lm, A3, B3, A5, B3, A3, wenden.

5. R: 1 W-Lm, A2, B5, A3, B5, A2, wenden.

6. R: 1 W-Lm, A1, B7, A1, B7, A1, wenden.

7. R: 1 W-Lm, B1, A7, B1, A7, B1, wenden.

8. R: 1 W-Lm, B2, A5, B3, A5, B2, wenden.

9. R: 1 W-Lm, B3, A3, B5, A3, B3, wenden.

10. R: 1 W-Lm, B4, A1, B7, A1, B4, wenden.

Die 3.–10. R wh, bis der Streifen 1 cm kürzer ist als die gewünschte Länge (mit beliebiger Reihe enden).

Letzte 2 R: 1 W-Lm, A17, wenden.

Abmaschen und die Fäden vernähen

#083 HÄKELSCHRIFT

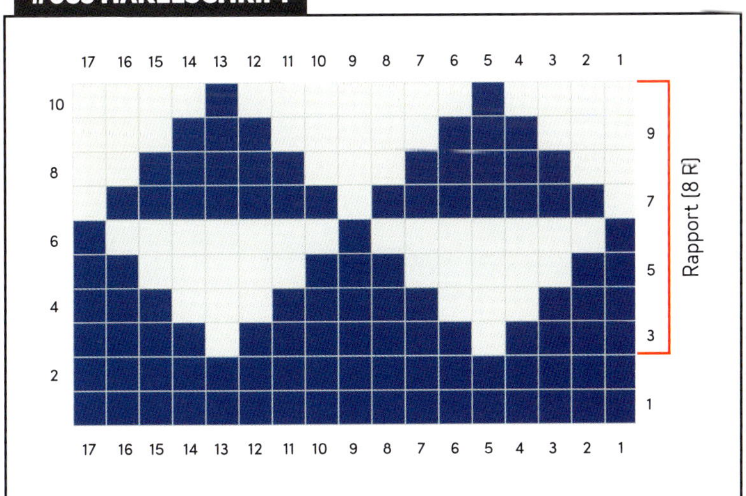

Symbole

Farbe A

Farbe B

Jedes Kästchen steht für eine Masche.

Alle ungeraden Reihen (Hin-R) werden von rechts nach links gelesen, alle geraden Reihen (Rück-R) von links nach rechts.

Farbwechsel

Aufgrund der häufigen Farbwechsel ist dies eines der anspruchsvolleren Tapestry-Muster in diesem Buch. Halten Sie alle paar Reihen inne, um die Knäuel zu entwirren, falls sie durcheinandergeraten sind!

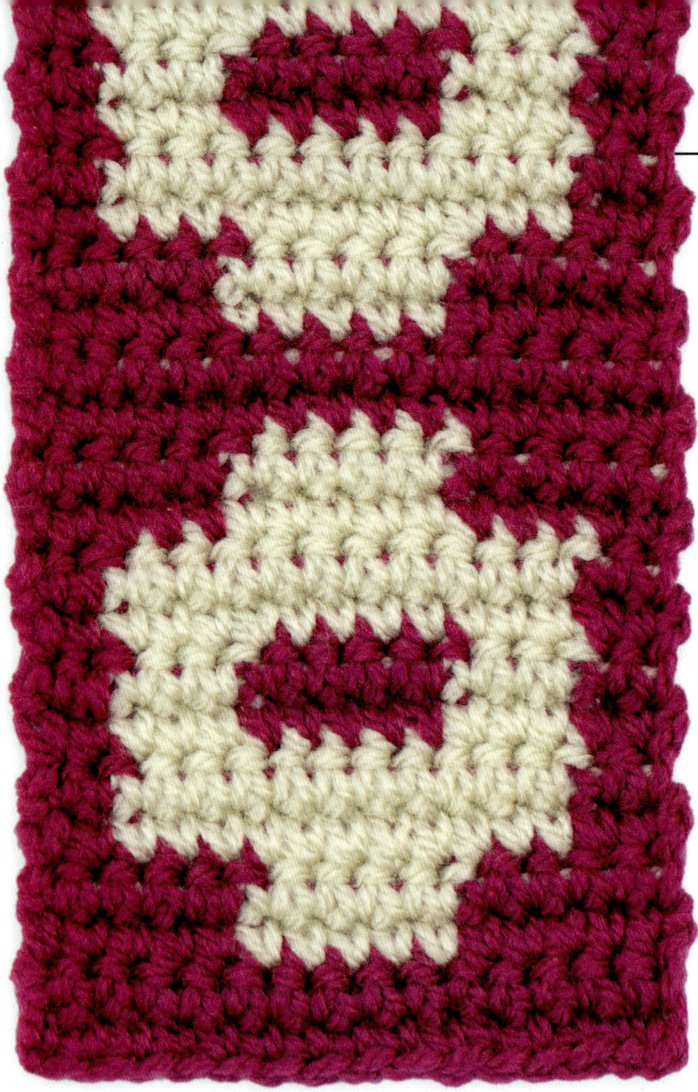

#084

GROßE BLÖCKE

Schlichte Muster haben eine beruhigende Wirkung: Wenn schnörkellose Blöcke in einer Reihe gearbeitet werden, ziehen sie die Blicke auf sich.

Mit Fb A 16 Lm anschlagen.

1. R (Hin-R): 1 fM in die 2. Lm ab der Nadel und in jede weitere Lm, wenden. (15 M)

2. R (Rück-R): 1 W-Lm (zählt nie als M), A15, wenden.

3. und 4. R: 1 W-Lm, A5, B5, A5, wenden.

5. und 6. R: 1 W-Lm, A2, B11, A2, wenden.

7. und 8. R: 1 W-Lm, A2, B3, A5, B3, A2, wenden.

9. und 10. R: 1 W-Lm, A2, B11, A2, wenden.

11. und 12. R: 1 W-Lm, A5, B5, A5, wenden.

13. und 14. R: 1 W-Lm, A15, wenden.

Die 3.–14. R wh, bis der Streifen 1 cm kürzer ist als die gewünschte Länge (mit beliebiger Reihe enden).

Letzte 2 R: 1 W-Lm, A15, wenden.

Abmaschen und die Fäden vernähen.

#084 HÄKELSCHRIFT

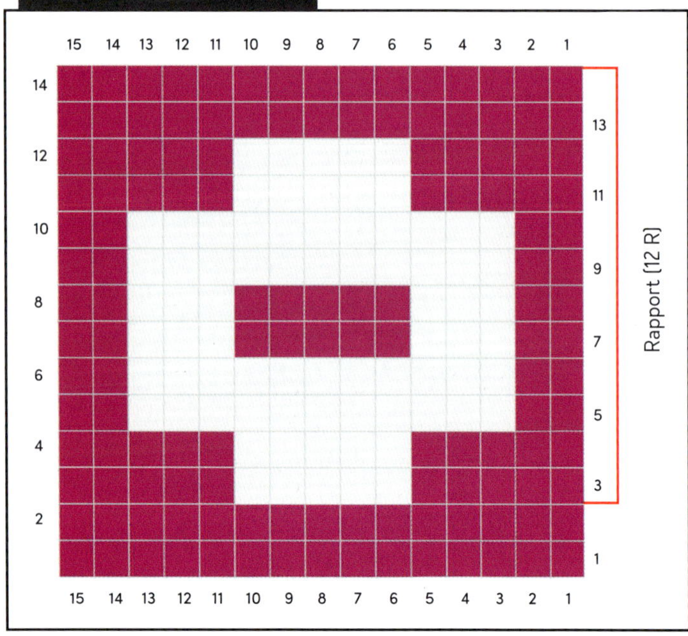

Symbole

Farbe A   Farbe B

Jedes Kästchen steht für eine Masche.

Alle ungeraden Reihen (Hin-R) werden von rechts nach links gelesen, alle geraden Reihen (Rück-R) von links nach rechts.

Guter Rahmen

Dieses markante, moderne Muster eignet sich hervorragend für den oberen und unteren Rand einer kühnen geometrischen Decke.

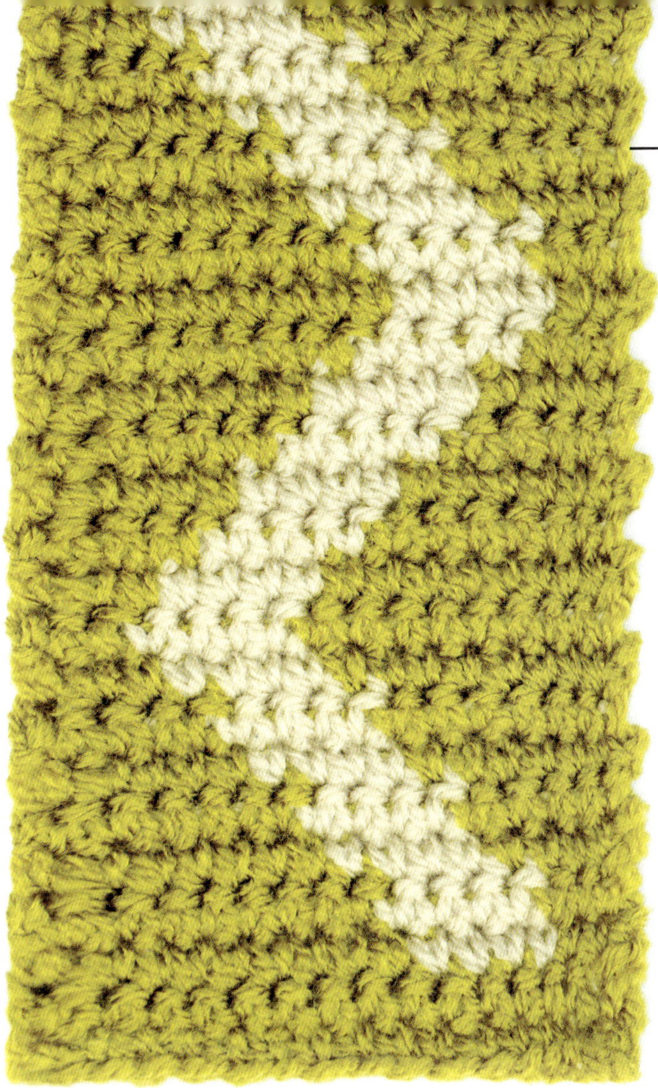

#085

ZACKENLINIE

Dies ist eines meiner Lieblings-Tapestry-Muster – ich liebe diese ausdrucksstarke, zackige Linie! Als Umrandung einer Decke ein absoluter Hingucker.

Mit Fb A 16 Lm anschlagen.

1. R (Hin-R): 1 fM in die 2. Lm ab der Nadel und in jede weitere Lm, wenden. (15 M)

2. R (Rück-R): 1 W-Lm (zählt nie als M), A15, wenden.

3. R: 1 W-Lm, A2, B4, A9, wenden.

4. R: 1 W-Lm, A8, B4, A3, wenden.

5. R: 1 W-Lm, A4, B4, A7, wenden.

6. und 7. R: 1 W-Lm, A6, B4, A5, wenden.

8. R: 1 W-Lm, A4, B4, A7, wenden.

9. R: 1 W-Lm, A8, B4, A3, wenden.

10. R: 1 W-Lm, A2, B4, A9, wenden.

11. R: 1 W-Lm, A8, B4, A3, wenden.

12. R: 1 W-Lm, A4, B4, A7, wenden.

13. und 14. R: 1 W-Lm, A6, B4, A5, wenden.

15. R: 1 W-Lm, A4, B4, A7, wenden.

16. R: 1 W-Lm, A8, B4, A3, wenden.

Die 3.–16. R wh, bis der Streifen 1 cm kürzer ist als die gewünschte Länge (mit beliebiger Reihe enden).

Letzte 2 R: 1 W-Lm, A15, wenden.

Abmaschen und die Fäden vernähen.

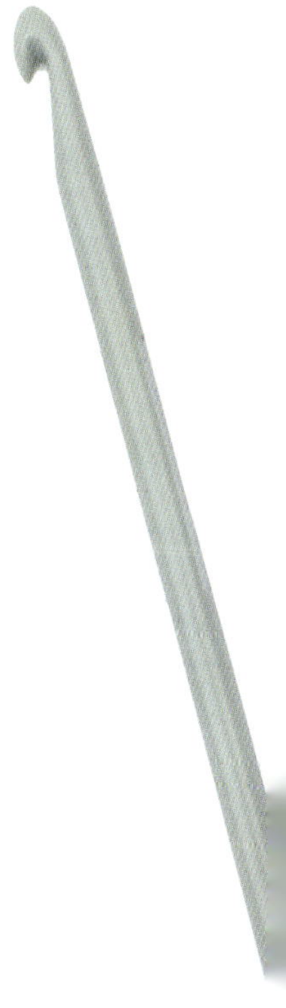

#085 HÄKELSCHRIFT

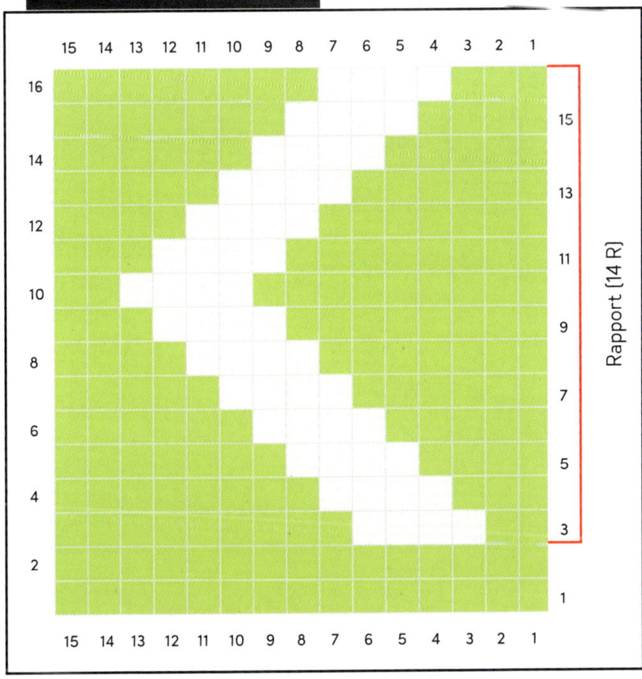

Symbole

Farbe A   Farbe B

Jedes Kästchen steht für eine Masche.

Alle ungeraden Reihen (Hin-R) werden von rechts nach links gelesen, alle geraden Reihen (Rück-R) von links nach rechts.

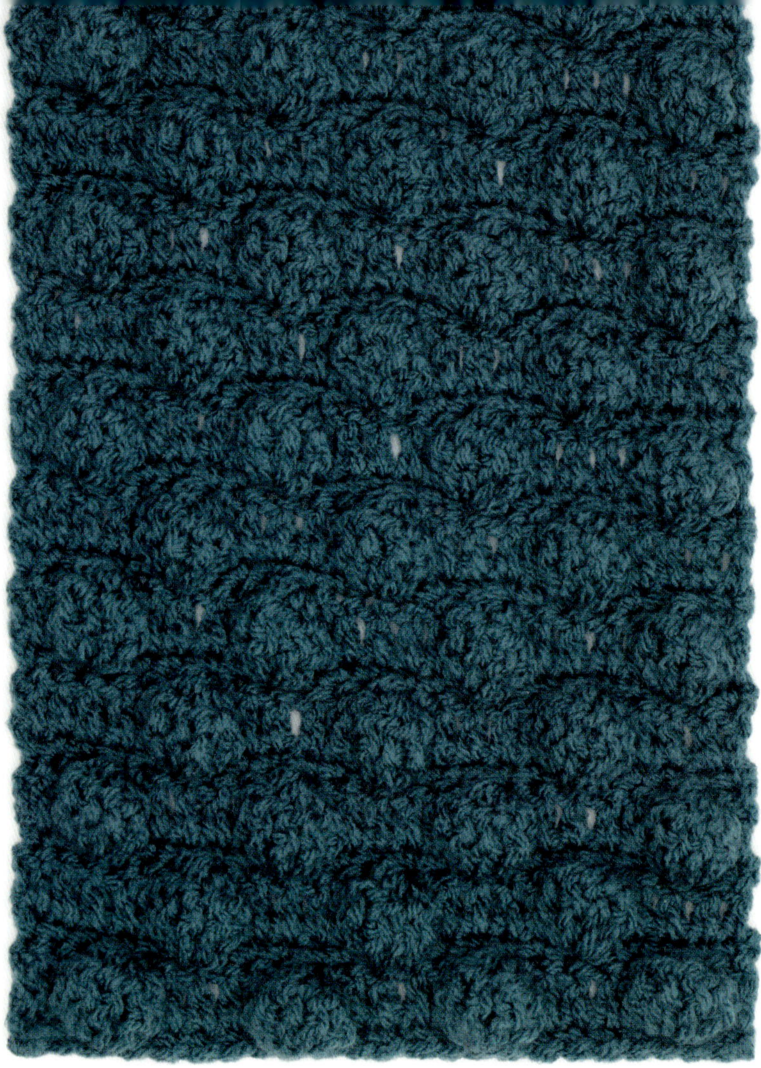

#086

RIESENNOPPEN

Diese überdimensionalen Noppen zu häkeln macht riesigen Spaß, und das dicke, plastische Muster ist herrlich bauschig.

SPEZIALTECHNIK

Noppe: **2 U, in M einstechen, U, Faden durchholen, 2-mal [U, 2 Schl auf der Nadel zus abm]; ab * noch 5-mal wh, U, alle 7 Schl auf der Nadel zus abm. Noppen werden in Rück-R gearbeitet und erscheinen auf der Vorderseite. Jede Noppe zählt als 1 M; in der folg R 1 M oben in die Noppe häkeln.*

Anfangsluftmaschen: Maschenzahl teilbar durch 6 + 6

Gemäß Maschenzahl (s. o.) Lm in der gewünschten Streifenbreite anschlagen.

1. R (Hin-R): 1 fM in die 2. Lm ab der Nadel und in jede weitere Lm, wenden.

2. R (Rück-R): 2 W-Lm (zählen nie als M), 2 Stb, 1 Noppe in folg M, *5 Stb, 1 Noppe in folg M; ab * bis 2 M vor Ende wh, 2 Stb, wenden.

3. R: 1 W-Lm (zählt nie als M), fortl 1 fM in jede M, wenden.

4. R: 2 W-Lm, 5 Stb, *1 Noppe in folg M, 5 Stb; ab * fortl wh, wenden.

5. R: 1 W-Lm, fortl 1 fM in jede M, wenden.

Die 2.–5. R wh, bis der Streifen 0,5 cm kürzer ist als die gewünschte Länge (mit beliebiger Reihe enden).

Letzte R: 1 W-Lm, fortl 1 fM in jede M.

Abmaschen und die Fäden vernähen.

#086 HÄKELSCHRIFT

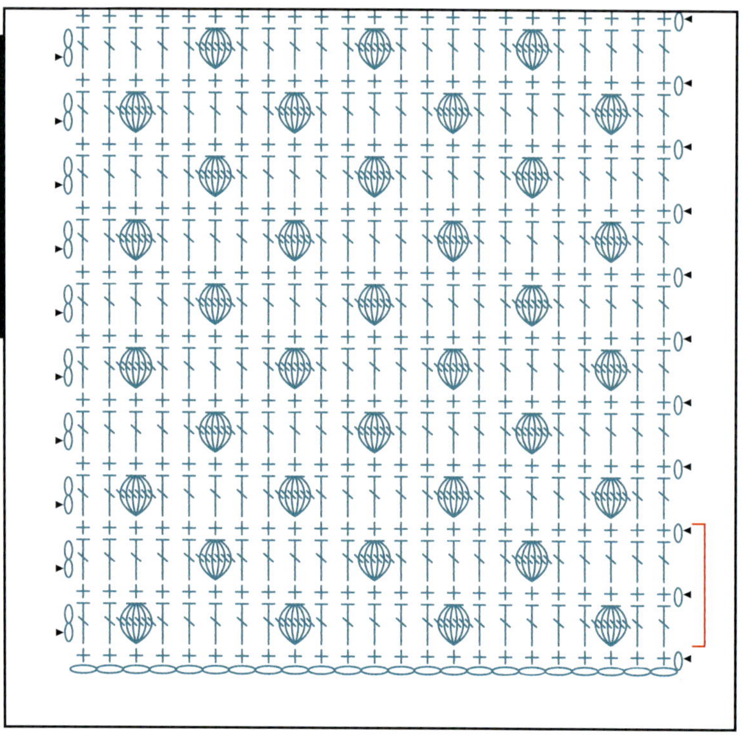

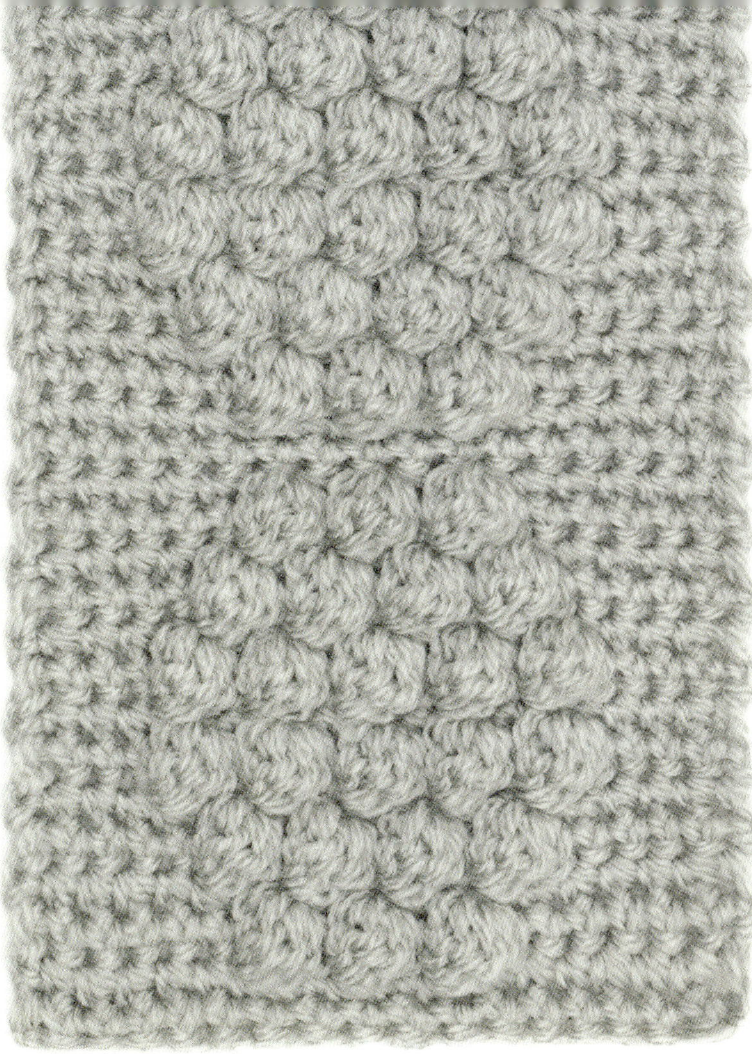

#087

NOPPENKUGELN

Kombinieren Sie dieses üppige noppig-kugelige Muster mit flacheren, ruhigeren Musterstreifen auf beiden Seiten. So stechen die Noppen richtig hervor und wirken am besten.

SPEZIALTECHNIK

Noppe: *4-mal [U, in M einstechen, U, Faden durchholen, U, 2 Schl auf der Nadel zus abm] (5 Schl auf der Nadel), U, alle Schl auf der Nadel zus abm. Noppen werden in Rück-R gearbeitet und erscheinen auf der Vorderseite. Jede Noppe zählt als 1 M; in der folg R 1 M oben in die Noppe häkeln.*

18 Lm anschlagen.

1. R (Hin-R): 1 fM in die 2. Lm ab der Nadel und in jede weitere Lm, wenden. (17 M)

2. R (Rück-R): 1 W-Lm (zählt nie als M), fortl 1 fM in jede M, wenden.

3. R: 1 W-Lm, fortl 1 fM in jede M, wenden.

4. R: 1 W-Lm, 6 fM, 3-mal [1 Noppe in folg M, 1 fM], 5 fM, wenden.

5. R: 1 W-Lm, fortl 1 fM in jede M, wenden.

6. R: 1 W-Lm, 5 fM, 4-mal [1 Noppe in folg M, 1 fM], 4 fM, wenden

7. R: 1 W-Lm, fortl 1 fM in jede M, wenden.

8. R: 1 W-Lm, 4 fM, 5-mal [1 Noppe in folg M, 1 fM], 3 fM, wenden.

9. R: 1 W-Lm, fortl 1 fM in jede M, wenden.

10. R: 1 W-Lm, 4 fM, 5-mal [1 Noppe in folg M, 1 fM], 3 fM, wenden.

11. R: 1 W-Lm, fortl 1 fM in jede M, wenden.

12. R: 1-W-Lm, 5 fM, 4-mal [1 Noppe in folg M, 1 fM], 4 fM, wenden.

13. R: 1 W-Lm, fortl 1 fM in jede M, wenden.

14. R: 1 W-Lm, 6 fM, 3-mal [1 Noppe in folg M, 1 fM], 5 fM, wenden.

15.–17. R: 1 W-Lm, fortl 1 fM in jede M, wenden.

Die 4.–17. R wh, bis der Streifen 1 cm kürzer ist als die gewünschte Länge (mit beliebiger Reihe enden).

Letzte 2 R: 1 W-Lm, fortl 1 fM in jede M.

Abmaschen und die Fäden vernähen.

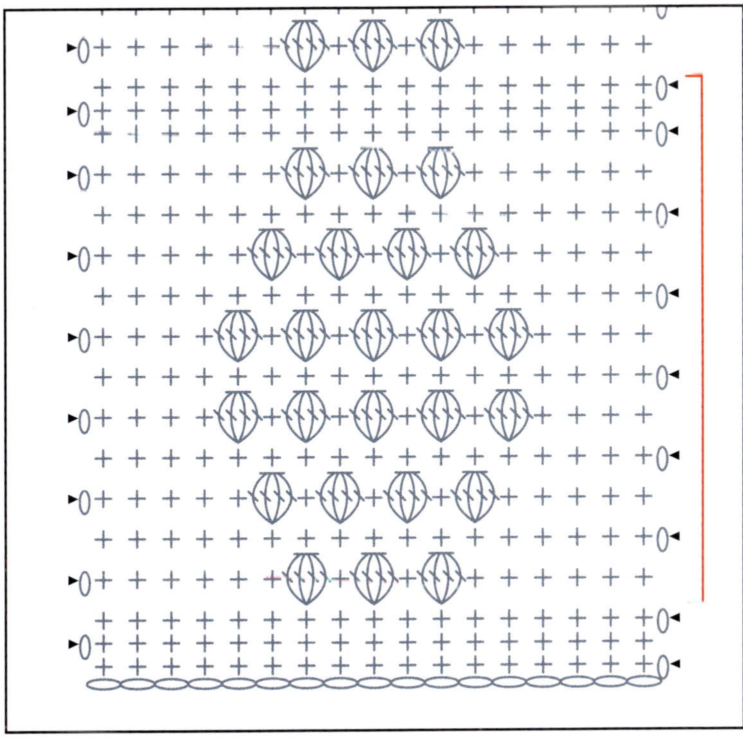

#087 HÄKELSCHRIFT

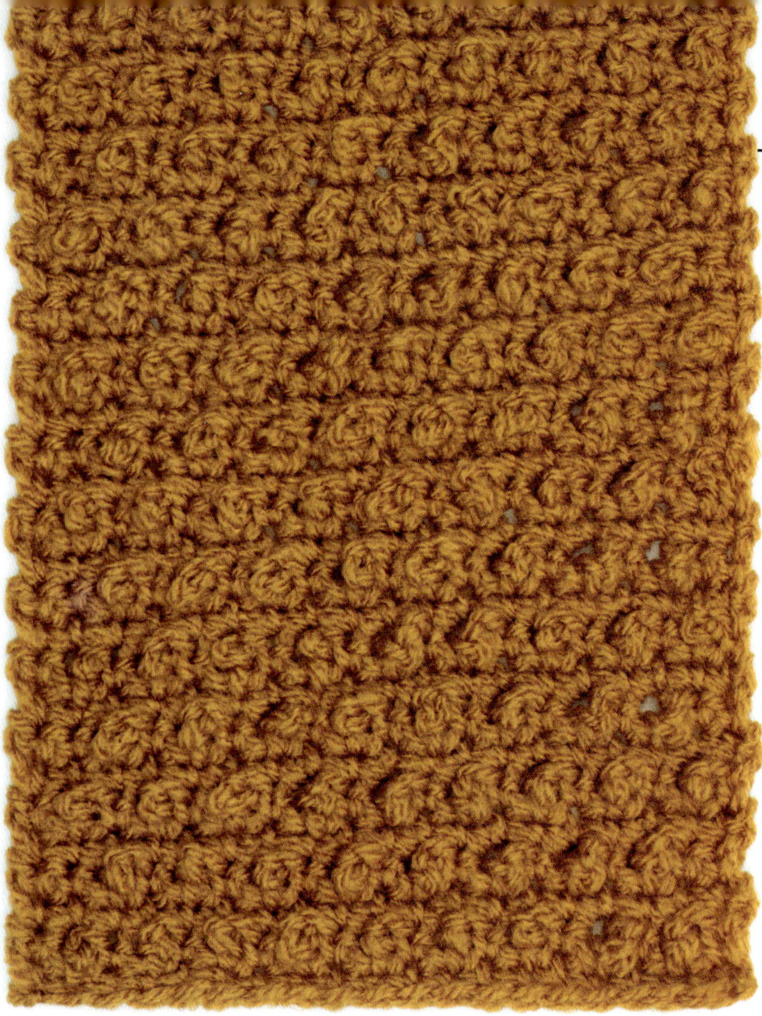

#088

MINI-NOPPEN

Dieses süße Muster besteht aus feinen Mini-Noppen mit zarter Struktur. Es wäre ideal als Kontrast zu einem Streifen mit größeren Noppen.

SPEZIALTECHNIK

Mini-Noppe: *In M einstechen, U, Faden durchholen, 2-mal [U, erste Schl auf der Nadel abm], U, beide Schl auf der Nadel zus abm. Mini-Noppen werden in Rückreihen gearbeitet und erscheinen auf der Vorderseite. Jede Mini-Noppe zählt als 1 M; in der folg R 1 M oben in die Noppe häkeln.*

Anfangsluftmaschen: Maschenzahl teilbar durch 2 + 2

Gemäß Maschenzahl (s. o.) Lm in der gewünschten Streifenbreite anschlagen.

1. R (Hin-R): 1 fM in die 2. Lm ab der Nadel und in jede weitere Lm, wenden.

2. R (Rück-R): 1 W-Lm (zählt nie als M), 1 fM, *1 Mini-Noppe in folg M, 1 fM; ab * fortl wh, wenden.

3. R: 1 W-Lm, fortl 1 fM in jede M, wenden.

4. R: 1 W-Lm, 2 fM, *1 Mini-Noppe in folg M, 1 fM; ab * bis 1 M vor Ende wh, 1 fM, wenden.

5. R: 1 W-Lm, fortl 1 fM in jede M, wenden.

Die 2.–5. R wh, bis der Streifen 0,5 cm kürzer ist als die gewünschte Länge (mit beliebiger Reihe enden).

Letzte R: 1 W-Lm, fortl 1 fM in jede M.

Abmaschen und die Fäden vernähen.

#088 HÄKELSCHRIFT

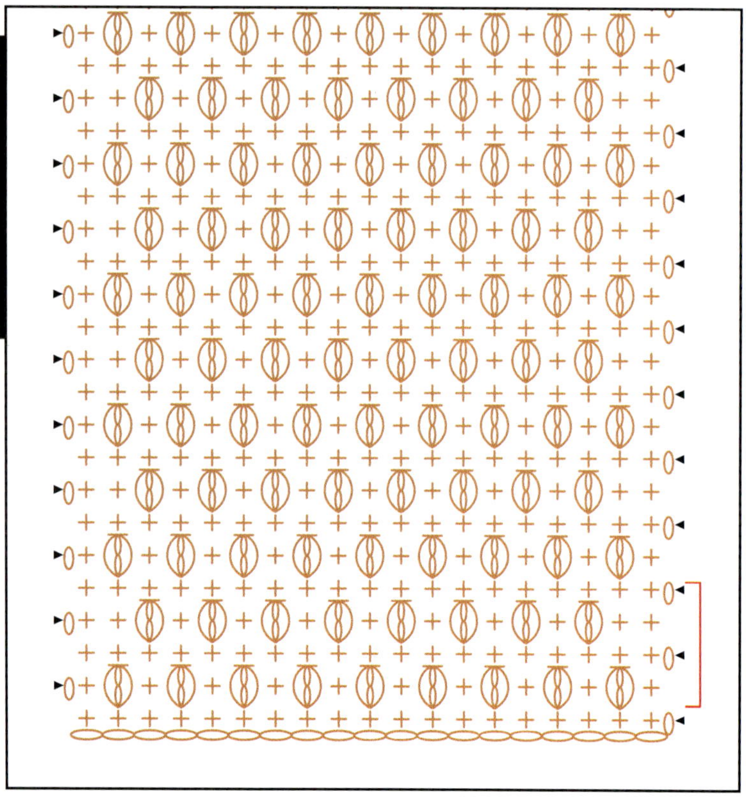

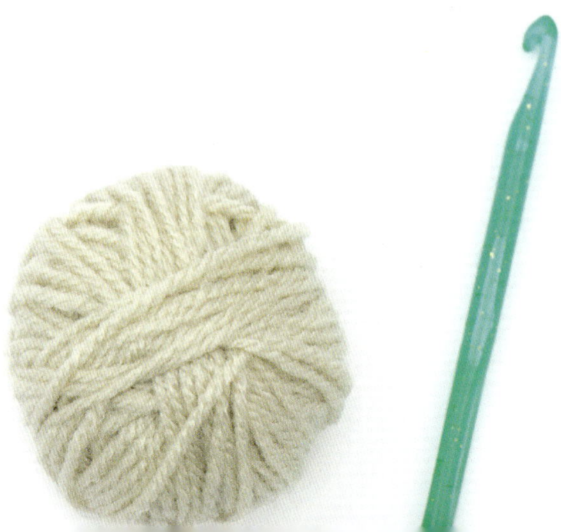

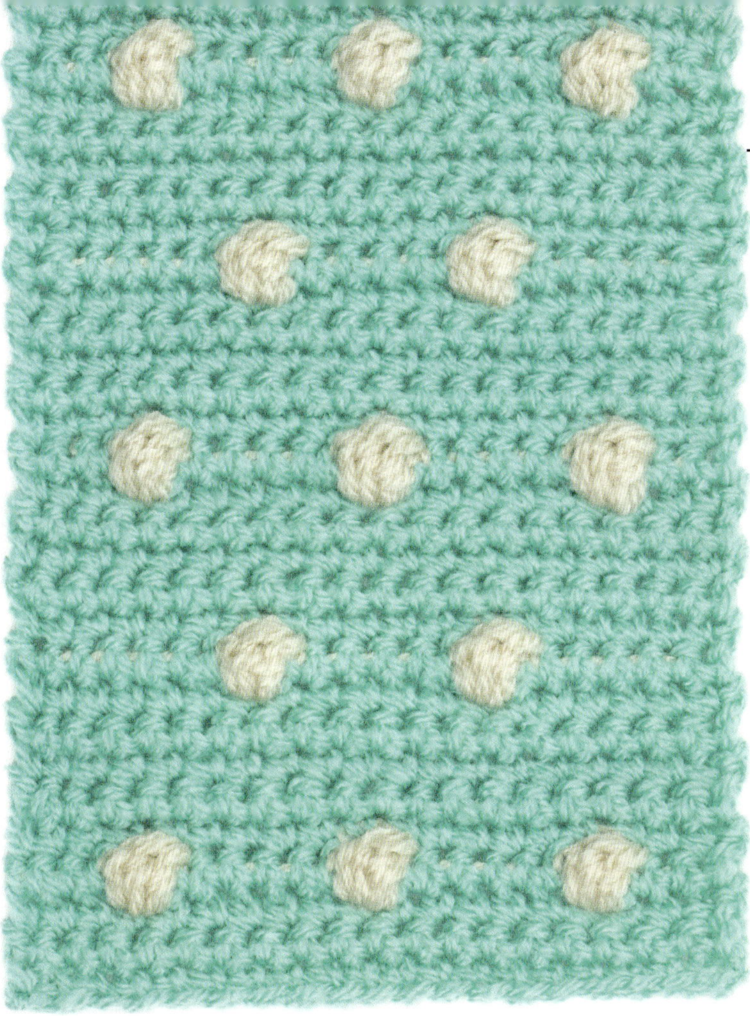

#089

KONTRASTFARBIGE NOPPEN

Diese kleinen Noppen zu häkeln macht Spaß, da man stets zwischen der Grundfarbe und den Farbtupfern der Noppen wechselt. Wählen Sie am besten starke Kontrastfarben.

SPEZIALTECHNIKEN

Farbwechsel (FW): *In die fM vor einer Noppe einstechen, U, Faden in Fb A (Grundfarbe) durchholen, Fb A liegen lassen, mit Fb B (Kontrastfarbe) U und alle Schl zus abm, in folg M mit Fb B 1 Noppe arb. Nur in Noppenreihen den Faden der unbenutzten Farbe an der Arbeitsreihe entlang mitführen und einhäkeln, bis er wieder benötigt wird.*

Noppe: *Mit Fb B 4-mal [U, in M einstechen, U, Faden durchholen, U, 2 Schl auf der Nadel zus abm] (5 Schl auf der Nadel), Fb B liegen lassen, mit Fb A U und alle Schl auf der Nadel zus abm. Noppen werden in Rück-R gearbeitet und erscheinen auf der Vorderseite. Jede Noppe zählt als 1 M; in der folg R 1 M oben in die Noppe häkeln.*

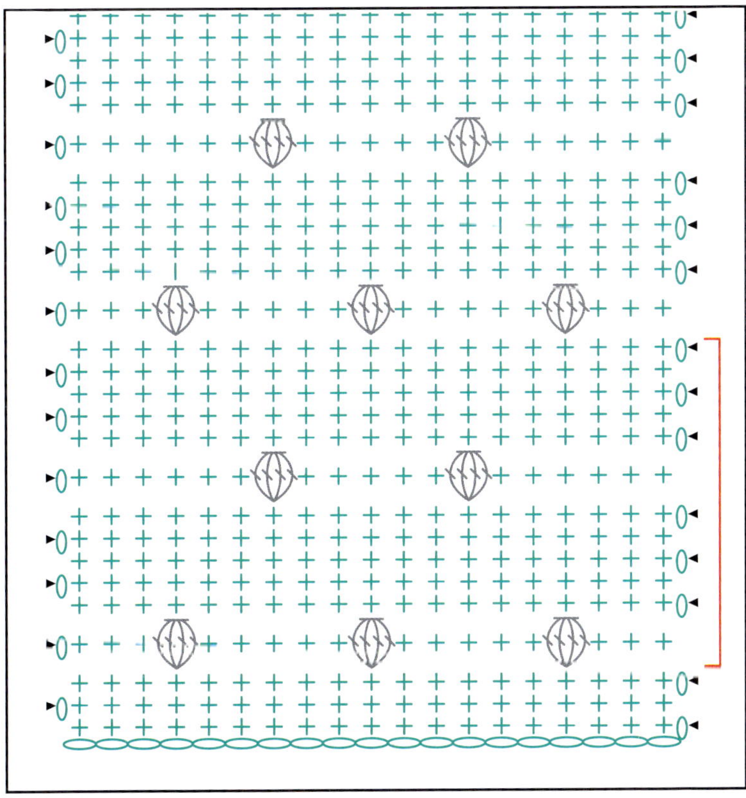

#089 HÄKELSCHRIFT

Anfangsluftmaschen: Maschenzahl teilbar durch 6 + 8

Mit Fb A gemäß Maschenzahl (s. o.) Lm in der gewünschten Streifenbreite anschlagen.

1. R (Hin-R): 1 fM in die 2. Lm ab der Nadel und in jede weitere Lm, wenden.

2. R (Rück-R): 1 W-Lm (zählt nie als M), fortl 1 fM in jede M, wenden.

3. R: 1 W-Lm, fortl 1 fM in jede M, wenden.

4. R (Noppen-R): 1 W-Lm, 3 fM, *FW zu Fb B, 1 Noppe in folg M, FW zu Fb A, 5 fM; ab * bis 4 M vor Ende wh, FW zu Fb B, 1 Noppe in folg M, FW zu Fb A, 3 fM, wenden. Fb B beenden.

5.–9. R: 1 W-Lm, fortl 1 fM in jede M, wenden.

10. R (Noppen-R): 1 W-Lm, 6 fM, *FW zu Fb B, 1 Noppe in folg M, FW zu Fb A, 5 fM; ab * bis 1 M vor Ende wh, 1 fM, wenden. Fb B beenden.

11.–15. R: 1 W-Lm, fortl 1 fM in jede M, wenden.

Die 4.–15. R wh, bis der Streifen 1 cm kürzer ist als die gewünschte Länge (mit beliebiger Reihe enden).

Letzte 2 R: 1 W-Lm, fortl 1 fM in jede M.

Abmaschen und die Fäden vernähen.

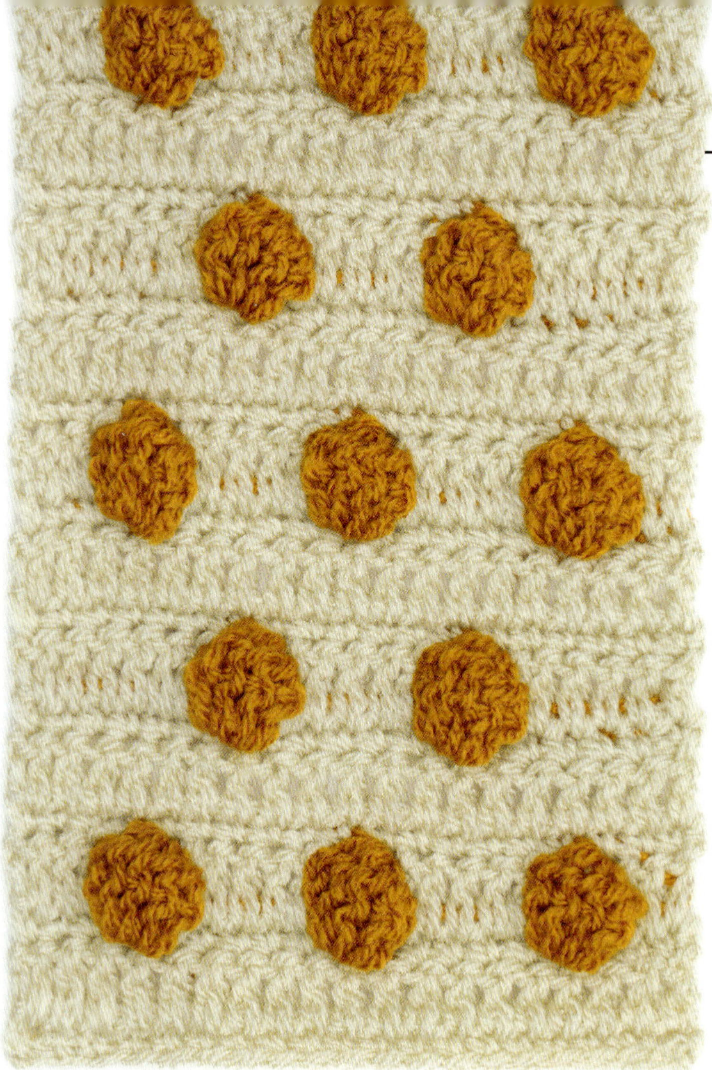

#090

KONTRASTFARBIGE RIESENNOPPEN

Mit diesen überdimensionalen Noppen können Sie witzige Farbakzente setzen. In einer starken Kontrastfarbe heben sie sich besonders gut vom Hintergrund ab.

SPEZIALTECHNIKEN

Farbwechsel (FW): *Das Stb vor der Noppe mit Fb A arb, bis nur die letzten 2 Schl auf der Nadel liegen, Fb A liegen lassen, mit Fb B U und 2 Schl auf der Nadel zus abm, mit Fb B 1 Noppe in folg M. Nur in Noppenreihen den Faden der unbenutzten Farbe an der Arbeitsreihe entlang mitführen und einhäkeln, bis er wieder benötigt wird.*

Noppe: *Mit Fb B *2 U, in M einstechen, U, Faden durchholen, 2-mal [U, 2 Schl zus abm]; ab * noch 5-mal wh (7 Schl auf der Nadel), Fb B liegen lassen, mit Fb A U und alle Schl auf der Nadel zus abm. Noppen werden in Rück-R gearbeitet und erscheinen auf der Vorderseite. Jede Noppe zählt als 1 M; in der folg R 1 M oben in die Noppe häkeln.*

#090 HÄKELSCHRIFT

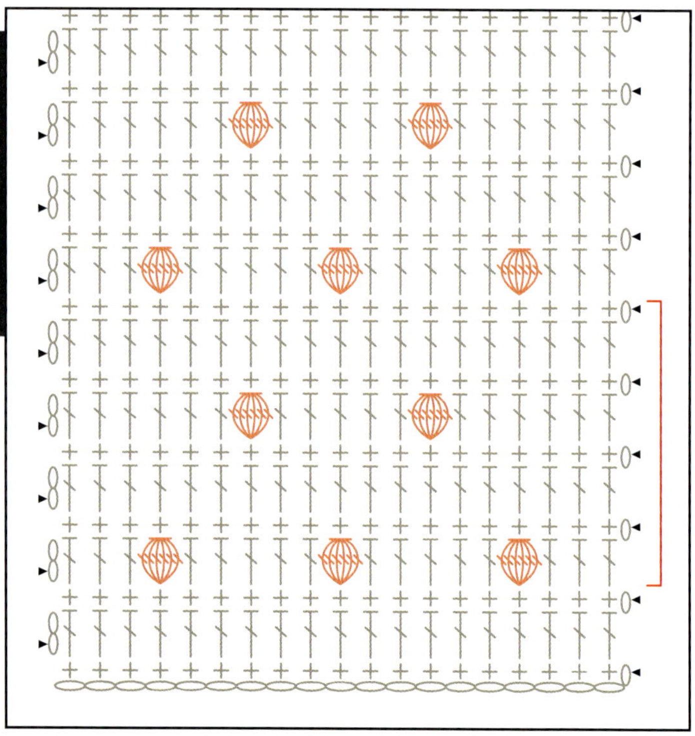

Anfangsluftmaschen: Maschenzahl teilbar durch 6 + 8

Mit Fb A gemäß Maschenzahl (s. o.) Lm in der gewünschten Streifenbreite anschlagen.

1. R (Hin-R): 1 fM in die 2. Lm ab der Nadel und in jede weitere Lm, wenden.

2. R (Rück-R): 2 W-Lm (zählen nie als M), fortl 1 Stb in jede M, wenden.

3. R und alle folg ungeraden R: 1 W-Lm (zählt nie als M), fortl 1 fM in jede M, wenden.

4. R (Rück-R, Noppen-R): 2 W-Lm, 3 Stb, *FW zu Fb B, 1 Noppe in folg M, FW zu Fb A, 5 Stb; ab * bis 4 M vor Ende wh, FW zu Fb B, 1 Noppe in folg M, FW zu Fb A, 3 Stb, wenden. Fb B beenden.

6. R: 2 W-Lm, fortl 1 Stb in jede M, wenden.

8. R (Rück-R, Noppen-R): 2 W-Lm, 6 Stb, *FW zu Fb B, 1 Noppe in folg M, FW zu Fb A, 5 Stb; ab * bis 1 M vor Ende wh, 1 Stb, wenden. Fb B beenden.

10. R: 2 W-Lm, fortl 1 Stb in jede M, wenden.

11. R: 1 W-Lm, fortl 1 fM in jede M, wenden.

Die 4.–11. R wh, bis der Streifen 0,5 cm kürzer ist als die gewünschte Länge (mit beliebiger Reihe enden).

Letzte R: 1 W-Lm, fortl 1 fM in jede M.

Abmaschen und die Fäden vernähen.

Wollreste-REGENBOGENSCHAL

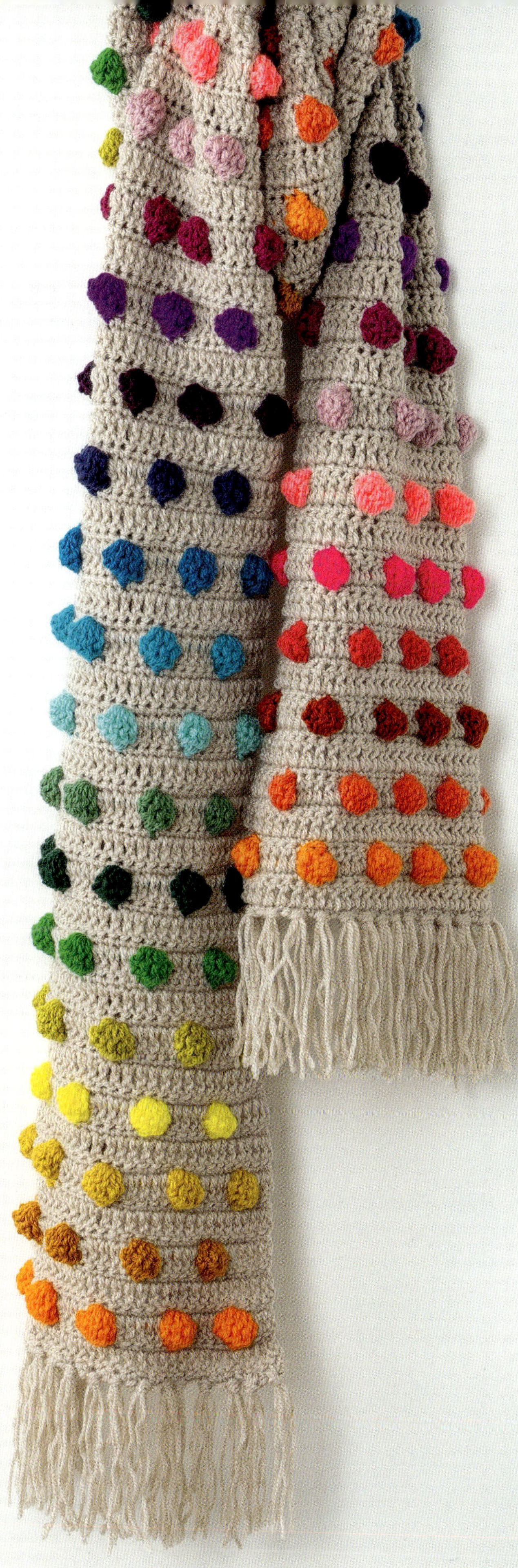

Material

Farbe A: Hasselt (2010); 175 g

Farbe B: Beliebige vorhandene Wollreste. Für jede Noppenreihe werden etwa 2 g Garn benötigt.

Hier verwendet:

- Gent (2002)
- Leek (1132)
- Breda (1029)
- Tilburg (1082)
- Hilversum (1257)
- Mechelen (2013)
- Venlo (1080)
- Kortrijk (2009)
- Brugge (2003)
- Spa (2007)
- Harlingen (1825)
- Wilnis (1829)
- Bastogne (2015)
- Eelde (1422)
- Enschede (1824)
- Utrecht (1009)
- Malmédy (2014)
- Nijmegen (1712)
- Leuven (2008)
- Coevorden (1823)
- Burum (1709)

Häkelnadel

Stärke 5,5 mm

Fertige Maße

B x L etwa 22 x 185 cm (ohne Fransen)

#090 *Kontrastfarbige Riesennoppen*

SCHAL

Mit Fb A 38 Lm anschlagen.

Das Muster Kontrastfarbige Riesennoppen über etwa 175 Reihen arbeiten; dabei in den Noppenreihen für Farbe B beliebiges Garn verwenden (43 Noppenreihen).

FRANSEN

(38 Quasten anfertigen = 19 Quasten pro Ende)

Drei 20 cm lange Fäden von Fb A in der Mitte falten, die Schlaufenenden durch die erste fM an einer Schmalseite des Schals schieben. Die abgeschnittenen Enden durch die Schlaufen fädeln und zur Befestigung leicht anziehen. An allen ungeraden fM der beiden Schmalseiten des Schals wiederholen.

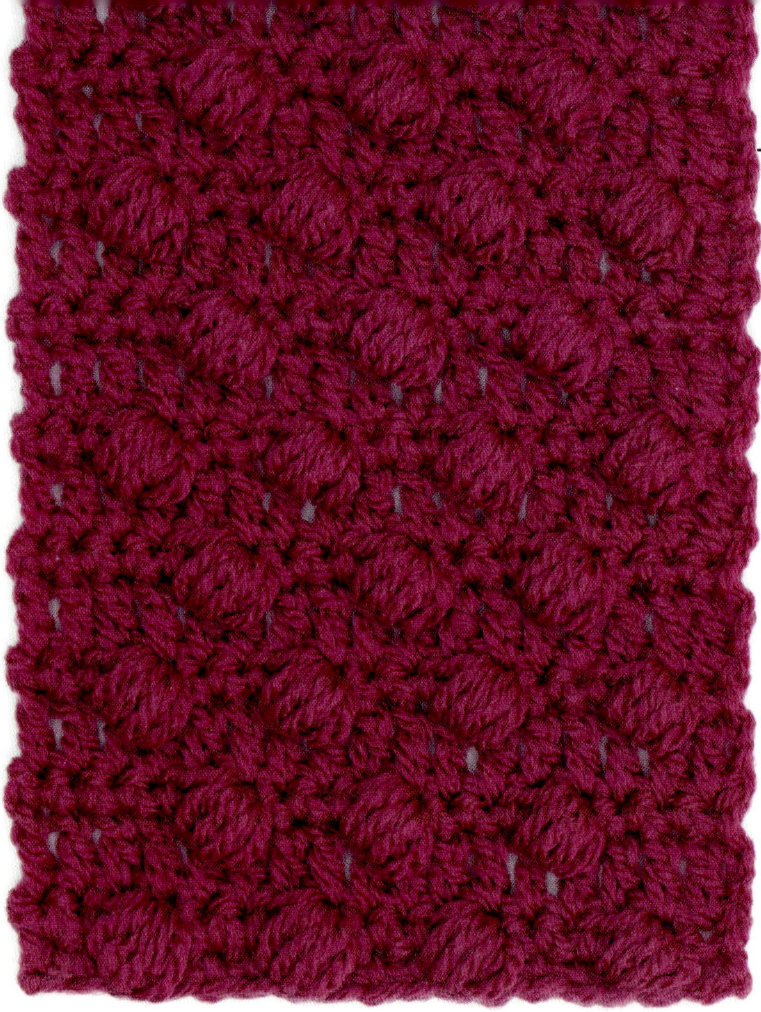

#091

KLEINE PUFFMASCHEN

Puffmaschen sind mit den Noppen verwandt, werden jedoch etwas anders gearbeitet. In diesem Musterstreifen kommen sie perfekt zur Geltung.

SPEZIALTECHNIK

Puffmasche (Puff-M): *5-mal [U, in M einstechen, U, Faden durchholen], U, alle 11 Schl auf der Nadel zus abm. Puff-M werden in Rück-R gearbeitet und erscheinen auf der Vorderseite. Jede Puff-M zählt als 1 M; in der folg R 1 M oben in die Puff-M häkeln.*

Anfangsluftmaschen: Maschenzahl teilbar durch 4 + 6

Gemäß Maschenzahl (s. o.) Lm in der gewünschten Streifenbreite anschlagen.

1. R (Hin-R): 1 fM in die 2. Lm ab der Nadel und in jede weitere Lm, wenden.

2. R (Rück-R): 1 W-Lm (zählt nie als M), 2 fM, 1 Puff-M in folg M, *3 fM, 1 Puff-M in folg M; ab * bis 2 M vor Ende wh, 2 fM, wenden.

3. R: 2 W-Lm (zählen nie als M), fortl 1 Stb in jede M, wenden.

4. R: 1 W-Lm, 4 fM, *1 Puff-M in folg M, 3 fM; ab * bis 1 M vor Ende wh, 1 fM, wenden.

5. R: 2 W-Lm, fortl 1 Stb in jede M, wenden.

Die 2.–5. R wh, bis der Streifen 0,5 cm kürzer ist als die gewünschte Länge (mit beliebiger Reihe enden).

Letzte R: 1 W-Lm, fortl 1 fM in jede M.

Abmaschen und die Fäden vernähen.

#91 HÄKELSCHRIFT

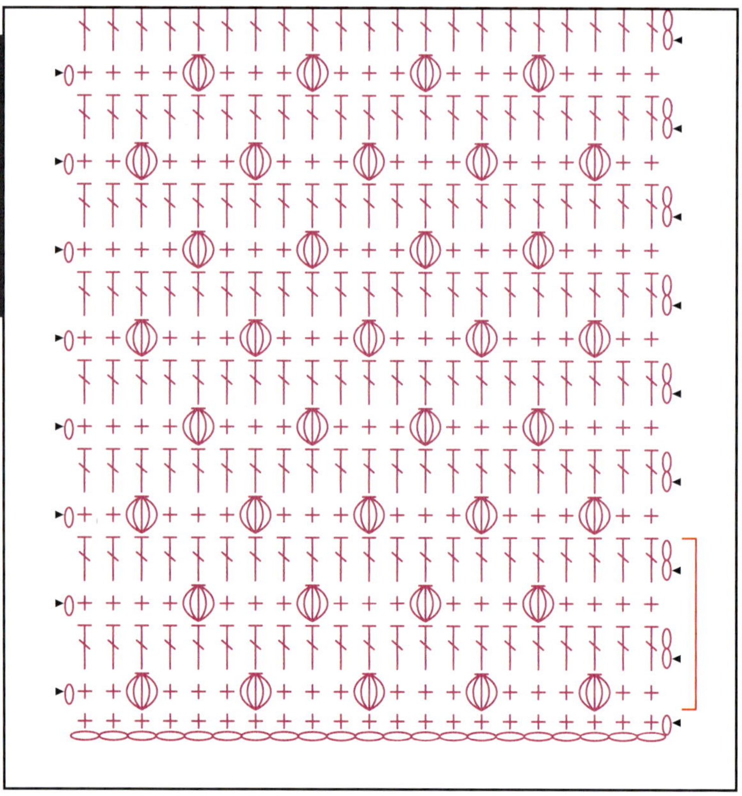

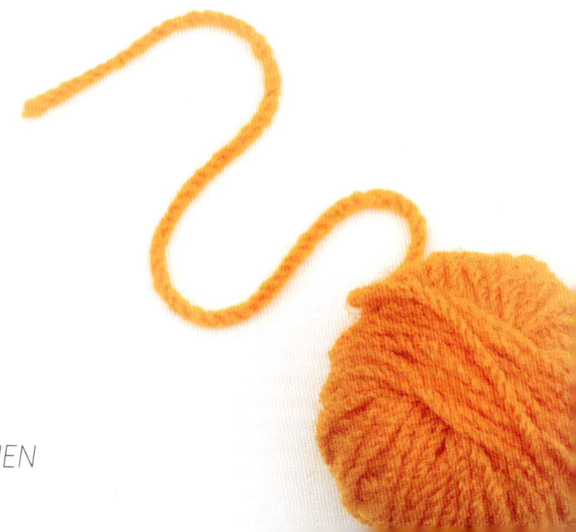

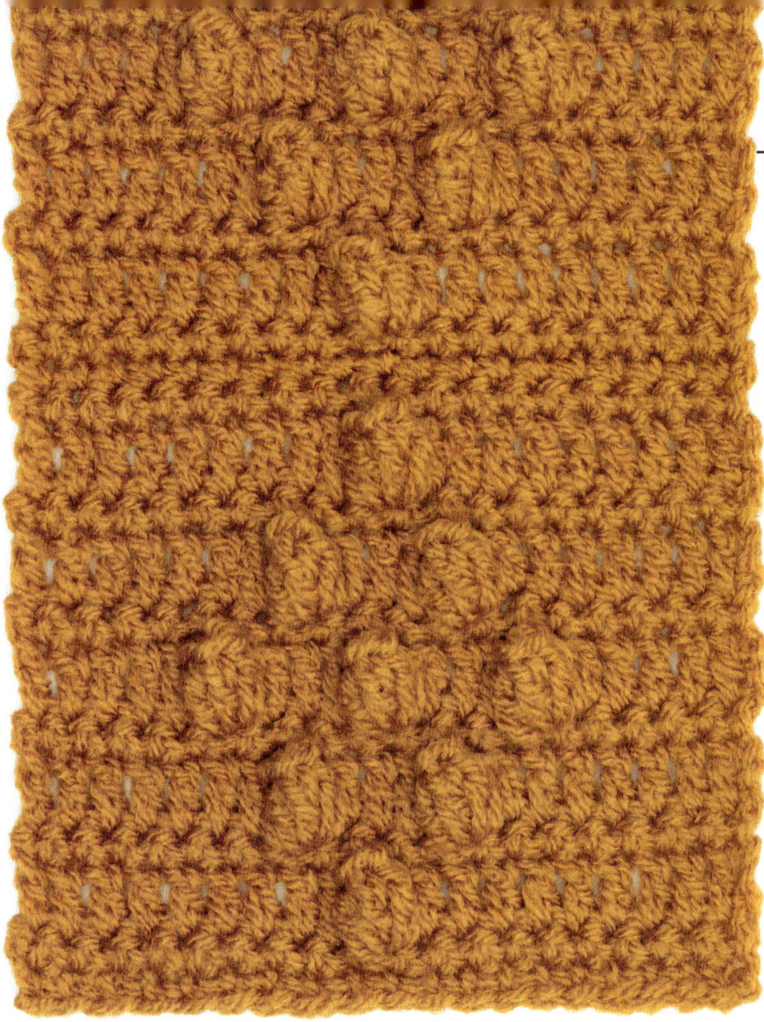

#092

POPCORN-RAUTEN

Diese frechen Popcorn-Rauten machen richtig Spaß und peppen jedes Häkelprojekt auf. Außerdem sind sie schnell gehäkelt, was sie noch attraktiver macht!

SPEZIALTECHNIK

Popcornmasche (PcM): *5 Stb in 1 M arb, Arbeitsschl von der Nadel nehmen, in die oberen Maschenglieder des 1. Stb einstechen, Arbeitsschl zurück auf die Nadel legen und durch das 1. Stb ziehen, um die M oben zusammenzuziehen. Jede PcM zählt als 1 M; in der folg R 1 M oben in die PcM häkeln.*

20 Lm anschlagen.

1. R (Hin-R): 1 fM in die 2. Lm ab der Nadel und in jede weitere Lm, wenden. (19 M)

2. R (Rück-R): 1 W-Lm (zählt nie als M), fortl 1 fM in jede M, wenden.

3. R: 2 W-Lm (zählen nie als M), 9 Stb, 1 PcM in folg M, 9 Stb, wenden.

4. R: 1 W-Lm, fortl 1 fM in jede M, wenden.

5. R: 2 W-Lm, 7 Stb, 1 PcM in folg M, 3 Stb, 1 PcM in folg M, 7 Stb, wenden.

6. R: 1 W-Lm, fortl 1 fM in jede M, wenden.

7. R: 2 W-Lm, 5 Stb, 2-mal [1 PcM in folg M, 3 Stb], 1 PcM in folg M, 5 Stb, wenden.

8. R: 1 W-Lm, fortl 1 fM in jede M, wenden.

9. R: 2 W-Lm, 7 Stb, 1 PcM in folg M, 3 Stb, 1 PcM in folg M, 7 Stb, wenden.

10. R: 1 W-Lm, fortl 1 fM in jede M, wenden.

11. R: 2 W-Lm, 9 Stb, 1 PcM in folg M, 9 Stb, wenden.

12.–14. R: 1 W-Lm, fortl 1 fM in jede M, wenden.

Die 3.–14. R wh, bis der Streifen 0,5 cm kürzer ist als die gewünschte Länge (mit beliebiger Reihe enden).

Letzte R: 1 W-Lm, fortl 1 fM in jede M.

Abmaschen und die Fäden vernähen.

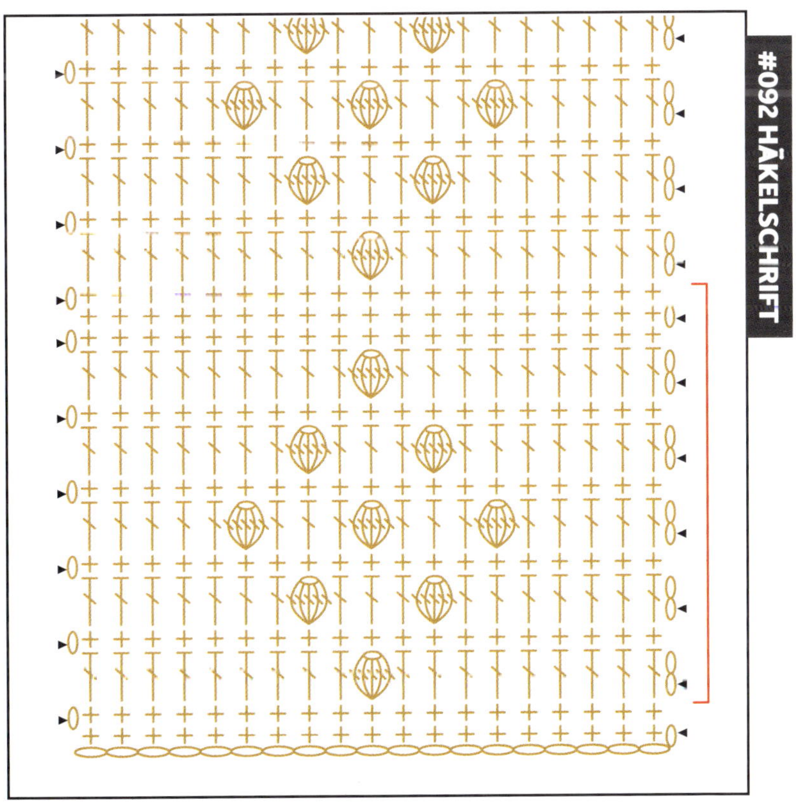

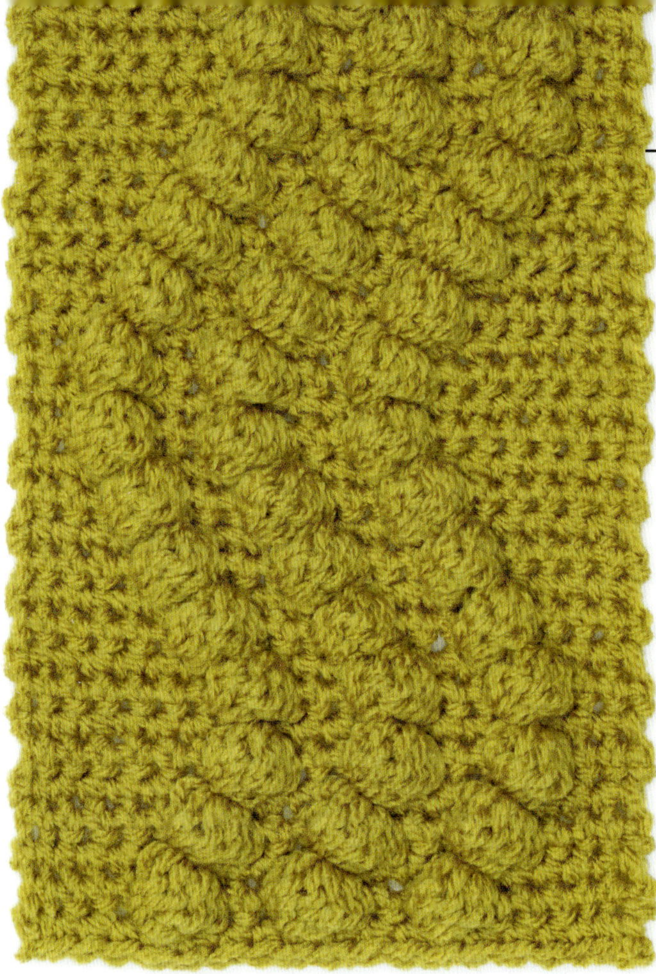

#093

NOPPENWELLEN

Diese Noppenreihen bilden ein attraktives Wellenmuster. Sie können es nach Bedarf anpassen: Wenn Sie den Streifen breiter arbeiten, entstehen weitere wellige Noppenlinien.

SPEZIALTECHNIK

Noppe: *5-mal [U, in M einstechen, U, Faden durchholen, U, 2 Schl zus abm] (6 Schl auf der Nadel), U, alle Schl auf der Nadel zus abm. Noppen werden in Rück-R gearbeitet und erscheinen auf der Vorderseite. Jede Noppe zählt als 1 M; in der folg R 1 M oben in die Noppe häkeln.*

Anfangsluftmaschen: Maschenzahl teilbar durch 4 + 8

Gemäß Maschenzahl (s. o.) Lm in der gewünschten Streifenbreite anschlagen.

1. R (Hin-R): 1 fM in die 2. Lm ab der Nadel und in jede weitere Lm, wenden.

2. R und alle folgenden geraden R (Rück-R): 1 W-Lm (zählt nie als M), fortl 1 fM in jede M, wenden.

3. R: 1 W-Lm, 7 fM, *1 Noppe in folg M, 3 fM; ab * fortl wh, wenden.

5. und 6. R: Wie 3. und 4. R.

7. R: 1 W-Lm, 6 fM, *1 Noppe in folg M, 3 fM; ab * bis 1 M vor Ende wh, 1 fM, wenden.

9. R: 1 W-Lm, 5 fM, *1 Noppe in folg M, 3 fM; ab * bis 2 M vor Ende wh, 2 fM, wenden.

11. R: 1 W-Lm, 4 fM, *1 Noppe in folg M, 3 fM; ab * bis 3 M vor Ende wh, 3 fM, wenden.

13. R: 1 W-Lm, 3 fM, *1 Noppe in folg M, 3 fM; ab * bis 4 M vor Ende wh, 4 fM, wenden.

15. und 16. R: Wie 13. und 14. R.

17. R: 1 W-Lm, 4 fM, *1 Noppe in folg M, 3 fM; ab * bis 3 M vor Ende wh, 3 fM, wenden.

19. R: 1 W-Lm, 5 fM, *1 Noppe in folg M, 3 fM; ab * bis 2 M vor Ende wh, 2 fM, wenden.

21. R: 1 W-Lm, 6 fM, *1 Noppe in folg M, 3 fM; ab * bis 1 M vor Ende wh, 1 fM, wenden.

22. R: 1 W-Lm, fortl 1 fM in jede M, wenden.

Die 3.–22. R wh, bis der Streifen 0,5 cm kürzer ist als die gewünschte Länge (mit beliebiger Reihenzahl enden).

Letzte R: 1 W-Lm, fortl 1 fM in jede M.

Abmaschen und die Fäden vernähen.

#093 HÄKELSCHRIFT

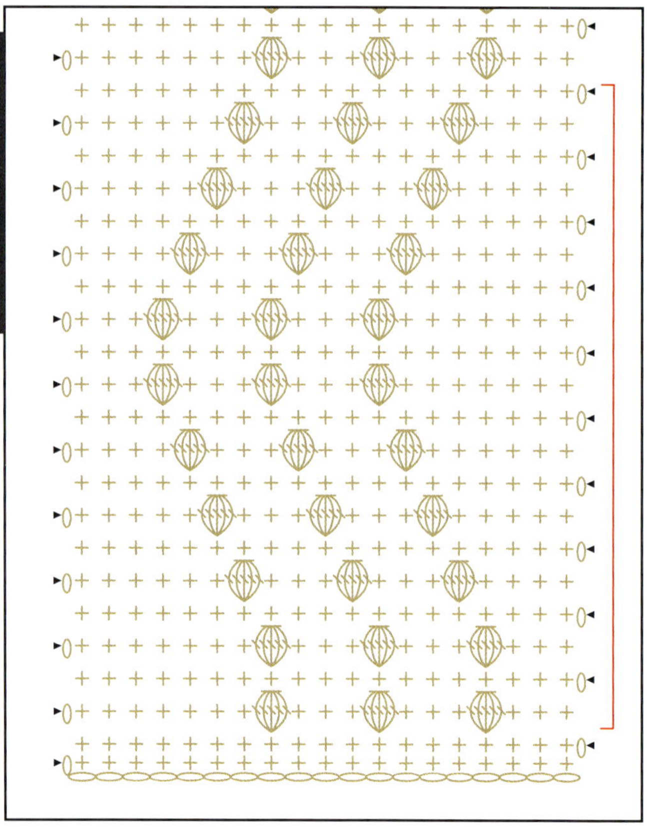

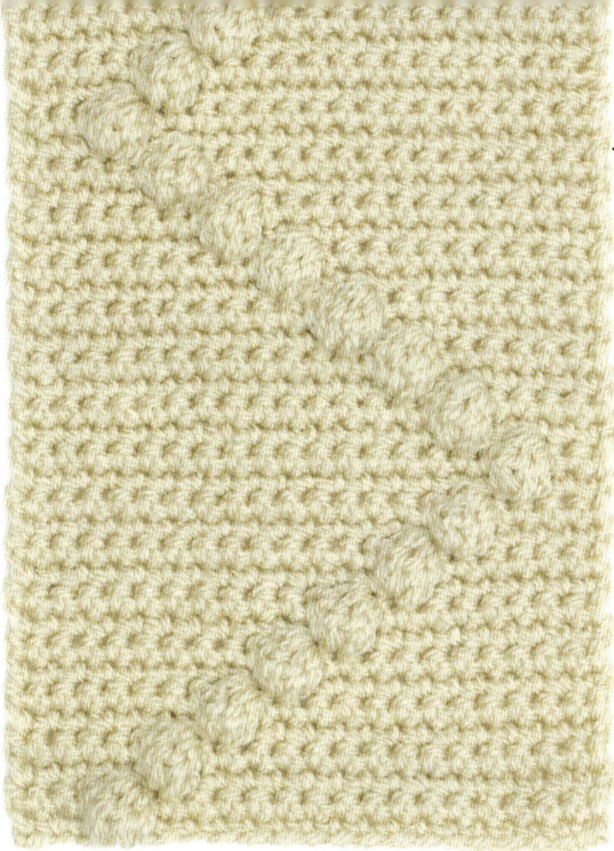

#094

ZICKZACKNOPPEN

Es ist toll anzusehen, wie das gleichmäßige Zickzackmuster in diesem Streifen allmählich zum Vorschein kommt.

SPEZIALTECHNIK

Noppe: *4-mal [U, in M einstechen, U, Faden durchholen, U, 2 Schl auf der Nadel zus abm] (5 Schl auf der Nadel), U, alle Schl auf der Nadel zus abm. Noppen werden in Rück-R gearbeitet und erscheinen auf der Vorderseite. Jede Noppe zählt als 1 M; in der folg R 1 M oben in die Noppe häkeln.*

22 Lm anschlagen

1. R (Hin-R): 1 fM in die 2. Lm ab der Nadel und in jede weitere Lm, wenden. (21 M)

2. R (Rück-R): 1 W-Lm (zählt nie als M), 3 fM, 1 Noppe in folg M, 17 fM, wenden.

3. R und alle folg ungeraden R: 1 W-Lm, fortl 1 fM in jede M, wenden.

4. R: 1 W-Lm, 5 fM, 1 Noppe in folg M, 15 fM, wenden.

6. R: 1 W-Lm, 7 fM, 1 Noppe in folg M, 13 fM, wenden.

8. R: 1 W-Lm, 9 fM, 1 Noppe in folg M, 11 fM, wenden.

10. R: 1 W-Lm, 11 fM, 1 Noppe in folg M, 9 fM, wenden.

12. R: 1 W-Lm, 13 fM, 1 Noppe in folg M, 7 fM, wenden.

14. R: 1 W-Lm, 15 fM, 1 Noppe in folg M, 5 fM, wenden.

16. R: 1 W-Lm, 17 fM, 1 Noppe in folg M, 3 fM, wenden.

18. R: 1 W-Lm, 15 fM, 1 Noppe in folg M, 5 fM, wenden.

20. R: 1 W-Lm, 13 fM, 1 Noppe in folg M, 7 fM, wenden.

22. R: 1 W-Lm, 11 fM, 1 Noppe in folg M, 9 fM, wenden.

24. R: 1 W-Lm, 9 fM, 1 Noppe in folg M, 11 fM, wenden.

26. R: 1 W-Lm, 7 fM, 1 Noppe in folg M, 13 fM, wenden.

28. R: 1 W-Lm, 5 fM, 1 Noppe in folg M, 15 fM, wenden.

29. R: 1 W-Lm, fortl 1 fM in jede M, wenden.

Die 2.–29. R wh, bis der Streifen 0,5 cm kürzer ist als die gewünschte Länge (mit beliebiger Reihe enden).

Letzte R: 1 W-Lm, fortl 1 fM in jede M.

Abmaschen und die Fäden vernähen.

#094 HÄKELSCHRIFT

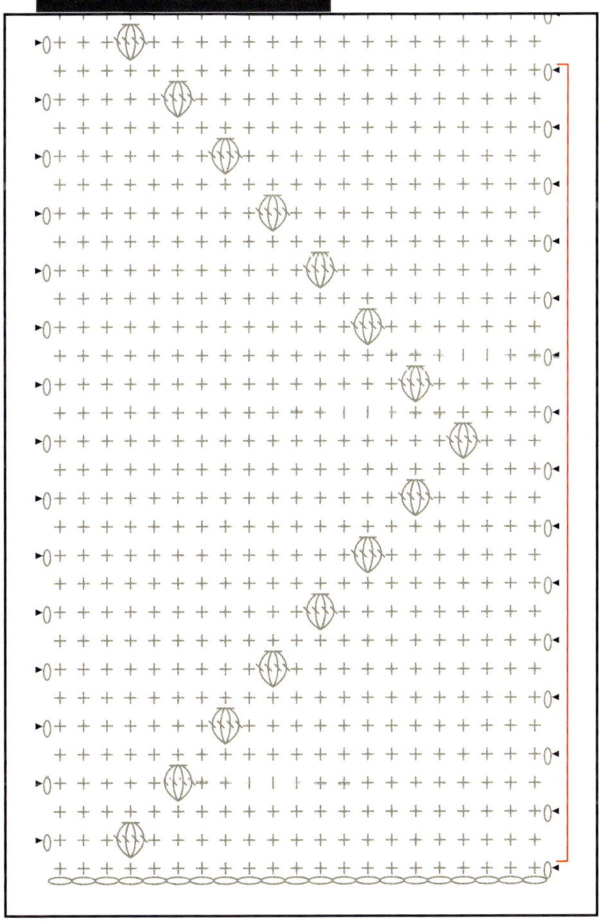

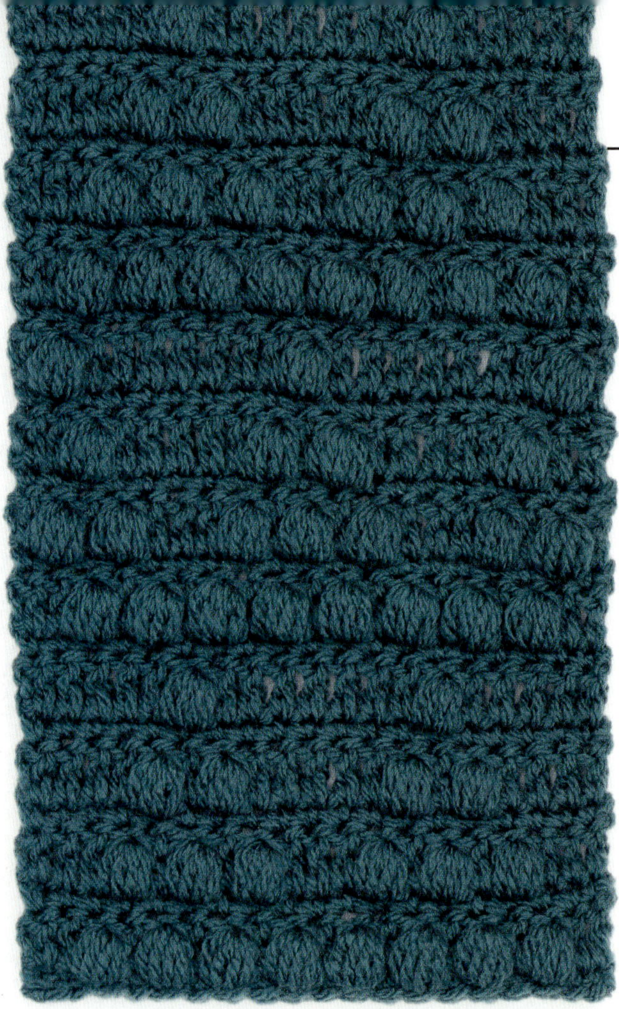

#095

BAUSCHIGE BERGSPITZEN

Dieses Muster lässt sich wirklich angenehm häkeln und sieht in jeder Farbe fantastisch aus.

SPEZIALTECHNIK

Puffmasche (Puff-M): *5-mal [U, in M einstechen, U, Faden durchholen] (11 Schl auf der Nadel), U, erste 10 Schl auf der Nadel zus abm, U, letzte 2 Schl zus abm. Puff-M werden in Rück-R gearbeitet und erscheinen auf der Vorderseite. Jede Puff-M zählt als 1 M; in der folg R 1 M oben in die Puff-M häkeln.*

Anfangsluftmaschen: Maschenzahl teilbar durch 8 + 12

Gemäß Maschenzahl (s. o.) Lm in der gewünschten Streifenbreite anschlagen.

1. R (Hin-R): 1 fM in die 2. Lm ab der Nadel und in jede weitere Lm, wenden.

2. R (Rück-R): 2 W-Lm (zählen nie als M), 2 Stb, *1 Puff-M in folg M, 1 Stb; ab * bis 1 M vor Ende wh, 1 Stb, wenden.

3. R und alle folg ungeraden R: 1 W-Lm (zählt nie als M), fortl 1 fM in jede M, wenden.

4. R: 2 W-Lm, 3 Stb, 3-mal [*1 Puff-M in folg M, 1 Stb]; ab * fortl wh, wenden.

6. R: 2 W-Lm, 4 Stb, 2-mal [1 Puff-M in folg M, 1 Stb], *4 Stb, 2-mal [1 Puff-M in folg M, 1 Stb]; ab * bis 3 M vor Ende wh, 3 Stb, wenden.

8. R: 2 W-Lm, 5 Stb, 1 Puff-M in folg M, *7 Stb, 1 Puff-M in folg M; ab * bis 5 M vor Ende wh, 5 Stb, wenden.

10. und 11. R: Wie 2. und 3. R.

12. R: 2 W-Lm, 1 Stb, 2-mal [1 Puff-M in folg M, 1 Stb], 2 Stb, *3-mal [1 Puff-M in folg M, 1 Stb], 2 Stb; ab * bis 4 M vor Ende wh, 2-mal [1 Puff-M in folg M, 1 Stb], wenden.

14. R: 2 W-Lm, 2 Stb, 1 Puff-M in folg M, 5 Stb, *2-mal [1 Puff-M in folg M, 1 Stb], 4 Stb; ab * bis 3 M vor Ende wh, 1 Puff-M in folg M, 2 Stb, wenden.

16. R: 2 W-Lm, 1 Stb, 1 Puff-M in folg M, *7 Stb, 1 Puff-M in folg M; ab * bis 1 M vor Ende wh, 1 Stb, wenden.

17. R: 1 Lm, fortl 1 fM in jede M, wenden.

Die 2.–17. R wh, bis der Streifen 0,5 cm kürzer ist als die gewünschte Länge (mit beliebiger Reihe enden).

Letzte R: 1 W-Lm, fortl 1 fM in jede M.

Abmaschen und die Fäden vernähen.

#095 HÄKELSCHRIFT

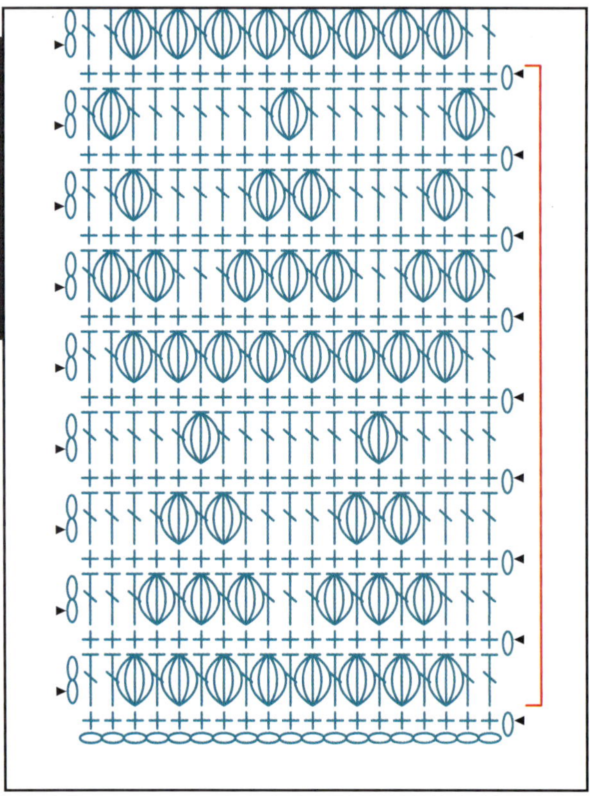

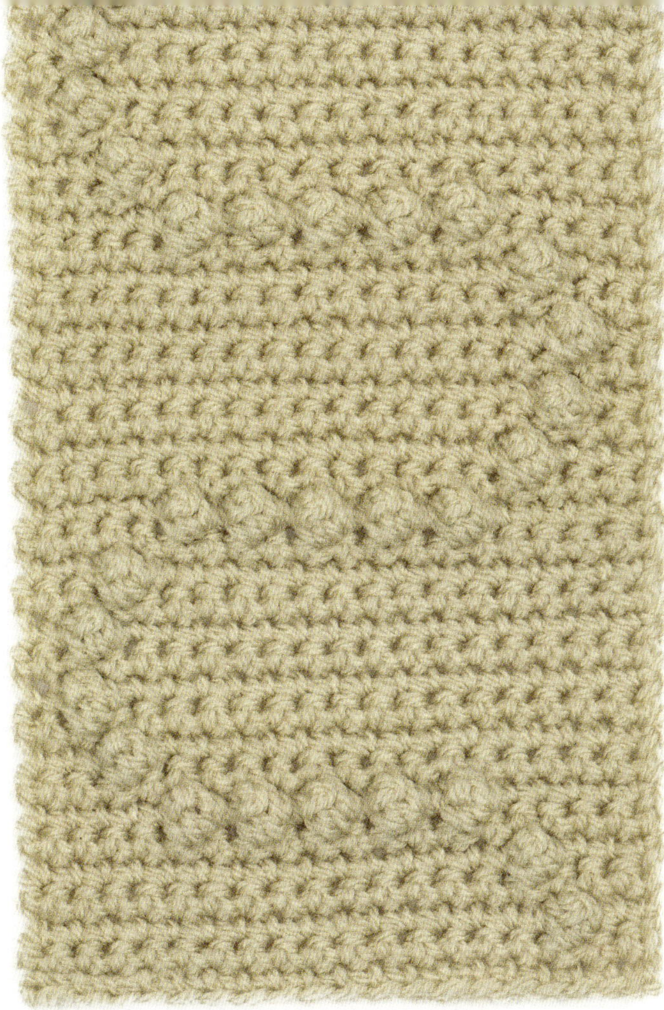

#096

SLALOM

Diese ungewöhnlichen kleinen Popcornmaschen aus festen Maschen reihen sich zu einer dynamisch wirkenden Kette aneinander. Man hat das Gefühl, als würde man Slalom fahren!

SPEZIALTECHNIK

Popcornmasche (PcM): *4 fM in 1 M arb, Arbeitsschl von der Nadel nehmen, von vorn oben in die 1. fM einstechen, Arbeitsschl zurück auf die Nadel legen und durch die 1. fM ziehen, um die M oben zusammenzuziehen. Jede PcM zählt als 1 M; in der folg R 1 M oben in die PcM häkeln.*

20 Lm anschlagen.

1. R (Hin-R): 1 fM in die 2. Lm ab der Nadel und in jede weitere Lm, wenden. (19 M)

2. R und alle folg gerade R (Rück-R): 1 W-Lm (zählt nie als M), fortl 1 fM in jede M, wenden.

3. R: 1 W-Lm, 2 fM, 1 PcM in folg M, 16 fM, wenden.

5. R: 1 W-Lm, 3 fM, 1 PcM in folg M, 15 fM, wenden.

7. R: 1 W-Lm, 5 fM, 5-mal [1 PcM in folg M, 1 fM], 4 fM, wenden.

9. R: 1 W-Lm, 15 fM, 1 PcM in folg M, 3 fM, wenden.

11. R: 1 W-Lm, 16 fM, 1 PcM in folg M, 2 fM, wenden.

13. R: 1 W-Lm, 16 fM, 1 PcM in folg M, 2 fM, wenden.

15. R: 1 W-Lm, 15 fM, 1 PcM in folg M, 3 fM, wenden.

17. R: 1 W-Lm, 5 fM, 5-mal [1 PcM in folg M, 1 fM], 4 fM, wenden.

19. R: 1 W-Lm, 3 fM, 1 PcM in folg M, 15 fM, wenden.

21. R: 1 W-Lm, 2 fM, 1 PcM in folg M, 16 fM, wenden.

22. R: 1 W-Lm, fortl 1 fM in jede M, wenden.

Die 3.–22. R wh, bis der Streifen 0,5 cm kürzer ist als die gewünschte Länge (mit beliebiger Reihe enden).

Letzte R: 1 W-Lm, fortl 1 fM in jede M.

Abmaschen und die Fäden vernähen.

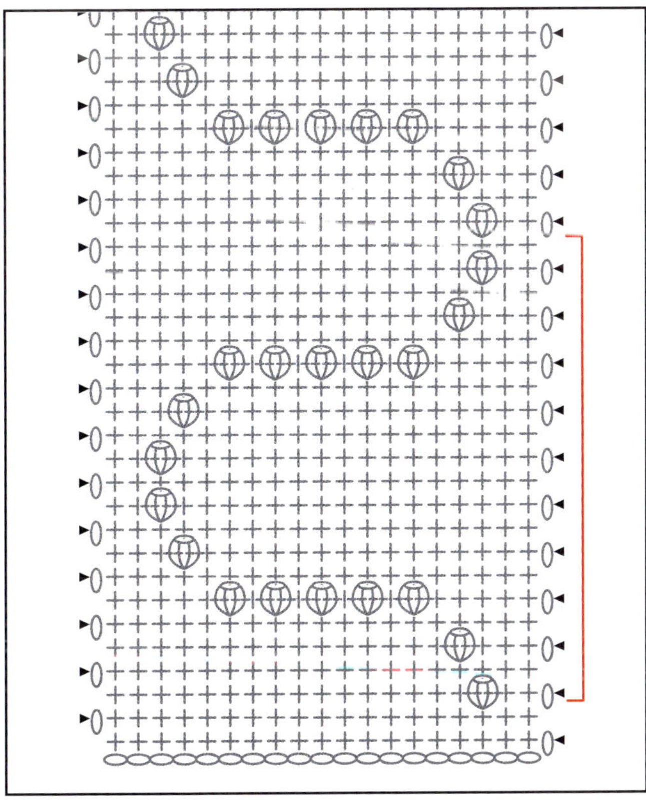

#096 HÄKELSCHRIFT

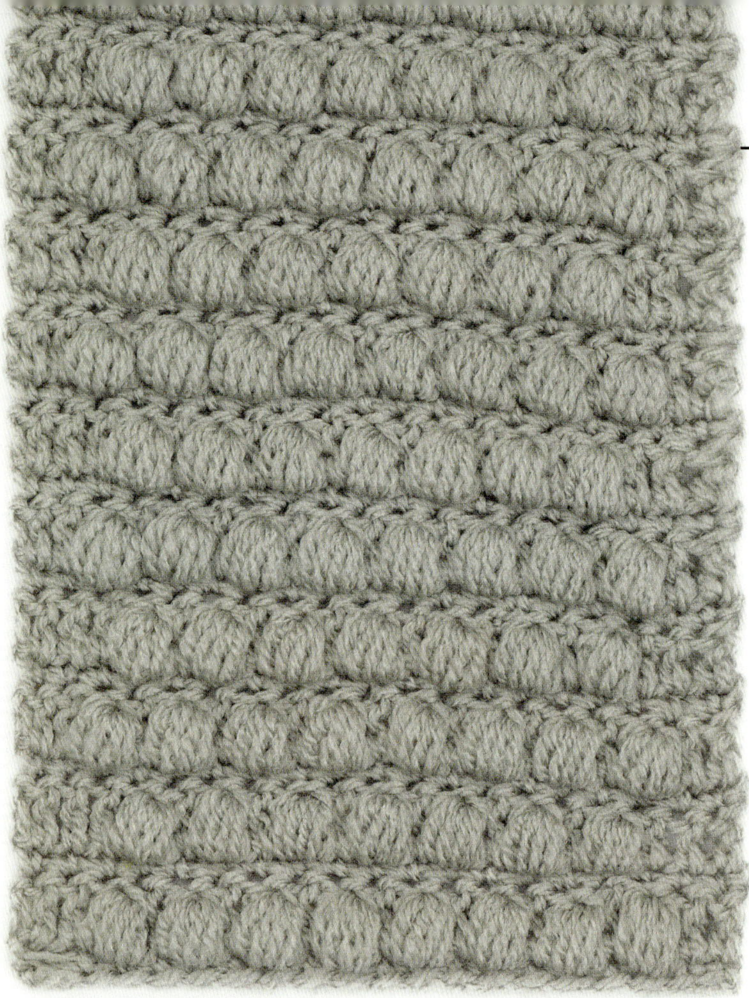

#097

DICHTE PUFFMASCHEN

Durch ein kleines Extra am Ende jeder Puffmasche stechen diese besonders hervor. Dieses Muster verleiht Ihrem Projekt eine dichte plastische Struktur.

SPEZIALTECHNIK

Puffmasche (Puff-M): *5-mal [U, in M einstechen, U, Faden durchholen] (11 Schl auf der Nadel), U, erste 10 Schl auf der Nadel zus abm, U, letzte 2 Schl zus abm. Puff-M werden in Rück-R gearbeitet und erscheinen auf der Vorderseite. Jede Puff-M zählt als 1 M; in der folg R 1 M oben in die Puff-M häkeln.*

Anfangsluftmaschen: Maschenzahl teilbar durch 2 + 6

Gemäß Maschenzahl (s. o.) Lm in der gewünschten Streifenbreite anschlagen.

1. R (Hin-R): 1 fM in die 2. Lm ab der Nadel und in jede weitere Lm, wenden.

2. R (Rück-R): 2 W-Lm (zählen nie als M), 2 Stb, *1 Puff-M in folg M, 1 Stb; ab * bis 1 M vor Ende wh, 1 Stb, wenden.

3. R: 1 W-Lm (zählt nie als M), fortl 1 fM in jede M, wenden.

4. R: 2 W-Lm, 3 Stb, *1 Puff-M in folg M, 1 Stb; ab * bis 2 M vor Ende wh, 2 Stb, wenden.

5. R: 1 W-Lm, fortl 1 fM in jede M, wenden.

Die 2.–5. R wh, bis der Streifen 0,5 cm kürzer ist als die gewünschte Länge (mit beliebiger Reihe enden).

Letzte R: 1 W-Lm, fortl 1 fM in jede M.

Abmaschen und die Fäden vernähen.

#097 HÄKELSCHRIFT

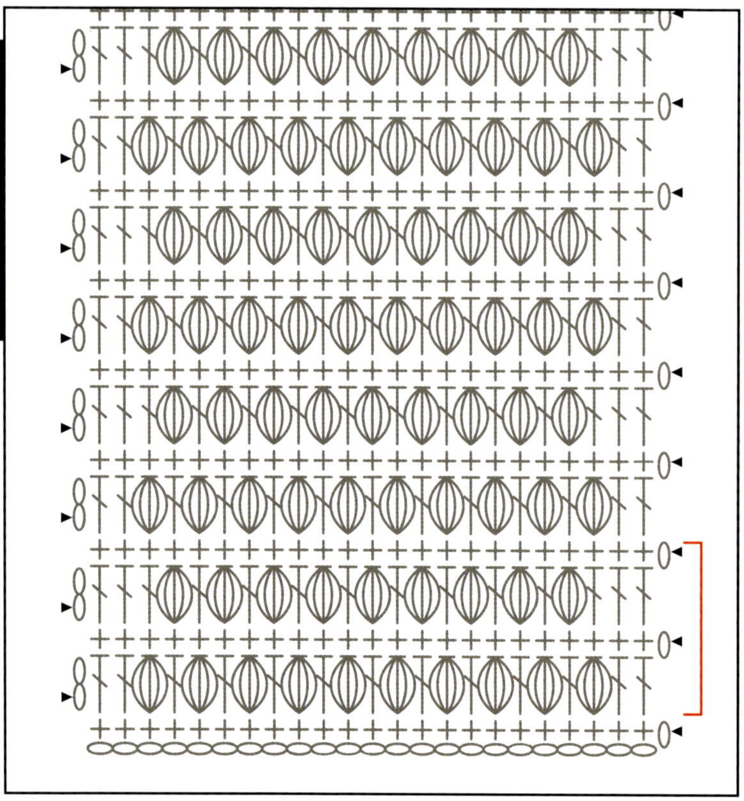

Garnverbrauch

Dieses Muster ist ein echter Garnfresser, aber mit seiner dicken plastischen Struktur ist es ideal für Kissenhüllen oder Taschen.

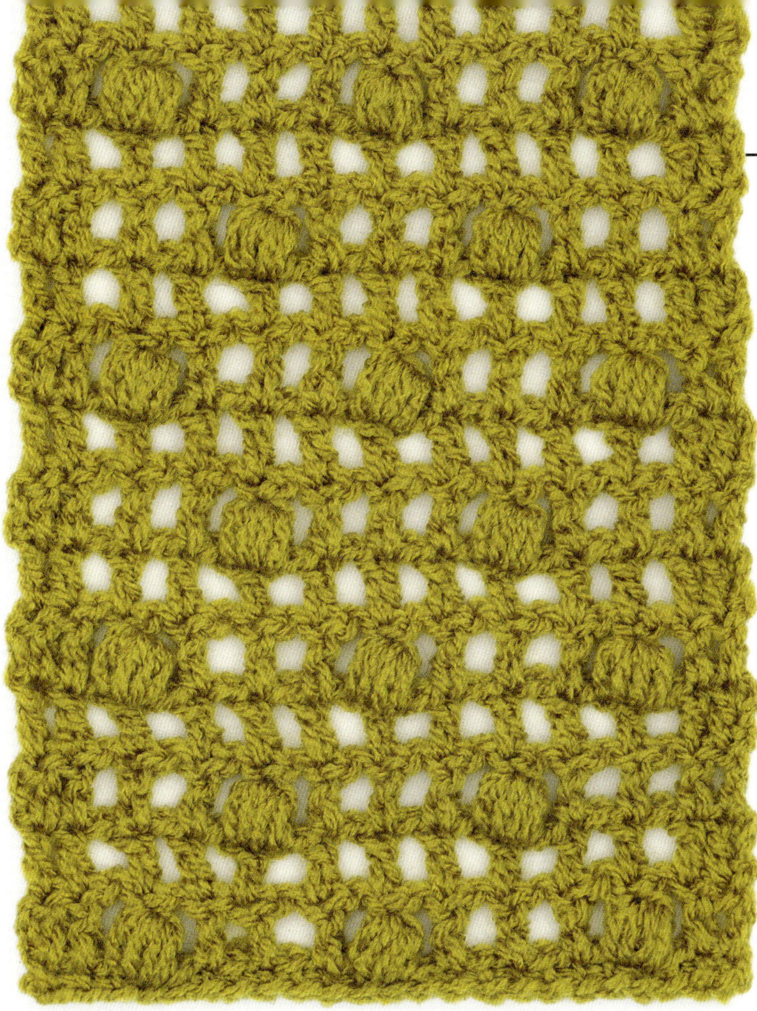

#098

PUFFMASCHEN-LOCHMUSTER

In diesem wunderschönen durchbrochenen Muster treffen Puffmaschen auf Filethäkelei. Damit verleihen Sie Ihren Projekten eine leichte, luftige Struktur.

SPEZIALTECHNIK

Puffmasche (Puff-M): *5-mal [U, in M einstechen, U, Faden durchholen] (11 Schl auf der Nadel), U, erste 10 Schl auf der Nadel zus abm, U, letzte 2 Schl zus abm. Puff-M werden in Rück-R gearbeitet und erscheinen auf der Vorderseite. Jede Puff-M zählt als 1 M; in der folg R 1 M oben in die Puff-M häkeln.*

Anfangsluftmaschen: Maschenzahl teilbar durch 8 + 16

Gemäß Maschenzahl (s. o.) Lm in der gewünschten Streifenbreite anschlagen.

1. R (Hin-R): 1 fM in die 2. Lm ab der Nadel und in jede weitere Lm, wenden.

2. R (Rück-R): 2 W-Lm (zählen nie als M), 2 Stb, 1 Lm, 1 M ausl, 1 Puff-M in folg M, *1 Lm, 1 M ausl, 3-mal [1 Stb, 1 Lm, 1 M ausl], 1 Puff-M in folg. M; ab * bis 3 M vor Ende wh, 1 Lm, 1 M ausl, 2 Stb, wenden.

3. R: 2 W-Lm, 2 Stb, *1 Lm, 1-Lm-B ausl, 1 Stb; ab * bis 1 M vor Ende wh, 1 Stb, wenden.

4. R: 2 W-Lm, 1 Stb, 3-mal [1 Stb, 1 Lm, 1-Lm-B ausl], 1 Puff-M in folg M, *1 Lm, 1-Lm-B ausl, 3-mal [1 Stb, 1 Lm, 1-Lm-B ausl], 1 Puff-M in folg M; ab * bis 7 M vor Ende wh, 3-mal [1 Lm, 1-Lm-B ausl, 1 Stb], 1 Stb, wenden.

5. R: 2 W-Lm, 2 Stb, *1 Lm, 1-Lm-B ausl, 1 Stb; ab * bis 1 M vor Ende wh, 1 Stb, wenden.

6. R: 2 W-Lm, 2 Stb, 1 Lm, 1-Lm-B ausl, 1 Puff-M in folg M, *1 Lm, 1-Lm-B ausl, 3-mal [1 Stb, 1 Lm, 1-Lm-B ausl], 1 Puff-M in folg M; ab * bis 3 M vor Ende wh, 1 Lm, 1-Lm-B ausl, 2 Stb, wenden.

Die 3.–6. R wh, bis der Streifen 0,5 cm kürzer ist als die gewünschte Länge (mit beliebiger Reihe enden).

Letzte R: 1 W-Lm, fortl 1 fM in jede M und in jeden 1-Lm-B.

Abmaschen und die Fäden vernähen.

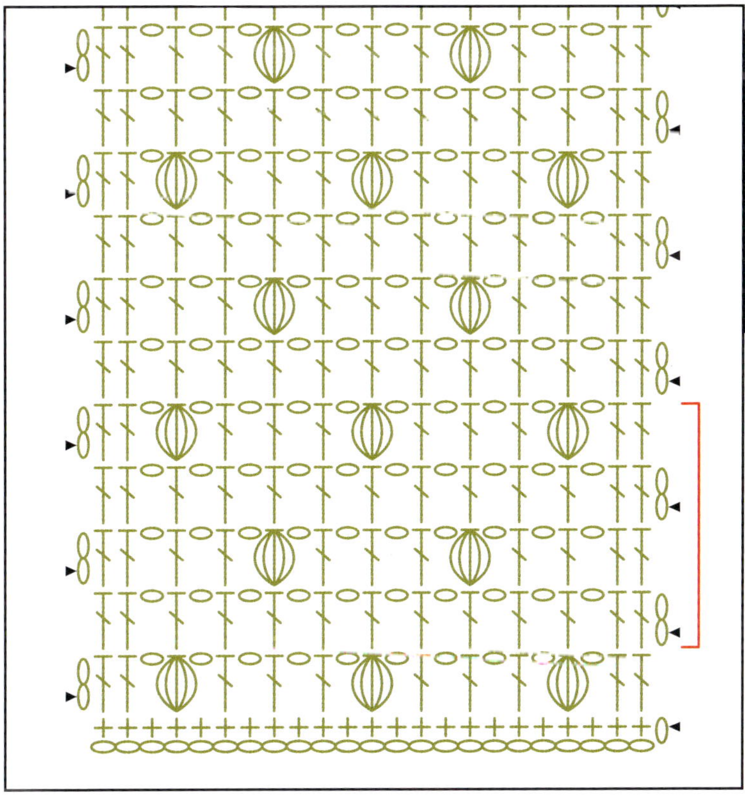

#098 HÄKELSCHRIFT

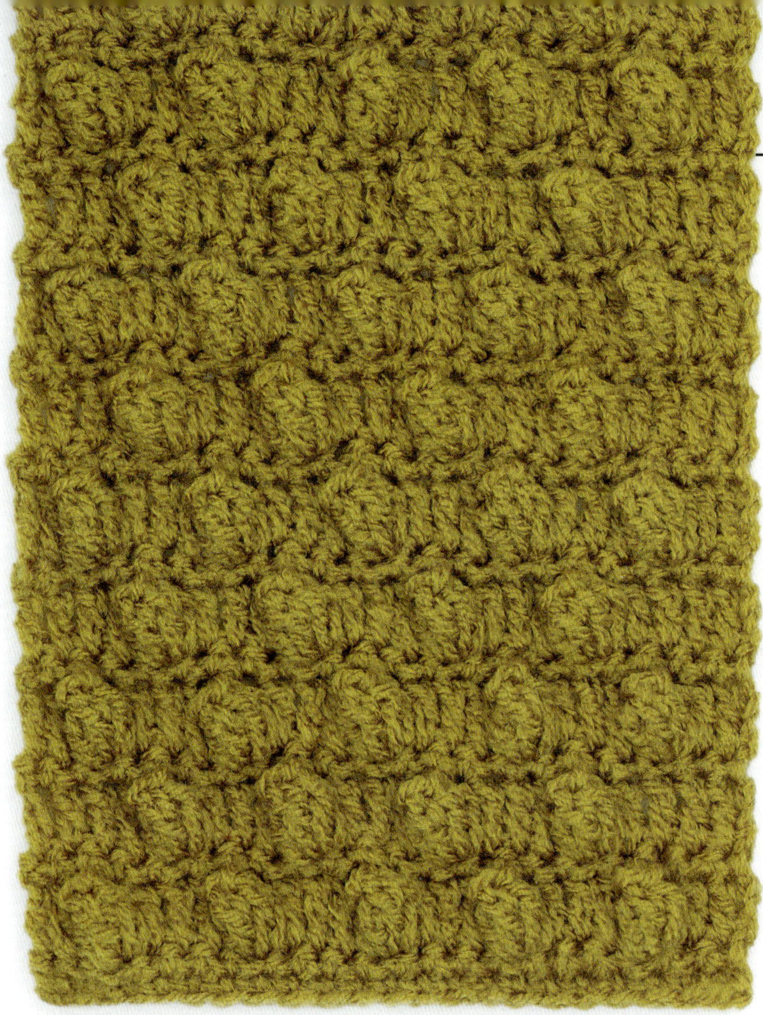

#099

BESCHWIPSTE POPCORNMASCHEN

Diese Popcornmaschen können Sie entweder spannen, sodass sie sich gerade aufrichten, oder sie einfach lassen, wie sie sind – dann lehnen sie sich von selbst zu einer Seite. Ich mag diesen Effekt, der wirkt, als wären die Maschen beschwipst.

SPEZIALTECHNIK

Popcornmasche (PcM): *5 Stb in 1 M arb, Arbeitsschl von der Nadel nehmen, von vorn oben in das 1. Stb einstechen, Arbeitsschl zurück auf die Nadel legen und durch das 1. Stb ziehen, um die M oben zusammenzuziehen. Jede PcM zählt als 1 M; in der folg R 1 M oben in die PcM häkeln.*

Anfangsluftmaschen: Maschenzahl teilbar durch 4 + 6

Gemäß Maschenzahl (s. o.) Lm in der gewünschten Streifenbreite anschlagen.

1. R (Hin-R): 1 fM in die 2. Lm ab der Nadel und in jede weitere Lm, wenden.

2. R (Rück-R): 1 W-Lm (zählt nie als M), fortl 1 fM in jede M, wenden.

3. R: 2 W-Lm (zählen nie als M), 2 Stb, 1 PcM in folg M, *3 Stb, 1 PcM in folg M; ab * bis 2 M vor Ende wh, 2 Stb, wenden.

4. R: 1 W-Lm, fortl 1 fM in jede M, wenden.

5. R: 2 W-Lm, 4 Stb, *1 PcM in folg M, 3 Stb; ab * bis 1 M vor Ende wh, 1 Stb, wenden.

Die 2.–5. R wh, bis der Streifen 0,5 cm kürzer ist als die gewünschte Länge (mit beliebiger Reihe enden).

Letzte R: 1 W-Lm, fortl 1 fM in jede M.

Abmaschen und die Fäden vernähen.

#099 HÄKELSCHRIFT

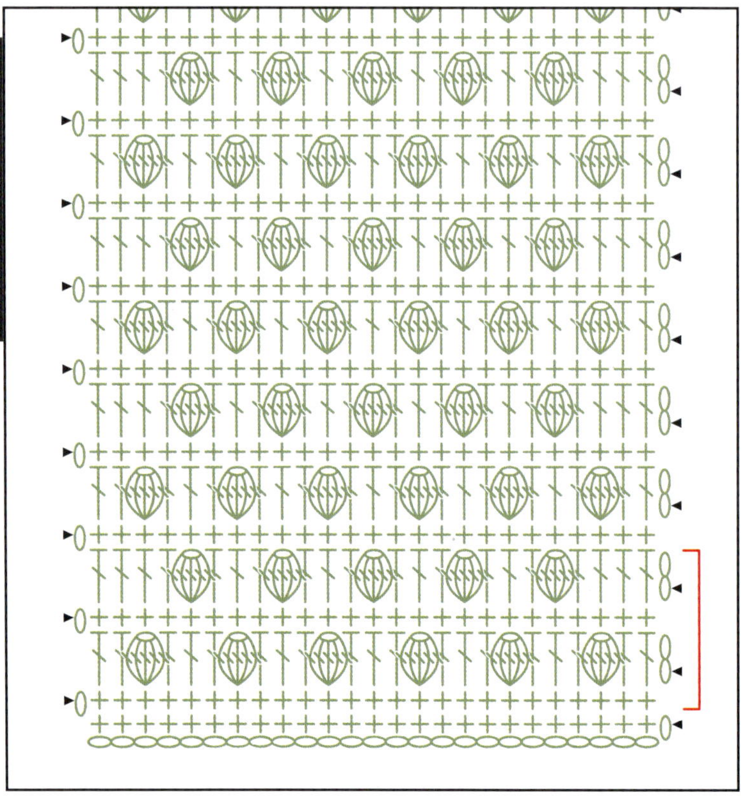

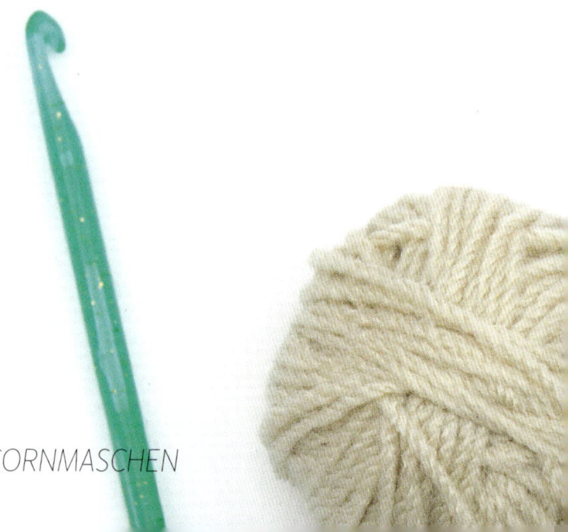

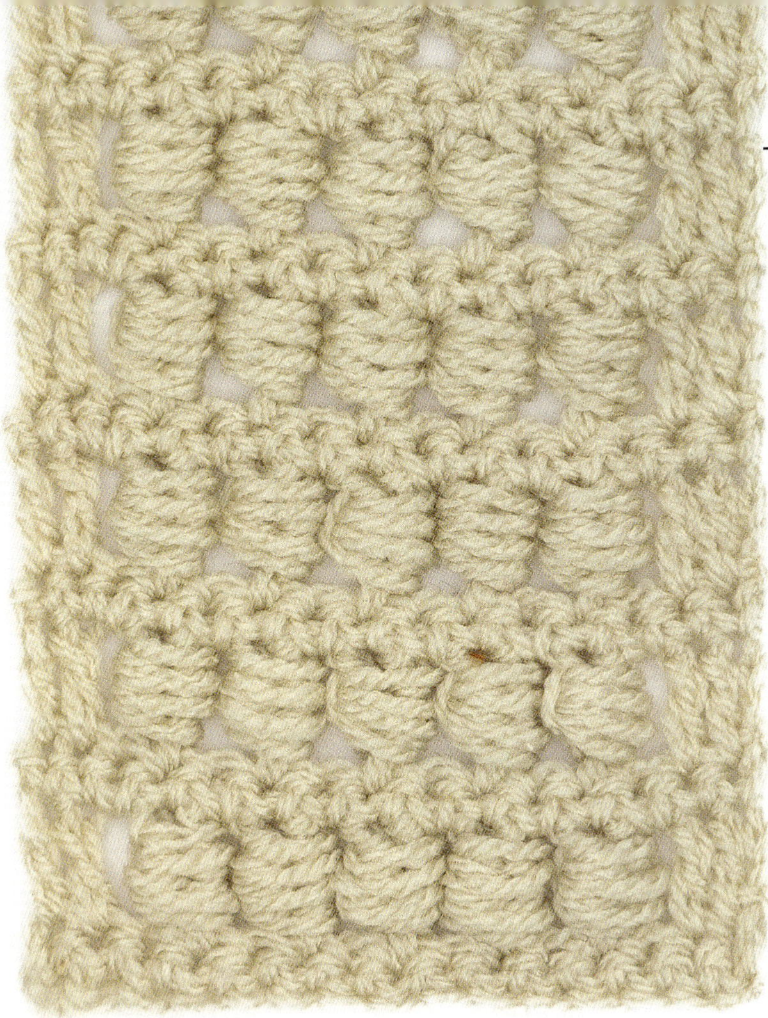

#100

ABAKUSPERLEN

Diese weniger bekannten Perlenmaschen verdienen wirklich mehr Aufmerksamkeit. Dieses zauberhafte Muster besteht aus zierlichen Perlenreihen, die an einen Rechenschieber erinnern.

SPEZIALTECHNIK

Perlenmasche (PeM): *1 Stb in M, dann wie folgt um den Maschenkörper des eben gehäkelten Stb arb: 4-mal [U, Häkelnadel von vorn nach hinten nach vorn um den Maschenkörper führen, U, Faden durchholen] (9 Schl auf der Nadel), U, erste 8 Schl zus abm, U, letzte 2 Schl zus abm. PeM werden in Rück-R gearbeitet. Jede PeM zählt als 1 M; in der folg R 1 M oben in die PeM häkeln.*

Anfangsluftmaschen: Maschenzahl teilbar durch 2 + 6

Gemäß Maschenzahl (s. o.) Lm in der gewünschten Streifenbreite anschlagen.

1. R (Hin-R): 1 fM in die 2. Lm ab der Nadel und in jede weitere Lm, wenden.

2. R (Rück-R): 2 W-Lm (zählen nie als M), 2 Stb, 1 Lm, 1 M ausl, *1 PeM in folg M, 1 Lm, 1 M ausl; ab * bis 2 M vor Ende wh, 2 Stb, wenden.

3. R: 1 W-Lm (zählt nie als M), 2 fM, 1 fM in 1-Lm-B, *1 fM oben in PeM, 1 fM in 1-Lm-B; ab * bis 2 M vor Ende wh, 2 fM, wenden.

Die 2. und 3. R wh, bis der Streifen 0,5 cm kürzer ist als die gewünschte Länge (mit beliebiger Reihe enden).

Letzte R: 1 W-Lm, fortl 1 fM in jede M und in jeden 1-Lm-B (falls vorhanden).

Abmaschen und die Fäden vernähen.

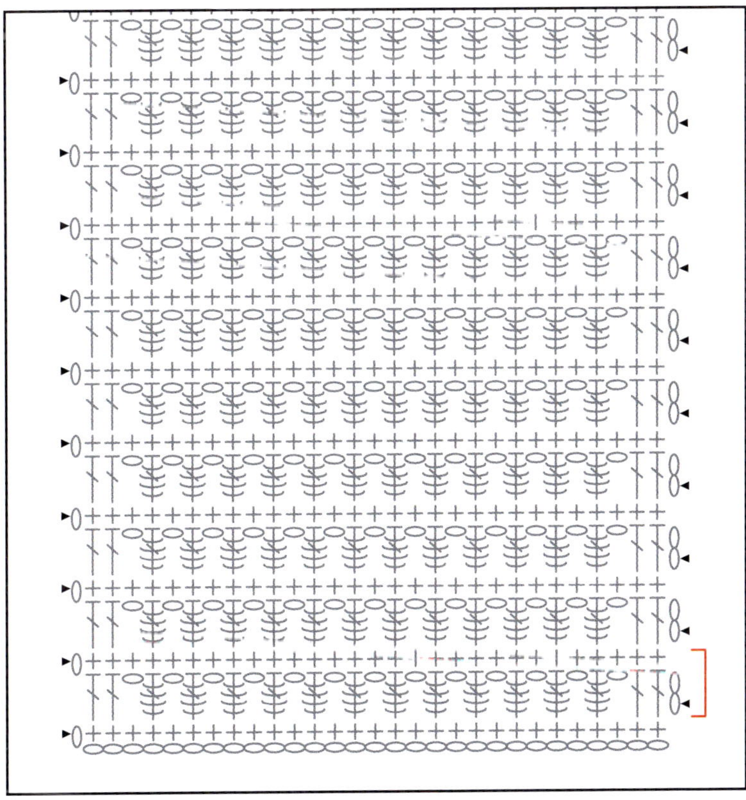

#100 HÄKELSCHRIFT

Größe der Perlen

Beim Häkeln der Perlenmaschen ist wichtig, dass Sie alle Schlaufen jedes Mal gleich weit hochziehen, damit die Perlenmaschen einheitlich groß werden.

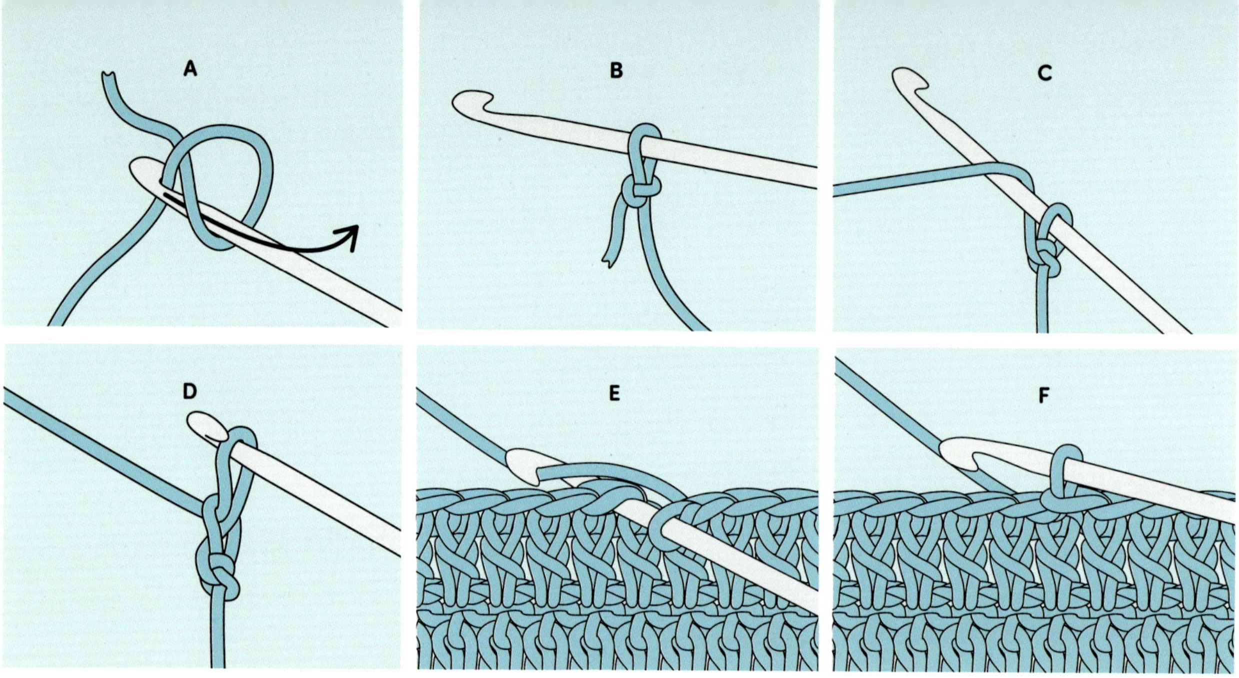

GRUNDMASCHEN

Dies sind die Grundmaschenarten, die Sie zum Häkeln der Streifen in diesem Buch benötigen. Detaillierte Anleitungen für die Mosaiktechnik und die Tapestry-Technik finden Sie auf den Seiten 138 und 139.

ANFANGSSCHLINGE

Die Anfangsschlinge ist ein Laufknoten. Mit ihr wird zu Beginn das Garn auf die Häkelnadel gelegt.

Mit dem Faden etwa 15 cm vom Ende entfernt eine Schlaufe legen. Die Häkelnadel von vorn nach hinten in diese Schlaufe führen, das Knäuelende des Fadens fassen und durch die Schlaufe nach vorn holen (A).

An beiden Fadenenden ziehen, um die Schlinge auf der Nadel zu befestigen. Nicht zu fest anziehen; die Schlinge soll etwas locker auf der Nadel liegen (B).

LUFTMASCHE (Lm)

Viele Häkelarbeiten beginnen mit einer Luftmaschenkette.

Mit der Anfangsschlinge auf der Häkelnadel die Nadel in der führenden Hand halten, den Arbeitsfaden und das Fadenende direkt unter der Nadel in der anderen Hand. Die Nadel von links nach rechts unter den Arbeitsfaden führen (dies nennt man Umschlag, U oder auch »Faden holen«) und den Faden fassen (C).

Den Faden mithilfe der Häkelnadel locker durch die Anfangsschlinge nach vorn durchholen. Damit ist die erste Luftmasche fertig. Dieses »Fadenholen und Durchziehen« stets wiederholen, sodass eine Luftmaschenkette entsteht (D).

KETTMASCHE (Km)

Eine ganz flache kleine Masche, die sehr nützlich ist, um zwei Maschen zu verbinden.

Von vorn nach hinten einstechen und mit einem Umschlag den Faden holen (E).

Den Faden durch die Masche und direkt durch die Schlaufe auf der Nadel ziehen, um die Kettmasche fertigzustellen (F).

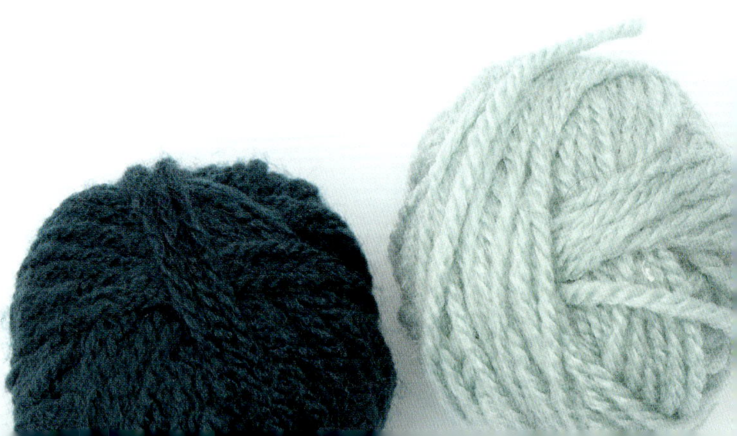

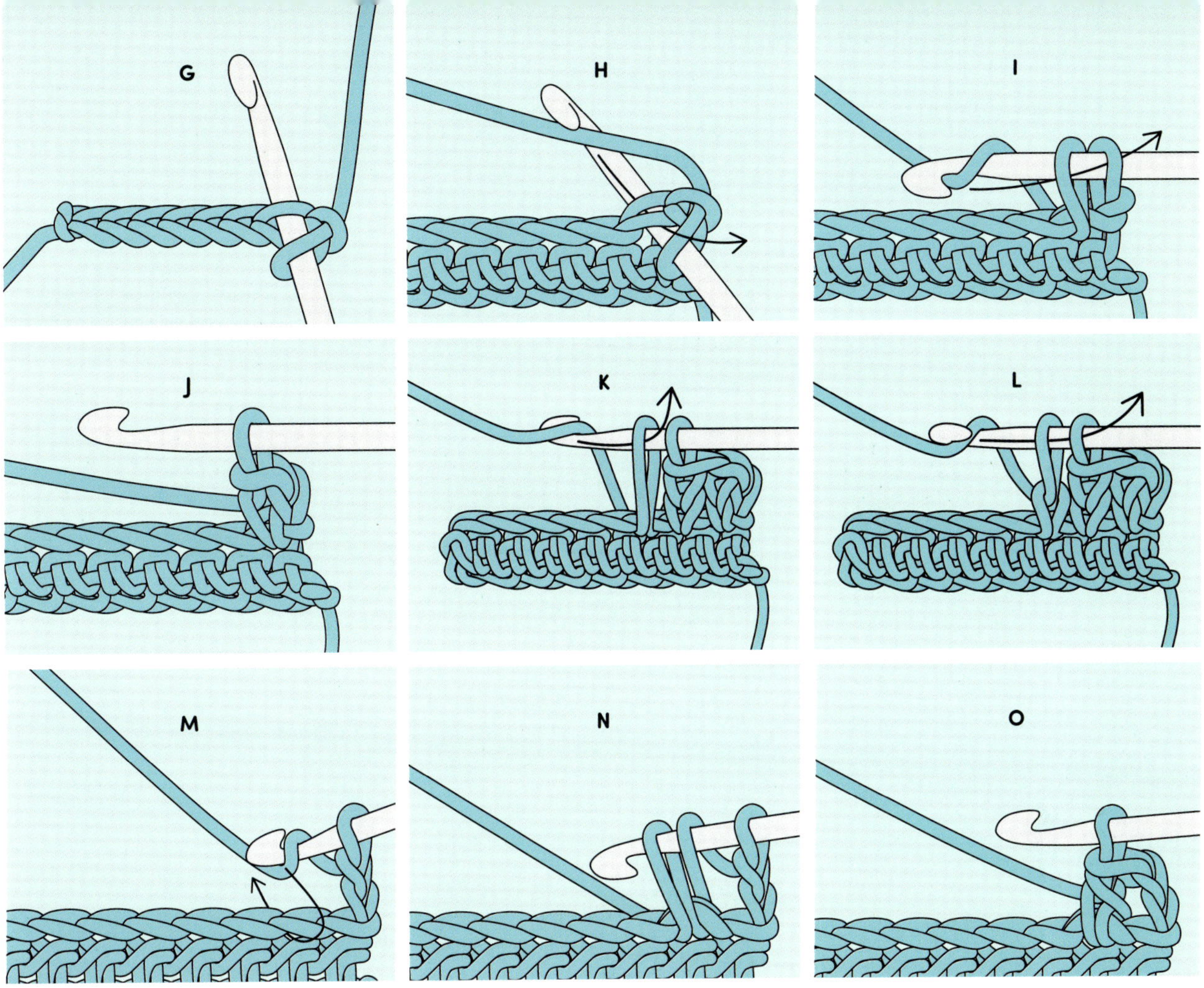

NUR IN DAS HINTERE MASCHENGLIED (in hMg)

Die angegebene Masche häkeln, dabei jedoch nur in das hintere Maschenglied der Masche in der Arbeitsreihe einstechen (G), nicht in beide Maschenglieder wie normalerweise.

FESTE MASCHE (fM)

Eine kurze, dichte Masche, die als Basis vieler Häkelarbeiten und Techniken dient.

Von vorn nach hinten einstechen, mit einem Umschlag den Faden holen und durch die Masche nach vorn ziehen (H).

Nun liegen 2 Schlaufen auf der Nadel. Erneut mit einem Umschlag den Faden holen (I).

Beide Schlaufen auf der Nadel zusammen abmaschen (d. h. den Faden durch beide Schlaufen ziehen).

Eine einfache Umrandung

Feste Maschen sind ideal, wenn Sie an ein Projekt eine saubere, einfache Umrandung häkeln möchten.

VERLÄNGERTE FESTE MASCHE (verl fM)

Diese Masche ist etwas höher und luftiger als eine feste Masche.

Von vorn nach hinten einstechen, mit einem Umschlag den Faden holen und durch die Masche nach vorn ziehen, mit einem erneuten Umschlag den Faden nur durch die erste Schlaufe auf der Nadel ziehen (K).

Mit einem weiteren Umschlag beide Schlaufen auf der Nadel zusammen abmaschen (d. h. den Faden durch beide Schlaufen ziehen) (L).

HALBES STÄBCHEN (hStb)

Halbe Stäbchen sind etwas größer als feste Maschen, aber kleiner als Stäbchen.

Einen Umschlag bilden und von vorn nach hinten einstechen (M).

Mit einem Umschlag den Faden durch die Masche nach vorn holen (nun liegen drei Schlaufen auf der Nadel) (N).

Mit einem Umschlag alle drei Schlaufen zusammen abmaschen (d. h. den Faden durch alle drei Schlaufen ziehen) (O).

Locker lassen

Beim Häkeln der Masche die Schlaufen auf der Nadel nicht zu fest anziehen, damit sie sich zum Schluss leichter abmaschen lassen.

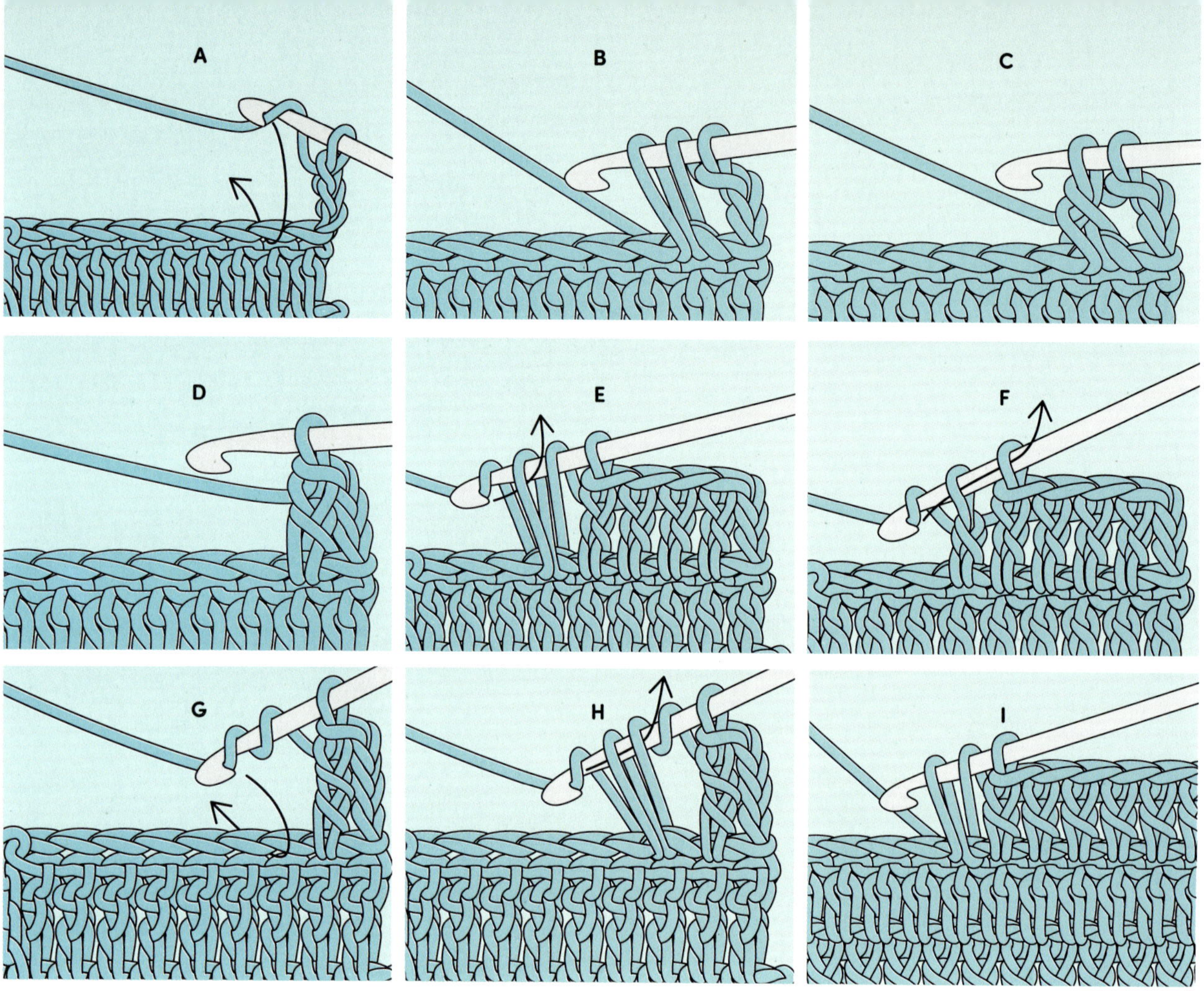

STÄBCHEN (Stb)

Dies ist eine höhere Masche, die in vielen Mustern verwendet wird.

Einen Umschlag bilden und von vorn nach hinten einstechen (A).

Mit einem Umschlag den Faden durch die Masche nach vorn holen. Es liegen drei Schlaufen auf der Nadel (B).

Mit einem Umschlag die ersten beiden Schlaufen auf der Nadel zusammen abmaschen. Es verbleiben noch zwei Schlaufen auf der Nadel (C).

Mit einem Umschlag die übrigen beiden Schlaufen auf der Nadel zusammen abmaschen (D).

VERLÄNGERTES STÄBCHEN (verl Stb)

Eine etwas höhere und luftigere Masche als das einfache Stäbchen.

Einen Umschlag bilden und von vorn nach hinten einstechen.

Mit einem Umschlag den Faden durch die Masche nach vorn holen. Es liegen drei Schlaufen auf der Nadel. Mit einem Umschlag den Faden nur durch die erste Schlaufe auf der Nadel ziehen. Es liegen wieder drei Schlaufen auf der Nadel (E).

Mit einem Umschlag zwei Schlaufen auf der Nadel zusammen abmaschen. Es liegen noch zwei Schlaufen auf der Nadel. Mit einem Umschlag die übrigen beiden Schlaufen zusammen abmaschen (F).

DOPPELSTÄBCHEN (DStb)

Eine sehr hohe Masche, mit der die Arbeit schnell an Höhe gewinnt.

Zwei Umschläge bilden, dann von vorn nach hinten einstechen (G).

Mit einem Umschlag den Faden durch die Masche nach vorn holen. Es liegen vier Schlaufen auf der Nadel. Mit einem Umschlag die ersten beiden Schlaufen auf der Nadel zusammen abmaschen (H). Es liegen noch drei Schlaufen auf der Nadel.

Mit einem Umschlag die ersten beiden Schlaufen auf der Nadel zusammen abmaschen. Es liegen noch zwei Schlaufen auf der Nadel. Mit einem Umschlag die übrigen beiden Schlaufen zusammen abmaschen.

ZWEI STÄBCHEN ZUSAMMEN ABMASCHEN (2 Stb zus)

Auf diese Weise kann man eine Masche abnehmen.

Einen Umschlag bilden und von vorn nach hinten in die erste Masche einstechen. Mit einem Umschlag den Faden durch die Masche nach vorn holen. Es liegen drei Schlaufen auf der Nadel (I). Mit einem Umschlag die ersten beiden Schlaufen zusammen abmaschen. Es liegen noch zwei Schlaufen auf der Nadel. Einen Umschlag bilden und von vorn nach hinten in die folgende Masche einstechen. Mit einem Umschlag den Faden durch die Masche nach vorn holen. Es liegen vier Schlaufen auf der Nadel (J). Mit einem Umschlag die ersten beiden Schlaufen zusammen abmaschen, es bleiben noch drei Schlaufen (K), mit einem Umschlag die übrigen drei Schlaufen zusammen abmaschen.

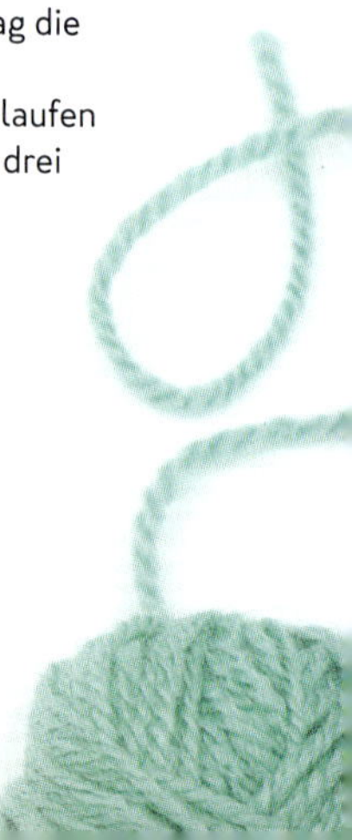

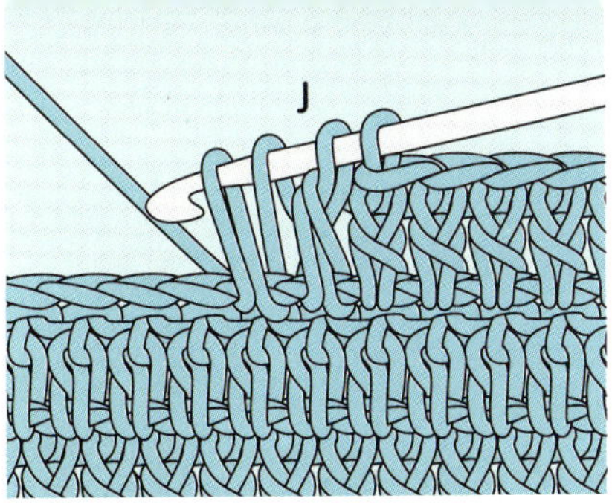

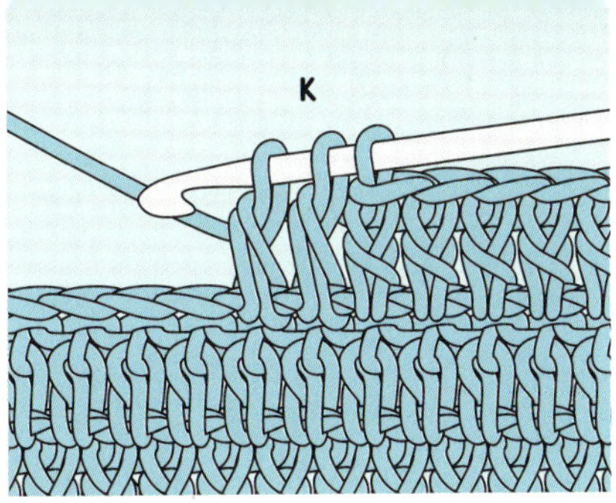

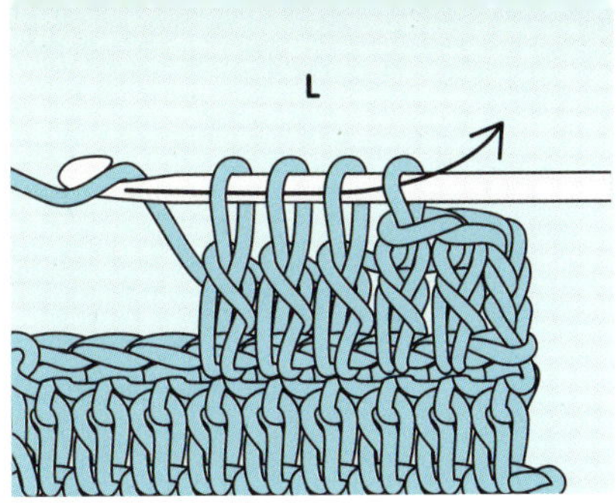

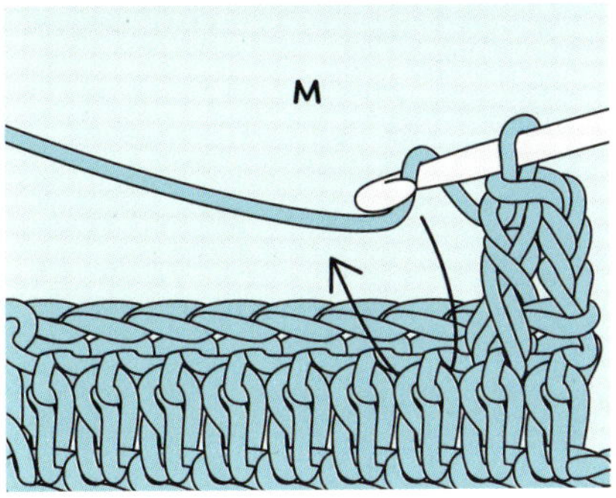

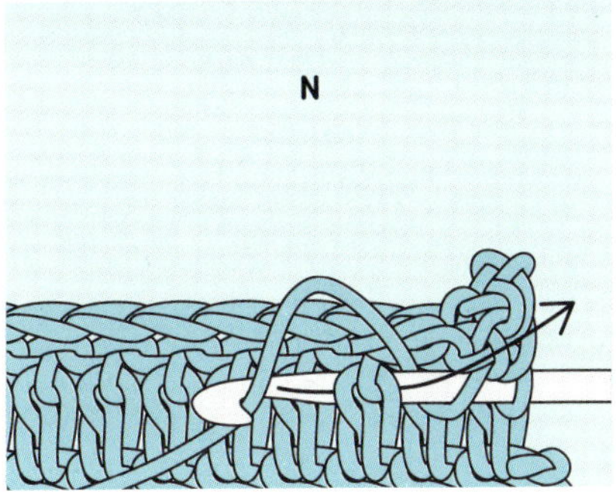

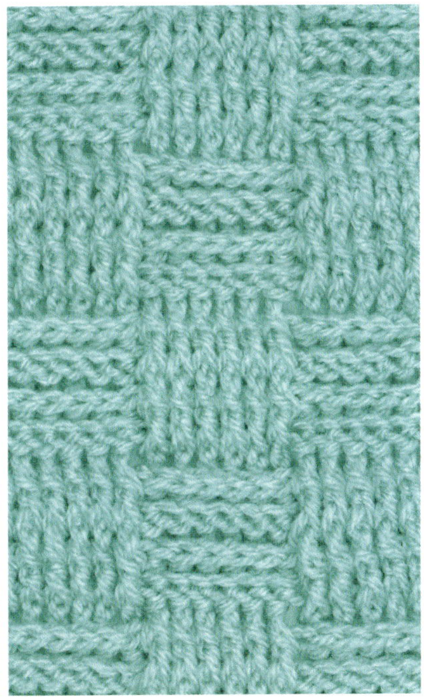

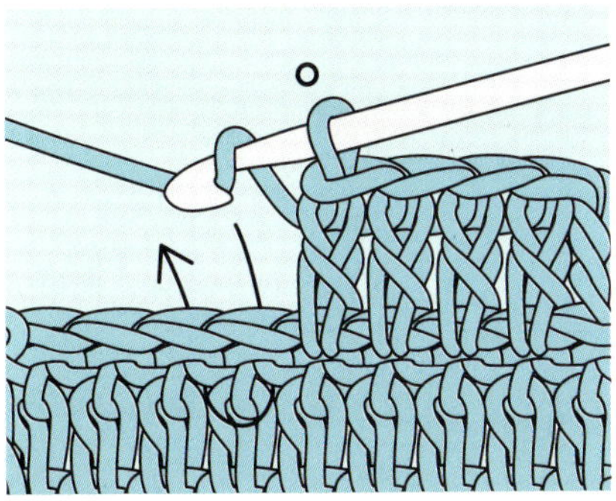

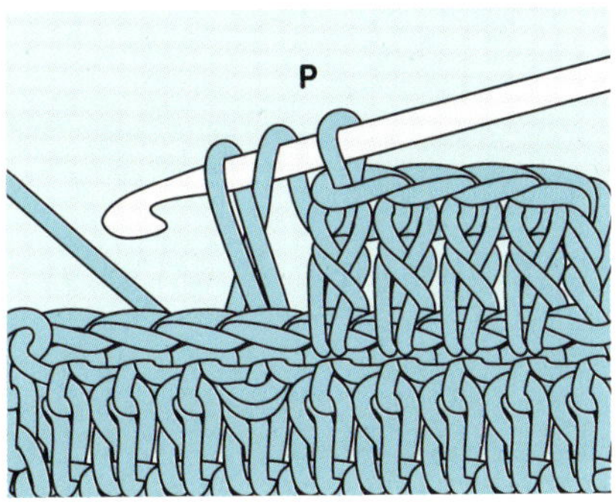

DREI STÄBCHEN ZUSAMMEN ABMASCHEN (3 Stb zus)

Auf diese Weise kann man zwei Maschen abnehmen.

Ebenso vorgehen wie bei 2 Stb zus, bis der letzte Umschlag gebildet wurde (K). Dann in die dritte Masche einstechen, mit einem Umschlag den Faden durch die Masche nach vorn holen. Es liegen fünf Schlaufen auf der Nadel. Mit einem Umschlag die ersten beiden Schlaufen zusammen abmaschen, es bleiben vier Schlaufen auf der Nadel, mit einem Umschlag die übrigen vier Schlaufen zusammen abmaschen (L).

Alle anderen zusammen abgemaschten Stäbchen (Stb zus) werden nach demselben Prinzip gearbeitet, je nach Anzahl der Stäbchen, die zusammengehäkelt werden sollen.

RELIEFSTÄBCHEN VON VORN (vRStb)

Diese Masche wird auf der Vorderseite um den Maschenkörper einer Masche der Vorreihe gearbeitet.

Einen Umschlag bilden, die Häkelnadel von vorn nach hinten und wieder nach vorn um den Maschenkörper der angegebenen Masche führen (M).

Mit einem Umschlag den Faden um den Maschenkörper herum durchholen. Es liegen drei Schlaufen auf der Nadel (N).

Mit einem Umschlag die ersten beiden Schlaufen zusammen abmaschen, es bleiben zwei Schlaufen auf der Nadel. Mit einem Umschlag die übrigen beiden Schlaufen zusammen abmaschen.

Alle anderen Reliefmaschen von vorn (auch »vordere Reliefmaschen«) werden nach demselben Prinzip gearbeitet, also um den Maschenkörper herum.

RELIEFSTÄBCHEN VON HINTEN (hRStb)

Diese Masche wird auf der Rückseite um den Maschenkörper einer Masche der Vorreihe gearbeitet.

Einen Umschlag bilden, die Häkelnadel von hinten nach vorn und wieder nach hinten um den Maschenkörper der angegebenen Masche führen (O).

Mit einem Umschlag den Faden um den Maschenkörper herum durchholen. Es liegen drei Schlaufen auf der Nadel (P).

Mit einem Umschlag die ersten beiden Schlaufen zusammen abmaschen, es bleiben zwei Schlaufen auf der Nadel. Mit einem Umschlag die übrigen beiden Schlaufen zusammen abmaschen.

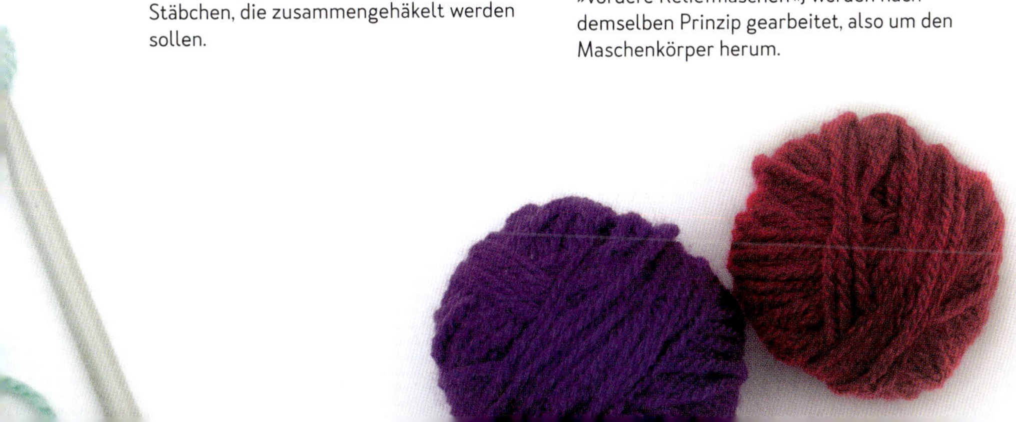

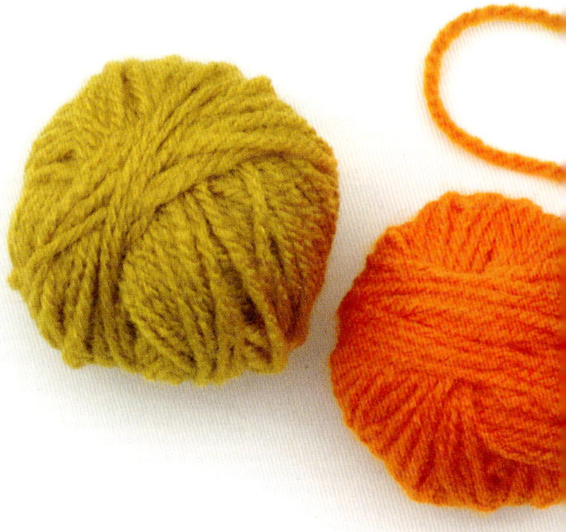

MOSAIKHÄKELN

Mit Mosaiktechniken können Sie fantastische zweifarbige Muster häkeln. Die hier verwendete Technik wird manchmal Inset-Mosaiktechnik oder auch zweireihige Mosaiktechnik genannt. Das Buch enthält 15 Mosaikmuster; zu jedem gibt es eine Textanleitung (Reihe für Reihe) und eine Häkelschrift. Hier einige Tipps für den Fall, dass Sie mit dieser Technik noch nicht vertraut sind.

SPEZIALTECHNIKEN

Farbwechsel (FW): Die letzte feste Masche einer Reihe in der alten Farbe arbeiten, bis noch zwei Schlaufen auf der Nadel liegen. Dann mit der neuen Farbe einen Umschlag bilden und die beiden Schlaufen zusammen abmaschen.

Mosaikstäbchen (MStb): Ein normales Stäbchen häkeln, jedoch in die ausgelassene Masche derselben Farbe drei Reihen weiter unten. Das Stäbchen wird vor den dazwischenliegenden beiden Reihen Luftmaschen in der anderen Farbe gearbeitet. Auf der Rückseite der Arbeit liegen die Luftmaschen sichtbar und lose. Alle Mosaikstäbchen werden auf der Vorderseite der Arbeit (also in Hinreihen) gearbeitet. Wenn es Ihnen lieber ist, häkeln Sie die Mosaikstäbchen um die Luftmaschenbogen herum, sodass sie eingehäkelt werden und Sie keine losen Luftmaschenbogen auf der Rückseite haben.

DIE TECHNIK

Das Grundprinzip der Technik ist, dass zwei Reihen in derselben Farbe gehäkelt werden (Hin- und Rückreihe). Dann werden zwei Reihen in der anderen Farbe gehäkelt. Das nicht verwendete Garn hängt einfach an der Seite, bis es nach zwei Reihen wieder benötigt wird. Das Garn also nicht abschneiden.

Es wird immer normal in die Maschen eingestochen, nicht nur in das hintere Maschenglied wie bei manchen anderen Mosaiktechniken.

In der ersten Reihe einer Farbe wird das Muster angelegt, in der zweiten Reihe sozusagen »kopiert«. Wo in der ersten Reihe eine feste Masche oder ein Mosaikstäbchen gehäkelt wurde, wird in der zweiten Reihe in diese Maschen stets eine feste Masche gearbeitet. Wo in der ersten Reihe ein Luftmaschenbogen gehäkelt wurde, wird in der zweiten Reihe ein ebensolcher Luftmaschenbogen gearbeitet. Im Wesentlichen ist die zweite Reihe eine Kopie der ersten, außer dass jedes Mosaikstäbchen durch eine feste Masche ersetzt wird.

Es wird stets eine Luftmasche mehr gehäkelt, als Maschen ausgelassen werden, damit die Arbeit sich nicht zusammenzieht. Wenn Sie eine Masche auslassen, häkeln Sie also 2 Lm; wenn Sie zwei Maschen auslassen, häkeln Sie 3 Lm usw.

LESEN EINER MOSAIKHÄKELSCHRIFT

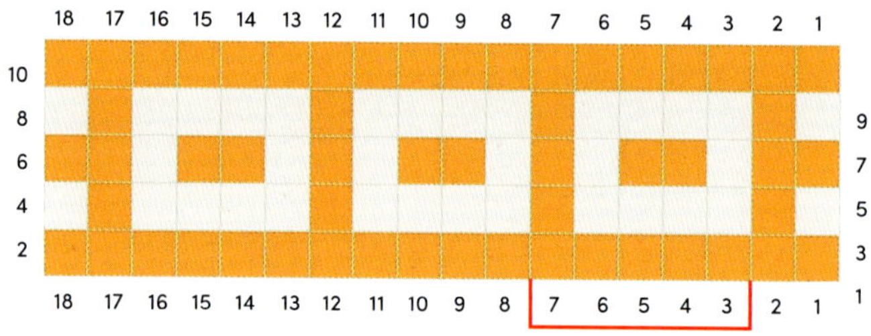

Symbole

Farbe A

Farbe B

Die Häkelschrift wird von unten nach oben gelesen. Jedes Kästchen in einer Reihe steht für eine Masche, und jede Kästchenreihe der Häkelschrift steht für ZWEI gehäkelte Reihen (Hin- und Rückreihe in derselben Farbe gehäkelt).

Die Farbe des ersten und letzten Kästchens einer Reihe der Häkelschrift ist die Farbe, mit der Sie diese beiden Reihen arbeiten.

Die erste und letzte Masche jeder Reihe sind stets feste Maschen (fM).

Alle ungeraden Reihennummerierungen (Hin-R) von rechts nach links lesen, alle geraden (Rück-R) von links nach rechts.

Am Beginn jeder Reihe eine W-Lm häkeln; diese zählt nie als Masche.

Erscheint in einer Reihe ein Kästchen in einer anderen als der gerade verwendeten Farbe, einen Lm-B häkeln, um die Masche(n) darunter auszulassen. Dieser Lm-B wird in beiden Reihen in derselben Farbe gehäkelt und später mit einem MStb gefüllt.

Zu Beginn gemäß der angegebenen Anzahl eine Lm-Kette anschlagen.

In der 1. R der Häkelschrift 1 fM in die 2. Lm ab der Nadel und fortl in jede Lm arbeiten.

In der 2. R der Häkelschrift fortl 1 fM in jede M arbeiten. Am Ende die Farbe wechseln, um die 3. R zu beginnen.

Weiter nach der Häkelschrift arbeiten, dabei den angegebenen Rapport stets wh. Die letzten beiden Reihen mit Farbe A häkeln – in der vorletzten Reihe fortl 1 fM in jede M und 1 MStb in jeden Lm-B, in der letzten Reihe fortl 1 fM in jede M.

TAPESTRY-HÄKELN

Tapestry ist eine Technik, in der mit festen Maschen in zwei Farben schöne Muster gehäkelt werden. Es entsteht ein dichtes Maschenbild, das wie gewebt wirkt. Dieses Buch enthält 15 Tapestry-Muster; zu jedem gibt es eine Textanleitung (Reihe für Reihe) und eine Häkelschrift. Hier einige Tipps für den Fall, dass Sie mit dieser Technik noch nicht vertraut sind.

DIE TECHNIK

Bei dieser Technik wird das nicht benutzte Garn über der gesamten Arbeitsreihe mitgeführt und eingehäkelt, sodass an den angegebenen Stellen ein Farbwechsel erfolgen kann.

Bis auf die Anfangsluftmaschen und die Wendeluftmasche am Beginn jeder Reihe werden ausschließlich feste Maschen gehäkelt.

Der Farbwechsel erfolgt stets an der Masche VOR der Angabe des Farbwechsels: dazu die letzte Masche der alten Farbe häkeln, bis nur noch die letzten beiden Schlaufen auf der Nadel liegen. Die Farbe liegen lassen, die neue Farbe aufnehmen und mit einem Umschlag die letzten beiden Schlaufen der alten Farbe abmaschen. In der neuen Farbe fortfahren, dabei die alte Farbe mitführen und mit einhäkeln.

Die meisten Tapestry-Anleitungen werden mit Kürzeln geschrieben wie folgt:

Um eine Reihe zu häkeln, in der es heißt »1 Lm, 9A, 6B, wenden«, zuerst 1 Lm arbeiten, dann 8 fM mit Fb A (dabei Fb B mitführen und einhäkeln), die neunte fM mit Fb A bis zu den letzten beiden Schlaufen auf der Nadel arbeiten, Fb A fallen lassen, mit Fb B einen Umschlag machen und durch die letzten beiden Schlaufen auf der Nadel ziehen (auch wenn die Masche in Fb B beendet wird, zählt sie als letzte Masche in Fb A). Die nächsten 6 fM mit Fb B arbeiten (Fb A mitführen).

Um eine neue Reihe in einer anderen Farbe zu beginnen als der, mit der die Vorreihe endet, einfach an der letzten Masche der Reihe einen Farbwechsel arbeiten wie beschrieben, wenden, 1 W-Lm in der neuen Farbe und fortfahren. Es ist sinnvoll, sich zu merken, welche Seite die Vorder- und welche die Rückseite ist – zu Beginn einer neuen Reihe das nicht benutzte Garn auf der Rückseite entlangführen und in der ersten Masche der neuen Reihe einhäkeln, sodass der Spannfaden von vorn nicht zu sehen ist.

Den Faden der nicht benutzten Farbe alle paar Maschen leicht anziehen, damit er nicht zu sehr durchscheint.

LESEN EINER TAPESTRY-HÄKELSCHRIFT

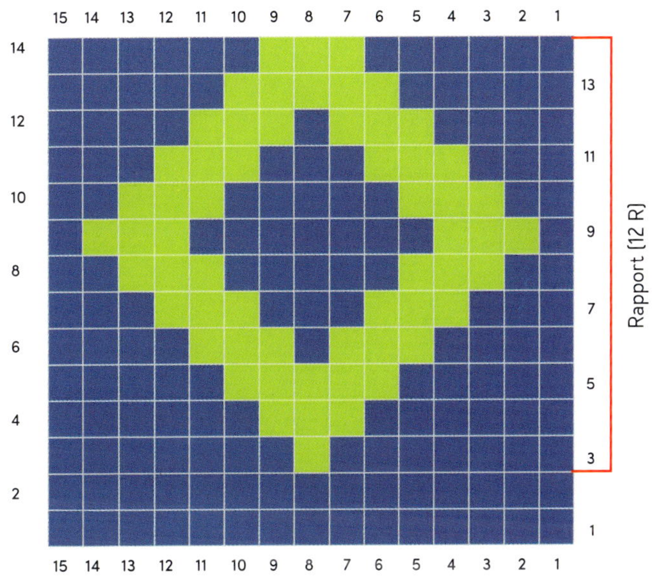

Symbole

Farbe A Farbe B

Die Häkelschrift wird von unten nach oben gelesen. Jedes Kästchen der Häkelschrift steht für eine Masche. Es werden stets feste Maschen gehäkelt.

Die Häkelschrift wird von unten nach oben gelesen. Alle ungeraden Reihen (Hin-R) von rechts nach links lesen, alle geraden Reihen (Rück-R) von links nach rechts.

Die Anfangs-Luftmaschenkette um eine Lm länger häkeln als die Maschenzahl der Häkelschrift. Ist die Häkelschrift 15 Maschen breit, 16 Lm anschlagen, dann für die 1. R der Häkelschrift 1 fM in die 2. Lm ab der Nadel und fortl in jede Lm arbeiten.

Am Beginn jeder Reihe eine W-Lm häkeln; diese zählt nie als Masche.

Der Farbwechsel erfolgt stets in der Masche, bevor die neue Farbe in der Häkelschrift angezeigt wird.

Weiter nach der Häkelschrift arbeiten, dabei den rot markierten Reihenrapport stets wh. Für eine saubere Kante in den letzten 2 Reihen mit Fb A feste Maschen häkeln.

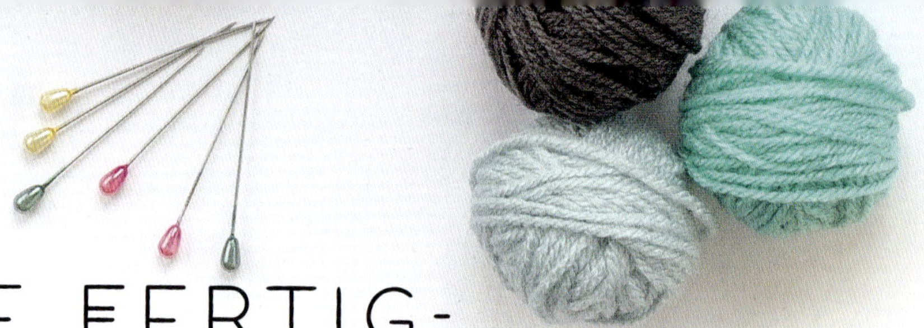

DIE DECKE FERTIG-STELLEN

Jetzt wird es spannend! Alle Streifen sind fertig und sehen fantastisch aus. Sie haben kontrolliert, ob alle genau gleich lang sind, und Sie haben alle Fäden vernäht. Nachdem Sie die Streifen so angeordnet haben, wie es Ihnen am besten gefällt, werden sie nun zusammengefügt.

DIE STREIFEN VERBINDEN

Es gibt verschiedene Möglichkeiten, um gehäkelte oder gestrickte Teile zu verbinden. Viele von Ihnen haben sicher schon einmal Pullover zusammengenäht oder Granny Squares verbunden – dann wissen Sie, dass es Geschmackssache ist, welche Methode man bevorzugt. Für saubere Ausarbeitungen benötigen Sie Zeit, Sorgfalt, Konzentration und gutes Licht. Hier sollten Sie nichts überstürzen, auch wenn Sie noch so sehr darauf brennen, Ihre Decke endlich fertig zu sehen. Ich kann nur aus meiner persönlichen Erfahrung sprechen und Tipps geben. Ich habe verschiedene Methoden ausprobiert, darunter den Matratzenstich, Vorstiche und sogar Zusammenhäkeln mit Kettmaschen. Am besten ist es meiner Ansicht nach, die Streifen rechts auf rechts überwendlich zusammenzunähen. So entsteht eine gute, haltbare Naht auf der Rückseite der Decke.

ZWEI STREIFEN ÜBERWENDLICH ZUSAMMENNÄHEN

Zuerst zwei Streifen rechts auf rechts aufeinanderlegen, die Rückseiten liegen außen. Die Streifen an beiden Enden zusammenstecken, dann an den Längsseiten etwa alle 8 cm abstecken, sodass die Streifen fest verbunden sind. Dabei darauf achten, dass die Kanten bündig liegen.

Etwa 50 cm Garn in eine Stopfnadel einfädeln – bei zwei Streifen in verschiedenen Farben verwende ich zum Zusammennähen lieber die dunklere Farbe. Zum Zusammennähen eines 100 cm langen Streifens benötigen Sie etwa 1 g Garn (Stärke DK).

An einem Ende (an der ersten Stecknadel) von vorn nach hinten, also von Ihnen weg, durch beide Teile einstechen und den Faden bis auf 5 cm Fadenende durchziehen, dann die Nadel über der Arbeit nach vorn bringen und erneut von vorn nach hinten durch beide Teile einstechen; dabei über das Fadenende arbeiten. Darauf achten, dass Sie bei den Stichen mindestens zwei, besser drei Fäden jedes Streifens fassen, damit die Naht gut hält.

Nun die Nadel wieder nach vorn bringen und wie zuvor von vorn nach hinten durch beide Streifen stechen, etwa 1 cm neben dem vorigen Stich. Die Stiche gut anziehen, aber nicht zu fest, da die Arbeit sich sonst zusammenzieht und kleiner wird. So fortfahren bis zum Ende des Streifens. Die Stiche immer im Abstand von etwa 1 cm setzen und dabei eventuelle Fadenenden stets mit in der Naht fassen. Nach Bedarf einen neuen Faden beginnen. Zum Schluss den Faden gut fixieren und vernähen.

UMRANDUNG

Nach dem Zusammennähen möchten Sie vielleicht an den Längsseiten der Decke eine einfache Umrandung häkeln. Die Längsseiten setzen sich aus den kurzen Anfangs- und Endreihen der einzelnen Streifen zusammen, bestehen also praktischerweise aus festen Maschen, in die sich leicht hineinhäkeln lässt. Mir gefällt eine schlichte Umrandung, die entlang der verschiedenfarbigen Streifen der Decke einen einheitlichen einfarbigen Abschluss bildet. Für den Rand an beiden Seiten einer 130 cm langen Decke habe ich etwa 14 g Garn (Stärke DK) benötigt.

EINE UMRANDUNG IM GEWÄHLTEN GARN HÄKELN

1. R (Hin-R): Mit zugewandter Vorderseite das Garn mit einer Km in der untersten Masche der rechten Seitenkante anmaschen. 1 Lm, dann fortl 1 fM in jede fM der Streifen, bis zur letzten M in der oberen rechten Ecke. Wenden.

2. R (Rück-R): 1 W-Lm, fortl 1 fM in jede eben gehäkelte fM, bis zur unteren rechten Ecke.

Abmaschen und die Fäden vernähen.

An der anderen Seite wiederholen; dabei mit zugewandter Vorderseite das Garn in der oberen linken Ecke anmaschen.

SPANNEN

Das Spannen funktioniert am besten nach dem Zusammennähen und dem Anhäkeln der Umrandung. Aus irgendeinem Grunde schrecken viele zurück, wenn sie das Wort »Spannen« hören, aber es ist wirklich nicht schwierig und eine gute Technik für diese Decken.

SPANNEN DER DECKE

Die Decke flach ausbreiten, entweder auf Spannmatten oder auf ein paar alten Handtüchern, die etwas größer sind als die Decke. Die Decke muss gut zwei bis drei Tage trocknen, ohne dass Sie sie bewegen; wählen Sie also am besten einen geeigneten Platz (ich schiebe das Ganze unter mein Bett!). Nehmen Sie sich Zeit, um ein möglichst perfektes Rechteck zu spannen. Auf Spannmatten können Sie die Decke feststecken, aber es funktioniert auch ohne zu stecken, falls Sie Handtücher verwenden.

Die Decke mit frischem Wasser aus einer Sprühflasche sehr gut einsprühen – sie soll wirklich feucht, aber nicht tropfnass sein. In Form ziehen und gründlich trocknen lassen.

Falls nötig, den Prozess wiederholen, also erneut einsprühen, in Form ziehen und trocknen lassen.

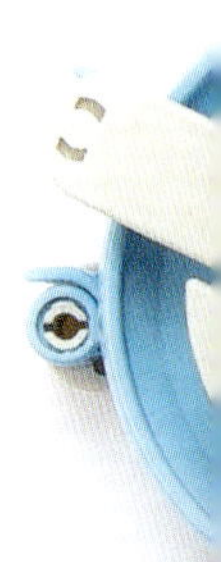

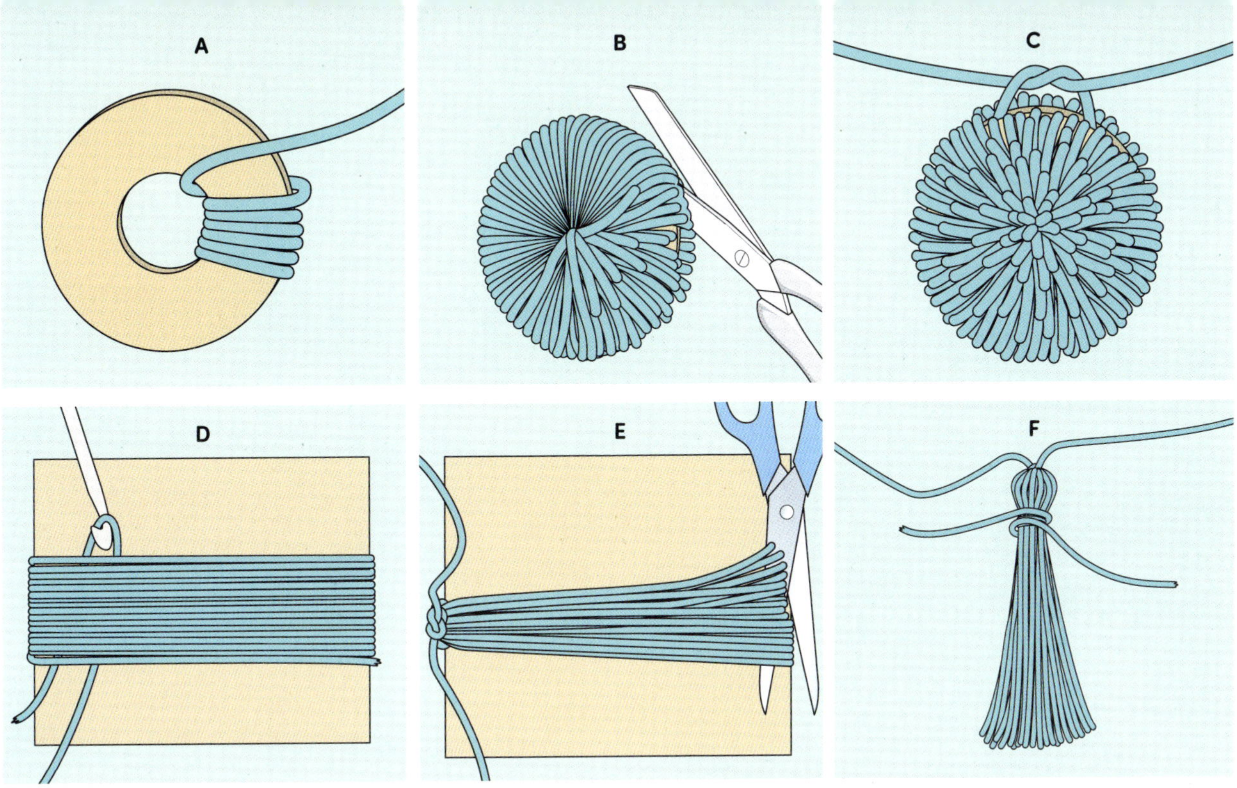

POMPONS

Um Pompons anzufertigen, gibt es verschiedene Möglichkeiten. Manche Pompons sind einfacher, etwa jene auf dem Cheerleader-Pompons-Streifen (S. 88), andere sind etwas aufwendiger und werden mithilfe eines Pompon-Makers oder einer Schablone aus zwei Stücken Pappe hergestellt. Wenn ich einen dichten, gleichmäßigen Bommel haben möchte, benutze ich oft einen Pompon-Maker. Für meine Wüstenfahrt-Decke habe ich einen stabilen Pompon-Maker (85 mm) und zwei verschiedene Garnfarben zusammen verwendet, für die Jahrmarkt-Decke eine kleinere Schablone (45 mm).

Zur Verwendung eines Pompon-Makers diesen öffnen und das gewählte Garn jeweils sehr dicht und dick um beide Bogen wickeln, bis die Mitte fast ganz gefüllt ist. Die Bogen zusammensetzen. Weiter vorgehen wie ab dem übernächsten Abschnitt beschrieben.

Zur Anfertigung einer Pappschablone zwei Pappkreise mit dem gewünschten Durchmesser des Pompons ausschneiden und jeweils ein rundes Loch in die Mitte schneiden. Beide Pappringe aufeinanderlegen und das Garn ringsum dicht um die Ringe wickeln (A), bis die Mitte gefüllt ist.

Eine Schere zwischen die beiden Pappringe oder in den Schlitz außen am Pompon-Maker schieben und das Garn ringsum aufschneiden (B).

Einen Faden um die Mitte des Pompons binden, sehr fest anziehen und mehrfach verknoten (C). Erst dann den Pompon-Maker oder die Pappe entfernen. Die Pompons in gleichmäßigem Abstand an den Schmalseiten der Decke anbringen (gut festnähen, damit sie wirklich halten!).

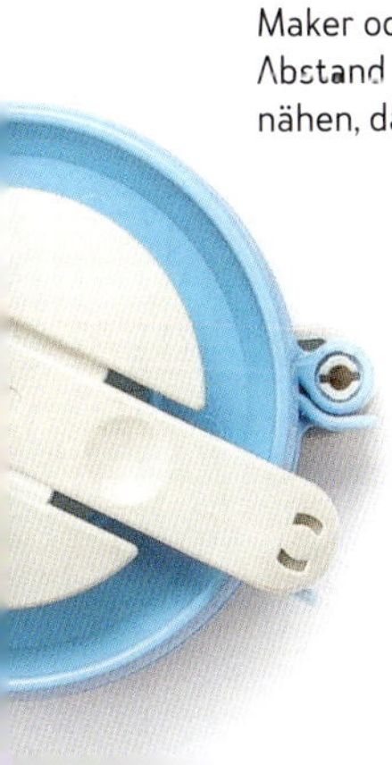

QUASTEN

Quasten sind wundervoll, um am Rand einer Decke dynamische und verspielte Akzente zu setzen. Dazu gibt es verschiedene Möglichkeiten: Die Quasten können direkt in einen Streifen integriert werden wie bei den Kurzen Fransen (S. 87), die an der Ober- und Unterkante meiner Neonlichter-Decke sitzen, oder man fertigt sie separat an und befestigt sie anschließend wie bei der Blätterdach- und der Wintermorgen-Decke.

Aus Pappe ein Rechteck in der gewünschten Quastenlänge ausschneiden. Bei meiner Blätterdach-Decke war die Pappe 12 cm lang, bei der Wintermorgen-Decke 15 cm. Das gewählte Garn so oft wie gewünscht um das Stück Pappe wickeln, je nachdem, wie dick die Quaste werden soll. Für die Blätterdach-Decke habe ich 25-mal gewickelt, für die Wintermorgen-Decke 40-mal.

Nun oben einen 30 cm langen Faden unter allen Schlaufen hindurchführen und fest verknoten (D). Am unteren Ende alle Schlaufen aufschneiden, damit die Fransen entstehen (E). Die Pappe entfernen.

Einen weiteren 30 cm langen Faden etwa 3 cm unterhalb des oberen Endes dreimal um alle Fransen wickeln und verknoten (F). Die Fransen auf gleiche Länge zurückschneiden.

So viele Quasten anfertigen wie angegeben oder gewünscht, dann die Quasten in gleichmäßigen Abständen an den Schmalseiten der Decke befestigen – einfach mit dem Faden vom Zusammenbinden (siehe D) an der Decke festknoten und die Fäden vernähen.

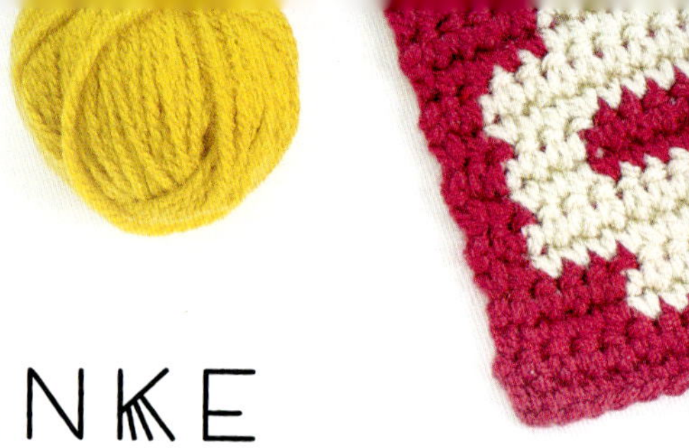

Über die Autorin

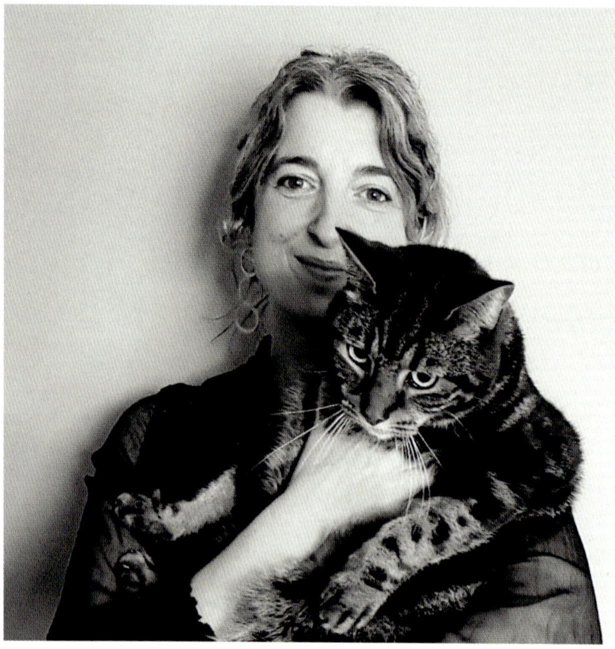

Fast ihr ganzes Leben lang hat Esme Crick sich damit beschäftigt, Dinge zu entwerfen und anzufertigen, zu schreiben und ihren diversen Katzen viel zu viel Aufmerksamkeit zu schenken. Häkeln lernte sie, als ihre Kinder klein waren, und seitdem hat sie nicht mehr aufgehört. Mit ihren modernen Häkeldesigns ist sie bekannt geworden – sie liebt es, die Grenzen der traditionellen Handarbeit auszutesten, indem sie verschiedene Stilrichtungen und Techniken mixt, um ihren ganz eigenen Stil zu entwickeln. Unter dem Namen Red Sparrow Crochet sind ihre ausdrucksvollen geometrischen Designs in vielen Zeitschriften und Publikationen erschienen; außerdem findet man ihre Entwürfe natürlich in ihrem ersten Buch »Mosaik häkeln«.

Esme Crick lebt mit ihrem Partner, ihren zwei Kindern und ihrem grantigen Kater Hank Deluxe im englischen Suffolk. In den sozialen Medien ist sie unter dem Namen Red Sparrow Crochet zu finden. Ihr Blog heißt redsparrowcrochet.blogspot.com und ihr Etsy-Shop etsy.com/uk/shop/RedSparrowCrochet.

Danke

Vielen herzlichen Dank an alle, ohne die dieses Buch nie entstanden wäre:

An das fantastische Team von David & Charles: Danke, dass ihr meine Entwürfe so schön in Szene setzt und aus meinen Wörtern zusammenhängende Sätze gebildet habt.

An meine geliebte Tochter Marla für die Ratschläge und das Testhäkeln: Du bist eine couragierte und wundervolle junge Frau, Marla!

An meinen coolen Sohn Walt, für mich immer noch der weltbeste Pomponmacher.

An meine wunderbare Freundin Abi: Deine Fähigkeiten im Mosaikhäkeln sind unerreicht, und es ist mir eine Ehre, dich als Testhäklerin zu haben.

Das dickste Dankeschön geht schließlich an Denise und Jaki. Ladys, ihr seid einfach unglaublich. Eure endlose Unterstützung, Wärme, Begeisterung und euer Humor haben mich so oft davor bewahrt, in einem Anfall von Frust meine Häkelnadel aus dem Fenster zu werfen! Ich verspreche euch, dass ich euch nie wieder bitten werde, 100 Häkelmuster zu überprüfen. Ich schwöre es!

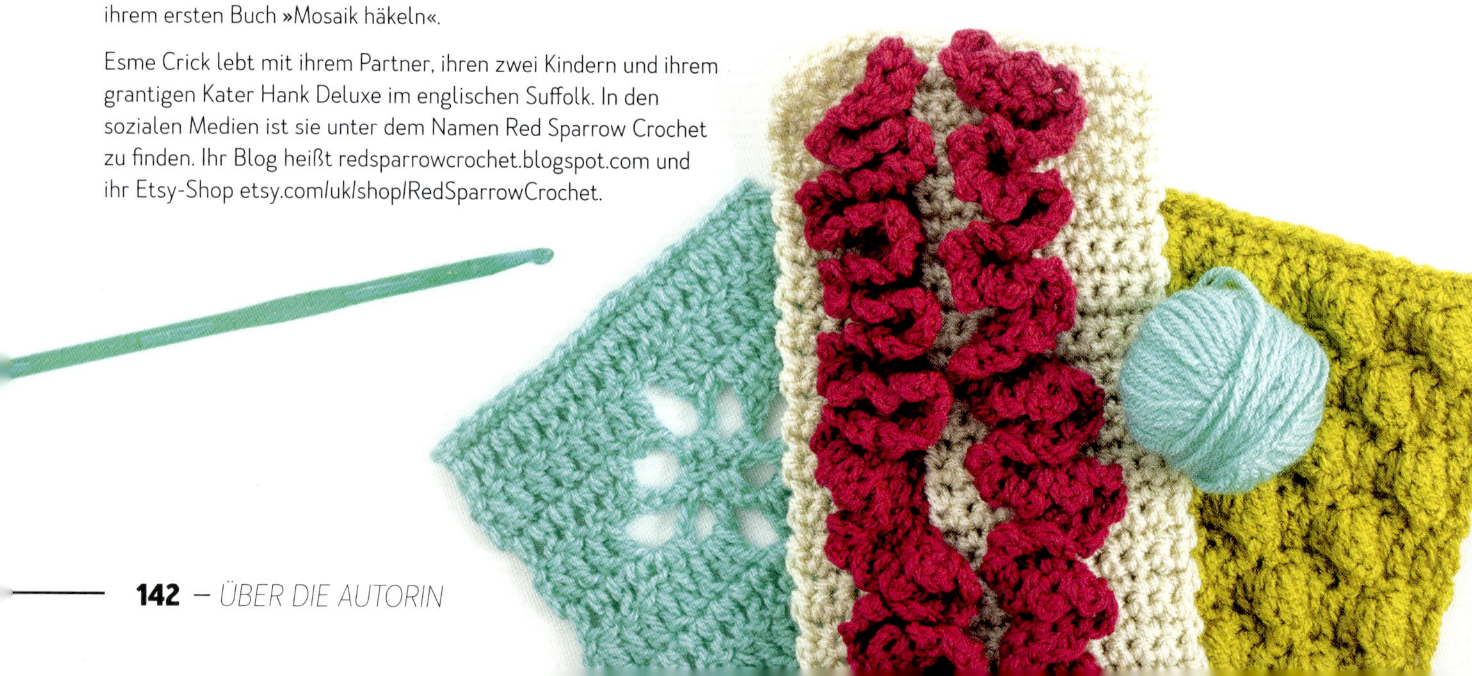

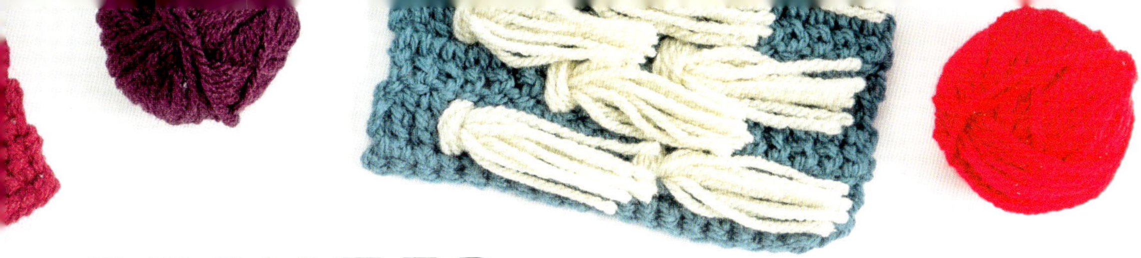

REGISTER

LIEBE LESER:INNEN,

wir freuen uns, dass wir Sie mit diesem Buch inspirieren und Teil Ihrer kreativen Reise sein dürfen. Noch mehr Inspiration, originelle Ideen und besondere Themen finden Sie auf unserer Verlagsseite www.stiebner.com.

Lassen Sie uns zusammen kreativ werden!
Wir sind immer offen für Ihre Anregungen, Wünsche und Kritik – schreiben Sie uns gerne unter verlag@stiebner.com.

Da geteilte Freude bekanntlich doppelte Freude ist: Zeigen Sie uns Ihre kreativen Ideen und fertigen Projekte auf Social Media! Markieren Sie uns mit @stiebnerverlag oder nutzen Sie die folgenden Hashtags:
#StiebnerVerlag #StiebnerKreativ #MixAndMatch

Erstmals erschienen unter dem Titel » Mix and Match Modern Crochet« von Esme Crick bei David and Charles Ltd.

2. Auflage 2025

Text: Esme Crick
Fotografie: Jason Jenkins
Illustrationen: Kuo Kang Chen
Übersetzung aus dem Englischen: Katrin Marburger
Cover und Layout: Anna Wade, Laura Woussen, Danai Afrati
Projektleitung und Lektorat der dt. Ausgabe: Dr. Verena Stindl
Gedruckt bei Leo Paper Products, China

ISBN 978-3-8307-2143-7

Bibliografische Information der Deutschen Nationalbibliothek:
Die Deutsche Nationalbibliothek verzeichnet diese Publikation in der Deutschen Nationalbibliografie; detaillierte bibliografische Daten sind im Internet über http://dnb.dnb.de abrufbar.

Wir produzieren unsere Bücher mit großer Sorgfalt und Genauigkeit. Trotzdem lässt es sich nicht ausschließen, dass uns in Einzelfällen Fehler passieren. Auf unserer Webseite finden sich bei dem jeweiligen Titel eventuelle Korrekturen (Errata). Sollten Sie in diesem Buch einen Fehler finden, so bitten wir um einen Hinweis an verlag@stiebner.com. Für solche Hinweise sind wir sehr dankbar, denn sie helfen uns, besser zu werden.

www.stiebner.com

FSC www.fsc.org
MIX
Papier | Fördert gute Waldnutzung
FSC® C020056

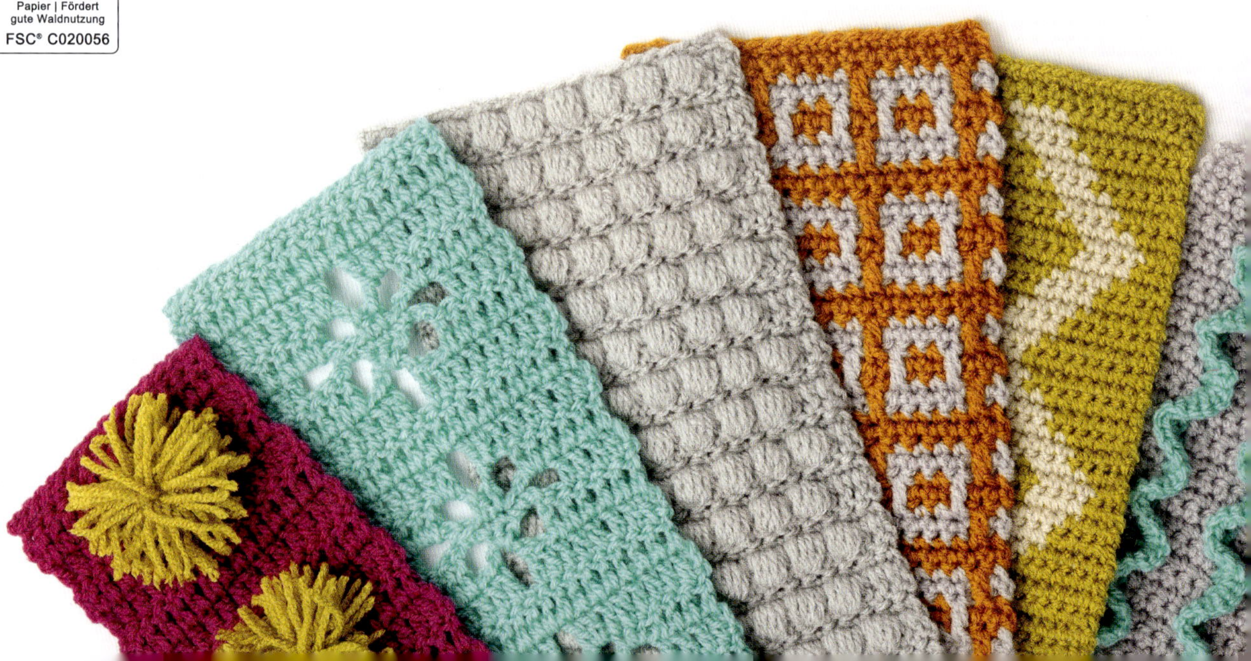